中国の歴史２

# 都市国家から中華へ

殷周　春秋戦国

平勢隆郎



講談社学術文庫

# 目次

それぞれの文化地域は、日本や韓国など現代国家領域に匹敵する広さをほこる。中原区は東と西に分けて考えることもできる。日本の弥生文化や古墳文化の広がりも比較していただくとよい。

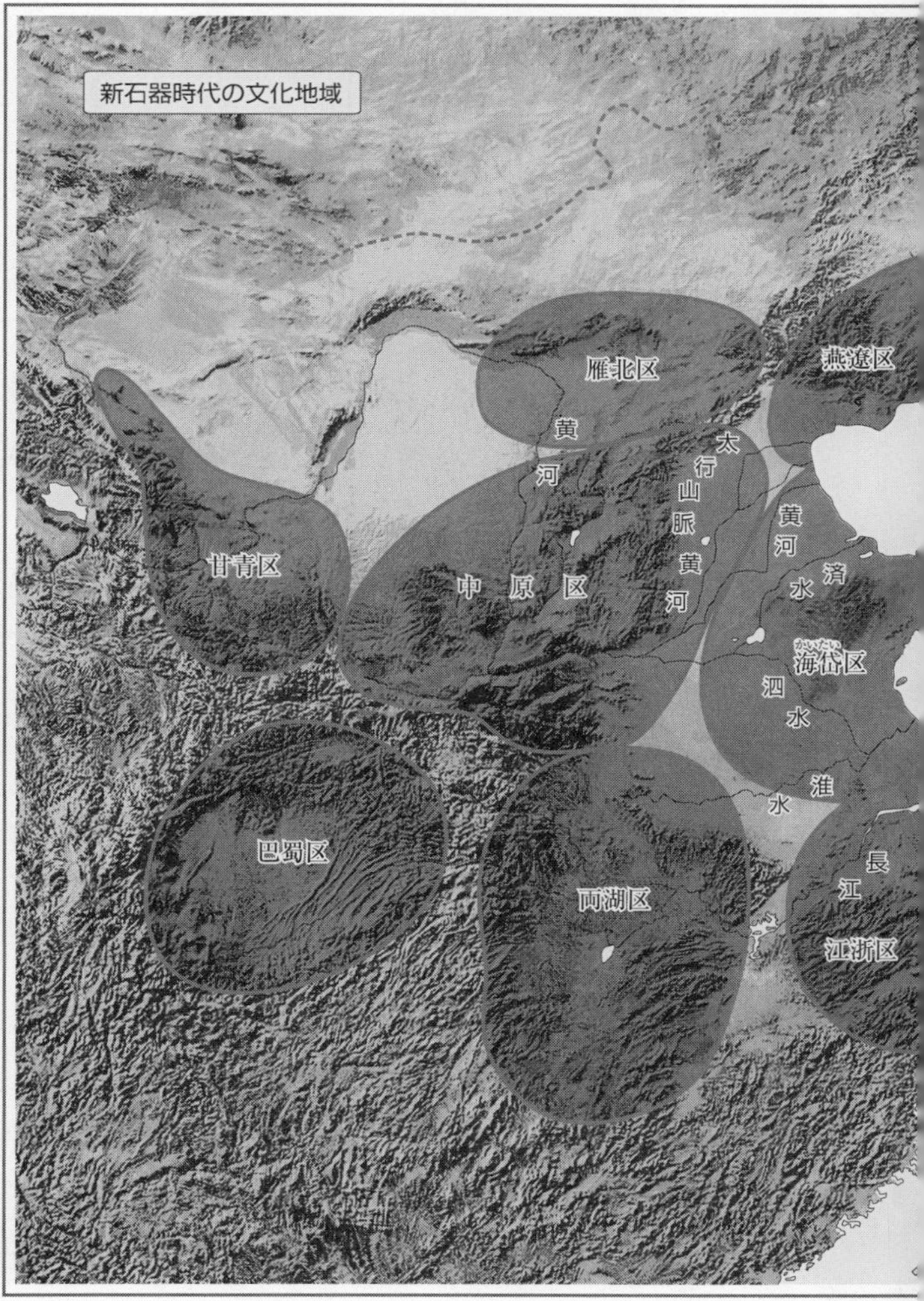
新石器時代の文化地域
雁北区
燕遼区
黄河
太行山脈
黄河
甘青区
中原区
黄河
済水
海岱《かいたい》区
泗水
淮水
巴蜀区
両湖区
長江
江浙区

# 春秋列国図

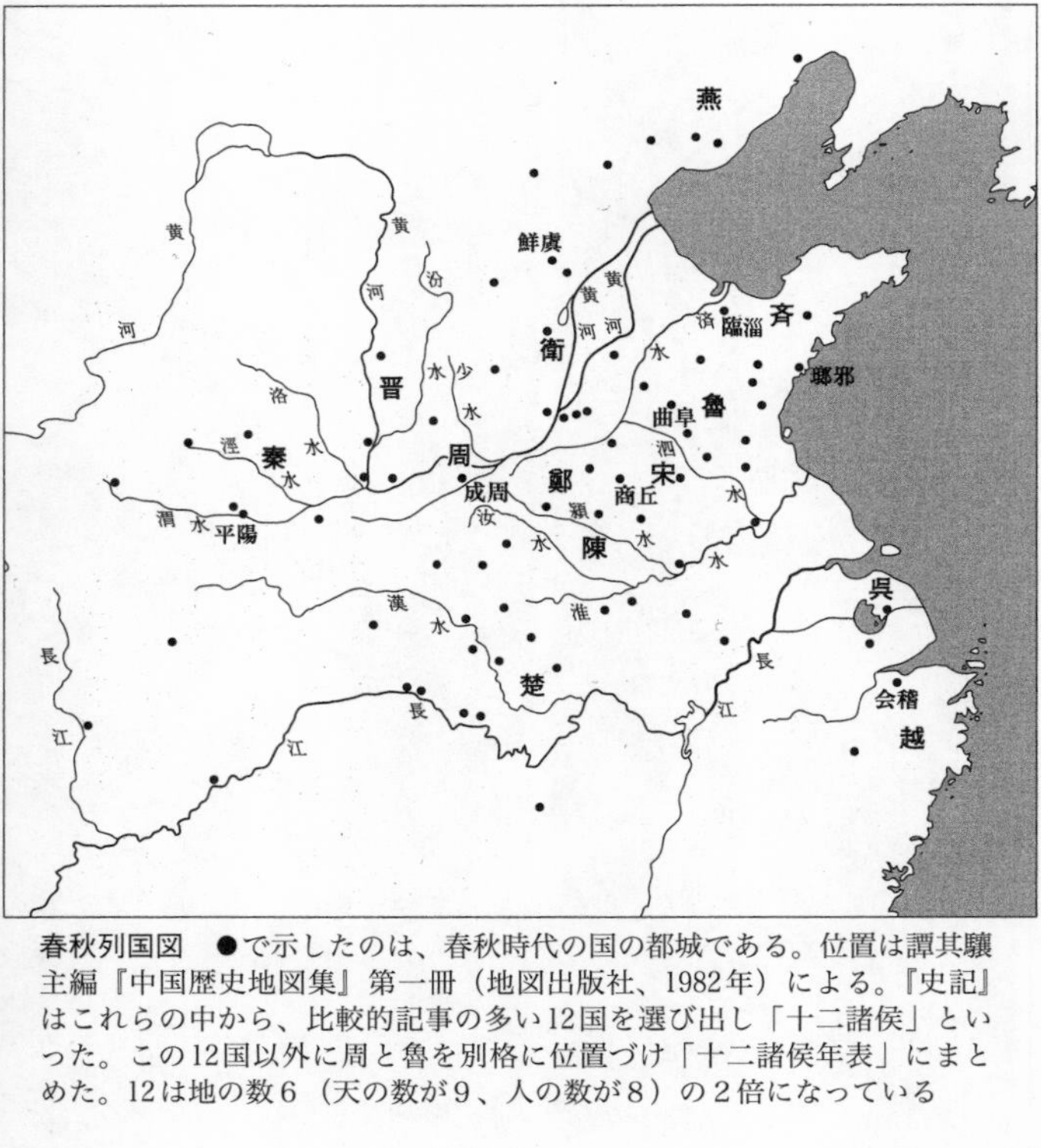


春秋列国図　●で示したのは、春秋時代の国の都城である。位置は譚其驤主編『中国歴史地図集』第一冊（地図出版社、1982年）による。『史記』はこれらの中から、比較的記事の多い12国を選び出し「十二諸侯」といった。この12国以外に周と魯を別格に位置づけ「十二諸侯年表」にまとめた。12は地の数6（天の数が9、人の数が8）の2倍になっている

# 戦国諸国家図

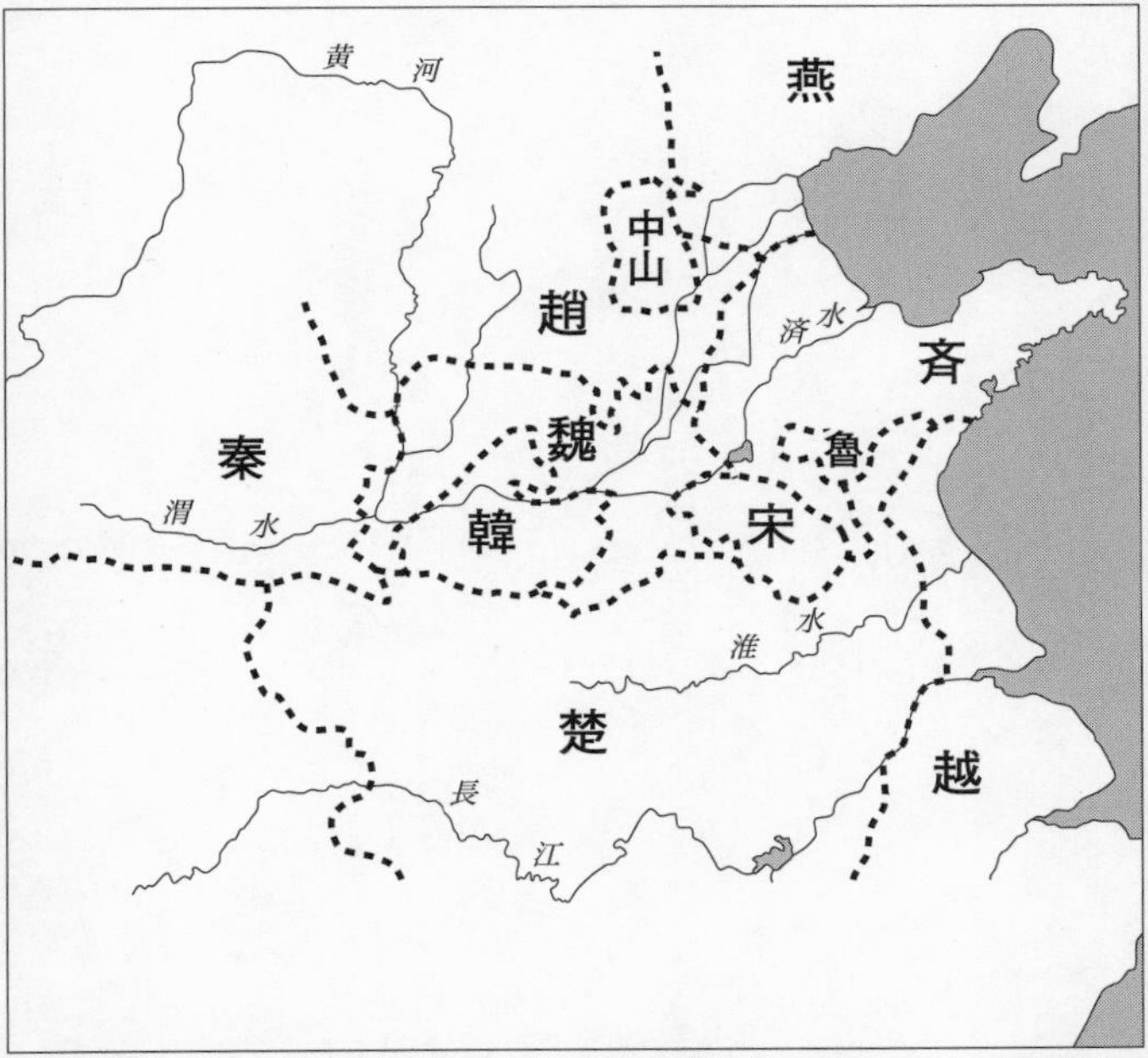


戦国諸国家図（譚其驤主編『中国歴史地図集』第一冊により、一部改変）三晋の領土がおもしろい形をしているのは、山脈と谷が関係している。魯が侯と称し、蜀がいまだ漢字圏に入っていない以外、すべて君主は王と称している（衛などの小国は割愛)。『史記』はこれらの中から、6国を選び、周と秦を別格に位置づけて「六国年表」にまとめた。6は地の数になっている

地図・図版作成
さくら工芸社
日本工房
ジェイ・マップ

中国の歴史　2

# 都市国家から中華へ

殷周　春秋戦国

# はじめに　文化地域が歴史的にもっている性格

本書を読み進められる上で、まずご確認願いたいことがある。

それは、本書に述べる中国史が、一般に提供されている中国史とは、若干異なった視点からなされるということである。

本書では、中国史を新石器時代以来の文化地域（八―九頁地図）に重点を置いて分析しようとする。

## 新石器時代以来の文化地域

従来、新石器時代の文化地域はよく知られている。しかし、その文化地域が歴史的にもっている性格は、さほど注意されたことがない。まぼろしの夏《か》王朝、そして殷《いん》王朝・周《しゅう》王朝の時代を経て、戦国時代の領域国家は、その新石器時代以来の文化地域を母体として成立している。

一般にまぼろしの夏王朝と殷王朝・周王朝は、「天下」の王朝だと考えられている。この「天下」は、新石器時代以来の文化地域をいくつか統合した領域である（三二頁図・一四一頁図）。ところが実際は、夏王朝・殷王朝・周王朝が支配を及ぼしたのは、基本的に文化地域一つ分にすぎなかった。副都などによって別の文化地域に支配を及ぼす場合もあったが、基本は文化地域一つ分の支配にあった。

だから、戦国時代の領域国家が、文化地域を母体として成立したというのも、伝統的に問題になってきた領域を基礎として成立した、といういわば当然の帰結を示しているのである。

戦国時代の領域国家は、それぞれに中央があり、その中央の下で官僚統治を始めた。その官僚統治を支えたのが文書行政であり、その文書行政を支えたのが法体系としての律令（後々、次第に整備されていく）である。始皇帝《しこうてい》は、秦《しん》の律令を天下に施行し、唯一の皇帝の下、つまり唯一の中央政府の下で官僚統治を進めた。こうした始皇帝の統一と文化地域との関係も、さほど注意されたことがない。

注意されなかった結果として、歴史観もゆがんだままになっている。

殷王朝や周王朝が支配を及ぼすに当たっては、大国たる殷や周の下に、いくつもの小国が従うという体制があった。この体制は、その小国を滅ぼして県とし、中央による地方の官僚統治を進めた戦国時代以後の国家体制とは、質的に異なっている。このことは、よく知られた事実である。

しかし、大国が小国を支配する体制が、どこまで広がったのかを探ってみると、新石器時代以来の文化地域に大きく規制されている。始皇帝が統一した天下に広がるようなものではなかったのである。

この歴史を背負って、戦国時代の諸国家は、先行する夏王朝・殷王朝・周王朝を論じた。戦国時代の王朝が論じた夏王朝・殷王朝・周王朝については、それぞれが、新石器時代以来の文化地域を支配したことが問題にされている。これは、戦国時代に成書された史書などを読み、その内容を確認するだけで、すぐにわかる「事実」である。この「事実」は否定しようがないのだが、意外に知られていない。

われわれが一般に論じている夏王朝・殷王朝・周王朝は、いにしえにおいて天下を支配した王朝になっている。その天下は、前二二一年に秦の始皇帝が統一した領域を念頭においている。秦を継承した漢王朝において、『史記《しき》』が作られ、その『史記』の中で、夏王朝・殷王朝・周王朝が天下の王朝であるかのように読める記述がなされているからである。これも史書『史記』に書かれた「事実」である。しかし、この「事実」は戦国時代の史書に示された「事実」とは明らかに異なっている。このことも意外に知られていない。

天下の中に、新石器時代以来の文化地域はいくつかある。個々の文化地域の範囲は、時代により多少の伸び縮みがある。しかし、おおよその範囲は決まっている。そして、何よりも注意していただきたいことは、この文化地域が、面積的に言って、現在の日本に相当する広がりをもっているということである。直線的な広がりを問題にしても、関東から九州を優に含むものになっている（八―九頁、または三二頁図を参照）。

だから、新石器時代以来戦国時代にいたるまでの歴史は、我が国において展開された歴史と似よりの実態をもって語ることができるのである。つまり、

（１）地域内に農村がいくつも存在する時代
（２）城壁都市（小国）ができあがり、その都市に農村が従う時代
（３）小国の中からこれら小国を従える大国ができあがった時代
（４）大国中央が小国を滅ぼして官僚を派遣し、文書行政を行った時代

の四つの時代である。これらの時代を経由した後、始皇帝が、各地を併合して天下を統一する。天下の統一とは、日本なみの面積をもつ領域のいくつかを一つの中央でまとめることを意味したのである。始皇帝の天下は、現在のEUなみの広さを誇っている。

この統一後の歴史は、本書以外の諸書で論述されるわけだが、そうした時代の歴史にあっても、新石器時代以来の文化地域は、軍区や監察区として一定の機能をはたすことになる。始皇帝は天下を三六の郡に分け、郡の下には多くの県が置かれた。県はかつての小国の末裔に当たる。戦国時代の天下に七つの強国があったことからもわかるように、郡は、新石器時代以来の文化地域（後の軍区あるいは監察区）を分割して統治する役割を担っていた。郡の下に置かれた県は、いにしえの小国としての都市の末裔である。我が国でこの種の末裔を捜せば、大小ある江戸時代の藩や、律令時代の国・郡などが目にとまる。半径二〇キロ程度の面積が問題になる。我が国には、城壁都市がないのだが、集落をまとめあげる国があった。環濠集落が国の中心であったことも議論されている。比較の対象としておくのがよかろう。

本書が扱うのは、上記に言うところの（3）と（4）の時代である。邪馬台国《やまたいこく》や大和《やまと》朝廷が日本国内の諸国を従えた時代は（3）に相当する時代であり、自前の律令をもつに至った時代は（4）に相当する時代である。だから、こうした日本の時代を、比較材料として、本書を読み進めていただくのが、理解の早道になる。

殷から周の時代は、また漢字が殷や周の中央において使われた時代である。そのころの地方の国のことは、よくわかっていないのだが、殷や周以外の諸国に漢字が根付いたとは言えない状況があるようだ。

我が国において、律令時代に作られた書物から前の時代を語るように、中国でも、戦国時代の諸国家において作られた書物から、前の時代を語ることになる。前の時代を語る目は、その書物ができあがった時代に規制されている。規制されているだけではない。そもそもは無かった内容までが付け加わっている。何が後代に付加された虚構の産物なのか。またどの記述が事実を伝えているのか。

伝承によって伝えられた簡単な記事などが、漢字によって記録されるようになった。その記事の上に付加された内容がある。簡単な事実はどのようにふくれあがったのか。元になる簡単な記事すらない虚構だけの世界は、どの程度あるのか。

日本の歴史を語るには、中国の史書が役立つ。伝承の質も、これによって緻密に検討される。しかし、その中国において、伝承の質が問題になる時代に遡ると、ものさしとすべき外国の史書は存在しない。

外国の史書を手がかりにして、後代の史書が紹介する「事実」の質を検討するという、日本において当たり前のように進められている研究方法は、中国ではどのようになされるのか。

中国においても、いにしえを批判的に分析する方法は長い伝統をもっている。しかし、その方法を進めるに当たって、新石器時代以来の文化地域に重点が置かれたことは、少なくとも戦国時代より前の時代の分析については、なかったようだ。

本書は、その新石器時代以来の文化地域に重点を置いて、始皇帝以前の中国史を分析しようとする。

我が国の中において、複数の勢力が対峙する時代があったように、中国（3）（4）の時代にあっても、文化地域の中に複数の勢力が対峙していることもあった。また、（3）の時代の周のように、逆に複数の地域を一つの王朝が支配下においた場合もある。

大国たる都市は、その支配域の中で特別な位置をしめた。その特別な都市を含めた一定の領域が、文化地域の中にあって畿内の位置づけをもつことになる。一つの文化地域の中に複数の大国が対峙すれば、その文化地域内の畿内も複数存在することになる。

## 戦国時代の史書に書かれている「事実」

本書は、体裁の上でちょっとした工夫をした。古代の書物の「本文」を抜き出して翻訳し、必要に応じてご紹介したことである。

翻訳書でない場合、「本文」はあまり紹介しないのが普通である。そのかわり解釈や説明を用いて、読者にうったえかけていく。ところが、本書で述べようとする内容について、このやり方だけを進めたのでは、これまでなされてきた歴史叙述について、何が問題だったのかがはっきりしなくなる。

秦の始皇帝の統一以前を扱う書物では、原史料の「本文」の質が問題になる。その「本文」には、統一以前の戦国時代にまとめられたものと、漢代以後にまとめられたものがある。そのうち後者、すなわち漢代以後のまとめを基礎として歴史叙述を展開したのが、従来の概説書である。これに対し、本書で試みるのは、前者、すなわち戦国時代のまとめを基礎とした説明である。結果として、これまでの概説書が基礎にしていた「事実」と違う内容を叙述していくことになった。違うのだから、証拠を示しておいた方が、読者に無用の誤解をうまなくてすむ。

とはいえ、翻訳ということであれば、その善し悪しも問題になる。ごまかしにはご用心である。そのあたり、正確さを期するには、適宜原文をご参照願うしか手がないが、しばらく私の説明におつきあいくだされば幸いである。

「本文」をご紹介するには、筆者の言葉に言い換え補足を加えておく。それが読者に対する当然の心遣いになる。だから、あるいは、補足のための説明があれば「本文」なしでも充分だというご意見も当然おこるだろう。しかし、「本文」なしでは、これまでの概説の内容が、どうして本書のように言い換えられるのかが、わからなくなる。言い換えが「書かれている」「事実」の紹介になっていることは、体裁上とてもわかりにくい。だから本書では、言い換えだけを多用することに慎重になった。

とはいえ、実のところご紹介する「本文」がそれほど多いというわけではない。さらに言えば、「本文」の補足説明だけで、内容を追っていくこともできるようにはなっている。だから、「本文」を読み飛ばして内容を追っていくというやり方も、多少の時間的節約にはなるだろう。しかし、従来の説明に慣れた目からすると、おそらく「本当だろうか」という疑念がわくはずである。また、読み飛ばしてみても節約される時間はさほどのものにはならないだろう。だから、当然の疑念がわく前に、「本文」をお読みくださることをおすすめする。

戦国時代の史書に書かれている「事実」と異なる内容が、これまでの概説書に紹介されているのは、そうした戦国時代の「事実」が無視されてきたからである。それを具体的に示す数多くの事例のうち、本書でご紹介できるのはほんのわずかばかりではあるが、戦国時代の史書の「本文」にじかに接することで、「書かれている」「事実」がどのようなものであったかをご確認いただければと思う。

本書でご紹介する「書かれている」「事実」は、戦国時代の領域国家で作られた。この領域国家の国家領域は、すでに述べたように、新石器時代以来の文化地域を母体として形成された。そうした文化地域をまとめた領域がいわゆる天下である。始皇帝は、この天下を統一した。戦国時代の論理は、より大きな天下の論理としてまとめなおされる。

そもそも戦国時代の論理に沿って、夏王朝・殷王朝・周王朝は語られた。これらの王朝の時代には、実際は大国が小国を支配する体制が築かれていたのであるが、その時代を叙述する戦国時代はというと、国家体制は全く違うものとなっていた。戦国時代の国家体制は、かつての小国を県として官僚を派遣し、国家中央がそれらを直接的に支配するものであった。だから、戦国時代の史書が描く夏王朝・殷王朝・周王朝は、知らず知らず官僚統治を念頭においたものになる。

後代の史書の記述をそのまま疑うことなく使うのは、いわばテレビの時代劇を見て、それが江戸時代そのものだと考えてしまうような危うさと隣り合わせである。冷静に見つめて是正する判断力が要請される。

時代劇はおもしろく、またわかりやすい。時代劇の材料も「書かれて」提供されている。その雰囲気の中にひたってみたいというのも、一面の真理である。そこには空想ゆえのすばらしい世界が広がっている。人は空想の世界と現実の世界を行き来できるすぐれた存在である。

しかし、少々目を転じてみれば、ゲームなど空想の世界にひたってつい現実との境が見えなくなってしまう悲劇もおこっているようだ。おもしろい世界が求められる場合、その虚構の世界にひたりすぎることがないよう警告する場も作っておかねばならない。

夏王朝・殷王朝・周王朝の三つの王朝の時代を「三代」という。この三代を語る史書には、後代の人々が作りあげた虚構の世界がひろがっている。どの部分がいかなる意味で虚構なのか。じっくり腰を据えて確認する必要がある。

## 「大国」の勢力圏

さて、本書であつかう殷王朝（前一六世紀—前一〇二三年）・周王朝（前一〇二三年—前二五五年）は、いずれも「大国」として比較的長期にわたって周囲の都市ににらみをきかせていた。殷は、河南《かなん》を中心とする一帯ににらみをきかせた。周は陝西《せんせい》一帯を首都鎬京《こうけい》により、また河南一帯を副都雒邑《らくゆう》により、それぞれににらみをきかせた。漢字を使用していた殷や周のみに目をむけがちだが、殷や周の時代、他の文化地域には、別の「大国」があった。漢字という文字の有無が問題なのではない。青銅器文化の有り様が問題になる。

殷王朝に先行する夏王朝の時代、まだ漢字は発見されていない。その夏王朝は、考古学的に次第に明らかにされている大都市のうち、どれに当たるのか、まだ決定的なことはわかっていない。夏王朝に関する有力な説は、本書と別に用意される巻にゆだねるとして、殷代に先行する時代にあって、考古学的に明らかにされる「大国」があった。しかし、どの都市が「大国」たる夏王朝の首都に当たるのかは、決めるべき材料が不足している。未発見の都市遺跡がなおある可能性をも、考慮しておかねばならない。

周王朝は、前八世紀に王都鎬京一帯を放棄せざるを得なくなり、それまで副都の役割をはたしていた雒邑が新たな王都となった。この後、秦の始皇帝による天下統一（前二二一年）までを、春秋《しゅんじゅう》時代（前七七〇年—前五世紀）と戦国時代（前五世紀—前二二一年）に分けて検討する。

春秋時代は、周が河南の「大国」としてなお存在し、やがてこの地に山西《さんせい》の「大国」である晋《しん》が勢力を及ぼす時代であり、山東《さんとう》では斉《せい》が「大国」であった時代であり、陝西では秦が「大国」であった時代であり、長江《ちょうこう》中流域では楚《そ》が、また長江下流域では呉《ご》や越《えつ》が大国であった時代である（一二頁の「春秋列国図」を参照）。いずれも、新石器時代以来の文化地域を基礎に、「大国」としての地位を築いている。

その「大国」の勢力圏を官僚によって統治する方法が、春秋時代から少しずつ始まった。鉄器の普及がこの変化を支える。ある都市が中央となり、滅ぼされた都市が地方となる。その中央から地方に官僚が派遣されるようになる。戦国時代になるとこの趨勢は決定的になる。かつての「大国」の勢力圏に、戦国時代の領域国家が成長してくる。

我が国の古墳時代に、あちこちに「国」があったことが知られている。そうした「国」を温存したまま、それらを「大国」がまとめあげる時代から、そうした「国」に、官僚が派遣される律令時代への移行があった。同じような変化が中国にもあった。

その戦国時代の領域国家の史官が描き出した歴史では、自然の趨勢として新石器時代以来の文化地域、つまり大国が勢威をはった勢力圏、つまり、戦国時代の領域国家の領土の母体となる地域を念頭において、過去に遡ることになる。かつての大国の勢力圏に一つの国家が成長すれば、その国家領域を特別に位置づける論理ができあがり、かつての大国の勢力圏に複数の国家が成長しても、やはりその複数の国家が作り出す領域、つまり新石器時代以来の文化地域を特別に位置づける論理ができあがった。

この新石器時代以来の文化地域を特別に位置づける論理の中に、夏・殷・周三代を歴史的に位置づけようというのが、戦国時代の各国が議論した三代の歴史内容なのである。

三代に関する歴史的事実は、考古遺物を駆使して検討される。これまでもそれがなされてきた。その研究の厚みは相当なものになっている。ところが、ここにも落とし穴がある。われわれは、これまで天下の史書たる『史記』の呪縛に影響されすぎていたようだ。天下に視点をおきすぎると、目がくもる。目がくもれば、見える事実も見えなくなる。そのくもった目で考古遺物を見てきている。

読者諸氏にあっても、その呪縛がいかなるものであったか、本書を一つのきっかけとして、詮索なさってはいかがだろうか。「事実」とは何なのか。戦国時代の史書に「書かれている」「事実」とは何なのか。漢代の史書に「書かれている」「事実」とは何なのか。勝負師が相手の腹を読むように、それぞれの書物が作られた背景をさぐるのである。それが、悪しき「ひたりすぎ」から、読者の清らかな魂を守るための最良の方策となろう。

## 取り越し苦労

さて、もし神の姿で悪魔がやってきたら、読者はどうなさるだろう。悪魔は飴が大好きである。神も飴は大好きだろうが、往々にして苦い良薬をももちこんでくる。

見分け方はいろいろあることと思う。物事には文脈があるから、一概にこうと決めつけるわけにはいかない。しかし、わかりやすさの「飴」を大事にする場面と、「事実」を冷静にみつめさせようとする苦き「良薬」を大事にする場面は、混同しないよう、じっくり考える。そのじっくり考えることから始めて、見分け方の方策を練ることになるのだろうと私的には思う。私に神のまねごとなどできる道理がないが、場面の相違を判断しつつじっくり考えるよう、注意を喚起することだけはできそうだ。

そもそも、わかりやすさとはどんなことだろうか。おそらく、人々が常識的に考えている歴史像をもとに、事実をあてはめていけば、とてもわかりやすい内容になるのだろう。しかし、逆に常識的でない歴史像を前提に話を進めるとなると、人々はあちこちで、常識とぶつかりあうことになる。

常識に事実をあてはめていくのは、あてはめる方も比較的楽だし（あくまで比較の問題だが）、人々のうけもよい。重要な言葉も探しやすく速読もさほど難しいことではない。楽だからといって、流れに乗りすぎ、事実を意図的にゆがめてはいけないが、一つの有効な叙述法であることは確かである。

また、否定しがたい「事実」があっても、その「事実」は完全に無視して思いこみを語る方法もある。その方法をとるのも、書く方は比較的楽である。矛盾する「事実」を無視し、根拠に欠ける「事実」を流れるように書いていくから、読む方も楽かもしれない。しかし、夢は語りやすい反面、ちょっと調べてみると、すぐに反証（あくまで事実をもとにする証明であって思いこみではないもの）がでてくるようなものができあがる。そんな危険と隣り合わせである。

一方、「事実」が無視できないがゆえに、という条件付きで、常識的でない歴史像に留意することとなった場合、その歴史像の下で事実をどう記述するかを地道に考えていくのは、考える方も一苦労であり、それを読まされる方も大変である。へたに速読などしようものなら、常識を底流とした誤読が累積され、事実どうしが不協和音を奏ではじめる。そうなってしまうと、とても「わかりにくい」と感じることになる。

ある人は、こう思うかもしれない。――「大国が小国をひきいる体制などはわかっている。戦後しばらく、学者は大小の都市を邑《ゆう》と表現して、その体制を邑制国家という言葉で表現していたではないか。殷や周が邑制国家の頂点として、後の天下より限られた地域を勢力圏としていたことも知っている」――

しかし、この種の常識が仮にあるとした場合でも、本書はやはり「わかりにくい」ものとなるに違いない。なぜなら、その常識では、殷に対抗する文化地域や大国、周に対抗する文化地域や大国のことは、念頭におかれないことが多いからである。甲骨文《こうこつぶん》や金文《きんぶん》には、そうした対抗する地域との戦争の記事が少なからず記されていて、文化地域を異にする政治的統合体どうしが異なる頂点をいただいていたことを物語っている。そのことが念頭におかれない常識の下では、おそらく殷・周それぞれが拠って立つ文化地域が異なることにも、注意の目が行き届かないに違いない。この種の常識は、夏・殷・周三代を天下の王朝だとみなすよりは、歴史研究の成果をとりいれているのだが、秦の統一後も、新石器時代以来の文化地域がなにゆえに監察区や軍区の形をとって一定の機能をはたすのかに、解答を与えるものとはなってくれない。

考古学的には、祭祀の中核を担い政治権力を維持する道具として威信財が議論される。具体的に論じられる威信財は青銅器と玉器である。軍事的役割を果たした囲壁集落は、大型建築の有り様や面積の大きさにより周囲を社会的に統合する大国都市としての役割が議論されている。社会的統合の場では威信財が機能している。統合される範囲は、伸縮があり、規模もさまざまだが、新石器時代の文化地域を母体として形成される。そうした政治的統合体は、今のところほとんど文字が発見されていない。漢字を使っていた殷王朝や周王朝の記録では、敵対し戦争する外族として扱われた地域にも、政治的統合体ができあがっていた。そのことを含めて議論する邑制国家論であれば、本書と基本的接点ができる。しかし、今までのところ、そうした議論にはなっていない。

だから、「大国と小国の関係はわかっている」ことが、実は文化地域を異にする場の状況を無視して成り立っているとすると、本書はなお「わかりにくい」ものとなろう。本書は、あくまでそうした政治的統合体の一つとして殷王朝や周王朝の作り出す政治的秩序を問題にするにすぎないからである。そしてまた、限られた都市の文字であったにすぎない漢字が複数の政治的統合体を横断して広域的に用いられるようになり、さらには文書行政を維持する道具として機能するにいたった後の政治的秩序構造が、殷・周王朝のそれといかに異なるかを説明しようとするからである。

ともあれ実際のところは、速読してなおかつ文脈を正確にたどり、的確な読みをされる方は多いことと思う。以上は、あくまで取り越し苦労を述べてみただけのことである。

本書を読み進めながら、読者はどうお考えになるだろう。

# 第一章　本書が扱う時代

## 古代の「事実」とは何か

### よく知られた「事実」

本書が扱うのは、夏《か》王朝・殷《いん》王朝・周《しゅう》王朝のいわゆる三代の時代、そして春秋戦国時代である。夏王朝は前一六世紀以前、殷王朝はそれ以後の王朝である。戦国時代が終わるのは前二二一年の始皇帝《しこうてい》による天下統一である。

これまで多くの方が親しんできた説明によれば、夏王朝・殷王朝・周王朝はそれぞれ聖天子が即位して始まり、無道の天子が出現して滅びる。春秋戦国時代は、周王朝が無道の天子幽王《ゆうおう》によって滅びた後、都を現在の洛陽《らくよう》の地に遷したところから始まる。周王朝の権威は著しく下がり、諸侯が争いにあけくれたのが春秋戦国時代だとされている。

その説明では、夏王朝は、禹《う》が始めた王朝である。その徳は中華のみならず周辺の野蛮の地にまで及ぶ。この天下の王朝も、次第に衰え、無道の王たる桀《けつ》王が出て、滅亡するにいたる。桀王を滅ぼして新しい王朝を建てたのが殷の湯《とう》王である。その徳は中華のみならず周辺の野蛮の地にまで及ぶ。この天下の王朝も、次第に衰え、無道の王たる紂《ちゅう》王が出て、滅亡するにいたる。夏の桀王と殷の紂王は、無道の王の代名詞となっており、「桀紂」という言葉もよく知られている。

殷の紂王を滅ぼして新しい王朝を建てたのが周の武王《ぶ》である。この武王にさきがけて天命を得たのが文王《ぶんのう》である。文王・武王の徳は中華のみならず周辺の野蛮の地にまで及ぶ。この天下の王朝も、次第に衰え、無道の王たる幽王が出て、滅亡するにいたる。

幽王が殺された後、王都を東に遷したのが周の平王《へい》である。東遷によって、周は一時もちなおしたが、その衰えの趨勢をはばむことはできなかった。周にかわって諸侯をまとめたのが覇者である。斉の桓公《かんこう》・晋の文公・楚の荘王《そう》・呉王闔閭《こうりょ》・越王句践《こうせん》などが名高い。これら覇者は、覇道を行い王道を行わなかった。この覇道をもって天下を統一したのが秦《しん》の始皇帝である。

## 説明上の欠落

以上の「事実」は、多くの読者が耳にしているはずである。ところが、以上の説明には、重大な欠落がある。

第一に、中央と地方を結ぶ文書行政が開始され、それを支える律令が整備された時代のことが全く念頭におかれていない。その時代とは戦国時代である。それまでは、中央と地方の間に文書行政はなく、したがってそれを支える律令も存在しない。おそらく無意識にそれらが存在する社会を想像して、夏王朝・殷王朝・周王朝の時代を語っているはずである。しかし実際はそんな社会ではなかった。

戦国時代に新しい社会が生まれたのは、鉄器が普及したからである。鉄器の出現自体はや

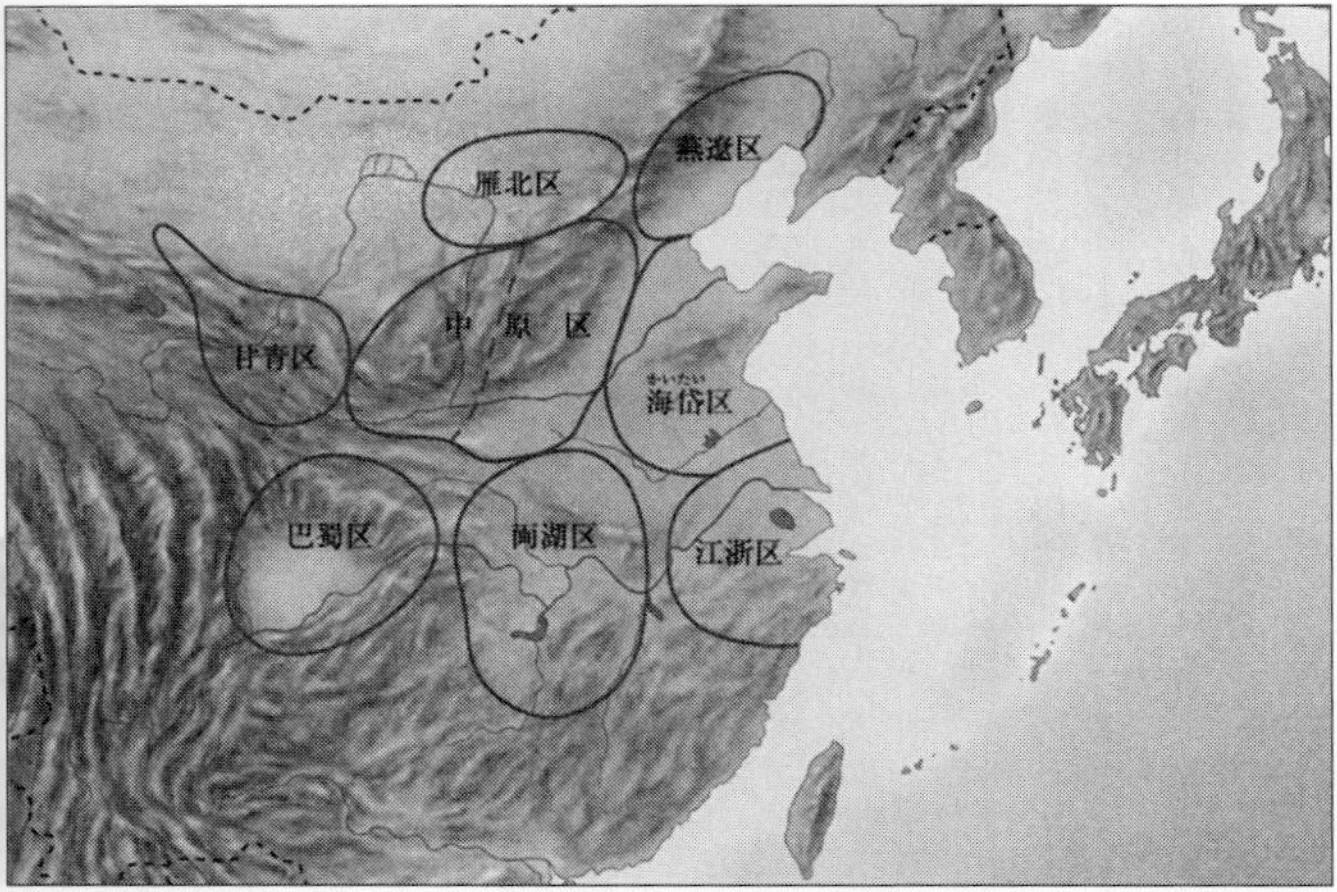


**新石器時代の文化地域**　それぞれの文化地域は、日本や韓国など現代の国家領域に匹敵する広さをほこる。中原区は東と西に分けて考えることもできる。厳文明『農業発生与文明起源』（科学出版社、2000年）、西江清高「先史時代から初期王朝時代」（松丸道雄他編『世界歴史大系　中国史 1』山川出版社、2003年、第 1 章）を参照

や遡るが、普及はこの時代になってからのことになる。出土する遺物の有り様や、都市の増加の様態などが、そのことを如実に物語る。この点に関する認識が著しく欠如している。

　春秋時代までは、中央も地方も独立した「国」（都市国家）であり、地方の国から中心となる国に多くの物資が貢納され、中心となる国と地方の国の軍が連合する。命令は口頭でなされ、従属国はそれに誓いをもってこたえた。

　第二に、いわゆる戦国時代の天下の中には、複数の中央が存在した。このことが、間違って認識されている。その複数の中央は、新石器時代以来の文化地

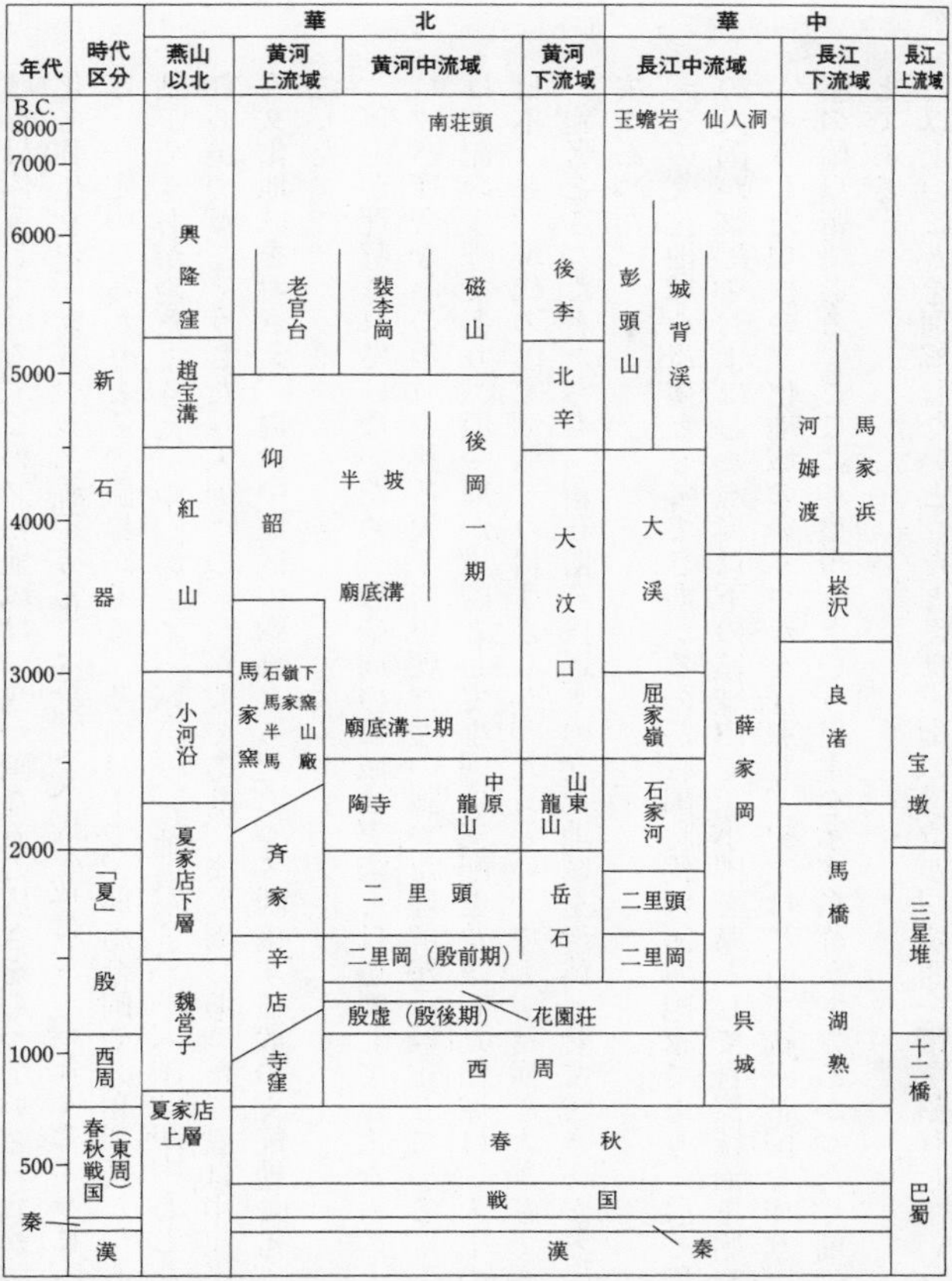


新石器時代の諸文化　文化地域ごとに特徴ある諸文化の華が開いた。西周・春秋・戦国と示された部分の実際は本書で説明する。『世界美術大全集』東洋編１（小学館、2000年）、西江清高「先史時代から初期王朝時代」（松丸道雄他編『世界歴史大系　中国史１』山川出版社、2003年、第１章）を参照

域を母体としている。この文化地域は、我が国なみの広さをもっている。我が国にも縄文《じょうもん》文化と弥生《やよい》文化があり、その弥生文化と続縄文文化が並行して存在したように、文化地域には、一定のひろがりとその限界がある。その日本で、邪馬台国《やまたいこく》や大和《やまと》朝廷が中心となった体制ができあがったように、中国のいくつかの文化地域でも、「大国」が中心となる体制ができあがった。そうした「大国」の一つが殷であり、また周であった。殷は中原区の東部という文化地域をおさえ、周は中原区の西部から起こって隣接する殷の支配地にも支配の手を及ぼした。

以上が理解されていないため、殷や周の領域は実際とは遊離して巨大なものと化し、ヨーロッパ連合なみの領域を誇る天下の王朝だとの誤った理解が一般化している。しかし、実際は上記のようであり、殷や周が大国として小国に支配を及ぼした領域は、天下のごく一部、日本など、現代の国家領域なみにすぎなかった（といっても、結構な大きさである）。覇者とされた者たちも、新石器時代以来の文化地域を母体としてできあがる「大国」の君主であった。

その文化地域を母体としてできあがるのが戦国時代の領域国家であり、殷や周などかつての大国が支配をおよぼした規模以下の領域内で、小国を県として官僚統治を始める。

そうした規模の文化地域のいくつかを征服し、史上はじめて統一帝国を作り上げたのが、秦の始皇帝である。ここに「皇帝」という君主を示す名称ができあがった。前二二一年のことである。

以上のことを理解しないと、たとえば、秦の爵位《しゃくい》が、陝西一帯を領有していた時期に十七等爵であったのが、天下に領土を広げていく過程で二十等爵に組み直されたことも、何のことだかわからなくなる。支配する領域の規模がまったく異なってしまったため、爵位の体系も変わらざるを得なくなったのである。

一方、統一までの過程はそれほど単純ではない。各国の領土拡張や始皇帝による統一戦争の過程などでは、何十万という人が斬首されている。こうした事実も、文化地域を異にすることからくる激烈な抵抗を考えないと、理解不能に陥る。

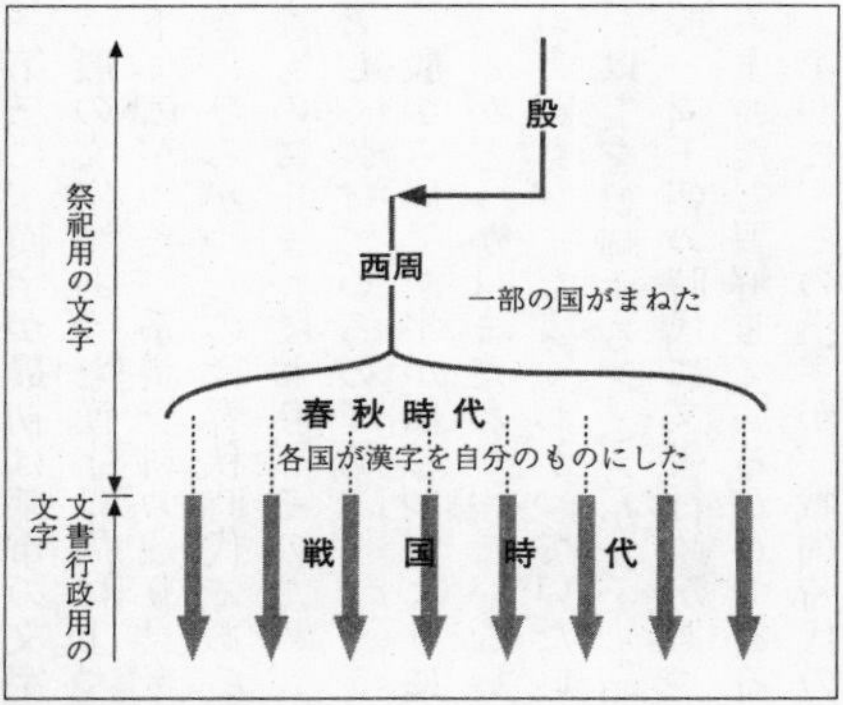


**漢字の継承と広域化**　漢字がどこで作られたかはわかっていない。殷代後期には、殷王朝で祭祀に用いられていた。山東などでも漢字を刻した甲骨が発見されるが少数であり、根付いた形跡がない。殷の田猟に随行した祭祀官が捕虜になり、遠隔地にもたらされたのかもしれない。周は殷を滅ぼして漢字を継承した。銘文入りの青銅器を諸侯に与えたので、諸侯は次第に漢字になじんだ。西周末の混乱で漢字を青銅器に鋳込む特別な技術が各地に流出した。その結果春秋時代には、黄河流域・長江流域を含む広大な漢字圏が出現した。やや遅れ、鉄器が普及して耕地が激増し、都市も激増すると、国は滅ぼされて県となり、戦国時代には文書行政が始まる。諸国はそれぞれの君主を頂点とする律令法体系を作り上げ、文書行政がひきおこす難題に対処した

第三に、漢字が最初は都市の文字であったという言わば当然の事実が理解されていない。殷の文字であった漢字は周によって継承され、やがて配下の諸侯国にひろがり、さらに天下に広がった。系譜資料の残り具合や諸国君主の在位年代記事などから見て、漢字圏がいっきにひろがったのは春秋時代である。西周《せいしゅう》時代までは、漢字圏は、広域的とは言えぬ部分的なものに止まっており、そのため、周以外の系譜資料にあっては、具体的年代をもつ記事が著しく欠けているのである。

殷から周に漢字が伝わったように、殷に漢字を伝えた国があったはずである。それが夏であるかどうかはまだわかっていない。殷や周から、どのように他の国に漢字が伝えられたかの実際も、まだよくわかっていない。

以上を誤解するところから、上記第一の文書行政の開始時期を誤る。伝説の夏王朝や、殷・周王朝の時代に文書行政があったかのように誤解しているのは、漢字はすぐに天下にひろまったと誤解しているからである。

第四に、その漢字が、戦国時代の文書行政開始とともに、その性格を一変させたことが理解されていない。

都市の文字としての漢字は、祭祀の道具である。これに対し、文書行政が始まると、文字は行政の道具となる。行政の道具となった後、史書が出現する。

祭祀は都市国家の祭祀である。文書行政は領域国家の中央と地方を結ぶものである。だから、史書は領域国家のことを論じる。都市国家の理念を語ってはいない。

領域国家は新石器時代以来の文化地域を母体として成立する。だから、史書はその文化地域を特別に位置づけ、天下の中を語る。天下は漢字圏である。
以上を念頭において語られる歴史は、決して従来のようなものにはならない。

## 「わかる」時代と「わからない」時代

本書で扱う夏王朝・殷王朝・周王朝の三王朝の時代は、「わからない」時代である。これに対し、続く春秋時代は「わかる」時代である。

では、何が「わかる」のか、そして何が「わからない」のか。

春秋時代は、新石器時代以来の文化地域の中で、「大国」がどう興亡をくりかえしたかが「わかる」時代である。これに対し、夏王朝・殷王朝・周王朝の時代は、それが「わからない」時代である。

### 漢字による記録の残り具合

では、なぜ「わかる」のか、そしてなぜ「わからない」のか。

漢字の有無が関わるからである。漢字は殷王朝で使われていた。いわゆる甲骨文《こうこつぶん》と殷金文《きんぶん》である。他の都市国家にも、その漢字がもたらされた形跡があるが、定着してはいないようである。

周王朝の時代は、西周金文を鋳込んだ青銅器が各国に与えられている。しかし、この鋳込む技術が周王朝に独占された結果、各国では独自に文章を鋳込むことができなかった。異国の文字は、必ずしも興味関心の対象とはなりえず、興味をもった国が仮にあっても勝手に使うということにはならなかったわけである。

漢字があるところでは、その漢字による記録が残される。しかし、漢字がないところではその記録は残されない。当たり前のことである。だから、殷王朝や周王朝の時代の記録は、殷や周のことに限られている。

周王朝は、各国に銘文入りの青銅器を与えた。その銘文は諸国のことに言及する。だから、殷代に比べれば、諸国の事情は残されるようになった。しかし、その銘文は、周王朝の立場から、各国の事情に言及したものであり、かつとても零細である。

以上のような事情があるから、殷王朝・周王朝の時代は、殷・周以外の各国の状況が「わからない」。

「わからない」のに「わかった」ように説明するわけにはいかない。『史記』の時代には、われわれよりも多くの「事実」が目の前にあったに違いないが、太古以来の天下を説明する部分など、作り出された「事実」を使うことと「わかる」ことはまったく別のことである。

甲骨文や金文のおかげで、かえってわれわれの方が詳しい材料を手にしているところもある。しかし、その甲骨文や金文は、殷や周の立場からの記事が記されている。殷・周以外の各国の状況は、殷・周の立場から推測するしかない。記述も零細である。だから、依然として、「わからない」ことが多い。

殷代に先行するいわゆる夏王朝の時代は、まだ文字が発見されていない。だから、この時代も「わからない」としか言いようがないところが多い。

しかしながら、春秋時代には、漢字が各国に伝播《でんぱ》し根付いていった。この時代は、戦乱にあけくれた時代どころか、漢字発展の歴史にあっては、広域的漢字圏の形成という画期的な意味をもつ時代である。

そのため、この春秋時代には、各国の歴史を語るための材料が、比較的多く残されている。結果として、各国の事情が格段に「わかる」ようになった。

続く戦国時代は、もっと「わかる」時代になる。

では、何が「わかる」のか。なぜ「わかる」のか。

戦国時代には、鉄器の普及がもたらした社会構造の変化が基礎となって、官僚制度が定着する。それぞれの文化地域ごとに、一つないし二、三の領域国家が形成され、それぞれに中央から派遣された官僚が、かつての「国」を統治するようになった。

文字は、官僚制度を支える道具に変身した。その制度を支える法体系、いわゆる律令も次第にととのっていった。

その道具としての文字によって、様々な記録が残されている。中国史上初めての史書も作られた。領域国家ごとにそれらは整備された。だから、様々なまなざしによる様々な性格の記録が参照できる。この時代は、様々なことがより「わかる」時代になった。

この時代は、春秋時代に根付いた漢字が、文書行政の道具に変身するという、これも漢字発展の歴史において一大画期をなす時代である。けっして戦乱にあけくれたと説明すべき時代ではない。

戦国時代に続いては、帝国の時代がやってくる。帝国のまなざしでは、新石器時代以来何千年の歴史をもつ文化地域の独自性がやっかいものになる。その独自性はならされてわかりにくい形で記録される。『史記』は、そうしたまなざしによってまとめられた。

ところが、通常目にする概説書が上代と称して語る夏王朝・殷王朝・周王朝の時代は、まさに、この『史記』のまなざしを基礎にして語られてきたのである。「わからない」はずの部分が、「わかる」ように説明されているのは、けっして「事実」が反映されているのではない。漢代のまなざしが残した記述を下敷きにしているにすぎないのである。

## 「わかる」ように語った過去

すでに、殷や周に相当する時代に、それぞれの文化地域で、それぞれに「大国」が育ったことを述べた。四川《しせん》省でも「大国」が育ち独自の青銅器文化が華開いている。我々は、その一つとして三星堆《さんせいたい》遺跡の存在を知った。この遺跡を残した「大国」の実態は、無文字のせいもあって、なお「わからない」ことが多いが、具体的なモノを通して、都市文化と物資の集中を読み取ることができる。

さて、上記の事情があるにもかかわらず、漢代のまなざしは、殷王朝・周王朝ともに、広大な漢字圏（なかったはずだが）を背景にした天下の王朝であるように叙述した。上述した四川の地は、戦国時代に天下（漢字圏）の一部となり、広東《カントン》や福建《ふっけん》の地は始皇帝が天下に組み入れた。前漢の前半には南越《なんえつ》や閩越《びんえつ》などが漢とは別の国家として存在したが、武帝のときにそれらも滅ぼされた。その武帝以後の認識により、天下の王朝としての殷・周王朝は叙述された。

諸国のことは「わからない」のに「わかる」ように記述した結果、諸国のことには触れな

河南省安陽殷虚の侯家荘1001号墓　殷代の大墓のうち、墓道が四方にのびるものを漢字の「亞（亜）」にみたてて亜字形墓といい、最上ランクに位置づけられる。多くの労働力を投入したことがわかり、大国支配層の威光をかいまみることができる

三星堆遺跡出土青銅立人像（三星堆博物館蔵）　三星堆遺跡は、独自色の強い青銅器文化を華開かせた。漢字は使われていないが、物資の集中をもたらしたのは、大国と小国の関係であり、同遺跡は蜀地を睥睨した大国のものであろうと考えられる

い殷王朝・周王朝の時代像ができあがった。触れないだけだったのに、「よく治まっていた」と勘違いした。天下は安定した時代だとされた。甲骨文や金文には頻繁な戦争が記されている。その事実がよく見えないのは、考古遺物を見る目が、漢代以後の見解に影響され「くもっている」からである。

春秋時代に見えるような戦乱は、殷王朝や周王朝の時代にも、同じように引き起こされていたのであり、春秋時代の「大国」は殷王朝や周王朝と同じようなまとめ役であったわけである。ところが、春秋時代の「大国」は「覇者」と称されて「王」とは別扱いである。考えてみれば、とてもおかしな説明である。

さらに述べれば、戦国時代の領域国家が作り出した史書には、それぞれの独自な説明が付されている。それは何千年の伝統をほこる文化地域の独自性が反映した記述である。それぞれが語った過去は、それぞれに異なっている。夏王朝・殷王朝・周王朝の位置づけも、それぞれに異なっている。

「わかる」「事実」を追っていけば、その違いがわかる。これは否定のしようがない。ところが、一般には、その違いは、気づかれないままになっている。これも、史書を見る目が、漢代以後の見解に影響され「くもっている」からである。

そして、その戦国時代の史書にも、その史書をまとめた文化地域に中央を据える視点が強く反映される。漢代以後の史書よりはましだとはいえ、提供される「事実」が、そのまま史実になるわけではない。

読者の目の前に提供された材料には、取り去ってしまいたい付加物が幾重にも重なっている。

以下には、なるべくわかりやすさを考えながら、この付加物を取り去るための説明も、付け加えておくことにしたいと思う。

それゆえ、夏王朝・殷王朝・周王朝などのことを語るのに、なぜか戦国時代のことがたびたび顔をのぞかせることになる。すでに言及したように、史書は戦国時代に作られた。しかもこの史書は、領域国家の論理を述べたものであり、都市国家の論理を述べたものではない。だから、戦国時代のことにたびたび言及しながら、なおかつその時代の史書に記されたことが、必ずしも事実を伝えていないことを説明する。

そうした説明は意図的に割愛することもできる。しかし、本書はなるべくそうした説明を付すことにした。そうしなければならないのは、すでに述べたことだが、一般に広く根付いてしまった常識が、戦国時代の史書の「事実」に矛盾することがわかりにくくなり、その先にある事実の究明にきわめて悪い影響を与えるからである。

『史記』にもりこまれた架空の「事実」は、人々の脳裏に深く刻まれているはずである。だから、もっとわかる事実があるはずだと考えやすい環境は随所に整っている。しかし、実際は、「わからない」ことのオンパレードである。本書は架空のものだと判断される「事実」は事実としては扱わないし、事実は地道に究明されることを前提とする。だから、架空の「事実」に示された明確な説明でなく、漠然とした内容をあえて提示することも多くなる。ないものねだりは、危険この上ないので、なるべく控えている。

## 戦国時代における領域支配の正当主張

戦国時代の史書を使って、時代を遡ろうとするとき、とりわけ注意しなければならないことは、これら史書を作り出した国家の正統主張と領土支配の正当主張が、それぞれの史書に反映されているということである。

ところが、戦国時代の国家ごとの独自な主張は、現在の我々には、わかりにくい形で提供されている。すでに述べたように、漢代以後の史書や注釈が、そのわかりにくさを作り出す元凶である。現在のわれわれの常識は、その元凶に沿って、できあがっている。

たとえば、領土支配の正当主張を問題にするということになると、一般には、まず「天下統一」が想起されるに違いない。天下は最初から統一を待っていた、という理解が根底にある。

始皇帝の統一以後、天下の統一状況が比較的長期にわたって継続される状況があったから、それは歴史理解としては一面の真理を言い当てている。

ところが、秦の始皇帝の統一以前に、天下に相当する広大な領域が統一されたことは一度もなかった。言い方を替えれば、何千年にもわたって統一を待っていたわけではない。

本書が述べていくのは、秦の始皇帝の統一までの時代である。だから、天下統一を前提とした説明を付することはできない。

戦国時代も後期になると、秦による天下の統一が見えはじめる。しかし、それはだいぶ時期が降ってからのことである。しかも、見えだした時期にあってすら、秦をのぞく多くの国家にとって、天下統一は、前提の議論とはなっていない。

戦国時代には、新石器時代以来の文化地域を母体とする領域国家が複数存在し、何千年にもわたる文化地域を念頭においた領土支配の正当主張があった。

## 戦国時代の天下の中の特別地域と歴史としての三代

春秋時代に広域的な漢字圏ができあがり、戦国時代に新石器時代以来の文化地域を母体として領域国家が成立する。それぞれの領域国家は、みずからの国家領域を含む地域を特別地域と規定し、天下の残りを野蛮の地とした。

特別地域を意味する言葉としては、「中国」や「夏」などが使われた。

「中国」は、もともと周王朝の王都を囲む一帯を指す言葉である。それを、別の地域を特別にみなす国家が用いたりしている。国家ごとに「中国」が指す地域が異なっている。

「夏」は夏王朝にちなんでつけられた名称である。戦国時代の国家が異なると、「夏」とされる具体的地域も異なってくる。夏王朝がかつてどこにあったかも、よくわからない状況ができあがっている。

「中国」は、現代では中華人民共和国の略称である。そして、歴史的には漢族の居住地を指す言葉だと理解されている。ところが、戦国時代まで遡ると、「中国」はそういう意味ではなく、天下の中の特別地域であった。

「夏」は「華」と通じて用いられた。「中国」と「夏」がいっしょになって「中華」という言葉がやがて生まれる。この「中華」は、本書が問題にする時代には、まだ熟した言葉としては用いられていない。

「中国」は、戦国時代の領域国家が、新石器時代以来の文化地域を念頭において用いた言葉であるが、諸国家は、その文化地域の中だけにこだわったのではない。

周王朝が、殷王朝を滅ぼして中原区の西部から東部を支配下に置いたように、隣接する文化地域には、戦国時代の諸国家も並々ならぬ関心を寄せた。

どうして、戦国時代諸国家が並々ならぬ関心を隣接地域によせたのか。それは、隣接地域を支配することが物資の調達を飛躍的に高める場合があるからである。この物資調達に加え、漢字文化を継承してきたという文化的魅力を備えていたのが、雒邑《らくゆう》（洛陽）に都を遷した後の周王朝である。漢字は殷から周に、そして周から天下の各国に伝播した。この歴史的経緯を基礎として、雒邑遷都の後も、周には豊かな経験が蓄積された。周がある河南の地は、物資が集まる場所でもあった。その豊かな物資と豊富な文化的蓄積を求めて、諸国は周を特別に位置づけた。

殷は河南を中心とする一帯ににらみをきかせた。周は王都鎬京《こうけい》（宗周・西安）をもって陝《せん》西《せい》一帯ににらみをきかせ、副都雒邑（成周・洛陽）をもって殷の故地ににらみをきかせた。殷は夏王朝を滅ぼしたという伝説が残されていた。

戦国時代には、文書行政が本格化し、その文書行政が行われている大領域を「天下」と称した。その中に自らの国家領域を含む地域を特別に位置づけたこともあって、漢字の記録が残された殷と周、そして伝説の夏は「大国」の中でも特別に位置づけられた。

だから、戦国時代の諸国家では、自らの国家領域を含む地域を特別に位置づけるに当たっては、何らかの「形」で夏・殷・周三代を歴史的に関わらせることにこだわった。

だから、自らを含む特別地域の中に夏王朝や殷王朝の故地がある場合は、それらを歴史的に位置づけつつ特別領域の正当なる支配を主張した。また、自らを含む特別地域に隣接してそれらの王朝の故地が存在する場合は、その隣接する故地を自らの国家領域を含む特別地域に組み入れたりした。文化的に違いが顕著である場合、自らの国家領域を含む特別地域より一等劣った地域と位置づけたりする。例えば、楚は夏殷周三代を歴史的にはネガティブに位置づけた。

## 複数の文化地域を横断する漢字圏の出現

### 祭祀用文字としての伝播

漢字伝播の問題を少し詳しく見ておくことにしよう。

すでに述べたように、漢字は最初から広域的に用いられていたのではない。はじめは一部の都市の中だけで用いられていたのである。この点は、漢字だけに限られることではない。

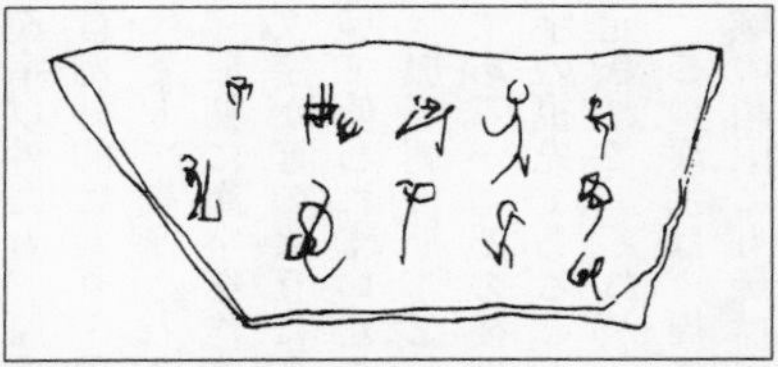

漢字に先行する文字の一例　丁公陶片と称される刻文（松丸道雄模写　松丸道雄「漢字起源問題の新展開」）。漢字とは別系統の文字である。一字だけが記される符号の段階のものではなく、複数の字が並ぶ文字の段階のもの

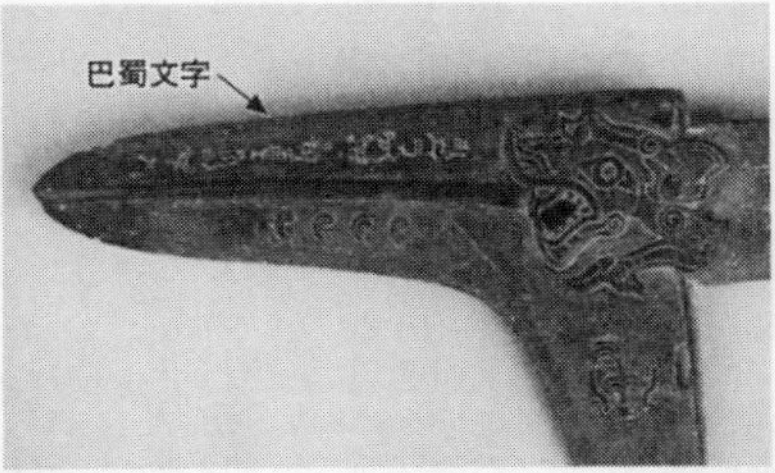


巴蜀文字が刻まれた虎紋銅戈（部分　郫県独柏樹戦国土坑出土　四川省博物館蔵）　戦国時代に秦に征服された四川の地は、秦に近い蜀と楚に近い巴の勢力があったようだ。それらを併せて巴蜀文化を論じる。巴蜀の地には、符号があった。それらのほとんどは、単字として表現されているが、写真のものは文章をなしている。このことから当地において符号が文字化したことがわかる（37頁「漢字による記録の残り具合」参照）

漢字以外にも、原始的な文字が出土してきている。それらは滅んでしまったわけだが、漢字は例外的に残り、現在まで継承されている。

そして継承される過程で、使用の場がひろがっていったのである。

最初に漢字を作り出した都市がどこなのかは、まだわかっていない。そして、その都市の文字がどのように継承されていったのかもわかっていない。ただ、ある時点で、殷王朝において使われていたことだけは、膨大な甲骨文の発見によって明らかにされている。

殷王朝後期、これは前期・中期・後期と分けた場合の後期（前一四世紀―前一〇二三年）であるが、その後期の遺跡から、大量の刻字甲骨が発見された。研究の結果、その刻字は漢字の祖先であることや、その特徴から五期に分類できることなどがわかり、殷王の系図も復元されて、それが『史記』に見えるものとほぼ同じになることが確認された。

この漢字は、周に継承され、やがては周の影響下の諸侯国にひろがり、さらには、長江流域の諸国にも伝播する。その伝播の時期は本格的には春秋時代（前七七〇年―前五世紀）になってからである。

このときにできあがったのが天下の母体である。つまり漢字圏の母体である。天下の母体は春秋時代にできあがった。この母体が、官僚による地方統治、つまり文書行政の進展を基礎として、特別に位置づけられるようになったのは、戦国時代のことである。

天下は、新石器時代以来の文化地域を母体とする特別な地域よりおとるものだったとはいえ、やはり特別に位置づけられた領域である。

春秋時代は、まだ都市国家、つまり周の諸侯国が周との政治関係を結んでいた時代であり、これに対抗する勢力が似たような体制を作り出した時代である。それぞれの勢力が基盤としていたのは、新石器時代以来の文化地域である。文化地域それぞれに「大国」が存在し、勢力を張った。

まずは周の勢力圏に伝播し、やがてはその外に伝播した漢字であるが、各国では、これを祭祀用に用いていた。まだ、官僚による地方統治、文書行政は始まっていない。漢字は、第一に都市国家の文字であった。しかし、各国が漢字を共有することになった結果、国どうしの関係を示す文書に、この漢字が使われることになる。

国どうしの関係は、ながらくそれぞれの祭祀の場を使って確認されてきた。文字のない時代から、神に祈る行為を通して、互いの関係を確認し、違背行為を抑制してきたのである。この互いの関係を確認したのがいわゆる盟誓《めいせい》である。したがって、盟誓は、祭祀の一つとして位置づけることができる。文字がない時代には、盟誓はあっても盟誓内容を記した盟書は存在しない。

漢字が各国の祭祀の場に伝播すると、祭祀の一つと位置づけることができる盟誓にも、漢字が使われることになる。そして盟誓内容を証拠文書として残すようになる。これは、複数の国家を結ぶ文字の運用である。この運用法が基礎となって、後に中央から地方への文書下達というやり方が出現する。これが文書行政である。すなわち官僚による地方統治の始まりである。

文書行政が始まるまでは、都市国家が文字を使用する独立の場であった。だから、春秋時代の議論は、都市を中心にものを考えた。これに対し、戦国時代には、新石器時代以来の文化地域を母体として領域国家の中央ができあがる。この中央の命令に都市が従う体制を文書行政が支えることになる。このため、戦国時代の議論では、複数存在した領域国家をそれぞれ中心にして、ものを考えた。

あまたある都市それぞれが、みずからの都市を中心にものを考え、その外を論じたのが春秋時代であり、いくつかある領域国家が、みずからの国家を中心にものを考え、その外を論じたのが戦国時代である。

## 同じ漢字でも意味が違う

戦国時代にできあがった典籍は、特別の領域と外に広がる世界としての天下を考えている。だから、典籍に見える天下観を春秋時代にそのまま適用することはできない。春秋時代までの外の世界は、戦国時代の天下よりも限られた領域を問題にする。新石器時代以来の文化地域やそれに隣接する地域である。

儒教の典籍は、漢字圏を天下とする書物群である。この書物から、広域的漢字圏ができあがったばかりの春秋時代や、さらに広域的漢字圏ができあがっていない西周、殷などにさかのぼる場合、説明は違って当たり前ということを前提にしなければならない。

とりわけ誤解を増幅する危険が集約されているのは、「天下」という用語である。戦国時代には、漢字圏を意味する言葉であり、漢代になっても基本的に継承された。しかし、戦国時代には、その「天下」の中に複数の中央政府があり、その中央政府の数だけ特別地域があった。ところが、漢代になると、漢字圏をまるごと特別地域とする説明が始まる。その大きな特別地域の中にあって、新石器時代以来の文化地域は、独自性が封印されることになった。

戦国時代と後代との間で、同じ漢字でも意味が異なる事例として、「國」(国)がある。

出土史料を整理してみると、「國」は西周時代には「或(域)」になっている。この「或」にくにがまえがつくと「國」になり、つちへんがつくと「域」になる。都市の時代には「域」だったものが、領域国家の時代に「國」になったのだと考えられる。つまり、都市から外にひろがる一定の地域を「域」と表現していたのが、都市を文書行政で統治する領域国家の時代になって、その「域」すら囲まれる存在になったため、「國」(国)という字が生まれたのである。

これもすでに述べたように、周王朝のときに、王都をかこむ一帯を「中或(域)」と称していた。戦国時代には、陝西一帯を「中国」とよぶのだと読み替えられる。別の国家では、別の領域を「中国」と称することになった。その「中国」が漢代には天下を意味するにいたった。

同じ漢字でも、そして同じ表現でも、意味内容は異なっている。

### 他の「正統」王朝を誹謗するための「夷狄」

読者は「夷《い》狄《てき》」という言葉をご存じだろうか。古典籍や注釈を読んでいると、ときおり目にする言葉である。われわれがよく使う言葉で言えば野蛮人のことである。

この「夷狄」であるが、単独で問題にされることはまれである。この言葉は「中国」と対になって語られる。文化の華咲く地域が「中国」なら、これに対する野蛮の地域が「夷狄」の地なのである。

そして、一般に存在する大きな誤解ということになるだろうが、その「夷狄」の地は、戦国時代当時の認識としては、天下領域の中にある。戦国時代には、『戦国策《せんごくさく》』など、各国を往来した人士の説話が多く残されているが、彼らが問題にする天下の領域は、戦国時代に割拠した国家領域を併せたものになっている。

「中国」は、文化の華咲く地域である。そして、領土支配の正当性を主張する地域である。これに対し、「夷狄」の地は、野蛮の地であり、「中国」に対する地域である。その地域は、自らに対抗する諸国家の領域になっている。漢字圏を特別に論じる立場から、野蛮の地を漢字圏の中に規定している。

すでに自らの領土となっているわけではないが、将来は必ずや領土にする。これが領土支配の正当主張である。戦国時代の各国が構想した特別地域は、領土支配の正当主張を下敷きにして提示された。実際に支配している領域を含む比較的大きな地域が対象とされる。それは、新石器時代以来の文化地域を念頭においたものになる。そこで設定される領域が多少ずれたりするが、新石器時代以来の文化地域も、時とともに伸縮をくりかえしてきている。

「中国」や「夏」の論じ方が国家ごとに異なるように、「夷狄」に相当する言葉も国家ごとに異なる。「東夷」・「狄」・「蛮夷」・「戎」など様々な表現があった。また同じ言葉（漢字）を用いていても、国家ごとにそれらが指し示す対象は異なってくる。注意が必要である。

## 漢代以後の視点の特異性

### 天下統一と典籍内容の齟齬

夏王朝・殷王朝・周王朝を語る史料が、戦国時代では国家ごとに内容が違っていることを述べてきた。

以下に、漢代以後の認識をまとめておくことにしよう。常識はその認識から出てくるわけだが、意外に知られていない「事実」もあるからである。

秦の始皇帝は敵対する諸国家を併合して、前二二一年、ついに「天下統一」をなしとげた。天下はすべてが始皇帝の官僚によって支配されることとなり、秦の律令と、秦の暦が天下にいきわたった。すべて特別地域ということになった。

つまり、天下の一部にすぎなかった「中国」や「夏」は、この時点において天下そのものになったわけである。天下の下に「夷狄」などがいると説明してきた典籍は、そのままでは使えなくなった。敵対する諸国家は消滅したからである。

しかし、新しい「中国」の外には、当然ながら「中国」には入らない地域が存在する。そこには野蛮人たちがすんでいるということになる。

天下と「中国」「夏」と「夷狄」などとの関係を、新たに説明しなおさないと、典籍が使えない、という状況が生まれたわけで、その状況は以後しばらく続くことになる。

本巻の範囲をはずれるので、細かくは述べないことにするが、天下と「中国」「夏」や

「夷狄」などとの関係をうまくとりもって、典籍を使えるようにしたのは、前漢末の王莽《おうもう》の時であった（後漢と説明する場合もある）。これ以後、儒教の典籍に付された説明を使って、天下にひとしくなった「中国」という特別地域と、その外にひろがる野蛮人の地域との関係を、儒教の論理で説明できるようになった。いわゆる漢族の居住地としての「中国」（このころには、この言葉が主流となった）とその外との関係を、中国皇帝を頂点とする体制として理念的に把握し得るようになったわけである。これが、「東アジア冊封《さくほう》体制」の始まりだとされている。

成功したとはいっても、成功の裏には、注釈以外にもう一つ道具が必要であった。その道具というのが、新しい典籍である。儒教の典籍を経というが、経緯という言葉があるように、経は縦糸、緯は横糸である。経があるなら緯があってもいいという論理で、新しい典籍を「緯書」と総称し、この「緯書」がたくさん作られた。これらの書物が、天下と「中国」と「夷狄」などとの新しい説明づけに一役買うのである。西嶋定生《にしじまさだお》が言い始めたことである。

この新しい説明が定着すると、「緯書」はその使命を終える。緯書はいらないということにもなる。また、緯書の内容は漢王朝のために作られたこともあって、必ずしも後代の諸王朝の要求に沿ってはいなかった。沿っていないどころか、危険な場合もあった。漢王朝が是なら、他は非になるしかないからである。このこともあって緯書は衰えてしまう。緯書の利用によって注釈に残された新しい解釈が、以後定着していくことになる。

新しい説明では、「天下」の説明をぼやかす。天下の中に「中国」がある以上、天下は、皇帝の国家の外に広がっている。だから、この説明を付する場合には、「天下統一」はあり得ない。あるのは「中国統一」である。

これに対し、「天下」を統一される地域と規定することもできる。この場合、天下は分裂していて、「天下統一」が議論できる状況下にある。

使い分けはうまくなった。

かくして、「東アジア冊封体制」を論じる場合は、儒教の典籍にある「中国」と「夷狄」（中華と夷狄）の関係を問題にする。

もし儒教の論理を抜きにした国家関係を論じるということであれば、王莽まで待つ必要はない。軍事的優劣ということなら、漢王朝の初期、漢を弟、匈奴《きょうど》を兄としたような関係があったことも、論じることができる。

春秋時代以前の「大国」と「小国」との関係を、冊封関係として論じることも、不可能ではない。冊封の「封」は「封建」の「封」である。言葉の由来からして、周王朝と諸侯との関係、すなわち封建関係が、そもそも念頭に置かれていたことを、想起することができる。「東アジア冊封体制」は、儒教理念を念頭に置いて構想される。

## 「東アジア冊封体制」と徳化

すでに述べたところを説明しなおせば、漢字伝播は、漢字による「同化」を意味している。漢字が伝播したところは、漢字を使った文章という共通の表現を手にしたのである。とりわけ戦国時代になって文書行政が本格化すると、この共通の表現は、官僚たちの共通の財産となった。いわゆる漢族、つまり漢字漢文を共通の財産とする民族は、このときにできあがった。

文字をもたない都市や、もっていても漢字とは違う文字や、独自の符号を使っていた都市では、おそらく相互に異なる言葉がとびかっていたのである。これらの都市を軍事的に制圧したのが「大国」であったが、その「大国」の勢力の下、どの程度共通する言葉が生まれていたかは、よくわからない。それらが、文書行政の下で統合され、官僚がそれを支配する。この政治体制の下、漢字漢文が共通の財産として浸透していく。

漢帝国は朝鮮やベトナムをも支配したが、この朝鮮やベトナムは、結局のところ、漢族に同化することをこばんでしまう。同化をこばんだ地域と、同化を前提とする地域との政治関係がいつできあがるか。この問題を語る場合に使用されるのが、すでに言及した「東アジア冊封体制」という言葉である。

時代は本書の範囲を超えるが、関連する話題なので簡単になぞっておく。

再解釈によってあらためてできあがった「形」の下、皇帝が直接支配する「中国」とその外の関係が政治的に構築され、加えて、その関係が儒教の経典を使って議論されることになった。儒教の経典には、特別地域と野蛮の地との関係が書いてあり、特別地域は王が君臨して徳で治め、野蛮の地はその徳に感化され、その人々も徳に付き従ってくることを内容とする。その特別地域が拡大された。

徳が周囲に及ぼされることを、「徳化《とくか》」や「徳沢《とくたく》（沢はめぐみ）」という言葉で議論する。特別地域の支配者の立場から、みずからの民や野蛮の地に徳が及ぶことを述べている。儒教の経典を使って大領域としての特別地域とその外の野蛮の地の関係がうまく説明できるようになると、徳の及ぶ範囲も拡大された。

徳とは、そもそも殷代では征伐を支える霊力のことであった。大国が小国を支配する場合、征伐が敢行される。その征伐を支える霊力である。いわゆる徳化・徳沢の徳が征伐なしでいきわたるのに対し、殷代・周代の徳は征伐によってもたらされる。大国と小国との関係は、都市どうしのものである。だから支配の永続化をはかるには、おりにふれての征伐が不可欠であった。ところが、戦国時代にできあがった領域国家では、小国の大半はすでに滅ぼされて県になっている。県には官僚が派遣され、征伐されることなく治まっている。だから王の徳は、征伐なしに民にいきわたっている。対立する領域国家との戦争では、かつての小国である都市を占領することはあっても、領域国家そのものをすべて占領することは、通常不可能である。だから、敵対する諸国家の民を論じる場合、自らの民と同じく、征伐なしで徳がいきわたるものだと説明されるようになった。ここに、征伐なしでいきわたる徳が出現したのである。

この説明が、上記のような特別地域の拡大によって、戦国時代の典籍では想定されていなかった外族の地にも、及ぶことになった。

この新しい徳化の内容が理解できたのは、漢族官僚たちである。

漢族に同化されなかった人々は、この内容が理解できる状況下にはおかれていなかった。

例外は、漢族との間の関係をとりもつ「通訳」たちである。この「通訳」は、もちろんのこと漢族の文化を吸収した人々である。しかし、漢族に同化されなかった圧倒的多数の人々は、漢族の文化内容を理解してはいなかった。

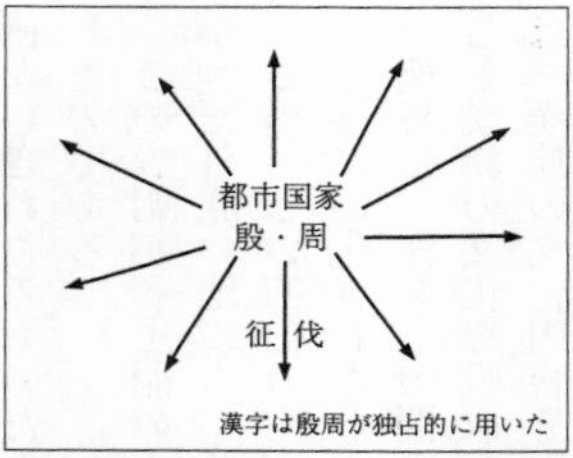


①都市国家の時代の徳　都市国家の時代は、征伐を徳（征伐の呪力）が支えた。大国に征伐されたのは、敵対する都市で、領域国家を征服するのと違ってはるかに容易に征服できた

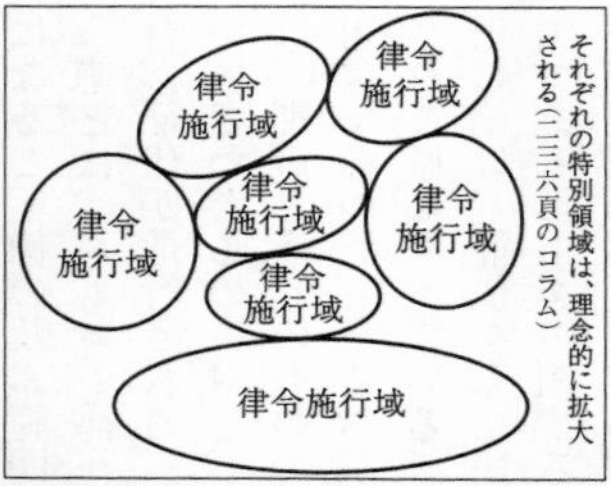


②領域国家の時代の徳　領域国家の時代には、徳が自ずと民に及ぼされ、かつ他国の民にも及ぶものとされた。天下（漢字圏）の内だけが問題だった。戦争は領域国家どうしのものとなり、都市を征服しても領域国家を征服したことにはならなかった。そのため、征服を前提としての徳ではなく、征服なしの徳に意味が変化した

この「通訳」を使って、中国皇帝の国家と周辺の国家との関係が構築されることになる。それが「東アジア冊封体制」である。

「通訳」をとりまく環境は、次第にととのって、やがて周辺国が自前の律令をもつ段階にいたる。その「通訳」の主流は、いわゆる帰化人であろうが、その影響が、日本や韓半島の中にある「国」の祭祀の場に、どんな形で及んだのかは、まだよくわかっていない。中国の春秋時代において、漢字が各国に根付いた結果として、各国間の盟誓にともなう盟書ができあがった。そうした盟書が日本や韓半島において発見されたことは、まだない。

発見されているのは、稲荷山《いなりやま》鉄剣銘や、七支《しちし》刀《とう》銘などである。その内容は、系図などを示す簡単なものであ

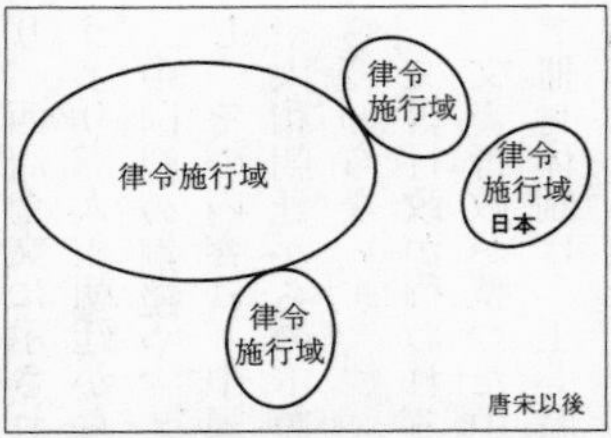


④律令時代の徳　律令は、皇帝を頂点とする体制を法的に秩序づける。その律令が周辺国に根づくと、それぞれの頂点をいただく体制を秩序づけるようになった。それぞれの律令施行域が、自己を中心に据えて徳治を論じた。各自が自己の頂点を念頭において規定を作るので、頂点どうしの矛盾が顕在化し、書状のやりとりが国家関係の悩みの種となった。相手の国家的祭祀の場に干渉しないのが一つの方策となった

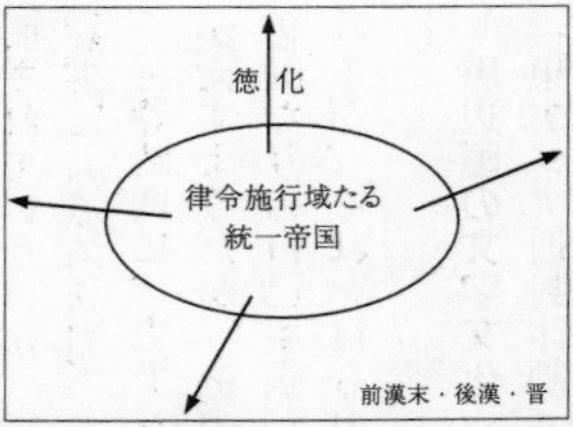


③統一帝国の時代の徳　統一帝国の時代は、漢字圏の内と外が問題になった。徳は自ずと漢字圏の内の民に及ぼされ、漢字圏の外にも及ぶものとなった。一般に考えられる徳治は、この図によっている

儒教経典の本文は、上図②の時代にできあがった。王と賢人の徳が民に及ぶ。経典の注釈は、③の時代に作られた。東アジア冊封体制は、③の時代にできあがる。②と③の間において、経典のまとめなおしがあった。儒教経典に述べる徳の及ぶ範囲は、③の認識ができあがる過程で、認識上拡大された。官僚の質が変化すると、賢人の意味するところも変わっていった

上図③の認識における特別地域を縮小させると、②における各領域国家の認識となり、それは本書236頁のコラムにまとめたような、それぞれの律令施行域を理念的に拡大させた領域となる。④では漢字圏は拡大した。大小複数の領域国家の認識が混在する。日本は自らの律令施行域を「中国」と称した。中国皇帝の下の正史は、③の認識によって②や④を語り、漢族の居住域たる特別地域「中国」と「外国」を区別した。以上の認識とやや異なるのが、宗主国と属国（「外国」の一部をそう見なした）をめぐる議論である

り、西周金文《せいしゅうきんぶん》に示されたような内容の域を出ていない。銘文が地域の「国」で作られたというより、大和朝廷からの下賜品を想定した方がよさそうに思えるがいかがだろうか。

中国製の銅鏡や、その倣製品も多数出土しており、そこに漢字が表現されている。しかし、その内容は、中国で作られたもの以上にはならない。この銅鏡の代表として、邪馬台国や大和朝廷からの下賜品が議論される三角縁神獣鏡《さんかくぶちしんじゅうきょう》がある。その銘文内容も、中国鏡と何ら変わらない。

文書行政が行われるような環境ができあがるには、ほどとおい実態が想定できる。文書行政が整った中国と、文書行政が始まっていない周辺国との間で作り出される東アジア冊封体制は、王莽時期に開始されたことが議論される。その王莽時期を語る書物は、後漢時代に作られた。そのため、王莽の徳が民や野蛮の地に及んだことは説明されていない。説明されていないが、儒教経典のあらたな説明に成功した結果として、儒教経典に示された「徳沢」などの語が、議論されなかったと考えるのは不自然である。

王莽時期に、東アジア冊封体制の基礎ができあがったとみなすことができる。そしてくりかえすようだが、その体制を周辺国において支えたのは「通訳」たちである。周辺国には周辺国なりの自己主張があり、なりゆきでできあがる自らを一尊とする考えもあったと考えられるが、それを自らの論理として主張し得るほど、漢字は根付いていない。

### 周辺国の文字文化

「東アジア冊封体制」にやがて大きな転機がおとずれる。周辺国に漢字が伝播し、漢字文化に浴していくわけだが、漢族に同化されないまま、その漢字を自分たちの文字として利用することが始まるのである。

すでに述べたように、中国において、漢字が青銅器に記された銘文の形をとってひろがり、結果として春秋時代の広域的漢字圏ができあがったように、日本において漢字が伝播する過程では、鏡や鉄剣などが、人々の心をつかんだようだ。これはとても興味深いことである。

春秋時代において、漢字を使うということの共通性が、特別だという認識がなかなか育たなかったように、日本でも、漢字を使用することが特別であることの意味が、さほど理解されていなかったようである。

この日本において、やがて文書行政が始まり、律令が導入される。このころには、儒教の経典内容を理解する多くの人材が輩出した。その人々が理解したのは漢語である。その漢語によって、すべての人々の言葉が規整されることになれば、それは同化になる。しかし、日本や、韓半島やベトナムではそうはならなかった。

日本では万葉仮名が発明され、やがて仮名ができあがり、訓読も始まった。この訓読により、漢字は、漢族以外の民族の文字として機能することになった。

「訓読」や万葉仮名の祖型が発想されたのは韓半島であり、それが日本に導入された。以後、万葉仮名や「漢字を訓で読んでしまう」ことが定着したのが日本であり、韓半島では「訓は意味をあらわす」ことになる。後に新たな原理によってハングルが出現した。ベトナムでは、漢字で表現できない言葉を、字喃《チュノム》というベトナム漢字で表すようになる。

中国の周辺国には、これら以外に、西夏《せいか》文字・契丹《きったん》文字など漢字風の文字も出現し、サンスクリットに起源する文字も伝播してくることになる。「東アジア冊封体制」は、周辺国が漢字やその他の文字を自らの文化文字として使用するにいたって新たな時期をむかえた。それぞれが、自らの国家を第一とする論理を漢字や他の文字で表現するにいたったからである。

### 「東アジア冊封体制」の変質

通常、「東アジア冊封体制」は中国皇帝を頂点とすると理解されているが、その意味の体制であったのは、周辺国が文書行政に漢字を用いるまでの段階のことである。漢字を使いこなせなかった周辺国は、漢字によって示された体制の論理が理解できず、自分たちが一番だという理屈を漢字でこねることもなかった。周辺国に文書行政が始まり、律令が導入されると、そのことをもって文化国家を自任するにいたり、中国が一尊ではない、という理屈を漢字でこねるようになる。

そもそも律令法体系は、中国の戦国時代にできあがって王を一尊とし、天下統一後は皇帝を一尊とするにいたった法体系である。それが周辺に導入されたということは、同じ性質をもつ法体系が周辺で採用されたということを意味する。すでに述べたように、自己を第一に位置づける意識は様々に存在する。村を第一とする場合もあれば、村をもまとめあげる都市——これを日本に当てはめれば古墳時代にあったようなクニになろうが——を第一とする場合もあれば、都市をまとめあげる領域国家を第一とする場合もある。それが律令法体系とい

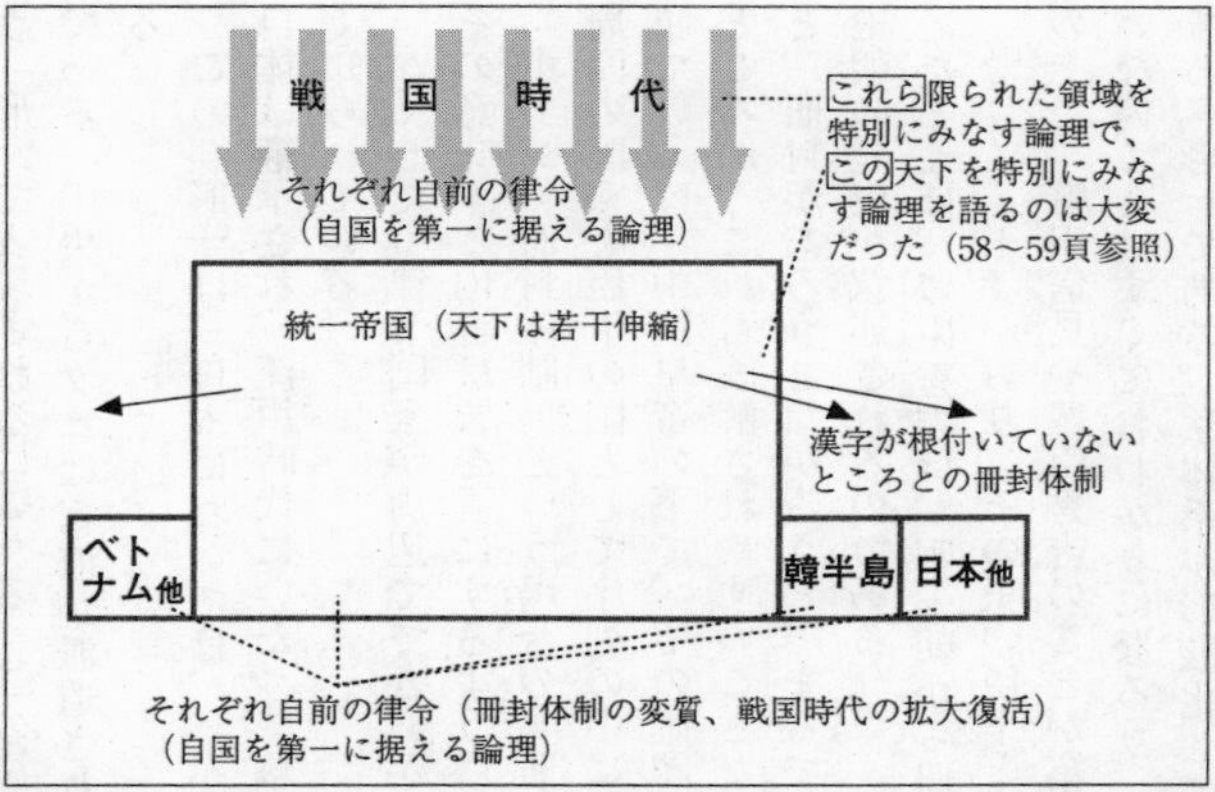


律令施行域の出現と東アジア冊封体制　戦国時代に、新石器時代以来の文化地域を母体として、複数の領域国家ができあがり、それぞれが自己の頂点たる君主をいただく法体系を作り上げた。それぞれの律令施行域を併せると漢字圏たる天下になる。文化地域を念頭においた領域が特別地域とされ、漢字圏の残りは野蛮の地とされた。漢字圏の中を特別地域と野蛮の地に分けるこの考えは、経典に反映されたが、漢字圏が統一されてできなくなった。漢字圏の外を野蛮の地として説明しなおし、経典を再解釈する後漢時代の注釈ができあがる過程で、その理念的基礎の下に中国皇帝と周辺国との政治関係が整備された。これを東アジア冊封体制という。この体制は、中国皇帝の官僚機構と、周辺国の通訳により成り立つ。周辺国が律令法体系を受容してみずからの君主を頂点とする法体系を作り上げると、法体系どうしの軋轢が、東アジアを舞台にして再燃した

う「形」で表現されるにいたる。この法体系が規定するのは、領域国家を第一とする「形」である。中央からクニに官僚が派遣される「形」を規定する。文書行政を支える規定である。

この「形」は、日本においては、やがて形骸化することが知られている。しかし、「形」自体は継承され、江戸時代にいたって幕藩体制を支える「形」に作り替えられたことも、よく知られている。

かくして、律令国家が周辺でできあがったことにより、同じ「漢字の伝播」と言っても、その意味する内容は質を異にするようになった。

「東アジア冊封体制」という場合の「冊封」の有無も問題になる。冊封というのは、皇帝が周囲の国家を臣下の国として序列の中に加え、その関係を確認する行為を言う。だから、理屈でいえば、中国皇帝の下で、その確認行為をしない限り、冊封されたことにはならない。ところが、これも誤解されやすいことだが、その中国皇帝の国家の歴史が編纂されるとなると、冊封があろうとなかろうと、まるであったかのような国家序列が組み上げられて、その王朝の歴史が叙述されるのである。

たとえば、豊臣秀吉《とよとみひでよし》は、明《みん》王朝から冊封されたことはないが、『明史』の中では、日本に「故《もと》より」「王」がおり、その王の臣下として最高位の者は関白《かんぱく》と称されると説明される。その上で、織田信長《おだのぶなが》や豊臣秀吉のことが紹介されている。ここに「天皇」のことが紹介されていないことはすぐにおわかりになろう。日本の律令体系が規定したのは、「天皇」を一尊とする「形」である。法体系が形骸化しても、その「形」自体は残されていた。しかし『明史』で紹介されるのは「故より」いる「王」である。このように冊封関係とは、冊封の有無にかかわりなく、史書の中でこうした「形」をとって叙述されるものである。それは理念を語っているのであって、現実を語っているのではない。

同じ状況は、中国の戦国時代にもあった。戦国時代の諸国家は、自らの律令をもち、互いに他国を夷狄よばわりしていた。

『史記《しき》』と『漢書《かんじょ》』に漢と南越（始皇帝の死後、漢族が広東《カントン》方面で建てた国家）との文書交換の記事が見える。これらを比較してみると、『漢書』が成書された後漢時代には、漢皇帝を一尊とする対外文書の形式が整っていたことが、具体的に明らかになる。『漢書』で明らかになるその形式は、『史記』が成書された前漢中期にあっては、まだ確立されていない。そのため、『史記』に紹介される文書と『漢書』に紹介される文書は同じもののはずなのに、形式や語句が相当に異なっている。これも東アジア冊封体制の確立に関わる話題である。

戦国時代には、遊説家がある国家の意思を他の国家に伝達した。その際、文書を提出する国家の王を「大王」と称し、敵対する君主を「荊王」「梁王」など、地域や都市名を王に冠して表現している。そうした文書の中に、敵対する君主の発言内容が示される。その発言内容が、一つの形式として定まると、『漢書』に見えるような対外文書形式になる。それはやがて「国書」の位置づけをもつことになる。

ということであるから、国書の形式などとの関わりは異なるわけだが、東アジア冊封体制が変質し、周辺国自らが、自国の中央と地方を結ぶ文書行政を始めるに及んで、かつての戦国時代に存在した複数の中央が対立する構図が、領域を拡大する形で再現されたことが確認できる。

## 「戦国時代」という名称

われわれは「戦国時代」という時代名称に翻弄されて、殷や周に平和な時代の国家としてのイメージを作り上げている。しかしながら、すでに述べたように、殷代や西周時代も戦争の時代であった。

戦争には、大きく分けて二つある。一つは、新石器時代以来の文化地域の中でひきおこされた戦争であり、もう一つは、文化地域間の戦争である。

前者は、都市国家どうしの戦争であり、後者は文化地域の少なくとも一方は、大国が小国（都市）をまとめて外と争ったものである。

いずれも存在した戦争だが、戦国時代に新石器時代以来の文化地域を母体として領域国家ができあがると、前者は著しく減少し、領域国家どうしの戦争を反映して、後者が増えた。

帝国ができあがった後の戦争も、よくよく見てみると、戦国時代の戦争と同じようになっている。帝国内の戦争ではあるが、新石器時代以来の文化地域を異にする地域間の戦いになっていることが少なくない。

秦の始皇帝が死去した後の戦争しかり、項羽《こうう》と劉邦《りゅうほう》の覇権争いしかり、漢代の黥布《げいふ》等の反乱しかり、呉楚七国《ごそしちこく》の乱しかりである。

つまり、「戦国時代」という名称とはうらはらの状況が戦国時代の前と後とにひろがっている。戦国時代と同様の戦争は漢代においても引き起こされており、一方、戦国時代には、都市国家どうしの戦争が少なくなった。中央と地方都市の争いは、反乱の名の下に記録、処理されるようになる。われわれは、多くの場合、この状況に気づいていない。

この「戦国時代」という名称の由来であるが、これについても、誤解があるようだ。「春秋時代」が『春秋』という書物に由来することが有名である。この言い方に引っ張られる形で、「戦国時代」は『戦国策』に由来する、とお考えの方もときどき見受けられる。ところが、実はそうではない。『史記』の時代には『戦国策』はまだできあがっていない。この点からしておそらく誤解があろう。『戦国策』は前漢末にできあがった書物である。

漢代にあっては、戦国時代を「六国の世」と呼んでいた。漢はみずからが至上の存在であることを説明する上で、最初の皇帝を生み出した秦を脇役化する必要があった。その上で、この脇役を間において、周を正統王朝と位置づけ、その正統王朝たる周を継承する「形」を作り上げた。この特別な脇役である秦を別にし、他の大国を六つ数えて（楚《そ》・斉《せい》・燕《えん》・韓《かん》・魏《ぎ》・趙《ちょう》）、これらを「六国」と称し、統一秦の時代と分ける意味で「六国の世」と称したのであった。この「六国の世」が以後長らく用いられた。

漢代にあっては、「戦国」という言葉もあった。それが書物名にもなって『戦国策』ができあがった。この書物は、戦国時代以来『短長書《たんちょうしょ》』などの名称でまとめられていたいくつかの書物を、前漢末に一つにまとめなおし、『戦国策』と名付けたものである。「戦国の世」という言い方もあった。しかしこの「戦国」は時代名としては定着しなかった。後に、秦を含めて「七国」と言うようになる。この

「七国」という表現が「六国」という表現に替わって、主流になった。その後、さらに降った清代に、「戦国」という表現が時代名称として定着する。

天下の視点から統一を論じ、まだ統一されていないという意味から「戦国」を論じていることにも、注意されるとよい。

# 第二章　周王朝の史実

## 伐殷から克殷へ――『逸周書』と『史記』

### 『逸周書』世俘解

前一〇二三年、周は陝西《せんせい》の「大国」として、隣接する河南《かなん》の「大国」殷を滅ぼした。周が殷を滅ぼした際の記事は、『史記』にも残されているが、以下にご紹介するのは、それよりも古い記録である。この古いとして注目されるのが、戦国時代にできあがった『逸周《いつしゅう》書《しょ》』である。『逸周書』に収められた問題の記事は、もともと周の記録であり、それが、春秋時代の晋《しん》に継承され、さらに戦国時代の魏《ぎ》に継承されたものだと考えられている（一五一頁以下に説明した『竹書紀年《ちくしょきねん》』と同じ墓から出土）。

周が殷を滅ぼした、ということになると、いっきに滅ぼしたようなイメージも抱かれようが、実際には、若干長めの時間がかかっている。まず周が殷を伐って（伐殷）、やがて殷を滅ぼす（克殷）までが問題となる。それが、『逸周書』世俘解《せいふかい》にまとめられている。

最初に注意を喚起しておけば、冒頭に「四方《しほう》」という表現が出てくる。この「四方」には、「通殷命有國（域）」（殷の命をもって地域を形成しているところ〈の国々〉に通告した）という表現が続いている。このことからもわかるように、「四方」とは、いわゆる東西南北のことではない。殷に従う方国（諸侯国）のことである。代表する四つの諸侯国を「四方」と呼んでいる。西周時代の青銅器銘文でも、殷を滅ぼした際の「四方」の征伐がたびたび話題にされているが、同じ意味の文章を、「不廷の方を率裹《そつかい》す」（朝貢してこない方国〈諸侯国〉を従わせた）と言ったり、「殷民を亦則《えきそく》す」（殷民を従わせた）という表現にしたりしている。

以下にご紹介する文章はやや長いが、比較的古い体裁を残す文章にあって、周が殷を滅ぼす過程が、具体的事実をともなってまとめられている。冒頭に何の内容を説明するかの簡単な叙述があり、ついで事のおこりから事件が紹介される。

（武王一二年〈前一〇二三〉四月乙未《いつび》の日、武王は（殷の）「四方」の支配が成就したことを、殷の命をもって地域を形成している国々に通告した。

（そもそも武王九年の）一月丙辰《へいしん》の旁生魄《ぼうせいはく》（既生覇《きせいは》。九一頁の月相《げっそう》の図参照）の日の翌日の丁巳《ていし》の日、王は周より出発して商王（殷王）紂《ちゅう》の征伐に向かった（が一度は引き上げた）。（武王一一年〈前一〇二四〉二月既死魄《きしはく》（既死覇。月の盈《み》ち欠けの状態として下弦以後）の日（計算上庚申《こうしん》）から五日目の甲子《こうし》の日、商（殷）と接するところに至った。そこで商王紂の執矢《しつし》の悪臣（とりまきの悪臣）一〇〇人をことごとく平らげた。

太公望《たいこうぼう》（四三三頁以下参照）は王命をもって方（殷の諸侯）が攻め来るのを防いだ。丁卯《ていぼう》の日、太公望が至り俘虜《ふりょ》を生け贄《にえ》として祭祀を行い天に報告した。戊辰《ぼしん》の日、武王は巡視し文王を追祀した。時に武王が立政を示したのである。呂他《りょた》（なる人物）は、王命をも

周、殷を滅ぼす　殷は、四つの拠点都市をもち、それらを「四方」と称していた。殷を滅ぼし漢字を継承した周は、この「四方」の領有を以後代々言い続ける（411頁参照）。周が殷を滅ぼす際は、斉の助力を得ている。東西からの挟み撃ちであった。周軍は雒邑の北にある盟津から北にわたり、牧野の地で殷軍をうちやぶった

って越戯方《えつぎほう》（殷の諸侯の一つ）を伐った。壬申《じんしん》の日に荒新《こうしん》（なる諸侯）が至り俘虜を生け贄として祭祀を行い天に報告した。諸侯は王命をもってきたり、軍に参加しない者たちを伐った。辛巳《しんし》の日、（諸侯は）至り俘虜を生け贄として祭祀を行い天に報告した。甲申《こうしん》の日、諸将は決死の覚悟をもって誓いをたて衛《えい》を伐った。俘虜を生け贄として祭祀を行い天に報告した。辛亥《しんがい》の日、俘虜を殷王ゆかりの鼎《かなえ》によって生け贄として捧げた。武王はつつしんで珪玉《けいぎょく》をならべ誠の辞をならべ、天の宗（主）たる上帝に報告した。武王は服をあらためずに廟にいたり、言葉をもって庶域《しょいき》を治めんことを祈った。籥人《やくじん》（の官にある者）が儀礼を九回行った。周の烈祖たる太王、太伯《たいはく》・王季《おうき》・虞公《ぐこう》・文王《ぶんのう》・伯邑考《はくゆうこう》に列升《れつしょう》の鼎をもって犠牲を捧げ、殷の罪を告げた。籥人が進み出、武王が黄鉞《こうえつ》（というオノ）を手にとって域伯《いきはく》を正す儀礼をおこなった。壬子《じんし》の日、王は哀衣《あいい》（喪服）を身につけ琰玉《えんぎょく》を並べて廟に至った。籥人が進み出、王が黄鉞を手にとって邦君を正す儀礼をおこなった。癸丑《きちゅう》の日、殷の俘虜である殷王の士、一〇〇人を生け贄とした。籥人が進み出、武王が琰玉を並べ黄鉞を手にとり戈《か》を執った。王は鐘を打ち爵《しゃく》（という青銅器）を捧げて儀礼を一回行った。さらに王は拝手し稽首《けいしゅ》した（深々と頭《こうべ》をたれ、手のひらを上にして頭上にささげた）。王はその上で鐘を打ち爵を捧げて儀礼を三回行った。甲寅《こういん》の日、殷討伐の軍に牧野《ぼくや》において謁見した。武王は赤と白の旂《き》（旗の一種）を身につけ、籥人（の官）が楽を奏した。武王は舞を舞い儀式用の器を捧げて儀礼を三回行った。乙卯《いつぼう》の日、籥人が崇禹《すうう》・生開（という名前）の楽を三回演奏し、武王の儀式はこれで一段落した。庚子《こうし》の日、軍の陣もとから命をくだして、磨《ま》・百韋《ひゃくい》（の国の軍）を伐たせ、命をくだして宣方《せんぼう》・新荒《しんこう》（の国の軍）を伐たせ、さらに命を下して蜀《しょく》（の国の軍）を伐たせた。乙巳《いっし》の日、軍の陣もとから命をくだして、新荒・蜀・磨（の軍）をやってこさせ、至り報告の儀礼をするや、霍《かく》侯・艾《がい》侯をつかまえ、佚《いっ》侯（の国）の小臣（下臣）の合計四六人を俘虜とし、配下の八〇〇人をつかまえた。俘虜を生け贄として祭祀を行い天に報告したが、俘虜三〇〇人ごとに二度行った。百韋（の国の軍）が至ったので、祭祀を行い天に報告した。その際、宣方（の国の軍）をとらえ、その配下の三〇人をとらえ、俘虜を生け贄とする祭祀を二度行った。百韋には討伐を命じ、舞を舞い生け贄をささげさせた。武王は狩りを行い、虎二二、猫二、麋《び》五二三五、犀《さい》一二、氂《り》七二一、熊一五一、羆《ひ》一一八、豕《し》三五二、貉《かく》一八、麈《しゅ》一六、麝《じゃ》五〇、麋三〇、鹿三五〇八をとらえた。ここにおいて、武王はついに（殷の）四方を征したのである。平らげた国はおよそ九九国にのぼった。生け贄にした俘虜は、合計一億一〇万七七七九、とりこにした俘虜は三億一万二三〇、服属した地域は六五二にのぼる。［以上の「九九」以下は、数値的におおげさである］

時に［前一〇二四年］四月既旁生魄（既生覇）から六日目の庚戌《こうじゅつ》の日、武王は朝に至り周において燎祭《りょうさい》（という祭祀）を行った。「わが沖子《ちゅうし》、文を安んぜよ」。武王は車から降りて史佚《しいっ》（なる人物）に命じて、書を天にかかげ、「武王は紂のとりまきの悪臣一〇〇人に罰を与えます」と大声で言わせた。そして右厥甲小子鼎《うけつこうしょうしてい》（なる者たち）の大軍を伐たせ、その四十夫の家君鼎にして司徒・司馬（の官の者）をひきいる者たちを伐たせた。郊において大声で号させた後、武王は、宗廟の南門に、道を挟んで俘を用い、衣を着せ生け贄にしてから門をくぐった。武王が祭祀を主催し、太師が商（殷）王紂を打ち負かしてその首を白旂《はくき》の旗に懸け、妻の首二つを赤旂《せきき》の旗に懸けることを祈らせた。そのため周廟で俘虜を生け贄にしてから燎祭を行ったのである。翌日辛亥の日、位を祭祀し、籥（の楽）を天位に用いた。五日目の乙卯の日、武王はもろもろの祭祀を行うのに、生け贄を地域の周廟において使うよう命じた。「わが沖子、牛六を殺し、羊二を殺せ」。諸地域は周廟において告祭をおこなって言った。「むかし私は聞いた。文考（父）は商人（殷人）の典籍をおさめたと。ここに商王紂の身を斬り、天に告げ、祖先神后稷《こうしょく》に告げるのだ」。百神や水土に祈って、社に小牲たる羊・犬・豕を生け贄として用いた。「ああ、わが沖子よ。文考をやすんじて沖子に至らしめよ。牛五〇四を天と土地神にささげよ。小牲たる羊や豕二七〇一を百神・水・土を祭る社にささげよ。商王紂を商の郊にささげよ」。

時に［武王がその一一年〈前一〇二四〉一二月戊午《ぼご》に軍をひきいて盟津《もうしん》から黄河《こうが》を渡った後、前一〇二三年の］**甲子**の夕、商王紂は天智の玉琰五環を取り、衣を厚く身にまとって自らに火を放った。そのおりの報告によれば、使われ焼かれた玉《ぎょく》は四〇〇〇にのぼる。五日目に武王は一〇〇〇人の者にこの玉を探させた。四〇〇〇の玉はとけたが、天智の玉の五つだけは火中にあってとけることがなかった。この天智の玉を、武王は宝として扱った。武王が俘虜とした商（殷）の旧臣たちから得られた玉は、一億一〇〇万にものぼった。

以上の文中に記された内容には、誇張もある。「生け贄にした俘虜は、合計一億一〇万七七七九、とりこにした俘虜は三億一万二三〇、服属した地域は六五二にのぼる」とあるのや、玉の数が「一億一〇〇万にものぼった」などの数値は多すぎる。

そうした誇張をのぞき、基本的事件の流れを追ってみると、「甲子」の日が二度問題になっていたことがわかる。周が殷を滅ぼした事件は、代々しばしば話題にされた。その際必ず論じられるのが「甲子」の日のことである。『史記』を読んでいると、それはある日一日が問題になるだけのように解釈できる。ところが、上記の文章から明らかなように、別々の日である二つの「甲子」が問題になっているのである。これを一つの日だと勘違いすると、前後の事件が縮まり、「伐殷」から「克殷」までは、短かったかのような印象が得られてしまう。

ところが実際は、一つは武王一一年（前一〇二四）二月の甲子、そしてもう一つは、武王一一年一二月戊午の後にくる（前一〇二三年の）甲子であった。前者の時点では、まだ牧野の戦いは始まっておらず、しかも、同年の四月には、武王は周にあった。

『史記』周本紀もよく目をこらして読むと、事件の推移を正しく理解することができる。『史記』周本紀に「武王がその一一年〈前一〇二四〉一二月戊午に軍をひきいて盟津《もうしん》から黄河を渡った」という事件が見えている。その時点では、周王の軍は殷の本拠を突いてはいない。

### 『逸周書』克殷解

『逸周書』には克殷解《こくいんかい》という篇もある。それは次のように記している。すでにご紹介した世俘解と相補う内容になっている。事件の推移がより具体的になるから、これもご紹介しておこう。

周の戦車三五〇乗は牧野《ぼくや》に陣取った。帝辛《ていしん》（紂王）もこの戦いに参加した。武王は尚父《しょうほ》（太公望）と伯夫《はくふ》に軍を出撃させた。周の武王は、誓いをたてると勇猛果敢な軍車をもって、「盟津《もうしん》から黄河を渡って」商軍のもとに馳せきたり、商の軍は大いに崩れた。商辛（帝辛）は逃げ、鹿台の上に登った。そしてしきりを立て、自らに火を放った。武王は太白の旗を手にとり諸侯に合図した。諸侯はついにこれを拝し武王に従った。商（殷）の庶族の百姓（人々）はみな郊で出迎えた。多くの賓客たちは集まり進んで言った。「上天は賜りものを下された」。そして再拝稽首した。武王は拝に応えまず入って王所に至り、三発の矢を商王紂の遺体に放ち、しかる後に車を降りた。そして軽呂《けいりょ》という剣で商辛（商王紂）の遺体に撃ちかかり、黄鉞（というオノ）で斬りつけた。そしてその首を太白に懸けた。二女（妲己《だっき》という女性ともう一人の嬖妾《へいしょう》だとされる）のところにいくとすでに首をくくっていた。王はまたこれに三発の矢を射かけた。そして右手に軽呂をもって撃ちかかり、玄鉞（黒い鉞というオノ）で斬りつけ、首を小白の旗に懸けた。そして軍を必要な場所に配置した。百夫に命じ、素質の旗を王前に担わせた。叔振が奏上の言葉を述べ群臣がこれを拝した。常車《じょうしゃ》（威儀車）をならばせ、周公が大鉞（というオノ）を手にとり、召公が小鉞を手にとって王を差し挟んだ。泰顛《たいてん》と閎夭《こうよう》がともに軽呂を手にとって王に奏上した。王は社に入って太卒の左に座をしめた。群臣はことごとく従い毛叔鄭《もうしゅくてい》が明水《めいすい》を奉じ、衛叔《えいしゅく》が礼を補佐した。召公奭《しょうこうせき》が采事を補佐し尚父が犠牲《いけにえ》をひいた。尹逸筴《いんいつきょう》が言った。「殷の末孫は上帝の徳を受けながら迷い、はえある成湯の神明をもってしながら神祇を侮滅《ぶめつ》して祭祀をおこたった。ものに暗き商（殷）邑の百姓《ものども》よ、その明らかなることを天の上帝に申し上げよ」。武王は再拝稽首して出た。王子武庚を立て管叔に命じて相とした。そして召公に命じてとらわれの身であった箕子《きし》を自由にし、畢公《ひっこう》・衛叔に命じてとらわれの身であった百姓を自由にした。南宮に命じて鹿台の財、うずたかく積まれた粟を皆に振る舞わせた。そして南宮・百達《ひゃくたつ》史逸《しいつ》に命じて九鼎《てい》三巫《ふ》を周に遷した。そして閎夭に命じて王子比干の墓を作らせ、宗祝に命じてこれを軍中において賓客のごとく応対し祈禱させた。そして宗周《そうしゅう》（鎬京《こうけい》）にもどった。

世俘解によれば、武王一一年（前一〇二四）において牧野に陣取った軍は、武王の訪問を受けたわけだが、その後は、周の軍は殷の四方を制圧するのに時間をとられてしまう。この間、武王は一度都にもどっている。そして、再度牧野の地にかけつけるところからが記されたのが、克殷解になる。

二度目に武王がかけつけてからは、殷の軍は総崩れとなり、殷王紂は自らに火をかけた。世俘解に武王は商王紂の首を白旂《はくき》の旗に懸け、妻の首二つを赤旂《せきき》の旗に懸けることを祈らせたことが記され、克殷解にこの祈りが成就されたことが記されている。

### 『史記』周本紀の克殷記事

『逸周書』世俘解の記事にある「甲子の夕べに殷王紂が自焚《じふん》した」事件は、『史記』周本紀にも記されている。しかし、その記事には、誤解をうけやすい部分がある。すでに述べた

「甲子」に関する部分が問題になる。一般には周本紀を参照することが多いので、これもご紹介しておこう。

①二月甲子の日の早朝、武王は商（殷）の郊外の牧野に至って誓いを立てた。武王は左に黄鉞をつえつき、右には白旄《はくぼう》の旗を手にして号令をかけた。「遠くまできたものだな、西土の人よ」。武王は言った。「ああ、われには冢君《ちょうくん》（という神格）、司徒・司馬・司空・亜旅・師氏、千夫長・百夫長、および庸・蜀・羌《きょう》・髳《ぼう》・微《び》・纑《ろ》・彭《ほう》・濮《ぼく》の人が味方についている。なんじの戈を挙げよ、なんじの干（武器）を並べよ、なんじの矛を立てよ。我はここに誓わん」。王は言った。「古人の言うところでは、メスの鶏には朝の時を告げることがないのに、そのメスの鶏が朝の時を告げるとなると、家はおしまいだ。いま殷王紂は婦人の言を用いて祖先以来の祭祀を捨てて顧みない。その家と地域を捨て、王の父母弟を用いない。四方の多罪逃亡の人間を尊びあがめ信用して用いている。これは百姓に暴虐をつくし商の国（邦）に邪道をしくものである。いま私は天の罰を行わん。今日のことは六歩・七歩に過ぎず、とどまれば前と同じである。みな勉めよ。四伐・五伐・六伐・七伐に過ぎず、とどまれば前と同じである。みな勉めよ。猛々しきこと虎や羆のごとく、豺のごとく離《みずち》（螭）のごとく、商の郊において商の軍が奔走するのを見逃すならば、西土に罪せられるであろう。勉めよや。勉めざるところあらば、なんじの身は殺戮されん」。

②すでに誓うと、諸侯の兵で会した者四〇〇〇乗は、牧野に陣をしいた。

③帝紂は、武王が来ったことを知るや、兵七〇万を発して武王を拒んだ。武王は師尚父

（太公望）と百夫に命じて軍を至らせ、大部隊をもって帝紂の軍の前に馳せ参じさせた。④紂の軍は多くの兵を擁していたが、戦いの心は失せていた。心中武王の入城をまっていた。紂はすでに倒れた兵をもって戦い、武王と開戦したのである。武王はこれに駆けつけ、紂の兵は総崩れとなり紂に背いた。紂はのがれて都にもどり鹿台の上に登って、その珠玉の衣を身にまとい、自らに火をかけて死んだ。武王は白旗を手にとって諸侯に号令をかけ、諸侯はことごとく武王を拝した。武王が諸侯を集めると、諸侯はことごとく従った。武王が商国に至ると、百姓は郊で出迎えた。ここにおいて武王は群臣に命じて商の百姓に語らせた。「上天は賜りものを降された」。商の人々は再拝稽首し、武王もまたこれに応えた。ついに入城し紂の死んだ所に至った。武王は自らこれに矢を三発射かけ、それから車を降りた。そして軽剣をもって撃ちかかり、黄鉞をもって紂の首を斬り、大白の旗に懸けた。それから紂の嬖妾二人のもとに至ると、二人はすでに自害していた。武王はこれらにも矢を三発射かけ、剣をもって撃ちかかり、玄鉞をもって首を斬り、その首を小白の旗に懸けた。武王はそれから出て軍にもどった。

上記の①と②は、世俘解の記事に沿って理解できる。また③と④は克殷解に沿って理解できる。ただし、④に「武王はこれに駆けつけ、紂の兵は総崩れとなり紂に背いた」という部分を、読み間違うと、このとき駆けつけたのは、①を述べたものだと考えてしまう。①と④が克殷解、②と③が世俘解に沿って理解できる、と説明することもできてしまう。

ここでは、「甲子」が一度しか述べられていないからである（殷本紀に二つ目の「甲子」）。

『史記』の文章は、漢代の言葉でやさしく書き直されている。このこと自体は歓迎すべきことである。しかし、上記のように、よく見ないと誤解する内容があちこちに見えることも事実である。だから、『史記』よりも古い時期に書かれた『逸周書』の世俘解や克殷解で事件を理解し、その上で『史記』周本紀を参照する必要がある。

そもそも史書の後代性は、いかんともしがたい問題であり、史書から歴史をひもとくのは、慎重にも慎重を期すべきだが、慎重に史書を読む場合であっても、周本紀を読む前に読まなければならない史料があるわけである。

ちなみに、この『史記』の記事には、『逸周書』世俘解や克殷解には見えない語句が記されている。周の本拠を「西土」とする箇所である。これは、周が中原を本拠とするに至ったいわゆる東遷の後の認識である。この認識を漢王朝は受け継いだ。本拠たる陝西の地を出発し殷を滅ぼしたばかりの認識としては、みずからの本拠陝西の地を「西土」と呼ぶのは奇妙である。

一方、『逸周書』世俘解冒頭近くに「(武王九年)一月丙辰旁生魄(既生覇)」がある。訳文では「商王紂の征伐に向かった(が一度は引き上げた)」として、本文にはない表現を( )中に示しておいた。上記の『史記』の訳文では示さなかったが、この部分について、『史記』は「武王九年、武王は畢《ひつ》(文王の墓のある地)において上祭を行い、東のかた兵を示して盟津に至り、文王の位牌を作り、車にのせて軍の中央においた。(中略)そこで、軍をひきはらって帰った」とやや長い文章を記している。ここには、「武王九年」が明言されている。上記の『逸周書』世俘解の訳文は、これを参照しているが、直接的には、「一月丙辰旁生魄」がものを言っている。問題の部分の後に、武王一一年の記事が続くのだが、「一月丙辰旁生魄」は、筆者の考える天象としては、武王一一年には得られないものであった。そこでさらに遡ってみたところ、武王九年（前一〇二六）にやっと得られたので、「（武王九年）」としてみたのである。すると、それが『史記』にいう上記の「武王九年」の記事のことであることがわかったという次第である。筆者の考える天象については、下記に西周王朝の歴代の王の年代に関してやや詳しく述べることにしよう。

このように、『史記』には、『逸周書』の欠を補う記事も混在している。『逸周書』だけが『史記』に先行する材料なのではないということである。だから、『史記』は依然として貴重な記事を我々に提供してくれる。ただし、『史記』の文章のどこが古くからの伝承を残しており、どこからが『史記』編者の挿入になっているのかは、文章を見ているだけでは判断が難しい場合も少なくない。だからこそ、『逸周書』のような古いと判断される（天象などとの関わりや文章表現からそう判断できる）材料を、『史記』と比較する必要があるわけである。

## 西周王朝の起源と滅亡に関する伝承

### 周の祖先伝承

どこが古くからの伝承で、どこからが新しい内容を盛り込んだ部分なのか。これは周の祖先伝承に関しても問題になるところである。

周の祖先伝承は、『史記』周本紀の冒頭に記されている。この文章も、一般の方が目にされることが多いので、以下にご紹介しておこう。
下記において、殷の祖先伝承は鳥の卵が関わっているということを述べることになるが、周の場合は巨人が関わる。『史記』周本紀の冒頭はこう記す。

周の后稷《こうしょく》は名を弃《き》と言い、その母は有邰《ゆうたい》氏の娘で名を姜原《きょうげん》と言った。姜原は帝嚳《ていこく》の后《きさき》となった。姜原は野に出て巨人の足跡を見、うれしくなって自らそれを踏んだ。踏んでみるとみごもったような気がした。一年たつと子が生まれた。不祥のことだと思ったので、これを町中に捨てると、いきかう馬や牛はさけて踏まないようにする。これを林中に捨てるとたまたま山林をいきかう人が多い。運河の中の氷の上に置くと、鳥が飛んできて翼で暖める。姜原はこの子には神性があると思い、養って育てた。そもそも棄てようとしたということで弃と名づけた。

弃は子供のころから巨人の志が現れ、遊んでいても、好んで麻・菽《しゅく》（まめ）を植えた。植えた麻や菽はできがよかった。成人するにおよび、農耕をこのむようになった。地のよろしきを見いだし、穀物によろしければ植えて収穫する。民もみなこのやり方をまねた。堯がこれを聞き、弃を抜擢して農師にした。天下はその利を得、功績があった。舜は言った。「弃は民が飢えると時に応じた百穀を蒔く」。そして弃を邰《たい》に封建した。后稷《こうしょく》と号し姓を姫《き》氏とした。

最後に姓を姫氏にした、という説明がある。すべての人が氏をもつにいたったのは、戦国時代だろうと考えられている。春秋時代には、首長が姓をもち、首長の一族が他国に嫁すと姓を称した。都市の人々の移動が激しくなり、漢字を使用する人も増えて春秋中期以後次第に氏が現れるようだ。周代には、まだ氏ができあがっていない。だから、この部分は、古くからのものではない。また、夏王朝より先んじる時代の帝王は、戦国時代以後に遡上されたものである。この帝王の事績も古くからの記事ではない。

「姓」と「氏」について、説明しておくと、そもそも漢字が広まる過程で、都市国家の首長を侯とした。その首長が称したのが「姓」である。同じ姓の諸侯が同族の扱いを受けた。たとえば周の同族とされた諸侯は、（本当に同族かどうかは別として）「姫姓」を称している。鉄器の普及は春秋戦国時代に空前の社会変動をもたらした。耕地が急激に増え、都市の数も急増した。都市間の人の移動は頻繁になり、伝統的きずなとは異なる新しい秩序が形成される。都市には、出自を異にする人々が集まる。そうした人々は、出自ごとに氏を称する。この氏は、都市の住民に広がり、ついには皆が氏をもつにいたった。

ということであるから、姓を姫氏にした、という説明自体が姓と氏の区別がなくなった時代のものである。周以来の諸侯が消滅した後のことで、おそらく漢代の説明であろう。

こうした後代の付加部分をそぎ取ると、残るのは、周の祖先が巨人の精を受けたという点、そして生まれつき神性があり、農業をつかさどったという点である。こうした内容は古くからの伝承の可能性がある。

## 褒姒の伝説

巨人の足跡を踏んで后稷が生まれた。しかし、生まれた当初は、不祥のことではないかと思われたという。この不祥に関わる説話が、西周の滅亡に関して伝えられている。この説話も、人口に膾炙《かいしゃ》するほどよく知られているので、ご紹介しておこう。

前七八一年、西周の幽《ゆう》王が即位した。幽王は褒姒《ほうじ》をめとり、伯服《はくふく》を産んだ。この子をすでに決まっていた太子に換えようとしたことが、内紛をひきおこす。内紛の原因がこの褒姒にあるというわけだが、褒姒については、つぎのような伝説がある。『史記』周本紀に記されているものである。

むかし夏后氏《かこうし》（夏王朝の一族）が衰えると、二匹の神龍が夏帝の庭にとどまって言った。「われわれは褒の二君である」。夏帝はこれを殺すか、追い払うか、とどめるかを占ったところ、いずれも吉と出なかった。そこで龍が吐き出す泡を所蔵しようかと占ったところ吉と出た。そこで布幣《ふへい》（玉幣〈春秋時代〉と布帛〈戦国時代〉の二表現が反映）をもって策書をつくり、このことを告げると龍は立ち去り泡だけが残った。これを箱にしまい込んだ。夏王朝が滅亡すると、この器は殷に移り、殷が滅亡すると周に移った。夏・殷・周三代の間これを開くものはいなかった。ところが周の厲《れい》王の末、開いてのぞいてしまった。すると泡が庭に流れ出し取り除くことができない。王が婦人を裸にして騒がせると、龍の泡はイモリとなり、王の後宮《こうきゆう》に入っていった。後宮の童女は七歳になったばかりであったが、このイモリを見ると、みるみる適齢期の女性にかわってみごもった。夫なくして子を産んだので、おそれてその子を捨てた。宣《せん》王の時、街の童女が謡って言った。「桑の木で作った弓、箕《き》の木で作った箙《えびら》が周を滅ぼすだろう」。宣王が調べさせるとこれらを売る夫婦がいた。そこでその夫婦を捕らえて殺そうとすると逃げた。逃げる道すがら、出会ったのが後宮の童女が捨てた子である。夜泣く声をあわれに思った夫婦は、この子を連れて逃げ、褒の国にいたった。褒の人が罪を得、童女が捨てた子を王に差し出すことを願い出た。その子は「姒」という姓の褒の国の出身ということになったので、褒姒と呼ばれた。そして幽王の三年、王がこの子を後宮でみそめ、子の伯服を生んだのである。

同じように捨てた子である。にもかかわらず、后稷は周王朝の始祖たる男子となり、褒姒は周王朝を滅ぼす妖婦となった。

美女が原因となって国を滅ぼしたという伝説は、殷の紂王（帝辛）が寵愛したという妲己《だっき》についてもある。『尚書《しょうしょ》』牧誓《ぼくせい》にも紂王を非難する内容の中に、「婦の言を用いた」ことが挙げられている。『左伝《さでん》』の中にも、晋の叔向《しゅくきょう》が美しい娘を娶ろうとして諫められた話がある（昭公二八年）。その娘はかつて三人の夫と一国の君主と一人の子供を殺した。男と女の関係は別段時期を区切って云々する類のものではないが、それを亡国に結びつけるのは、君主の権力が強力になることを前提とする。通常、その時期は戦国時代だと考えられている。

褒姒の説話も比較的新しそうだ。

新しいと言えば、この説話には二匹の神龍が登場する。この話は、下記（二一三頁「劉累の伝説」）において、漢王朝の始祖劉邦《りゅうほう》にちなんだものがあることを紹介することになる。

劉邦の母劉媼《おう》の祖先が劉累だという話である。

龍にまつわる泡は、箱にしまい込んだまま漢代まで開いてはならなかった。それを厲王が開いてしまった。だからおかしなことになった。龍に関わるべきなのは、漢の劉邦であり（以後漢王朝は栄えることとなり）、周の厲王（以後周王朝は衰えることとなった）ではない、という漢代の主張が、ここにこめられている。

## 周公と共和

### 理想化される人物と制度

時代を遡れば社会のあり方からして異なる王朝でも、理想化して利用する手がある。戦国時代まで続いた周王朝は、戦国時代の諸国家にとってみれば、権威を直接継承する相手であり、かつその権威を打倒する相手である。

打倒する理由には、世の衰えをもたらしたことをあげつらえばいい。しかし、権威を継承するとなると、いかにして権威があったかを証明しなければならない。この目的のために理想化される人物と制度は、周王朝の最初と、中程におかれる。一度衰えて再興されたが、結局衰えたという説明ができるようにしくむわけである。

戦国時代の国家ごとの思惑がからむと持ち上げ方も違ってくる。ある国家では、周王朝の最初を持ち上げ、別の国家では再興された時期を持ち上げた。

戦国時代の知識人たちが持ち上げたのが、周公旦《しゅうこうたん》の摂政《せっしょう》時期であり、また共和《きょうわ》の摂政時期であった。「大国」と「小国」の見解が基底をなしていた社会から、領域国家の中央と地方の関係が基底をなす社会に変わると、中央の頂点にたつ王は、単なる血縁によって即位したのではない、という説明がなされるようになった。王となった者たちの多くが、春秋時代までは、国の臣下であったため、革命の論理が必要になったのである。摂政は、そもそも王を支える血縁集団の要請に従って、ある集団の長が王とその一族を支えるというのが任務であった。ところが、革命の論理では、摂政が新たに即位した王に徳があるかどうかを判断する、と説明されるようになる。徳があったから王としての在位が始まるということであり、血縁原理によって王としての地位を得たのではない、ということである。

漢王朝も、庶民あがりの劉邦を始祖としていた関係上、摂政時期に関する話題は、大いに利用されている。

『史記』周本紀によれば、周の武王なき後、成王《せい》は幼かったので周公旦が摂政となり、殷の余民を巻き込んだ反乱を鎮定した。成王が長じると周公は政を成王に返している。成王が幼かったころ、周公旦と召公奭《しょうこうせき》が成王を補佐した。

後、周の厲王《れい》の時代になった。ところが、厲王は暴虐であった。そのため、周囲は厲王を追放し、子を太子にして召公（召公奭の子孫）と周公（周公旦の子孫）に補佐させた。召公と周公が行政を司ったので「共和」と号した、というのが『史記』周本紀の説明である。

以上が漢代の説明である。すでに述べたように、この説明には、本来の事実でないものが付加されているわけだが、問題はそれにとどまらない。「共和」の解釈が、戦国時代の史書の内容とも矛盾しているのである。

戦国時代の魏国の年代記である『竹書紀年《ちくしょきねん》』によれば、共和《きょうわ》とは、実は人名であった。「共伯和《きょうはくか》」という人である。厲王が追放された後、政権を担った人物であった。

西周時代の青銅器銘文つまり金文の中に、その人物の名を見いだすことができる。共伯和は、金文では「子龢父《かほ》」（龢＝和）と記されている。『史記』の記述は誤りであり、『竹書紀年』に伝えられた記述の方が正しかった。

戦国時代の説明は零細であるが、いくつかの制度の利用のありようから、周の宣王の時期が、理想的だったと考えられていたことがわかる。その理想化の部分をそぎとって、共伯和という人物が存在した、という事実が残されるわけである。

金文の研究によって、共伯和が政権を担った年代は「元年」しかないことがわかった。追放された厲王の紀年が、ほどなく復活するのである。この時期、宣王が養育され、厲王は引退状態におかれたようだ。厲王の紀年だけが復活したということである。

**摂政時期の象徴　後代がもちあげた「成」と「宣」**

周王朝を支えた一族の要請によって、武王なきあとは周公旦が摂政となり、厲王追放後は共伯和が摂政となった、という事実が、いずれも幼い王の養育と徳の判断のための摂政だという説明に変わった。

この説明の変化の中で、戦国時代の諸国の王たちの正統性を証明するための「形」が作られている。周王朝自体としては、あずかり知らぬことである。

しかし、この「形」ゆえに、周公旦は聖人扱いされ、共伯和の時代が特別視された。このことは、事実として論じるのではなく、戦国時代人の論理構造の中に位置づけておく必要がある。

戦国時代に初めて王を称したのは、魏であり、周公旦の補佐の下で即位した成王にあやかる「形」を作った。現代でも、偉人にあやかった名前は結構ある。戦国時代の知識人にあっては、殷を滅ぼした周の武王、その基礎を作った武王の父の文王、そして周を安定させた周公旦は特別であり、その周公の養育によって王となった成王には特別の意味がこめられた。この文王・武王・成王と周公にちなんだ「形」として、魏《ぎ》の場合は魏の文侯・武侯を嗣いだのが恵成王だということになっている。

文侯・武侯は、単に周の開祖文王・武王にちなむ名前だったであろう。ところが、これを継いだ魏侯は、侯として即位した後、上記の文王・武王・成王の「形」にあやかる議論の主となった。当時の周王や諸侯は、複数の名前をもっていた。恵侯であり成侯であれば恵成侯だ、という具合である。その複数の名前の一つに「成」をつかい、かつ、「養育されて王となる」という「形」を作ることにした。かくして、侯として即位した人物が、途中で「王」となった。それが恵成王（恵王にして成王）である。

この「形」は周の「文王」「武王」の権威が、「成王」に継承される、という点を強調するものである。その上で、魏の恵成王が周の権威を引き継ぐことを論じるものとなっている。

魏に次いで王を称したのは斉《せい》であった。桓《かん》武厲公（桓公にして武公にして厲公）を嗣いだのが威《い》宣王（威王にして宣王）であった。周の厲王を嗣いだ宣王というのと似た君主の名称になっている。

おいしい「形」を魏にとられてしまったので、これに対抗する「形」を無理に作ったところがある。そのため、春秋時代の覇者として斉の桓公《かんこう》をもちあげ、その再来として戦国時代の桓公（桓武厲公）を論じ、その子が侯（公）として即位した後に王たる「宣王」になるという「形」にした。

以後の各国の王も、最初に王を称した者が「成」や「宣」を王号として用いた。直接「文王」「武王」にあやかろうということで、「文」や「武」を用いた者もいる。

このような戦国時代の要請によって周王朝の王名が勝手に利用された。その結果、もともとあった周王朝の議論内容がわからなくなると、周公旦の子孫たる周公、召公奭の子孫たる召公の共同による摂政時期が共和だったと説明されるにいたる。『史記』には、この種の内容が記されている。

これは事実ではないのだが、古典の教養としては極めつけの基礎となった。そのため近代になって「共和国」という訳語が作られるにいたった。この訳語にこめられたのは、代々の知識人たちが周代について議論した理想である。

## 金文が明らかにする西周時代

### 西周金文の月相

こうした戦国時代から漢代にかけて論じられた「形」とは別に、西周時代の歴史があることは、言うまでもない。

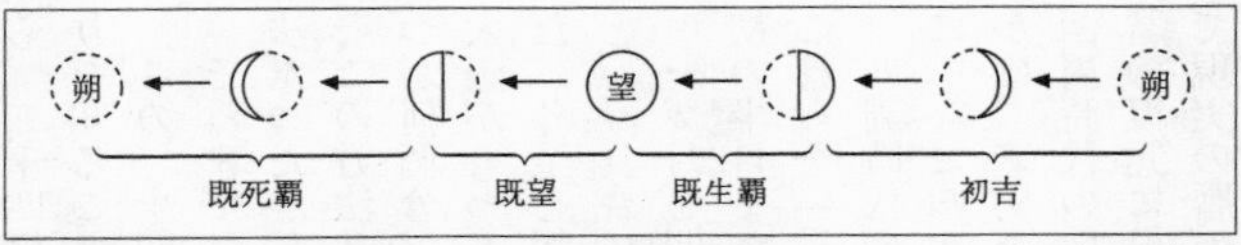


**月の満ち欠けを四分する**　月の満ち欠けは約12回で1年（冬至から冬至まで）だが、正確には約11日ほど不足する。この差が月の満ち欠けと季節の関係を定まらないものとしてしまう。周の人々は、ひと月を4分して7～8日ごとの単位とし、その単位数と月数で季節を調整する方法を思いついた。朔（さく）から次の朔までを初吉・既生覇・既望・既死覇に分ける。この方法は、季節調整に主眼があったので、より正確な基準である二十四節気ができあがると、使われなくなった。朔や望（満月）などは、特定の日（定点）を問題にするので、以後も使われ続けた

その歴史をひもとく貴重な材料が金文《きんぶん》（青銅器銘文《めいぶん》）である。

その金文の中にある特徴的な記述を利用すると、西周王朝代々の王の年代が復元できる。暦については、原始的なものから高度なものへの発展を時代を追ってたどることができる。西周時代の暦も、ある程度高度だが、まだ後に比べれば原始的、ということを具体的に説明することができる。

よく知られているように、二十四節気《にじゅうしせっき》は季節を知る目安になる。冬至《とうじ》や立春などの言葉で今も話題になる。月の満ち欠け一二回分が、ちょうど太陽暦の一年なら一年一二ヵ月ということで問題なかったのだが、そうはならなかった。月の満ち欠け一二回分は、太陽暦の一年に一一日ほど足りない。だから、旧暦つまり月の満ち欠けを基準にする暦では、毎年の一月一日が太陽暦の何月何日になるかが一定しない。

一定しないから、季節を知る目安として旧暦の何月何日を使うわけにはいかない。ところが、二十四節気は冬至から始まって、太陽暦の一年を二十四分する。だか

ら、二十四節気を知っていれば、旧暦が何月何日であろうと、毎年同じ基準で季節との関わりを知ることができる。

この二十四節気が始まるのは、戦国時代のことである。

それまでは、二十四節気に準じる方法がとられていた。この方法は二十四節気に準じる方法だったから、より正確に季節を知る二十四節気が出現すると、消滅してしまう。

この方法とは、月の満ち欠けによる一ヵ月を四分して七〜八日ずつとし、その七〜八日ずつが何個分になるかをもって、季節を知る目安とする、という方法である。真南にあがった太陽がもっとも低くなる冬至は、おおよその日取りとしては、新石器時代からわかっていた。冬至を起点にし、一ヵ月を四分したその七〜八日ずつが何個分あるかを（何ヵ月と何個という具合に）数えるのである。

一ヵ月を四分したその七〜八日ずつは、合計四つの月の状態を示す言葉で表現される。最初の半月《はんげつ》までが「初吉《しょきつ》」、次が「既生覇《きせいは》」、次が「既望《きぼう》」、そして最後が「既死覇《きしは》」である。これらを「月相《げつそう》」という言葉でひとくくりにする。

西周時代の「月相」については、以上と異なった説明をする説もある。しかし、その説では、なにゆえに月相が存在したのか、月相はどうして二十四節気が出現した後に消滅したのかは、適切な説明ができなかった（将来説明できるかどうかはわからないのだが）。また、西周時代の前には、殷の時代があり、その殷の末期に当たる帝乙《ていいつ》・帝辛の時代については、暦の復元に役立つ祭祀の記事が多数存在することがわかっている。その祭祀の記事を網羅して現実の暦の上に配列した場合、当然西周時期の月相記事を網羅して暦の上に配列した結果と適切に接合できなければならない。本書と異なる説では、その接合もできなかったし（これも将来できるかどうかは、実のところよくわからないのではあるが）、殷末の材料を暦の上に配列することもできなかった（これも将来できるかどうかは、実のところよくわからない）。こんな現状があるため、以下に月相の話をしていくに当たって、上記の別説をご紹介することはさしひかえた。

## 周王の在位年

月相には、満月や三日月など、特定の月の形を示す（定点を問題にする）ものもある。「初吉」「既生覇」「既望」「既死覇」は、一ヵ月を四分したもので、この定点ではない。「初吉」「既生覇」「既望」「既死覇」という月相（一ヵ月を四分する）と望（満月）・朔《さく》などの定点（特定の月の形を問題にする）は役割がそもそも異なっていたのである。

くりかえして述べれば「初吉」「既生覇」「既望」「既死覇」は月の相貌そのものに主たる意味が見いだされていたのではなく、一ヵ月を四分して季節を知る目安にするところに第一の意味があった。これに対し、望（満月）・朏《ひ》（三日月）・朔などの定点は、月の相貌を示すことが第一義だった。

そのため、二十四節気という季節を知る上でのより正確な目安が始まると「初吉」「既生覇」「既望」「既死覇」はなくなる。一方、役割が違う望（満月）・朏（三日月）・朔などの定点はなくならなかったのである。

月の満ち欠けと太陽暦一年との関係は、毎年同じではないと述べた。このことを利用すると、王の在位年・月相・日干支を適宜並べながら、西周時代の暦を再構成し、かつ西周時代の王たちの在位が西暦紀元前何年であったかを特定することができる。

関係が毎年違い、なおかつ相手にするのが王の在位年・月相・日干支の三つの組み合わせになるから、相当にきつい条件的しばりとなる。いい加減にならべるわけにはいかない。実際やってみるとわかるが、なにも考えずに並べ出すと、途中で並ばないもののオンパレードになる。

幸いにも、私は、知られている材料をすべて使って、西周時代の王の在位年を特定することができた。現在、すべての材料が使えるのは、私のものだけになっている。

現在、周の王クラスの墓が発見されるなど、考古学的整理が次々に進もうとしている。私の試案は、一九九三年の国際会議発表以来、新しい発見をすべて吸収して生きながらえてきたが、それら新しい発見がまとめられる過程で、私の試案が定説化するのか、あるいは部分的に修正されるのか、さらには多くの部分が修正されるのか、反論は出ていない。

私が進めた検討の結果からすると、西周諸王に東遷期の携《けい》王・平《へい》王を加え、在位年を示すと以下のようになる。

文王（前一〇五八―前一〇三四年）
武王（前一〇三四―前一〇二二年）
周公（前一〇二二―前一〇一〇年）
成王（前一〇〇九―前一〇〇二年）
康《こう》王（前一〇〇二―前九九三年）

昭《しょう》王（前九九三―前九八五年）
穆《ぼく》王（前九八五―前九四〇年）
共《きょう》王（前九四〇―前九〇三年）
懿《い》王（前九〇三―前八七六年）
孝《こう》王（前八七六―前八六三年）
夷《い》王（前八六三―前八五四年）
厲王（前八五四―前八二七年）
共伯和元年（前八四一年）
宣王《せんのう》（前八二六―前七八一年）
幽王（前七八一―前七七二年）
携王（前七七二―前七五九年）
平王（前七七〇―前七二〇年）

この配列には、後で（二三〇頁）言及することになる『逸周書』小開解《しょうかいかい》の文王三五年正月丙子の満月を望んだなどの記事がはまりこむ。『逸周書』世俘解《せいふかい》・克殷解《こくいんかい》の記事に見える暦日も、前一〇二六年、前一〇二四年、および前一〇二三年のものとして説明できる。

そして、これも本書の二二七頁に再説することになるのだが、西周時代の前には、殷の時代があり、その殷の末期に当たる帝乙・帝辛の時代については、暦の復元に役立つ祭祀の記事が多数存在することがわかっている。私は、殷代末期の材料を現実の暦の上に配列する作業について、網羅的に配列した試案を提出することができただけでなく、上記にご紹介した私の配列との接合にも成功している。

## 西周の滅亡

すでに、周の幽王の后であった褒姒《ほうじ》のことに触れた（八四頁）。褒姒が周を滅ぼした妖婦であるという内容になっていた。この褒姒には、すでに紹介した伝説以外にも、次のような話が伝わっている。『史記』周本紀の記事である。

周の幽王の二年、周の支配する一帯で地震があった。周は滅びるのではないか、そんな意見を言う者も現れた。この年、三つの大河が渇き、岐山《きざん》が崩れた。三年、幽王は褒姒という女性を愛した。褒姒は伯服という子を産み、幽王はもともとの太子を廃してしまおうと考え始めた。亡国のきざしだという噂のとびかう中、幽王はついに太子を廃して伯服を太子に立てた。褒姒はなかなか笑わぬ女性であった。あるとき間違ってのろしをあげると、何もないのに諸侯が集まってきた。その様がおかしく褒姒は笑った。その笑顔見たさに何度ものろしをあげた幽王は、諸侯の信頼がなくなった。かつての太子の母であった申《しん》后は繒《そう》侯および西の外族（異民族）である犬戎《けんじゅう》といっしょになって、幽王を攻めた。幽王はのろしをあげたが、諸侯は集まらない。幽王は反乱軍のために殺され褒姒は虜にされてしまった。そこで申后の出身国の君主申侯を中心に新しい王を成周《せいしゅう》（洛陽《らくよう》）の地に立てた。これを平王という。ここに周は東遷した。

このようなざれごとにつきあって、やってきたり怒ったりするほど、諸侯も単純ではなかろう。これは、周王朝をおとしめる説話である。

実際どうであったか、これを知るのに使える材料がある。すでに言及した『竹書紀年』である。この年代記に記された記事は、金文の王の在位年・月相・日干支を記した記事にもとづく配列に矛盾するところがなく、日食の記事なども適宜収まる。

この信頼できる年代記である『竹書紀年』に記された褒姒関係、というより褒姒が后として仕えた幽王殺害の記事、および洛陽の地に平王が即位する経緯は、次のようにまとめることができる。

周の幽王は殺され、褒姒の子の伯服（伯盤）も殺された。そこで携王が即位した。携王の即位は前七七二年のことである。これに反対する諸侯は、王子宜臼《ぎきゅう》（平王）を擁し、難を避けて東に移った。そして前七七〇年、成周洛陽の地にこの王子を即位させた。これが平王である。ここに周は西の携王、東の平王が並び立つことになった。

『史記』では、「東遷」つまり王都を東の雒邑《らくゆう》（洛陽）に移した、とされていたわけであるが、実際は、王都鎬京《こうけい》の携王と雒邑の平王が東西に分かれて争ったのであった。

### 「東遷」という名の分裂時期の推移

携王の紀年は前七七二年を元年とし、平王の紀年は前七七〇年を元年とする。

金文の暦日を並べるとこの二人の王の紀年が両方とも出てくるわけである。そして、それらを使うと、この分裂時期の流れをより具体的に追うことができる。

兮甲盤《けいこうばん》という青銅器には、「隹《これ》五年三月既死覇庚申《こうしん》」という暦日が記されている。これは前七六六年の平王五年に収まる。

この銘文には、平王勢力が西と戦うため、物資の調達が必要となり、淮夷《わいい》一帯にそれを求め、諸侯にも呼びかけた次第が記されている。

（平王の）五年三月既死覇庚申の日、王ははじめて玁狁《けんいん》を䍐盧に征伐し、兮甲がこれに従った。敵の首、敵の捕虜など天からの授かりものは少なくなかった。王は兮甲に馬四匹と䡅車《こうしゃ》を賜った。王は兮甲に命じて成周の四方の貢ぎ物を集め、さらに南淮夷《わいい》にいたらせた。王の政辞は以下のようである。「淮夷はもと周に貢ぎ物を差し出す地域である。すみやかにその貢ぎ物を献納し、人を差し出し、宝物を差し出し、軍に従い、王命に従え。さもなくば罰（奕刑）が下されよう。わが諸侯・百姓《ひゃくせい》よ、貢ぎ物を差し出し軍に従え。蛮に貢ぎ物を差し出してはならぬ。さもなくば罰が下されよう」。兮伯吉父《けいはくきつぽ》（兮甲）は、以上の功労を後世に残すため盤を作った。眉の霊力は永遠に限りない。子孫子孫（子々孫々）、永く宝として用いよ。

このころ東の平王と敵対する西の携王の紀年を使って作られたのが、虢季氏子組盤《かくきしそ》である。次のように記されている。

（携王の）一一年正月初吉乙亥の日（前七六二年二月七日癸酉朔の月第三日）、虢季氏の子組は盤を作った。永遠にきわまりなく、子孫子孫永く宝として用いよ。

単に青銅器を作ったというだけの簡単な内容である。しかし、この青銅器を次の青銅器と関連づけると極めておもしろい事実が浮かびあがる。

その青銅器とは、虢季子《し》白《はく》盤である。これには次のように記されている。

兮甲盤とその銘文（『図説中国の歴史１』より）

（平王の）一二年正月初吉丁亥《ていがい》（前七五九年二月三日乙酉朔の月第三日）、虢季子白は宝盤を作った。大いに明らかなる子白は、大いに武功を挙げ、四方をおさえ、玁狁（本来外族の名称。ここは携王勢力を指していう）を伐った。洛水の北において敵の首を斬ること五〇〇、獲得せる捕虜は五〇、これをもって先ずは戦勝報告を行った。武威をほこる子白は、敵の手を証拠として王に差し出し、王は子白に褒美を与えた。王は周廟に至り、宣榭《せんしゃ》において宴を催した。王は言った。「白父よ、汝の軍功は大いに明らかにして輝いている」。王は、乗馬を賜り言った。「これをもって王を助けよ」。また弓を賜い、矢や旗を賜い、オノを賜い、蛮方を正せと命じた。子孫子孫、万年限りなきことを。

携王一一年（前七六二）の銘文をもって語られる虢季氏子組と、平王一二年（前七五九）の銘文をもって語られる虢季（氏）の子白はともに虢季と称される一族である。虢の一族は、本家と分家があることが文献により知られていた。分家は文献に「小虢《しょうかく》」の名で記されている。虢季氏子組盤と虢季子白盤に記されている「虢季」とは、この文献に見える小虢のことである。

虢の本家筋の一族と分家筋の一族は、左図のように西の周（宗周鎬京）と東の周（成周雒邑）の間にあってにらみをきかせていた。

『竹書紀年』によれば、平王を推戴したのが申侯・魯《ろ》侯と許の文公であり、携王を推戴したのが虢公翰であった。前七六二年の時点で虢季氏の子組が携王紀年を用いているのは、そのためである。ところが、前七五九年において虢季の子白が、平王の紀年「一二年」を用いているということは、この一族が寝返ったことを意味する。

この年、すなわち平王一二年（前七五九）、東周平王が西周携王を滅ぼした。次頁の地図を見ても明白なように、虢が寝返れば、西周は何もなすすべがなくなる。携王は虢の後ろ盾があればこそ王であり得た。その支えがなくなり、滅ぼされた。

**周王朝の分裂――いわゆる東遷の推移**　前772年に王都鎬京に携王が即位すると、反対する諸侯は前770年に平王を副都雒邑に擁立した。両者の対立の間にあって、決定的役割をはたしたのが虢であった。虢の一族である虢季氏は当初携王側についていたが、後に平王側に寝返った。これで形勢は平王側に圧倒的に有利となり、携王は滅ぼされた。兮甲盤は、携王に対する平王が、戦争用の物資調達を命じた文書を記している。成周（雒邑）の「四方」の外に南淮夷がいる。この「四方」は殷以来の「四方」（四つの拠点都市で表現する地域）である

以上の事実は、兮甲盤、虢季氏子組盤、虢季子白盤が上記のように並び、平王・携王との関係がわかって初めて明らかとなったことである。

これに対し、従来『史記』によって得られていた事実では、周の東西分裂の具体的推移は不明のままであった。また、上記の青銅器も配列がまちがっていたため、別の年代に収まってしまって関わってこなかったのであった。

以上にまとめてきた西周王朝像は、『史記』に記された内容とはだいぶ違ったものになっている。同じことは、西周に滅ぼされた殷王朝についても言える。

『史記』には、いまだに存在が確認されていない幻の夏王朝に関する記述もある。ところが、殷王朝や周王朝には、甲骨文や金文（青銅器銘文）という同時代史料があるのだが、夏王朝については、現状それが望めない。勢い、『史記』などの史書に歴史的事実の痕跡を見いだそうとすることになる。しかし、そこに待ち受けている落とし穴はいかなるものなのか。以下には、この点を念頭において、論を進めてみることにしよう。

# 第三章　「華夏」の源流と夏殷周三代

## 韓の神話

### 文化地域の中の夏・殷・周三代

戦国時代の中原《ちゅうげん》から山西《さんせい》にかけての地域には、韓《かん》・魏《ぎ》・趙《ちょう》の三国があった。

これらの国家は、春秋時代の晋《しん》が分裂してできた国であり、それぞれに領土を拡張して当地域における三国鼎立の状況を作り上げた（一〇～一一頁の「春秋列国図」「戦国諸国家図」を参照）。春秋時代の晋は、山西の汾水《ふんすい》流域の大国であり、河南《かなん》の大国であった周の近くに進出してきた。韓は、その周をとりかこむように領域を定めている。

中原は新石器時代以来の文化地域としてのまとまりがあったわけであるが、韓・魏・趙の三国では、その文化地域の中に、夏王朝の伝統と、殷王朝の伝統と、隣接する陝西《せんせい》の地から進出してきた周王朝の伝統を、歴史的に跡づけようとした。

それは、漢王朝の史書が、天下の王朝としての夏王朝、殷王朝、周王朝を歴史的に跡づけようとしたのと好対照をなしている。新石器時代以来の文化地域を母体として成立した戦国時代の諸国家では、その文化地域の中を歴史的に跡づけようとし、天下の王朝となった漢王朝では、天下の王朝を歴史的に跡づけようとしたのである。

多くの読者は、現代語訳という形で、『史記』という書物にふれる機会が少なからずあるに違いない。そして、『史記』が歴史書だからという理由で、そこに書かれた歴史が事実を述べているのだと勘違いなさっているだろう。確かに「事実」とされるものは記されている。しかし、事実の周りに幾重にも付加物が重ねられている。そうしてできあがった『史記』を読んで得られるのとは異なる「事実」が、戦国時代の史書に語られている。

話がとぶようだが、我が国には『古事記』があり、『日本書紀』がある。前者は神話をまとめ、後者は史書の体裁をもつが、神代《かみよ》以来の日本の神々を語る。日本の律令時代にできあがっただけに、日本の都市国家に相当する古代の「国」の神々は、それらに編入され、形を変えている。それらの「国」の神々は、もともとはそれぞれの「国」を守護する独自の存在だったはずである。

同じことが中国でもいえる。『山海経《せんがいきょう》』という書物には、異形の神々があちこちの山にいたことがまとめられている。この書物は戦国時代にできあがった。そこに記された神々の加護を受けたのは、それぞれの神の下にあった新石器時代以来の都市国家である。

戦国時代に、都市をまとめあげる文書行政が進むと、都市の神をまとめあげる中央の神が出現した。その中央の神を中心に神々を語ると、いわば『古事記』のようなものになる。戦国時代の領域国家は面積的には我が国や韓国なみの広さをもち、兵站《へいたん》線の延びを考慮しても我が国の半分ほどはある（一一頁参照）。その個々の領域に、それぞれ独自の神話が作り上げられた。

戦国時代の書物は、領域国家が滅ぼされる過程で失われ、秦《しん》の始《し》皇帝《こうてい》の焚書《ふんしょ》や、項羽《こうう》が秦

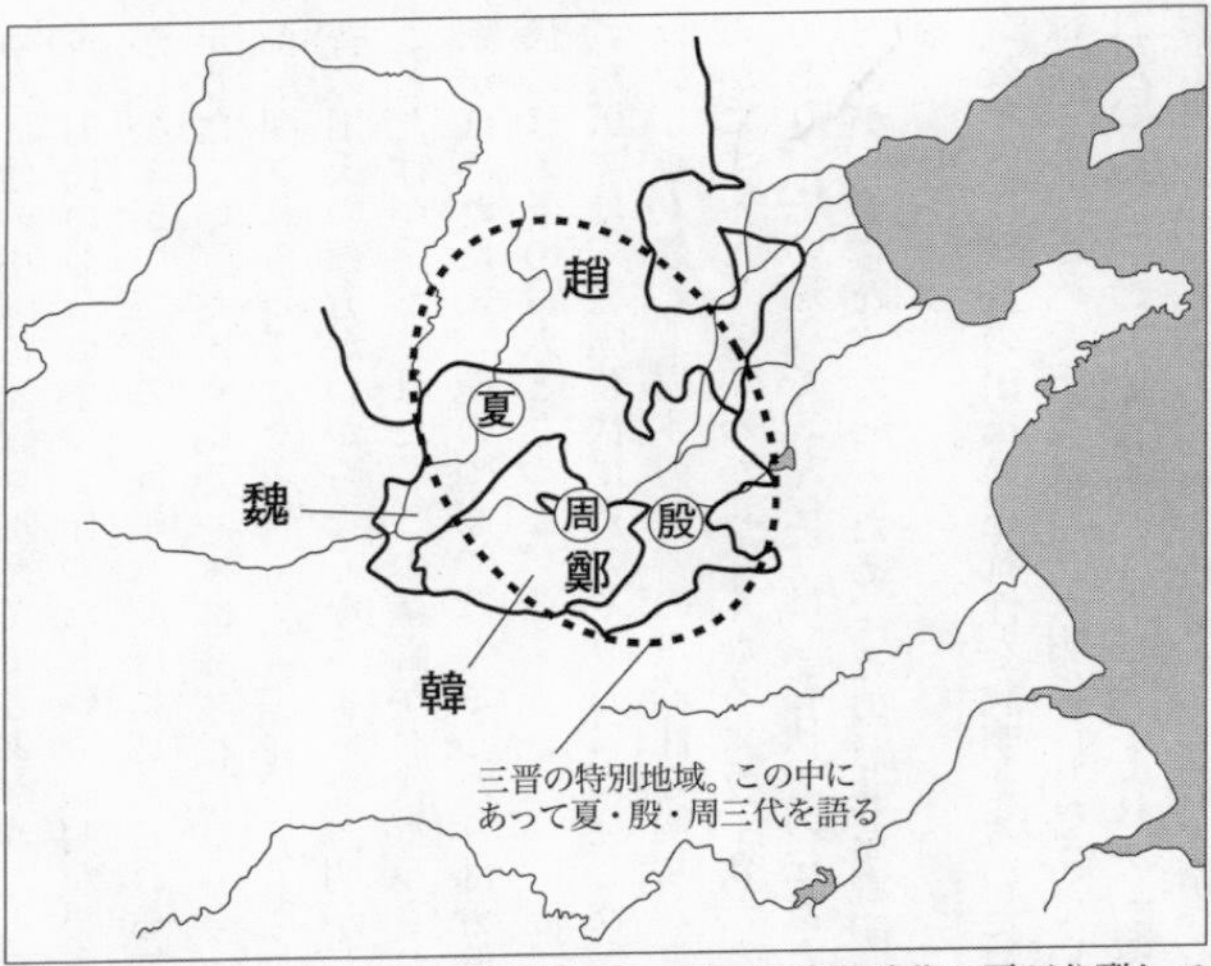


夏・殷・周三代と三晋　三晋（韓・魏・趙）は春秋時代の晋が分裂してできた。国境線は、譚其驤主編『中国歴史地図集』第一冊、前350年ごろのもの。春秋時代の晋がにらみをきかせた地域を特別地域とし、その中に夏王朝・殷王朝・周王朝を歴史的に位置づけようとする

を滅ぼした際の焼失などでも失われた。そのため、史料事情はすこぶる悪い。『古事記』のような神話も、部分的にしか残されていない。しかし、注意して集めてみると、あちこちにその残余が発見できる。

たとえば、韓の神話は、『左《さ》伝《でん》』の中に見える。

**韓が三晋の地を領有する正当性**

『左伝』は、天下の書物を作ろうとした漢代に、『春秋』の伝として位置づけられた書物である。『春秋』はそもそも戦国時代の斉の国で作られた年代記で、魯・斉の記録を

中心に他の小国の記録を加えてできあがったものだったが、できあがってほどなく、孔子《こうし》が斉の田《でん》氏の命令によって作ったという説明ができあがった。その説明のためのサブテキストが『公羊伝《くようでん》』である。簡単な記録に加えられる操作は、たかがしれている。簡単なだけにわかりにくい。だから議論を展開するにはサブテキストが必要になる（『春秋』において議論が展開されるのではない）。さらに漢代になると、『春秋』を作った斉の田氏と孔子のうち、斉の田氏の部分がわからなくなるような説明がしだいにできあがった。孔子が作ったということだけが議論された。この議論が歴代継承されていく。孔子は戦国時代の斉など一部の国家がほめたたえ、他の国家ではくさしたり部分的にほめたりした賢人であったわけだが、漢代には天下の賢人となった。

『左伝』は、戦国時代に斉のやり方に反発した韓が、斉で作られた『春秋』と『公羊伝』のコンビをくさし、返す刀で韓の正統性を明らかにするために作られた。この韓の正統性を明らかにするところがわからなくなるよう、新たな説明がしだいに付け加わってきたのが漢代であり、その過程で『左伝』は『春秋』の伝だとされるようになった。伝とは、経典本文の内容がわからなくなったため、その意味を説明すべく作られた文章という意味の言葉である。

『公羊伝』が斉の田氏の正統性を説明するのに対し、『左伝』は、その説明内容を変更し、韓氏こそが正統であるという説明に作り替えている。韓氏が正統であることを示す説明を、『左伝』は幾重にも作り出している。それが「書いてある」のである。その「書いてある」「事実」の一つ（あくまで一つにすぎない）が、以下にご紹介する韓の神話である。

韓氏は、もとは春秋時代における山西《さんせい》の大国、晋の君主の一族である。すでに述べたことをくりかえしていえば、韓氏には、この晋にことよせて、神話伝説の時代以来の経緯を語り、三晋《さんしん》の地を領有する正当性が付与されている、という主張があった。その主張が、『左伝』に記されている。まずご紹介しなければならないのが、昭公元年の次の一節である。『左伝』は、『春秋』に示された零細な年代記事につき、それが具体的にどのような話であったのかを説明する。その説明には、『左伝』が作られていた時点で、すでにあちこちででき上がっていた説話をたくさん引用した。次に示すのも、その説話を引用した部分である。

**実沈と大夏、台駘と汾水**

『左伝』昭公元年の一節は、晋侯が病気になり、その理由を詮索するところから話が始まる。

晋侯は病にかかった。鄭伯《ていはく》が公孫僑《こうそんきょう》（子産《しさん》）を派遣して晋を見舞った。叔向《しゅくきょう》が質問した。「寡君《わがきみ》の病は、卜人《ぼくじん》の申しますに、実沈《じっしん》・台駘《だいたい》がたたりをなしているのが原因のようです。しかし、史（文字書きの祭祀官）の中には具体的理由がわかる者がございません。何の神のしわざかおわかりになりますか」。

次に、鄭の子産の発言が紹介され、いにしえの聖人高辛氏《こうしんし》（帝嚳《ていこく》）の子供である閼伯《あつぱく》が商丘《しょうきゅう》（戦国時代の宋の都があったところ）に移り住み、そのため殷人《いんひと》が心宿《しんしゅく》（サソリ座の一部）を自らの星としたことが紹介される。

子産は答えた。——昔、高辛氏に二人の子があり、上を閼伯、下を実沈といい、曠林《こうりん》の地（具体的にどこかは不明）に住んでおりました。二人は仲がわるく、とうとう武器をとって征伐しあいました。后帝《こうてい》はよくないことだと思い、閼伯を商丘に遷し、辰（基準星座）たる心宿を司らせたのです。商人《しょうひと》（殷人）はこのため、辰たる心宿を商星とすることになりました。

次に、高辛氏のもう一人の子であり閼伯と争った実沈が、大夏（この文章では具体的にどこか不明）に移り住み、参宿《しんしゅく》（オリオン座の一部）をみずからの星としたことが紹介される。そして、周初の唐叔虞《とうしゅくぐ》が唐の地（春秋時代の晋の首都）を得たことで、自動的に参宿がみずからの星となったことが紹介される。

一方実沈の方は大夏に遷し、参宿（オリオン座の一部）を司らせました。唐人《とうひと》は夏・商（殷）二つの王朝に仕え、最後に唐叔虞の世を迎えました。周の武王の后の邑姜《ゆうきょう》が大叔《たいしゅく》（唐叔虞）をみごもったとき、帝が夢枕にたたれ、生まれる子には虞と命名する、とおっしゃいました。そして、これに唐の地を与え、各地が属するいろいろな星宿のうち参宿に属させ、子孫を繁育させてやろう、ともおっしゃったのです。生まれてみると、その手には虞と書いてございました。そこで虞と名付けた次第です。周の成王姜が唐の国を滅ぼすにおよび、この地に一族の大叔を封じました。それゆえ参宿は大叔の国たる晋の星となりました。このことからしますと、（后帝が参宿を司らせた）実沈は参宿の神であります。

次に、聖人金天氏《きんてんし》（小昊《しょうこう》）の子孫である台駘が汾水と洮水《とうすい》の治水に成功し、周の后稷《こうしょく》から汾水流域に封建されたこと、沈《しん》・姒《じ》・蓐《じょく》・黄《こう》の諸国がその祭祀を守ってきたことが紹介される。

昔、金天氏の末裔に昧《まい》なる者がおりました。玄冥《げんめい》（水官）の長となり、允格《いんかく》・台駘《だいたい》を産んだのです。台駘はその官の仕事をよくこなし、汾水と洮水を通じさせ、この大沢をせきとめ、大原（高平）の地に住みました。帝はこれをよみし、台駘を汾水の流域に封ぜられ、沈・姒・蓐・黄の諸国がその祭祀を守ってきました。いま晋が汾水を司ることになってこれを滅ぼしたのです。こうして見ると、台駘は汾水の神といえます。

そして、晋侯の病気は、実沈にも台駘にも関係ないことが指摘される。

そもそもこの実沈（参宿の神）と台駘（汾水の神）の両者は、君の身に及ばず病気とは関係ございません。台駘のごとき山川の神は水害や干害、疫病の災いのときに祭るもの。実沈のごとき日月星辰（太陽と月と基準星）の神は、季節はずれの雪や霜、風雨の災いにあって祭るものです。君のご病気のごときは、気の出入、飲食、哀楽のことに起因します。山川、星辰の神は関係ございません。私（子産）が聞くところでは、君子には四時《しいじ》があり、朝に政に耳をかたむけ、昼に訪問し、夕べに政令を確定し、夜には身を安寧にします。ここに節制して気をととのえ、気がよどんで体を露わな状態にしないよう注意します。そして心がよどんで万事が混乱することのないようにします。いま、君はむしろ気を一つに集めすぎて病を生じています。私が聞くところでは、女官は同姓を避けます。子孫が繁栄しないからです。美人一人に心を傾けすぎますと病を生じます。君子はこの故に同姓をめとることを憎むのです。故に古記録に、侍妾を求めるにも、その姓を知らなければトしてみる、とあるのです。昼夜のことわりに混乱がないようにし、同姓をめとらぬこと、この二つに背くことは古来慎んだことです。男女が姓を問題にすることは礼の大事です。いま君は同姓たる姫姓の后《きさき》が四人もおられる。むしろこれがよろしくないのではありませんか。この二者があれば、病をなおすことはできません。四人の姫姓のお后をのぞけばよろしいのですが、そうでないと、必ず病を生じます。

## 韓の神話が意味するもの

『左伝』の材料の多くは戦国時代にまとめられている。その戦国時代当時、天にきらめく星の中で、目立ついくつかの星宿に関心が集まり、天と地上との関連がさかんに議論された。地上のどこが天のどの星宿に属するかが議論されたのである。星宿のうち、基準とされたのが心宿（サソリ座の一部）と参宿（オリオン座の一部）であった。星宿は天の一部をしめる

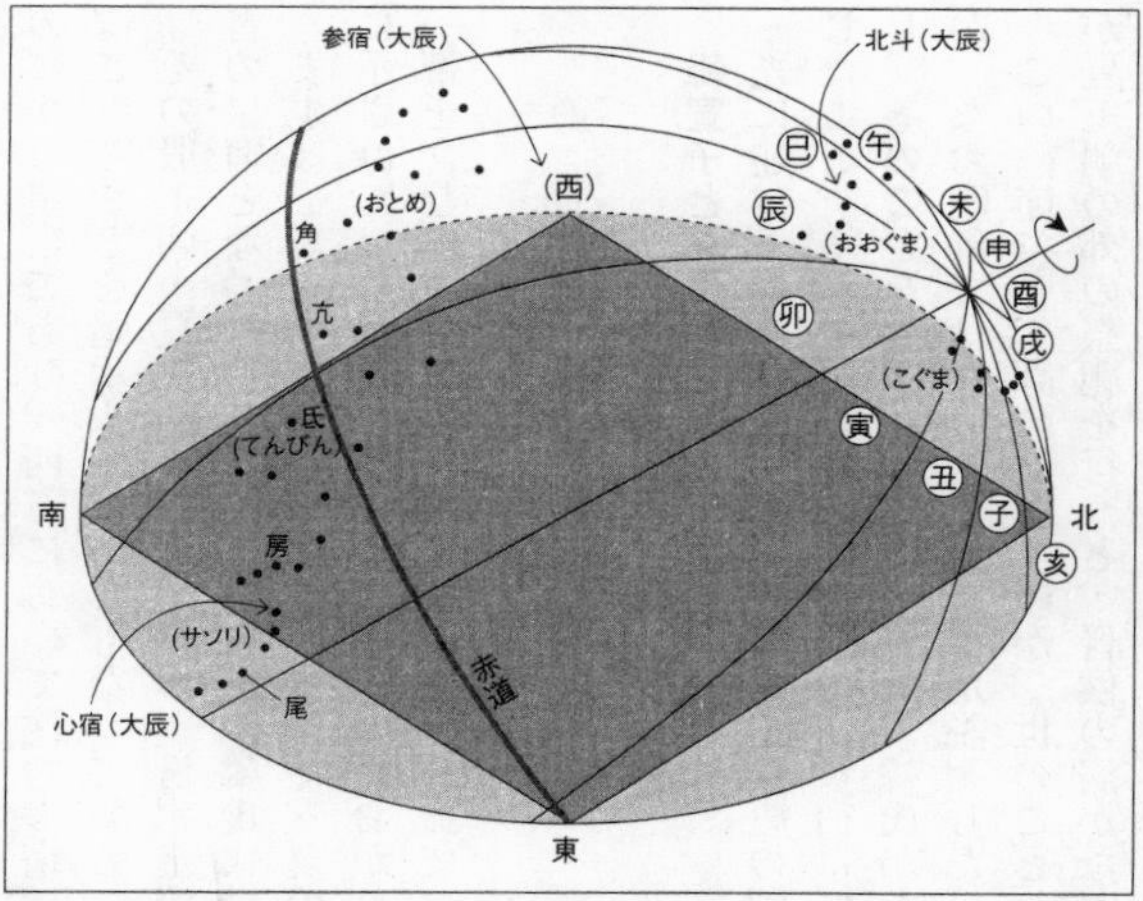


**前350年ごろの冬至の夜明け前の夜空**　天空には、西地平近くに参宿（オリオン座の一部。夏王朝の星宿）、東地平近くに心宿（サソリ座の一部。殷王朝の星宿）が見える。天頂には、北斗が見える。これらが天の基準（大辰）になると考えられた

にすぎない。だから、それに属させるという発想は、地上も同じくいくつかに分割されていることを前提にしている。

殷が属する星宿と夏が属する星宿が異なるということは、だからそのことだけで、それぞれの地上における支配域が、異なっていることを暗示するものである。

サソリ座とオリオン座は、前者が東に出現すれば後者が西にあってじきに沈むという関係にある。星座の位置関係は、現在と少々違っていて、いまよりも両者がそろって見えている時間があった。特に冬至のころの夜明け前がまさにそんな位置関係にあり、東に心宿が見え、西に

参宿が見えた。心宿が昇り、参宿が沈む過程で夜明けを迎える。東方において昇る心宿は殷の属する星宿であり、西方において沈む参宿は夏の属する星宿であった。殷によって夏が滅ぼされることを暗示するものともなっている。

その殷王朝・夏王朝の星宿のうち、汾水上流の唐と夏王朝の古都大夏にリンクした参宿が晋の星宿となった。そして晋の星宿が韓氏に継承されたわけである。

まずは、晋以来継承されたものとして、夏の故地を韓氏が支配することの正当性が、ここに示されている。だから、ここに念頭におかれた夏王朝の故地は、晋の治水伝説が残る汾水一帯を含む地域である。あくまで韓の認識ではあるが、そう記されている。

## 韓宣子と夏王朝・殷王朝

### 韓宣子と夏王朝の祭祀

先に述べた説話において、周の成王が唐の国を滅ぼすにおよび、この地に一族の大叔を封じたこと、そして星宿の分野としては参宿に属することになったことが記されていた。しかし、そのことを問題にしただけでは、韓氏がなぜ夏王朝の故地を正当に支配するのかの理由が、なお明確ではない。それを補足説明したのが『左伝』昭公七年の下記の一節である。

この一節でも、鄭《てい》の賢人子産が、世のことわりと歴史をのべる。その意見に従って韓宣子《かんせんし》が夏王朝の郊の祭祀を行うと、晋侯の病がなおったという筋立てになる。

『左伝』では、韓氏が特別に扱われる。『左伝』では、晋の世族《せいぞく》を代表する者には、「某子」

の称号を使って記述する。下記に「韓子」という表現が出てくるが、これは韓宣子が春秋時代を通してみた韓氏の代表であるという『左伝』の認識を示すものである。この点を念頭において見ていくことにしよう。

鄭の子産が晋に使者として出向いた。晋侯は病気であり、韓宣子が出迎えた。韓宣子は子産にこっそり語りかけた。「寡君《わがきみ》（晋侯）は病にたおれ、いま三ヵ月になります。山川の神々にお祈りしても、一向に好転しません。このたびは、夢に黄色い熊が寝門《あなた》に入りましたそうな。いかなる悪鬼でしょうか」。子産は答えた。「君の神明をもって、子が大政をみておられる。何の悪鬼がまいりましょう。むかし、堯《ぎょう》が鯀《こん》を羽山《うざん》に誅殺しました。その神は化して黄色の熊となり、羽淵《うえん》に入りました。それが夏郊です。三代の間、これを祭祀しました。晋が盟主となりましたが、まだそれを祭祀しておられないのではありませんか」。そこで、「韓子」が夏郊を祭祀すると、晋侯は病がなおってきた。そこで子産に莒《きょ》の二つの方鼎を賜った。

鯀とは伝説の夏王朝最初の王となった禹《う》の父である。だから、夏王朝・殷王朝・周王朝の三代は、これを祭祀した。それを韓宣子が祭祀すると、晋侯の病が癒えはじめたという。晋侯の病は、すでに述べた昭公元年の一節に問題になっていた。たたりは山川、星辰の神によるのではない。君子は節制して気を充足させ、気を鬱屈させ体を弱らせないよう注意するのに、晋侯はむしろ気を一つに集めすぎて病を生じていた。女官は同姓を避けるのに、同姓の妻を四人ももっていた。この亡国のきざしが見える晋の君主ではなく、その傍系の韓宣子が夏の郊を祭祀した。すると晋の君主の病もいえたというわけである。

夏王朝の祭祀と韓宣子の関係を通して、ゆくゆくは韓氏が夏王朝を再興するという含みがある。そして、晋が得た汾水流域は、韓氏のものだという領土支配の正当主張がこれに重ねられている。

すでに述べたように、ここにはうっすらと夏王朝の支配領域が見えている。それは、あくまで戦国時代における『左伝』の認識ではあるが、そしてうっすらとしたものにすぎないのではあるが、確かに示されている。

『左伝』には、「夏虚《かきょ》」（定公四年）という言葉も見えている。晋の最初の君主である唐叔虞の封建されたところだという。夏王朝の都の跡である。河南省安陽が「殷虚」であることは甲骨文によって確認された。それと同じ次元で「夏虚」の位置が確認できるわけではないが、『左伝』にはたしかに「夏虚」の記載がある。

夏虚は晋が継承した汾水・洮水を含む地域にあり、唐叔虞が封建されたところである。そして、晋の登場が歴史的に語られ、夏の故地の継承が示される。

なお、唐叔虞が封建されたところを現在の太原《たいげん》に求める説がある。これは、すでに紹介した昭公元年の一節に見える「大原」を地名だと見なし、山西の「太原」（『左伝』では「晋陽」）のことだとして関連づけたものである。ただし、西周時代の晋国君主の墓が現在の山西省曲村から出土しているから、この太原説にはやや無理がある。今問題にしている説話は、晋侯墓が出土した曲村や、後に晋が都をかまえた侯馬付近（『左伝』に言う「絳《こう》」の地）を舞台に、「夏虚」を構想したものと考えておくべきだろう。

さて、『左伝』昭公元年では、「夏郊」（夏王朝の郊）が問題になっている。山西一帯に「夏」の領域を漠然と設定し、その郊である「夏郊」が春秋時代の、そしておそらくは韓氏が領有する地にある、というのが話の筋である。だから、韓宣子がすばやく行動して「夏郊」を祭祀した、ということになる。

以下論じていく部分に、戦国時代の秦《しん》が自らを「夏」と規定することを述べる。「夏郊」が春秋時代の晋の都や韓氏にからめて論じられているというのは、秦が「夏」には含まれないことを言う。王を称したばかりの秦で、中原一帯を「夏」に含めて論じないこととかかわる問題になる（本書一三七―一四〇頁）。

**韓宣子は鄭の諸氏がすべて尊敬する**

夏王朝とならんで、『左伝』が気を配ったのは、殷王朝の故地をだれが継承するかという問題である。夏王朝について説明したところからも、すでに答えは出ているようなものだが、殷王朝についても、韓氏、とりわけ韓宣子が問題になる。

戦国時代の史書には、共通する「形」がある。政治的中心に位置づけられる人物と、それを補佐する賢人がわかるようにしくまれ、かつ史実の海の中で補佐する人物が重要な発言をくりかえすことである。『左伝』において政治的中心に位置づけられるのが、すでに言及した韓宣子である。韓宣子の子孫は、王を称することになる。韓宣子と同じ「宣」の字を冠する「宣恵王」である。こうした「宣」などの字の使い方にも、当時の人々はずいぶんと気を遣っていた。

すでにご紹介した『左伝』本文でもたびたび話題になっているが、『左伝』において、韓宣子を補佐する賢人に位置づけられているのが、鄭の子産である。

春秋時代の鄭は、同じく春秋時代の晋とは別の国である。だから、歴史的事実としては、晋の臣下の一人である韓宣子と鄭の臣下の一人である子産の関係は、どこかで「同じ釜の飯を食った」(例えば周王朝に出仕してつきあいが長くなった)とか、親戚関係にあったとかいう関係でもないと、『左伝』に示されたような関係にはなりにくい。しかしながら実際に想定される二人の間の関係は、結構遠いものがある。

ところが、『左伝』を読んでいくと、子産は、あちこちで人物評価をくりかえし、とてもきびしい判断を示しているのに、なぜか韓宣子だけにはやさしい。『左伝』には、韓氏を特別に位置づける「形」が幾重にも作られていることを、すでに紹介しておいたが、子産が韓宣子を特別に扱うのも、その『左伝』の「形」の一つである。その評価は、『左伝』編者がくだしたものであって、史実ではない。

子産が所属した春秋時代の鄭は、春秋時代の晋とは別の国であるが、戦国時代には韓の都になる。春秋時代の晋を支えた有力氏族の中で韓氏・趙氏・魏氏が生き残り、戦国時代には晋を三分する。それぞれが領域国家を形成する。そのうちの韓がやがて鄭を滅ぼし、そこに都を定める。

だから、いま問題にしようとしている説話では、将来韓の都になる鄭の地にあって、将来を見通す賢人の子産が、韓の王の祖先にあたる韓宣子を特別に扱っている、という舞台設定

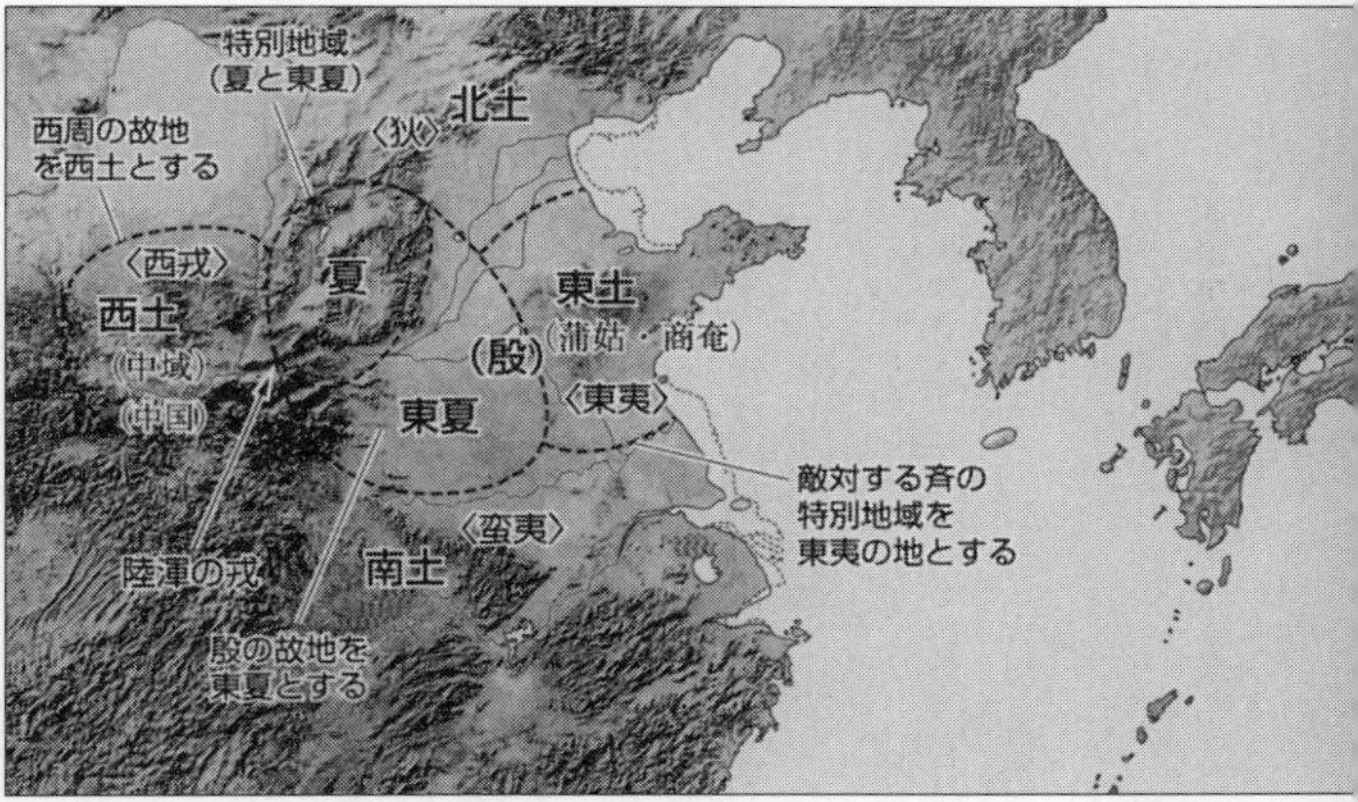


**韓の『左伝』の特別地域「夏」・「東夏」と野蛮の地**　『左伝』は戦国時代の韓で作られた。西周の故地たる中国（中域）は戎の支配下にあった、との春秋時代の認識を示す。『公羊伝』の「中国」を東土と称して、東夷の地とみなす。夏の民と殷の民を周の諸侯が支配する。晋が得た夏の故地と神話により関連づけられた殷の故地を、特別の大夫韓氏が継承する

になっている。それが『左伝』の作り出した「形」なのである。

韓王の先祖であった韓宣子と鄭の子産、この二人のおりなす会話が、多くの予兆を生み出し、その予兆にしたがって歴史が動くように説明される。韓王が至上の正統として出現することが誰の目にも明らかになるしかけである。

殷の故地を誰が継承するか。この問題も、韓宣子と子産のコンビが『左伝』の中で作り出す「形」として示される。

### 『左伝』昭公一六年の一節

『左伝』昭公一六年にある次の一節は、鄭の大夫たちが韓宣子を特別に尊敬した、という話になっている。

大きく分けて三つの段落からなっ

ている。

第一段落は、鄭の国に晋の使者として韓宣子がやってきた、というくだりである。注目のしどころは、普段批判ばかりしている鄭の子産が、この箇所では韓宣子に敬意を表している点である。

三月、晋の韓起（韓宣子）が鄭に使者として出向いた。鄭伯（鄭の君主）がこれを饗応した。鄭の子産は戒めて言った。「いやしくも朝廷に位をもつ方には不敬のないようお願いしたい」。鄭の孔張は遅れて至り、客間に立とうとしたので儀式係がこれをとどめた。するとと客たちの後方に行こうとするので、またこれをとどめると、今度は編鐘がかけてあるところにいく。客はそのたびごとに笑った。宴が終わると、富子《ふし》が諌めて言った。「大国の人には、気をつけなければいけません。あれほど笑われては、我々は侮辱されたことになりますぞ。我々はみな礼があっても、なお田舎者扱いされます。国にして礼なしとあらば、どこにも栄誉はもとめられません。孔張が位置を間違えたのは、『吾子《ごし》』（あなた）の恥です」。子産は怒って言った。「命を発しても当たらない。令を出しても信がない。刑するにも偏っている。獄につなぐにも放逸である。朝会は敬意がなく、命じても聞いてもらえず、大国から侮辱され、民を疲弊させて効果がない。こうした罪が及んでいるのに気づかない、ということであれば、それは僑（私）の恥である。しかしながら、子張《しちょう》（孔張）は君の昆弟《おとうとぶん》の子孔の後《のち》である。儀式係の跡継ぎで嗣大夫（大夫の跡継ぎ）となっている。命を承けて使し、諸侯をめぐり、国人から尊ばれ、諸侯に知られている。朝廷にしかるべき地位があって家に祭祀の場がある。国に禄をはみ、賦（割り当て）を軍に納めている。喪や祭祀には職掌があって、祭肉を承けることもあれば献上もしている。宗廟での祭祀でも、しかるべき地位がある。数代にわたってその家業を守ってきたのに、そのいるべきところを忘れたのだから、私の恥ではない。邪悪をさける人がみな儀式係の責任をおしつけるのであれば、先王以来の刑罰などないようなもの。子《あなた》も他の事で自分を是正してほしい」。

第二段落は、韓宣子の玉環をめぐる話題である。なぜか韓宣子が玉環をもっており、それとペアになる玉環が殷（文中の商は殷の自称。周が殷と呼んだ）の余民の手にある。それを一つにしようという算段である。与えるのは、まだ早いという結論が下される。

韓宣子は玉環をもっていた。これとセットにできる玉環がまた一つ鄭の商人（殷人）のもとにあることがわかった。そこで韓宣子はそれを鄭伯にねだった。子産は与えずに言った。「官府の器以外は寡君のあずかり知らぬことです」。子大叔と子羽は子産に言った。『韓子』は他に要求しているわけではないし、晋国から離反するわけにもいかない。晋国と『韓子』はおろそかにはできない。たまたま讒言《ざんげん》する人でも出てその間に入って争わせようとでもしたら、鬼神がこれを助け、その怒りをあおりたて、後悔しても追いつかない。『吾子』（あなた）はどうしてわずか一（個の玉）環を惜しんで大国に憎まれようとなさるのか。どうして商人から買い求めて与えないのか」。子産は言った。「私は晋を軽んじようとは思っていませんし、離反しようとも思いません。これからも仕えようと思うからこそ与えないのであって、忠信ゆえの行動です。私が聞くところでは、君子は財物なきを気にかけず、しかるべき地位をしめて令名《れいめい》が傷つくことを憂えるとか。また私が聞くところでは、執政は『大』に仕え『小』の地位にいることが巧みで、礼なくしてその地位を定めることを憂えると申します。そもそも大国の人が小国に令するのに、求めれば何でも得られるとなったら、何を与えることになるのでしょうか。一は与え一は拒むとなると、罪はますます大きくなります。大国の求めは、礼がない場合には退けておかないと、際限がありません。我々が鄙邑《ひゆう》（へんぴな都市）となれば、位を失います。『韓子』（韓宣子）が君命を奉じて使いとして出てきていて、しかも玉を求めたということになりますと、これは貪欲の甚だしいものです。それこそ罪になります。与えることができない場合の罪と与えた結果おこる罪が問題になるのであって、ここで玉環を一個差し出して二つの罪を引き起こせば、私は地位を失い、『韓子』は貪欲の名をなします。どうしてそんなことができましょう。それに、私が玉を与えないことで罪を得ても、小さなことではありませんか」。

「韓子」は玉環を商人から買い求めた。すでに取引成立した際、商人が、「必ず君大夫《くんたいふ》（子産）にご報告を」と言った。そこで「韓子」はこう要請した。「さきごろ私は、この玉環を請い、あなたは与えませんでしたが、あえて二度請うことはしませんでした。いまこれを商人から買い求めましたところ、商人は、必ず奏上してください、と申します。そこで敢えて奏上する次第です」。子産は答えた。「むかし、我が先君桓公《かんこう》は商人（殷人）とともに周から出て、力をあわせて土地を開墾し、野草や雑木を刈り、一緒にすむようになりました。殷人と世々盟誓を行い、互いに信頼しあっています。『汝《なんじ》、われに背くことなくば、われも強いて買うことなく、求めて強奪することもなからん、汝に利得・宝貨あるも、われはあずかり知るなからん』。これが盟誓内容です。この盟誓を恃《たの》みとして、たがいに支え合って今にいたります。いま『吾子』（あなた）は友好のために鄭にこられたのに、敝邑《へいゆう》（わが国）に対し商人から強奪せよとおっしゃる。これは敝邑（わが国）に盟誓に背け、と教えられたことになります。よろしいのでしょうか。『吾子』が玉を得た結果、諸侯を失うということなら、必ずやおやめになるでしょう。大国の令のごときは、際限なく応ぜよと言われても、鄭は鄙邑にして応じかねます。私が玉を献上などすれば、結果はどうなったか。そこで私は内々こう申し上げた次第です」。「韓子」は玉を辞退して言った。「私は知らぬことが多いとはいえ、あえて玉を求めて二つの罪を得ようとは思わない。これを辞退したい」。

第三段落は、鄭の賢人たちがそろって韓宣子をべた褒めするという内容である。鄭の賢人たちは悪口を言うのが普通なのに、ここだけは異例である。

夏四月、鄭の六卿は、鄭の郊外で韓宣子餞別の宴を催した。韓宣子が言った。「二、三の（六人の）『君子』よ、詩を賦してくださらんか。私にも鄭の志がわかるように」。子齹《しさ》が『野有蔓草《やゆうまんそう》』の詩を歌うと（会えてうれしい意を寓すると）、韓宣子は、「お若い方、すばらしいですね。希望がもてます」と述べる。子産が鄭風の『羔裘《こうきゅう》』の詩を歌うと（公明正大な人物としてほめる意を寓すると）、韓宣子は「私はとても及びません」と答える。子大叔が『褰裳《けんしよう》』の詩をうたうと（韓宣子はわれわれを思っているのかいないのか、と問う意を寓すると）、韓宣子は「私はここにいる、あえて子《あなた》を他人のところに行かせるようなことはしない」と答える。子大叔が韓宣子の配慮に拝謝すると、韓宣子は「結構ですね、子《あなた》がこの詩を取り上げられたことは。この詩にあるように警戒をおこたらないようにしないと、長続きはしません」。子游《しゆう》が『風雨《ふうう》』の詩をうたい（まことに美にして心やすらいだ意を寓し）、子旗《しき》が『有女同車《ゆうじよどうしや》』の詩をうたい（韓宣子がいたって雅びやかだと韓宣子の志をめでる意を寓し）、子柳《しりゆう》（印段の子、印癸《いんき》）が『擇兮《たくけい》』の詩をうたうと（韓宣子が先立って唱えればこれに和する意を寓すると）、韓宣子は喜んで言った。「鄭は豊かになりましょう。二、三の（六人の）『君子』は君命をもって私を祝ってくださった。歌われたのはいずれも鄭の志（鄭風）ですな。いずれも友好にあふれていました。二、三の（六人の）『君子』はいずれも数世にわたる主ですから、これで恐れるものはありません」。韓宣子は、六人みなに馬を献じた。そして『我将《がしよう》』の詩をうたった（四方を安んじておこたらず、天の威令をおそれ慎む意を寓した）。鄭の子産は拝謝し、他の五卿も拝謝して言った。「『吾子』は乱をしずめてくださった。その徳に拝謝します」。韓宣子は、私的に子産に会うと、玉と馬を与えた。そして言った。「子が私に命じてかの玉を棄てさせた。そして、我に玉言を賜ってわが死を免じてくださった。手持ちの品でお礼といたします」。

## 殷の故地の継承

### 殷の故地を支配する正当性

第一段は鄭の子産が、韓宣子に並々ならぬ敬意を示したという話であった。そして、第二段は、玉環をめぐる話で、韓宣子のもつ玉環と殷人のもつ玉環がセットだという。ゆくゆくはそのセットが一つになることをほのめかす話である。当面は、一つにすることはない。まだ早いという判断が下された。鄭は後に韓の都となる。それまで待つのだということである。鄭が韓の都になると、殷人のもつ玉環も手に入る。これは、鄭が継承してきた殷人を通して、殷の故地を支配する正当性があることをほのめかす説話になる。殷の故地の正当性を問題にする一節は他にも作り出されているが、ここに引用した一節に、問題の所在が最もわかりやすくまとめられている。

第三段は、鄭の六人の賢人が、口々に韓宣子を褒める話である。問題の文中で、『詩経《しきょう》』における各国の国風の中から、特に鄭風が選ばれ、六つ紹介されている。しかし、それが「鄭風」であることを文中に直接記したのは、子産に関する部分だけである。残りは、まとめるときに「鄭の志」という扱いをうけた。六人の詩はすべて韓宣子のことをほめるためにうたわれた。

第一段の韓宣子をまねいた宴会の場面では、礼を失した行為があった。しかし、韓宣子はそれを意に介しない度量のひろさを示す。

第二段の玉環をめぐっては、子産が韓宣子に教え諭し、韓宣子はこれに感謝の意を述べている。ここにおいて、韓宣子を記す言い方として「韓子」が使われる。これは『左伝』では韓宣子のみに用いられる特別の言い方である。「韓子」たる彼に歴代の韓氏の宗主を代表させ、それに賢人たる鄭の子産が教えをたれた、という構図になっている。「韓子」が子産という賢人に養育される「形」が作り出されているのであって、それは周初の故事、つまり、周公旦《しゅうこうたん》に養育された周の成王が成人して王となる「形」を彷彿《ほうふつ》とさせる。

この「韓子」に期待する詩を贈った六人の鄭人《ていひと》は、みな韓宣子から「君子」と呼ばれている。『左伝』における「君子」は先を見通す存在だと明言されている。先を見通す「君子」が「韓子」たる韓宣子をほめているのである。

すでに言及したように、韓宣子の場合と違って、子産や他の君子たちが、他の氏族を語る口調はきびしい。ほめることはまれであり、一見ほめたように見える場合も結局は貶《おとし》める「形」がちゃんと作り出されている。

たとえば、『左伝』同年の一節には、こう記されている。「九月、雨乞いの大祭をした。干害があったからである。鄭は干害がひどく、屠撃《とげき》・祝款《しゅくかん》・豎柎《じゅふ》を派遣して桑山《そうざん》で祭祀をさせた。山の木を斬ったが雨はふらない。子産は言った。山で祭祀をするのは、山林を繁栄させるためなのに、方法を誤ってその木を斬るとは、その罪は大きい、と。そして三名の官邑《かんゆう》を奪った」。ついでに言っておけば、これは、韓宣子に非礼をおかした者たちが、処罰されたという話である。

ここで注目しておきたいことは、殷の故地が、鄭を含む限られた地域について問題になっている点である。すでに述べたように、殷が属する星宿は天の一部たる心宿である。それに対応する地上においても限られた地域が問題になるのである。

### 鄭と宋・陳は大火の分野

殷の故地に関する話題は、これにとどまらない。

以下に問題とする説話では、殷の星宿である心宿の中心星、すなわちアンタレスが起因となって引きおこされる事件を説明する。

アンタレスは赤くかがやく星である。その色は、容易に火を想像させる。そのため、この星を漢字では「大火」と表現した。この表現にからめては、大きな火、すなわち大火災が問題となる。大火災がひきおこされ、それが大火に起因し、大火に配当された諸国が問題になる。その諸国が問題になる地域は、殷の故地として念頭におかれるところであり、その領域は、やがて韓が支配を及ぼすことが予定された場所である。

『左伝』昭公一七年に次に示す一節がある。宋《そう》・衛《えい》・陳《ちん》・鄭《てい》（四一五頁地図参照）に火災が起こることの予兆を述べたものである。そして、説明を展開する過程で、とても重要な話題に及んでいる。宋・陳・鄭いずれも天の星宿の分野として大火の分野に属し、衛は大水たる営室宿《えいしつしゅく》の分野に属するという説明である。

大火（アンタレス）は心宿（サソリ座の一部）の中心星である。すでに述べたように、心宿は殷王朝が配当された星宿である。この点に注意して読んでいただきたい。

冬、彗星《すいせい》が大辰《たいしん》（基準たる星宿）たる心宿のところに出現した。彗星の尾は銀河までおよんだ。中須《しんしゅ》が言った。「彗星は古きをのぞき、新しきを布くもの。天の通常の現象を事としているが、いまそれを破って異変がおこり、大火が彗星に隠されて見えなくなった。大火が再び見えたときは、必ず災厄がふりかかる。諸侯に火災がおこるだろう」。梓《し》慎《しん》が言った。「去年、私はこれを見たのですが、それが徴候でした。大火が見えてから彗星が見えました。それが、いまや大火を隠すようにかがやいています。大火が床につくまでの夜空から見えなくなってはじめて彗星も見えなくなりましょう。大火のところに両年にわたって見えたのは、関わる期間が長くて問題です。中須の言うとおりになるでしょう。大火が夕刻に見えるようになるのは、夏王朝の暦では三月、殷王朝の暦では四月、周王朝の暦では五月です（いずれも冬至月を第一月として第五月を問題にする。夏王朝は、第三月を正月とし、殷王朝は第二月を正月とし、周王朝は第一月を正月とする。以上、戦国中期に始まる架空の説明である）。いま夏王朝の数が天の時を得ています（戦国時代に夏王朝の暦とされる夏正が王の正式な暦となることをほのめかす）。もし火の災いが起こるとすれば、『四国』が相当します。つまり、宋・衛・陳・鄭の四つの国です。宋は大辰たる心宿の虚に位置します（子産が晋の衰亡を語った上記（一〇七頁）の『左伝』昭公元年の一節を参照）。陳は（風姓の諸侯の祖である）大皞《たいこう》の虚に位置します。鄭は（帝嚳高辛氏《ていこくこうしんし》の時の火正の官にあった）祝融《しゅくゆう》の虚に位置します。宋・陳・鄭いずれも大火の分野に属します。彗星は尾が漢（銀河）にまでおよんでいますが、この漢は水つまり河です。衛は（帝王の一たる）顓頊《せんぎょく》の虚に位置し、もとは帝丘《ていきゅう》と呼ばれたところです。その星は大水《たいすい》（たる営室宿）です。水と火は対になります。ですから（火の意味の十干《じっかん》である丙《へい》と水の意味の十二支である子《し》とが重なる）丙子の日か、（水の意味の十干である壬《じん》と火の意味の十二支である午《ご》とが重なる）壬午の日に、火災がおこるでしょう。ここに水火が合するからです。この秋に大火が床につくまでの夜空から見えなくなってはじめて彗星も見えなくなりましょうが、ふたたび大火があらわれて火災が発生するのは、おそらく壬午の日であり、大火が見えるようになった月を越えて災いが続くことはないでしょう」。鄭の裨竈《ひそう》が子産に言った。「宋・衛・陳・鄭は同じ日に火災が起こるでしょう。もし私が玉の斝《か》と玉のひしゃくを用いてお祓《はら》いすれば、鄭には火災が生じません」。子産はこれらを与えなかった。

さきに、韓宣子にまつわる内容を述べた一節に、鄭と殷人との関わりを述べ、殷ゆかりの玉を手に入れるのはまだ早いとほのめかされたことを述べた。その殷ゆかりの地として、大火を中心星とする心宿にかかわる国が問題になるわけだが、ここでは、その国として、宋・陳・鄭が列記されたのである。

これら限られた地域が殷の故地として話題にされたわけである。

宋は殷の末裔《まつえい》が周王から封建されてできた国である。その宋と同じ星宿に、鄭が配当されている。その鄭は、戦国時代には韓の都となる。その鄭は（帝嚳高辛氏の時の火正の官にあった）祝融の虚に位置すると述べられている。宋・陳・鄭の中でも、鄭の地が大火の諸国をひきいるにふさわしい土地柄だとほのめかしている。

陳は戦国時代に山東《さんとう》の領域国家を作り上げた斉《せい》の田《でん》氏が出自した国である。その陳には、大火をひきいる資格はない。しかし、鄭にはある、という話である。大火の分野に属するとされた国の一帯は、韓だけでなく、諸国が支配の手をのばそうとする。斉は、陳から出自したことを足がかりにして、この一帯に進出しようとする。それを正当主張の次元において否定するのである。

上記において問題にされた国々のうち、衛だけは大火に属するのではなく、大水たる営室宿に属するとされている。これにも殷にまつわる話が付随している。

殷が滅ぼされた後、その殷都をゆだねられたのが衛であった。金天氏《きんてんし》の末裔で水官の父をもつ台駘《だいたい》が汾水《ふんすい》の流域を治め、山川の神となったことが、先に紹介した『左伝』昭公元年の一節に記されていた（本書一〇九頁）。その汾水流域を晋が領有したとされたのだから、「水」にまつわる話題としては、衛は晋と神話的関わりができているのである。

つまり殷の末裔の宋を含む一帯は、鄭をもって治め、殷虚は水官の故事をもって治めるということである。いずれにしても、殷の故地は韓の手中におちる運命にあるということである。

## 周との関わり

『左伝』には、以上述べてきたように、「夏」王朝と、それを滅ぼした「殷」の二つの王朝を話題にし、それらとの関わりを述べつつ領域支配の正当性を主張する部分がある。

この主張だが、関連する説話をよく見ていただけばわかるように、「周」王朝のことが欠けている。

すでに述べたように、夏王朝について参宿、殷王朝について心宿という二つの基準たる星宿（「大辰」）が問題になっているので、気の早い方は、「北辰《ほくしん》」（北にある基準の星宿。「大辰」とも称される）たる北斗《ほくと》が周王朝の象徴ではないか、とお考えになるかもしれない。ところが、『左伝』では、「北辰」は問題にされていない。実を言えば、他の書物によって、「大辰」は参宿と心宿と北斗だということがわかるのであって、『左伝』が大辰だと明言しているのは、心宿だけである。つまり、天の基準たる大辰に関する議論によって、『左伝』は夏王朝よりも殷王朝を高く評価していることがわかる。しかし、その評価からは、周王朝の位置づけは明らかにされない。

　周王朝をのりこえて戦国時代の王朝が出現する。戦国王朝の一つである韓で『左伝』は作られた。以下に、『左伝』が周王朝を特別に規定し、それをのりこえる「形」を作り出した点を見ていこう。

　まず、『左伝』昭公九年において、周の詹桓伯《せんかんぱく》の言として「天下」が述べられる。いわゆる「天下」は、文書行政を行う場であり、漢字圏である。その文書行政を行うという意味での「天下」は戦国時代にできあがった。春秋時代には、広域的漢字圏がいわゆる「天下」の範囲にひろがった。『左伝』にのべる「天下」は春秋時代の実態を述べたものではなく、戦国時代の領域国家を念頭において説明されたものである。

　夏王朝から周の祖先たる后稷《こうしょく》にいたるまで、魏・駘《たい》・芮《ぜい》・岐《き》・畢《ひつ》はわが西土であった。武王が商（殷）に勝つと、蒲姑《ほこ》・商奄《しょうえん》はわが東土となり、巴《は》・濮《ぼく》・楚・鄧《とう》はわが南土となり、粛慎《しゅくしん》・燕・亳《はく》はわが北土となった。

この西土・東土・南土・北土は、いずれも戦国時代の「天下」の内を述べている。戦国時代にあっては、西土は秦の支配下にあり、南土は楚の支配下にあり、北土は燕の支配下にあり、東土は斉の支配下にある地域である（一一七頁図参照）。

西土の「魏・駘・芮・岐・畢」、東土の「蒲姑（斉）・商奄（魯）」、南土の「巴・濮・楚・鄧」、北土の「燕・亳」によって囲まれた地域は、『左伝』の別な箇所で、「夏」および「東夏」と称されている。

「東夏」の具体的領域がわかるのは『左伝』昭公元年と同一五年であり、元年には「（韓宣子が晋の宰相となって晋は盟主となり）斉・狄を服属させ、東夏をやすんじ、秦の乱を平らげ、淳于に築城した」とあり、一五年には「（覇者の晋の文公が）南陽の田を得て東夏を撫《ぶ》征《せい》した」とある。ここに示された「東夏」は、すでに述べておいた「殷の四方」の地に当たる。この中に「殷虚」（『左伝』定公四年）がある。また「夏」については、『左伝』定公四年に「晋の唐叔を夏虚に封じた」ことが記されている。すでに述べたように、唐叔虞は、山西の地に封建されている。そこが「夏虚」だとされているわけである。そして、その「夏」と「東夏」を合わせた領域が、西土・東土・南土・北土によって囲まれる地域になる。

周は、陝西《せんせい》省に本拠をおいた大国であり、河南《かなん》の大国殷を滅ぼしてその領域をも支配するにいたった。その歴史的経緯が基礎にあって、『左伝』では、周は自分たちとは別の地域からやってきた者たち、という論理で語られるのである。つまり「よそもの」である。「よそもの」としての「諸姫」の一族でありながら、夏王朝を復興する。一見矛盾するような関係をまとめるのが韓氏である。「よそもの」たる姫姓諸侯、すなわち「諸姫」が殷の民と夏の民を支配する構図は不変である。殷の民も夏の民も、もはや「大夫」以下になっている。「大夫」層が諸侯に替わる下克上も、不変の真理である。しかし、その「大夫」は特別でなければならない。特別の「大夫」は「諸姫」の一族から現れる。

特別の「大夫」は「諸姫」の一族であり、本家筋の「諸姫」の諸侯に替わって政権を握る。「形」としては下克上であるが、「諸姫」の継承の側面も強い。だから、『左伝』においては、下克上についての議論は熱心ではない。これが下記に論じる斉の『公羊伝《くようでん》』が熱心に下克上を強調するのと異なるところである。

特別な「大夫」ではあるが、「よそもの」たる「諸姫」に属するから、殷の民と夏の民を支配することの正当性を、神話の形で示さねばならない。

『左伝』の論理からすれば、韓氏は「よそもの」でありながら、特別な存在であり、韓宣子が夏郊を祭祀すると、晋侯の病はいえた。晋は、神話の時代以来の経緯をもって、夏王朝滅亡後に夏に関わる祭祀をとりおこなってきた地域を継承した。その地域の支配権は晋の一族たる韓氏に継承された。以上は、厳密にいえばほのめかされたのだが、ほのめかしの裏には望まれた「事実」がある。

### 夏の地と殷の地を支配する

ここに、あらためて問題になるのは、周王朝の位置づけである。

『左伝』昭公九年の周の詹桓伯の発言はこう続ける。

晋の恵公が秦から帰り、戎《じゅう》（陸渾《りくこん》の戎）を誘って以来、戎はわが「諸姫」にせまり、我が郊外の地に入ってそれを領有した。戎が中国（中域）を有しているのは誰の咎《とが》か。后稷が天下に諸侯を封建して以来、いま戎がわれわれ（諸姫）を制する位置にきたのも無理はない。

ここには、「戎はわが諸姫にせまり、我が郊外の地に入ってそれを領有した」と述べ、「われわれ（諸姫）を制する」ことを問題にしている。前後の記事から、ここに言う「戎」は、「陸渾の戎」と称される外族集団だったことがわかっている。この「陸渾の戎」が問題になる地域は、先に述べた西土・東土・南土・北土のうち、西土の東端にあたっている（一一七頁図参照）。

『左伝』は、外族としての評価を下すには、秦は西戎の覇者となったことを述べ（文公三年）、陳・鄭の間に兵を出すことに関連して兵を東夷に示すことが議論され（僖公四年）、秦（西）・狄（北）・斉（東）・楚（南）はみな強大であることを述べ（成公六年）、楚や呉に蛮夷の語を使う（成公七年等）。以上から、『左伝』の外族認識では、西土に戎または西戎、南土に蛮夷、東土に東夷、北土に狄を用いることがわかる。そして、戎は秦、蛮夷は楚や呉・越、東夷は斉、狄は燕を念頭におくものであったこともわかる。

これらは、『左伝』が編纂された戦国時代の韓において、敵対する国家の支配領域を、野蛮の地と貶めて表現するものである。春秋時代の秦が勢力圏とし、戦国時代の秦が領域国家化した陝西一帯は、西周時代には王都鎬京を中心とする周の勢力圏の本拠であった。首都が中心に位置づけられる。それゆえ、首都鎬京をとりかこむ一帯は「中域」と呼ばれた。この「中域」が『左伝』に採用され、戎の支配下にあるとされた。漢代にいたると、高祖劉邦の「邦」の字は使ってはならないとされ、「域」は「國（国）」と書き換えられた。だから、われわれが見る『左伝』では、「中域」ではなく「中国」と書いてある。

したがって、上記の『左伝』昭公九年の一節で、戎が中国を有している、というのは、陝西の地つまり西周の故地を「中国」と表現し、春秋時代の大国、そして戦国時代の領域国家として当地を支配した秦を念頭においているのである。『左伝』の文中では、具体的には「陸渾の戎」が話題になっているが、その陸渾の戎も戎である。陸渾の戎を含め、西土は戎の地となっている、ということである。

「中国（中域）」は戎の支配下にあるとする認識の中で、本来よそものであったはずの「諸姫」は戎がせまる中原区東部の住人となっている。つまり、ここに話題にする「諸姫」は、すでに述べた特別地域「夏」「東夏」の住人として議論されている。

「夏」は夏虚のあるところであり、「東夏」は殷虚と殷の四方があるところであり、それぞれを支配していたのが「諸姫」だということである。ただし、「中国は戎の支配下にある」と未練がましく述べていることからわかるように、周の本来の領域たる「中国」は陝西一帯であり、「諸姫」はその「中国」からやってきた「よそもの」である。

いわゆる東遷によって、周の王都は陝西の鎬京から河南の雒邑にうつった。この雒邑をもって周を語れば、夏王朝・殷王朝だけでなく、周王朝をも含めて、すべて中原区東部を問題にすればよい。

### 基準星宿と王朝交替

さきに基準たる星宿のことを述べ、『左伝』では「大辰」としては心宿しか話題にしていないと述べた。このことが意味するのは何か。

一〇五頁と一一一頁の図を参照していただくとよくわかることだが、夏王朝の都の跡の「夏虚」を西、殷王朝の都の跡の「殷虚」を東とみた場合、中程に位置するのは、戦国時代に韓の都となる鄭である（『左伝』解釈）。この鄭を極とみなし、東に「殷虚」の心宿、西に「夏虚」の参宿を見る位置を問題にしているのだろう。この東の空に心宿、西の空に参宿という星宿の位置関係は、冬至のころの夜明け前の夜空に見られる。そのとき、北斗は天頂に見える。

北斗は天頂に見えるが、極をまわる星宿にすぎない。これを周王朝の星宿として、極に見立てられる鄭（戦国時代の韓の都）より劣るとすることができた。

冬至の夜明け前、西に沈む参宿は夏王朝を象徴し、東から昇る心宿は殷王朝を象徴し、極に近い北斗は周王朝を象徴する。しかし、北斗は周そのものではなく、副都がかかわるものである。参宿が西に沈んだ後、心宿が天を回って西に移動し、やがて地平に沈む。夏王朝の参宿があらためて東から昇るまで、見えているのは、北斗だけである。

以上の天象が、夏王朝・殷王朝・周王朝三代の王朝交代を目に見える「形」として示してくれる。やがて東の空には夏王朝の参宿がのぼってくる。新たな夏王朝が出現し、夏王朝の制度を復活する。それを見ているのが、極の視点であり、その視点をもつのが韓王だということだろう。

特別地域は「夏」（夏虚あり）と「東夏」（殷虚あり）であり、周はよそものである。殷の心宿のみに大辰のことを述べたのは、きたるべき世では夏の参宿が大辰になることをほのめかす意図があるのだろう。

以上が、三代の王朝交替と大辰との関係になる。『左伝』には、これとは別に、夜空を極のまわりに十二分し、それぞれに名称を付して木星の位置を示す占いが記されている。この十二分したそれぞれの方位に含まれる星宿について、後に春秋時代の国を配当する考えが生まれた。その配当によって、例えば日食のとき、太陽がどの方位（「分野」という言葉で議論する）にあるか、どの国の影響を受けているかを論じる。

『左伝』の説明、後代の説明、いずれも星宿と国との関わりを論じるという共通点はあるのだが、『左伝』の場合は、三代の王朝交代と基準星宿（大辰）との関係を念頭におく。これに対し、後の説明では、春秋時代の国々を十二方位に配当して、それぞれの国の方位的影響を論じている。『左伝』の説明と後代の説明を混同すると、『左伝』の後代性を過大にみつもる見解が生まれる。

この種のみつもり（易の説明にもある）は、後代性の慎重な検討に、誤解をもちこむことになりかねないので、充分気をつけておきたい。

# 第四章　戦国諸国それぞれが語る夏殷周三代

## 秦・斉の領土主張と三代

### 秦における領土支配の正当主張

すでに述べたように、天下の中は特別地域とそれ以外の野蛮の地に色分けされている。特別地域は、諸国家が自分たちの領域として設定したものである。特別地域がそれぞれの思惑で設定されるということなので、自然のこととして、それ以外の野蛮の地も、それぞれの国家の思惑をもって設定されることになる。

各国の思惑を離れ、自由な視点から論じれば、同じ地域が特別地域であったり、野蛮の地であったりすることがわかる。同じ野蛮の地でも、どの国から呼ばれるかが違うと、野蛮の地としての名称も異なってくる。

『左伝《さでん》』では、秦《しん》は西戎《せいじゅう》の覇者とされた。しかし、当の秦が自らそのように考えていたのではない。野蛮人の側が「私は野蛮人でございます」と卑下する場合もないわけではないが、そういう場合、かなりの確率で、「いまは野蛮人の方が偉いけどね」という論理を展開していたりする。

秦の主張は、秦が作り出した書物で検証するのが早道である。ところが、秦でできたその種の書物で、今に残されているものは、戦国後期にくだってしまう。戦国中期であれば、秦は天下の中でさほど図抜けた強国にはなっていない。ところが、前三世紀にはいってほどなくすると、秦の領土は天下の半ばをしめるにいたる。こうなると天下統一がちらつくようになる。

秦には『呂氏春秋《りょししゅんじゅう》』という書物があるのだが、これは、天下統一がちらついたころに作られたものである。だから、『左伝』に見えるような、限定された領域を支配する国家としての主張を検証することはできない（一四一頁図参照）。

ところがありがたいことに、戦国中期に秦で作られた青銅器が残されている。秦公鎛《はく》（本書のカバー写真参照。ただしこれは四一九頁に述べる新出のもの。以下に述べるのは古くから知られてきたもの）という。その銘文は長文であり、しかも、領域支配の正当主張が盛り込まれている。

秦国の特別地域は、陝西の地である。この地は、西周王朝が崩壊した後を制圧して得たものである。これを特別地域としながら、東に隣接する一帯を自らよりも劣った地域と位置づけていく。

秦国で整理された律（法令）では、秦国の女が生んだ子は「夏子《かし》」だと規定している。これは秦女の嫁いだ先が秦国以外の者であった場合を想定している。秦国は、自らの特別地域を「夏」と規定していたのである。だから、秦国出身の女性から生まれた子は「夏子」だということになる。この目をもって東方を「蛮夏」と述べているのが、次に示す秦公鎛の銘文である。

秦公が次のように言った。「大いなるわが皇祖は、天命をさずけられて『下国《かこく》』を掌握することになった。祖先たる一二人の『公』がその命を継承して帝の下にあった。厳としてうやうやしく、秦国を安んじ、『蛮夏』を従えた」と。

秦公はさらに言った。「私は、小子というべき身であるとはいえ（初めて王として即位することになったばかりだが。同じような言い方が青銅器では中山王᠎譽鼎《さく》にみえる）、つつしんで明徳の君子を採用し、かしこく明刑（神判が下された刑）をしき、わが祭祀をとりおこなっている。そのため多福が得られ、万民を協和せしめている。朝夕毎日おこたりなく、烈々桓々としていさましく、万姓をただし、多くの士をやしなっている。うやうやしき文武（周の文王・武王、祖先の文公・武公）の威光をもって、朝廷に従わぬものを鎮定し、百邦をやわらぎ治め、秦に仕えしめん」。

ここにいう「下国」とは、天命を授けられた結果まかされたもので、天命によって約束された秦の領域である。その「下国」の支配をまかされ、秦国を安んじ、「蛮夏」を従えた、という。

「下国」の「国」は、かつて「域（或）」と表現していたもので、都市を囲む一定の領域を指す。秦公鎛の「国（國）」は、その「域」が領域国家の国家領域となり、国境（くにがまえ）によって囲まれることを意識した字（「域」を囲むと「國」。「国」は略字）になっている。領域国家の成長の結果としてできあがった字のようだ。

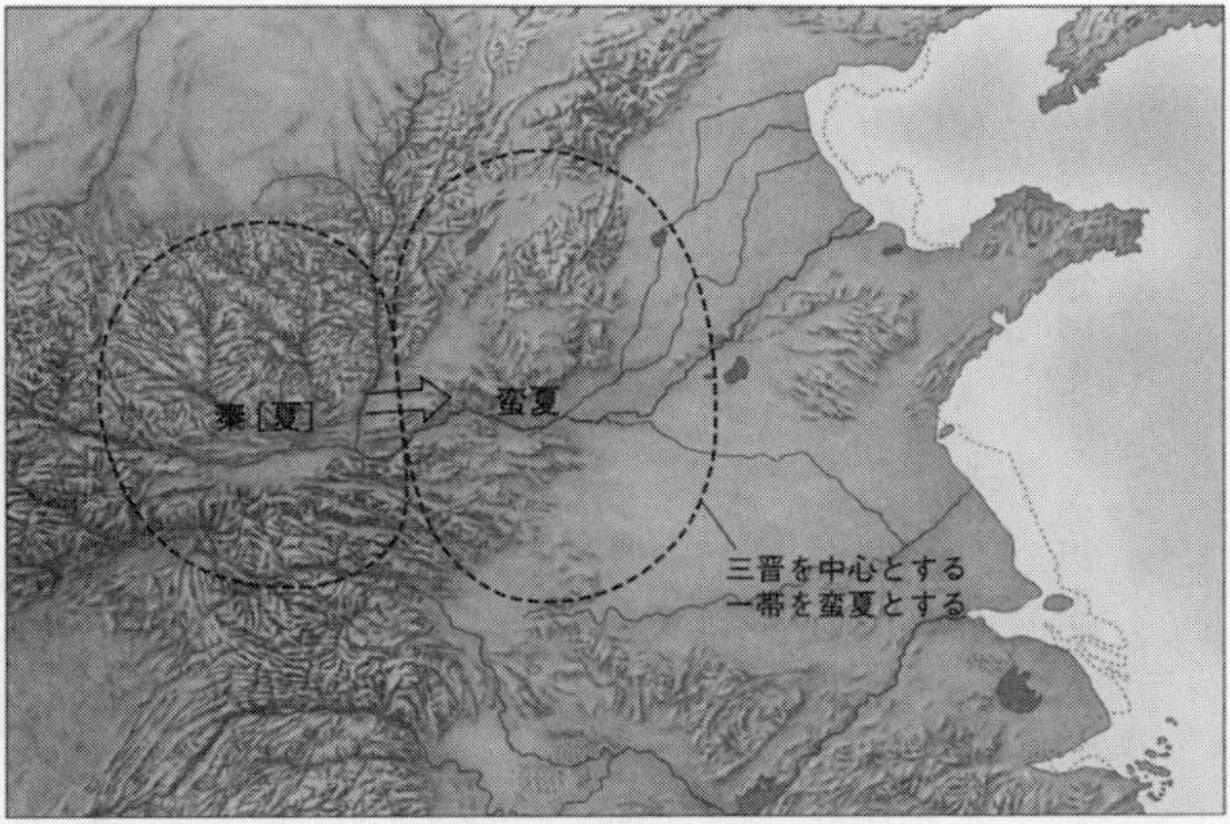


秦の特別領域「夏」と一等劣った「蛮夏」『左伝』が「中国」とした陝西の地を、「秦」と表現し、『左伝』の「夏」・「東夏」を、「蛮夏」と表現して一等劣った地とみなす。「下国」は、「秦」と「蛮夏」からなる。秦の律の規定から、「秦」は「夏」であったことがわかる

銘文の表現から見て「下国」は秦国と「蛮夏」を合わせた領域である。秦は西周の終わりに西方から進出し、混乱した西周の地を平定して自らの支配域とした。さらに東方に進出しようとし、中原をうかがいながら、「下国」を設定している。

この「下国」は、かつて西周が支配を及ぼした地域に重なる。周は、陝西の地を席巻し、殷をほろぼして中原一帯に軍事拠点を広げていった。

「下国」のうち、「蛮夏」と称されるところは、『左伝』では「夏」「東夏」の地とされるところである。西周時代には周が副都雒邑《らくゆう》を建設し、晋を山西に封建してこれらの地を治めた。「下国」を天命によってまかされた、と述べて、かつての周が政

治的影響をおよぼした地域を、自らが支配することの正当性を主張する。『左伝』にあっては特別領域であった中原の地を、秦では一等おとった地域だとさげすむ。そして、『左伝』によって西戎の地になってしまったとさげすまれた陝西の地を、秦では逆に特別地域として語るわけである。

そして、『左伝』が「諸夏」の地と規定した中原一帯を、逆に「蛮夏」と称している。秦みずからが「夏」であるから、中原は「夏」ではない。中原の連中は勝手に「夏」と称しているが、いわば「蛮夏」だとさげすんでいるのである。

新石器時代の文化地域ということでいうと、陝西東部から中原にかけては、中原龍山《りゅうざん》文化の地域である（八―九頁地図参照）。その文化地域の東よりの山西《さんせい》方面に夏の故地を設定しようとしたのが『左伝』の主張であり、西よりの陝西東部にそれを設定しようとしたのが秦の主張である。

前二七九年以後になると、秦の領土は天下の半ばをすぎる（次頁の図）。上述した秦国の女が生んだ子は「夏子」だという規定は、隣接する文化地域に進出して得られた領土において適用される。同じ特別領域でも、周の故地は畿内に位置づけられていて、より特別である。

### 斉における領域支配の正当主張

秦で秦公鎛が作られたころ、山東《さんとう》の斉《せい》でも同じような主張を記した青銅器叔尸鎛《しゅくしはく》（叔夷鎛）が作られた。

秦の国家領域の膨張　富国強兵に成功した秦は、領域の拡大にも成功した。昭襄王（前307—前251年）の末年には、当時の天下の半ばを領土にくみこんだ。秦の国家領域の拡大は、特別地域「夏」の拡大でもあった

これは斉の威宣王《いせん》が作ったもので、銘文の中には、田《でん》氏の先祖をほめたたえた内容がしたためられている。銘文の一部を抜き出すと以下のようになる。叔尸《しゅくし》とは威宣王のことである。

私（名前は）尸（夷）の先祖および初めて諸侯となられた高祖に典範を求めますと、輝かしき名をのこす先祖の殷の湯王《とう》（成湯《せいとう》）は、うやうやしく「帝」（上帝）のもとにいらっしゃる。湯王は天命をもっぱらにし、夏王朝の跡を征伐し、その霊なる軍をうちやぶった。宰相伊尹《さいしょういいん》の補佐もあり、湯王は九つの州を領有し、夏王の初代禹《う》の遺跡に居所を定めた。殷の子孫たる宋国の君主穆《ぼく》公、あの輝かしき穆公の血をひく襄《じょう》公から、さらに分かれた一族の娘が、（某国の）成《せい》公に嫁ぎ、生まれた娘が嫁いできて叔尸が生まれた（以上、叔尸の母系祖先が殷王であること、その殷王が夏王朝の故地に居を定め、九州すなわち天下を領有したことを述べる）。

斉の侯として即位し、うやうやしくしてその霊力は虎のようであり、その政治に努めることになる。父の桓武霊公《かんぶれいこう》（斉の威宣王の父の桓公《かんこう》）の霊前におうかがいを立てると、桓武霊公は青銅材料となる武器に霊力をくだされた。そこでこの宝器を鋳造し、あらためて祖父・祖母・母・父の霊をお迎えする次第である。幸いがもたらされ、霊命がやどり不老ならんことを祈る（父の桓公の霊を継承することを述べる）。

ここに示されたのは、夏王朝の跡に殷の湯王が居を定め、その殷王の血を自分が引いている、という主張である。ここに血を引くことをてこにしての、夏王朝と殷王朝に由来する領域を支配することの正当主張が示されている。

当時、一般には、血を引くという主張は父の系統をもってなされた。しかし、ここでは、母の系統が問題になっている。漢王朝の始祖劉邦《りゅうほう》が母の氏をつぐという説明（二一四頁）にも関わる点である。父の系統では主張できなかったと言ってしまえばそれまでだが、母をもって尊貴だと主張できる者が、この主張を展開している。斉で最初に王となった威宣王についての説明である。

## 斉の威宣王が作らせた『春秋』と『公羊伝』

殷王朝と夏王朝の故地は、斉からすれば隣接地域である。斉は山東の北側に都を構えている。西周の始めに封建されて周王朝との関係を構築して以来、東方の強国としてにらみをきかせてきた。その伝統的に支配を及ぼしていた地域の西南に殷の故地があり、さらにその北西に夏の故地がある。夏・殷両者の故地には重なる領域があるため、殷の湯王は夏の初代禹《う》の遺跡に居所を定めるにいたる。

たまたま宋の血を引く娘を嫁として迎えいれることに成功した戦国時代の斉の君主桓公《かん》は、その子威宣王に宋の血を引くことを宣伝するようしむけることにした。

威宣王の朝廷では、隣接する殷の故地と自らの地域を一体とみなし、「中国」と称することにした。そもそも「中国」という言葉は西周時代には周の王都鎬京の周囲を示す用語であり、それは『左伝』に継承された認識である。この言葉をみずからの特別地域を表現するものとして用いたのである。

殷の故地だとされた一帯は、すでに『左伝』が支配の正当主張をした地域だとして紹介しておいた。宋・衛・陳・鄭《てい》が話題にされた。宋は殷の末裔が周に封建されたものである。衛は殷の都に封建された国である。陳は、戦国時代の斉の王族田氏が出自した国である。鄭は韓の都がおかれたところであるが、この鄭を特別地域に入れるのは、斉国の立場としては論理上面倒だと考えたらしく、「中国」からはずしている。

そして、夏の故地を「諸夏」として、「中国」より一等劣る地域と位置づけ、鄭をこの「諸夏」の方に含めることにした。

殷の故地と山東の地が「中国」になるわけだが、注目されるのが、山東側に魯《ろ》が入っていることである。魯には賢人孔子《こうし》がいた。魯の孔氏は宋の有力者が魯に亡命したものである。

孔子の時代、斉の有力者になっていたのが田氏であった。田氏は陳の君主の一族が斉に亡命したものである。後に西周・春秋時代の斉の君主を名目的存在としてしまう。自らが斉の君主となりさらに王と称するにいたった。孔子のころの田氏の宗主（一族の代表）が田成子《でんせいし》であった。

戦国時代に斉で初めて王を称した威宣王の朝廷では、この祖先の田成子と魯の孔子に注目した。みずからの祖先を政治的に第一に位置づけ、魯の孔子を天下第一の賢人に位置づけ、孔子に歴史の法則と将来きたるべき王者を予言させることにしたのである。

こうして作られたのが『春秋』と『公羊伝《くようでん》』である。前者が年代記、後者がその解説書である。年代記は前君主が死去した翌年を元年として年代を配列している。この方法は、前三

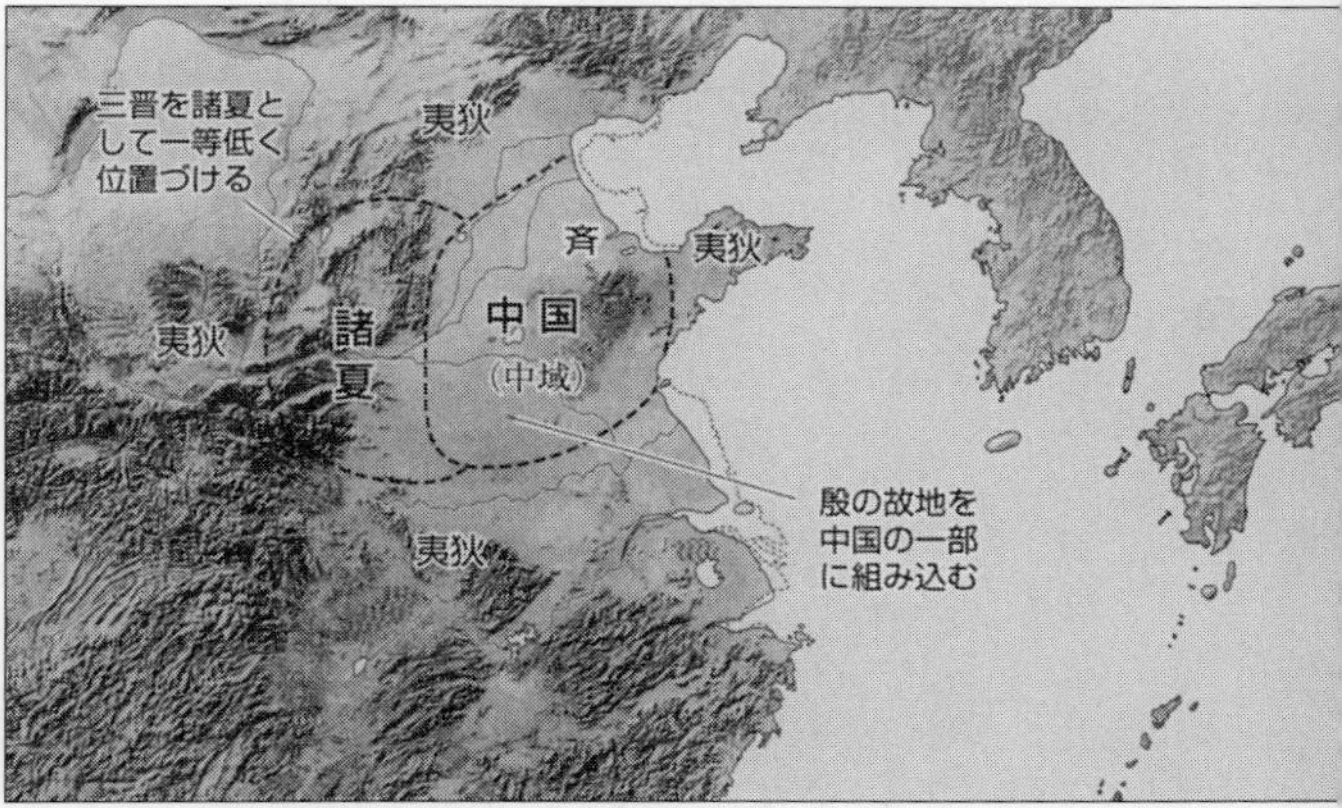


**斉の『公羊伝』の特別領域「中国（中域)」と一等劣った「諸夏」と野蛮の地**　『公羊伝』は戦国時代の斉で作られた。戦国時代の斉では、周が用いていた「中国（域)」を自らの特別領域の名称として採用した。「中国」には、殷の故地が含まれ、夏の故都（具体的にどこかはよくわからない）も含まれる。東遷後の周は諸夏の地にあり、西周の故地は夷狄の地となっている。『公羊伝』が語る春秋時代の「中国」では、きたるべき「革命」の予兆がおこる。それは、やがて田氏が大夫の身から君主となり、さらに正統者としての王となることを予言的に示すものである。「中国」の田氏による革命だけが特別なので、打倒される諸侯は同じ「中国」でも「中国」扱いされない。支配される民も選別され、風姓諸国の民などは「中国」扱いされない。殷の故地の陳から出た田氏と同じく宋から出た孔氏の一人孔丘（孔子）が特別扱いされる

三八年に斉で採用されたものである。魯の君主の年代記にしてあるのは、魯の記録と斉の記録が中心だったからであり、また魯の賢人孔子を利用する意図があったからである。

史書は、多くの事実をならべる。そこに歴史の法則が示される。それを『公羊伝』が解説する。『春秋』が解説するのではない。その法則を示したのがただの人では具合が悪い。

史書の編纂を命じたのは「君子」であるとされた。受けたのが賢人たる孔子だということになった。それが『公羊伝』の末尾にまとめられた「形」である。

その後、この「形」に反対する国家で、「そんなことはない」という説明がたくさん作られた。すでに紹介した『左伝』も、また秦の青銅器も「そんなことはない」派である。たとえば、孔子は魯の賢人であって、魯のためにものを考えたのであり、斉のために考えたのではないという主張を展開したりする。こうした説明は、斉で作り上げられた本来の『春秋』に関する説明ではない。

「孔子は魯の賢人であって、魯のためにものを考えた」という説は、秦から漢へと継承され、後代に長く伝えられた。漢がこの説を採用したのは、そうした方が都合がよかったからである。孔子を魯にからめて論じ、一賢人として戦国時代の諸国家とは切り離してしまう。その上で、漢《かん》の武《ぶ》帝（前漢中期）や後漢初代の光武《こうぶ》帝（後漢）が至上の存在であることを、別に示しておく。

結果として、本来の斉の主張は注釈により「封印」されることとなった。

**『公羊伝』冒頭**

『公羊伝』本文を読めば、斉の本来の「形」がわかる。漢代には封印されてしまった「形」である。

『公羊伝』本文を問題にして説明を続けよう。冒頭で次のような記述がある。この記述に、斉が正統をどのように主張したかったかが、凝縮して示されている。

「元年、春、王の正月」（『春秋』経文）。元年とは何か。君の始年である。春とは何か。歳の始めである。王とは誰のことか。文王のことである。どうして先に王を問題にし、しかる後に正月を問題にするのか。王の正月だからである。どうして王の正月というのか。一統を「大」にする（尊ぶ）からである。公はどうして即位を言わないのか。公の意だからである。どうして公の意によるのか。公は国を治めることになったが、やがてはこれを「桓」（魯の桓公）に返そうとするからである。どうしてこれを「桓」に返すのか。「桓」は、幼いにもかかわらず尊貴であり、「隠」（魯の隠公）は年上ではあるが卑しいからである。その尊卑を表現するのにその方法は「微」であったから、国人にはわかる者がいなかった。「隠」は年上であってまた「賢」であったから、諸大夫は「隠」を選んでこれを立てようとした。「隠」がここにおいて即位を辞すということになると、まだ、諸大夫は「桓」が将来即位することになることを知っていないのが問題だった。かつもし「桓」が即位することになると、諸大夫が幼君を助けることができないことが心配された。だから凡そ「隠」の即位は「桓」の即位に等しかったのである。「隠」は年長でまた賢であるのに、どうして即位すべきでなかったのか。嫡男を即位させるには年長をもってして賢なるをもってせず、また子を即位させるには尊貴なるをもってして年長をもってしないからである。「桓」はどうして尊貴なのか。母が尊貴だからである。母が尊貴だからとはいえ、子がどうして尊貴なのか。子は母をもって尊貴であり、母は子をもって尊貴だからである。

「元年、春、王の正月」という『春秋』の冒頭は、中国独特の元年を称する方法、すなわち踰年称元法《ゆねんしょうげんほう》のことを話題にしたものである。この制度は前三三八年に斉で始まったものである（三二五頁参照）。前君主が死去した直後には元年を称することなく、年越し（これを「踰年」という。「踰」は「越す」意味である）して正月に元年を称するというのが踰年称元法である。

『春秋』にこの方法が用いられていることで、この史書がこのころに斉で成立したことがわかる。魯では、この制度は採用されることなく、前二五七年に滅亡するまで、前君主が死去した直後に元年を称する方法、つまり立年《りつねん》称元法が使われ続けた。「立」とは「位」のことであり、即位のことである。立年称元法は、昭和・平成が年の途中で始まることを知っている我が国の人々には、むしろなじみある方法であろう。この方法が、中国でも一般的だったのであり、それと異なる踰年称元法は、前三三八年になって、やっと始まるのである。

先に挙げた『春秋』冒頭の文において、最後に、「母が尊貴だからとはいえ、子がどうして尊貴なのか。子は母をもって尊貴であり、母は子をもって尊貴だからである」と述べている。すでにご紹介した叔尸鎛《しゅくしはく》の銘文において、叔尸（威宣王）が系譜上母方の尊い血を引き継ぐことを問題にしていた。

また、文中、隠公について「隠」、桓公について「桓」、賢人について「賢」という表現を用いている。これらは単なる省略ではなく、省略によって人目を惹き、学者たちの意見をそこに盛り込むための特別な表現である。

やや詳しく述べると、魯の隠公が即位して、桓公がこれを継いだ。この事実を利用しつつ、本音のところでは、斉の君主に関する「形」を作り上げようとしている。利用するための歴史整理である。「桓公」の「桓」に武の意味がある（それゆえ「桓武」という熟語がある）ことを知って、学者たちはこの「桓」を用いた。また「隠」には、通常は文の意味を附与できないことを知って、文人を賢人として「隠」は「賢」だと述べたのである。魯では文たる賢人の隠公を武たる桓公が継ぐという「形」を示し、それが歴史の法則であることをほのめかした。それが単なるほのめかしでないことは、上記の踰年称元法が説明する。かの栄えある（こう説明された、ということだが）周の文王の制度だからである（「王とは誰のことか。文王のことである」と説明している）。

かくして、周の文王を継ぎ、名前に武の意味があり、母が尊貴な者が、王となって踰年称元法を始める、という内容が示された。その予言が的中して王となる者、それが斉の威宣王である。

「母が尊貴」だと言うのは単に母を問題にしているのではない。きたるべき王者、つまり斉の威宣王が母より殷の血を引くことを問題にする。だから、殷の故地を支配する正当性があるということが言える。そして、さかんに「母が尊貴」だとくりかえしたのである。

## 「叔尸鎛」と夏の故地

問題の青銅器銘文に、「湯王は天命をもっぱらにし、夏王朝の跡を征伐し、その霊なる軍をうちやぶった。宰相伊尹の補佐もあり、湯王は九つの州を領有し、夏王の初代禹の遺跡に居所を定めた」と述べている。これが、夏王朝・殷王朝に関する斉の歴史認識である。殷の領域を継承するということは、夏の領域を継承することだ、という見解が示されている。

この主張は、『左伝』に述べられた夏王朝・殷王朝に関する領域観とは若干異なる部分がある。『左伝』では夏・殷両王朝の領域が地域的にずれることを問題にし、星宿の分野説を持ち出していた。これに対し、斉の認識では、夏王朝の最初の都を殷王朝の都にしたことが強調されている。それを含む一帯を支配した上で、九州が支配域になると述べるものである。九州のひろがりがどこまで及ぶのかは、叔尸が与えられた領域を見ればわかる。

この青銅器の銘文は、八〇行四九二字にもおよぶ長文である。述べるところは多いのだが、その銘文の最初の方で、「皇君」や「公」と称される神格から斉の軍事権と広い領域の支配権を授けられたことを述べている。この「皇君」や「公」は、春秋時代の晋国で作られた侯馬《こうば》盟書《めいしょ》にも類似の神格が見えている（「おおいに明らかなる皇君㞢公」という表現が使われている）。

この広い領域の支配権を具体的に述べた部分で「県三百」が与えられたことを問題にしている。これは戦国中期当時の県の規模から言って、山東一帯と中原一帯を中心に広めに領域を設定したものと言うことができる。つまり、図（一四五頁地図）に示した「中国」とこれに一等劣るとされた「諸夏」を合わせた領域である。

殷の故地の継承の正当性を述べながら、殷の都が夏の都に重なることを強調しているのは、斉からすれば「諸夏」を征服する野心はあるし、支配の正当主張もするにはするが、しばらくそこまで行動をおこすゆとりがない、という戦国時代中期の現実認識があったからである。「諸夏」を征服する野心があるのは、そもそも田氏が出自した陳の祖先が夏の始祖禹から出たという伝承を有していたからでもある。

## 魏の『竹書紀年』と三代

### 『竹書紀年』と「夏」と革命

魏は、先に述べた韓と同じく、春秋時代の大国晋が領域国家化する過程で、分裂してできた国家である。

魏が韓と異なるのは、戦国時代の魏王の祖先である春秋時代の魏氏が、韓氏とちがって晋の一族ではなかったということである。晋の臣下からなりあがって諸侯となり、やがては王を称することになった。

この国には、したがって大夫層が諸侯を滅ぼして成り上がる下克上の論理が必要であった。韓氏と同じ中原一帯を特別地域と位置づけつつ、その中でいかに成り上がるかの論理、その論理を述べるために史書を使った。

中原一帯の特別地域を「夏」と規定し、みずからは大夫層の人間として「夏」の子孫を自任し、新たな天命を得る「革命」によって周王の権威を否定し、「夏王」を称することになる。

魏の領域は、太行山脈《たいこう》を東西にはさんで存在する。東側は大梁《たいりょう》という都を有し、西側は晋の都であった絳《こう》を有する。『左伝』のところで説明した夏の故地と殷の故地にまたがる領土を誇っていた。

魏で作られた史書は、もともとの名称は不明である。秦が天下を統一する過程で失われたらしく、紀元後三世紀に戦国魏国の墓からその年代記が出土するまで、存在が知られていなかった。出土した後、『竹書紀年《ちくしょきねん》』と命名され、世に知られるようになった。

この『竹書紀年』は、斉で作られた『春秋』『公羊伝』や韓で作られた『左伝』に先行して作られた。

伝説の五帝《ごてい》紀から始まり、夏紀、殷紀、周紀、晋紀、そして魏紀が続く。

この年代記が、他の諸国に先んじて作られたのは、魏が春秋時代の晋の都一帯を掌握していたためである。その関係で、魏は晋に伝えられていた年代記を利用できたのであった。

晋の年代記が『竹書紀年』のもとになる。概要だけを述べておけば、その年代記のうち、西周時代までの部分は、西周末から春秋初めにかけての混乱時期に、晋に伝えられたようである。時の晋の君主は文侯で、分裂した周王朝のうち、東周の旗頭として活躍した。『竹書紀年』には、文侯が分裂した西周を滅ぼした記事が見えている。

西周の混乱は、この滅亡でおわるわけではなく、やがて秦が東進してくるまで続いている。この間、周が独占していた技術が各地に拡散した。その技術とは、青銅器に銘文を鋳込む技術である。この技術の拡散で、あちこちの国でも漢字を青銅器銘文として表現できるようになった。

西周時代の晋では、口頭伝承によるもの以外、記録は無に等しい状況にあった。ところが、『竹書紀年』には、殷や周の記事が豊富に見えている。西周において独占されていた情報が、晋に伝わったためである。

その情報を利用して、戦国時代に新しい年代記作りが始まる。結果としてできあがったのが『竹書紀年』である。

この『竹書紀年』は、宋代に散逸してしまった。唐にいたるまで残された注釈に『竹書紀年』が引用されており、それからおおよそが復元されている。この学問的復元とは別に、明代に偽作された『竹書紀年』がある。名前は『竹書紀年』だが、

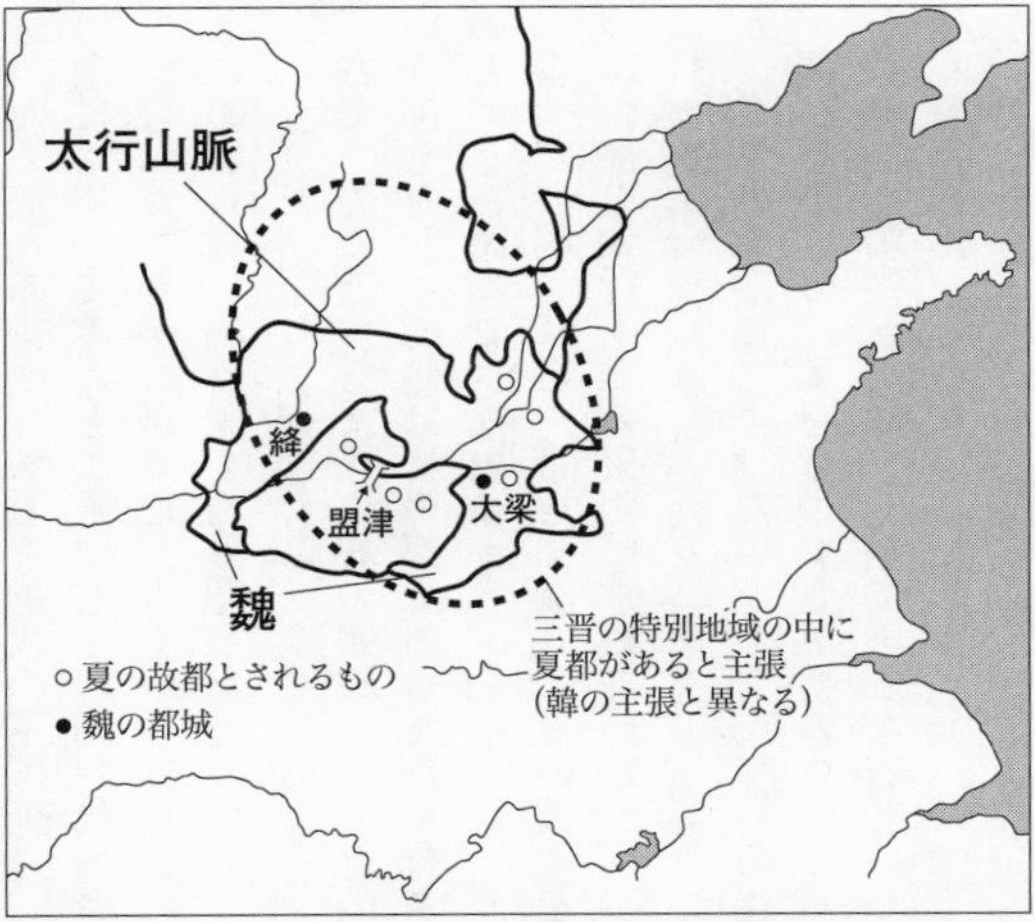


**三晋と夏都**　三晋のうち魏の都大梁と晋の古都絳の位置（●）を示す。三晋の国境線（前350年ごろのもの）と夏王朝の故都とされるもの（○）は、譚其驤主編『中国歴史地図集』第一冊による

まったく異なる書物である。近代の王国維《おうこくい》ら、多くの学者が偽作のことを論じている。私が丹念になぞってみたところでも、六朝《りくちょう》時代の晋朝の書物一点と宋代以後の書物数点を参照して作られたことがわかった。古くから継承された史料がかくされていないかとの期待はみごとに裏切られ、偽作説を再確認しただけであった。復元された『竹書紀年』を古本『竹書紀年』、偽作された『竹書紀年』を今本『竹書紀年』と称して区別する。

さて、先に述べたように魏の領域は、太行山脈を東西にはさんで存在する。東側は大梁という都を有し、西側は晋の都であった絳を有する（前頁地図）。だから、『左伝』に示されたのと同じ晋の神話を活用することができた。ところが、『左伝』が晋の都付近、汾水《ふんすい》や洮水《とうすい》によって説明される一帯を強調して夏の故地を説明したのに対し、魏は夏王朝が営んだいくつかの都を太行山脈の東側に求めている。

『竹書紀年』に示された地名が、現在のどこにあたるかも、実は厳密な考証を必要とするが、多くの人がここではないかと考えている場所を、とりあえず前頁の地図に示しておく。

韓が晋からの継承をもって夏王朝の故地の領有を主張したのに対し、魏では、諸夏の大夫が下克上で諸侯となり、やがて王となるという歴史に沿って、自らの領土の中に夏の故地を多く設定した、ということである。

夏王朝と殷王朝の故地は、魏・趙・韓が共通して「諸夏」の地とする特別地域の中にあり、それぞれの領域内におさまることはない。だから、歴史的に遡った場合に、他の二国に都合がわるく、自らに都合がいい論理を用意して、史書の中で強調する地を考えた。その思惑の相違が、『左伝』と『竹書紀年』に強調して述べる夏の故地の相違として現れた。

## 『竹書紀年』に見える周の権威の継承

復元された『竹書紀年』（当然古本を問題にする）を見ると、周の権威を直接継承する「形」が作り出されている。いわゆる三代である。伝説の五帝の時代は一まとまりの紀年であり、次に夏紀・殷紀・周紀が続く。この周を受けるのが晋紀であり、晋は魏氏が韓氏・趙氏とともに三分した国である。その晋紀を魏紀が受ける。晋紀は諸侯としての晋の年代記であり、魏紀も諸侯としての年代記として始まる。そして、魏紀では、途中で王としての紀年が始まる。

魏王としての紀年が始まる際に採用されるのが踰年称元法である。踰年とは年を越すことであり、前君主が死去した時点では元年を始めず、年を越して元旦から元年を始める。踰年称元法は、戦国時代中期の前四世紀後半になって初めて議論されたものだが、歴史上の事実にその淵源が求められている。周王朝を遡り、周の武王の死後に即位した成王の時代にその「形」があった。武王が死去した後、周公旦《しゅうこうたん》が政務をとった。幼い成王は、その周公の下で養育され、一定期間すぎた後、あらためて王として即位する。新しい元年は正月元旦から始まった。周公の下にある時期と、成王が王となった時期、二つの時期にそれぞれ年代がある。この事実について、戦国時代に再解釈を下して利用することになった。

本来は、周王朝を支える族集団の要請によって、そうなったということだったのだが、戦国時代に新しい解釈ができあがる。戦国時代は、官僚が地方を統治する文書行政の時代になっていた。血縁によらぬ権威の説明が必要になる。新たな王は、血縁によって王位に即くのではないとしなければならなかった。では、何によって王位に即くのか。それは、徳があったからだとされる。その徳の有無を見極めるのが賢人であり、賢人のおすみつきを得て、新たな元年を正月元旦から始める。新たな元年の始まりは、前年に宣言された。宣言された後、年を越して、元旦から元年が始まる。すでに述べたように、年を越すことを「踰年」と言ったので、この方法を我々は踰年称元法と呼ぶ。

この踰年称元法は、かくして戦国時代に始まり、以後代々継承されていくことになる。魏の恵成王は、魏侯として即位した。そして、途中で改元を宣言して王位につき、踰年して新しい元年を始める。恵成王とは恵王にして成王ということである。この恵成王のように、王号は、複数の字が連なっていた。

恵成王は、恵王にして成王であるから、いにしえの周の成王と同じ名前だということになる。同じ名前の王が、同じ踰年称元法を始めたという「形」ができあがる。

年代記の「形」としては、魏の恵成王が王として即位する前も、周の成王の場合とそっくりにする。周王朝は、武王のときに殷を滅ぼす。武王の前は文王だが、文王は追号であり、文王が生きていた時期は殷の最後の王紂《ちゅう》の時期である。武王から周紀が始まり、これを周公が継ぎ、それを成王が継ぐ。魏紀も武侯から始まる。武侯の前は文侯だが、その時期は晋紀の下にある。武侯を継いで諸侯としての恵成王の時期があり、さらに王としての恵成王の時期がある。

単に王として即位する、というのではなく、明らかに周王の権威を文武に遡って復興させることを「形」にしている。

周王の権威を継承するには、周王朝を否定しなければならない。つまり革命である。継承と革命が「形」の中で共存する。『竹書紀年』に示された文・武・成をつらねる「形」は、周の文・武から魏の成へという意味で継承を問題にし、周を否定する王になるという意味で、革命を問題にする。

### 魏の恵成王と夏王朝の権威

恵成王が周王朝を否定する「形」には、夏王朝の復興が重ねられた。

『戦国策《せんごくさく》』秦策四に、次のような話がある。

魏は邯鄲《かんたん》を伐ったが、ゆえあって退き、逢沢《ほうたく》の遇《ぐう》をなした。夏車に乗り、夏王と称して、周王に朝した。天下は皆これに従った。斉の太公（後の威宣王）がこれを聞き、挙兵して魏を討伐した。魏王は質《ち》を抱き璧玉をとって降伏の儀礼を行い、陳侯（田侯すなわち斉侯。斉の田氏）の臣下となることを誓った。天下は梁（魏）を許した。郢《えい》（楚）の威王はこのことを聞くと、天下の人士を率いて申縛《しんばく》（斉の武将）と泗水《しすい》の上に遭遇し、おおいにこれをうち破った。

同様の話は、斉策五にも記されている。上記と相補うところがある。

魏王は邯鄲を抜くと、西のかた定陽《ていよう》を囲み、また十二諸侯を従えて天子に朝し、西のかた秦を伐とうとした。衛鞅《えいおう》（商鞅《しょう》）は魏王に謁見して言った。「まずは王服を行いください（王としての制度をお整えなさいませ）」。魏王は喜んで制度の改変に着手した。公宮を広くして丹衣《たんい》の制度を始め、柱に九本の斿《ゆう》という旗を立て、七星をあしらった旟《よ》という旗を従えた。これらは天子の位を示すものであり、魏王はこの位にみずからを置いた。そんな状況の中、斉人が魏を伐ち、魏の太子を殺し、その一〇万の軍をうち破った。魏王は命からがら国に逃げ延びて軍をたてなおさざるを得なかった。魏は斉をあがめる姿勢を示した。秦王は魏にせまり、拱手して（うやうやしく）西河の外（黄河の西）の地を受けることになったのである。

さらに、秦策五には次のようにある。

梁君（魏王）は楚を伐ち、斉に勝ち、韓・趙の軍を制圧して、十二諸侯をかけつけさせて天子に孟津《もうしん》に会した。しかし後に子は死に、みずからは冠を布いて秦にとらわれの身となるにいたったのである。

魏は諸国を制圧して式典を挙行した。「孟津に会した」ということと「逢沢の遇をなした」ということとは同じことを言っている。逢沢は黄河のほとりにある地名、孟（盟）津はその黄河の渡し場である。そこはかつて殷討伐の軍をあげた周の武王が黄河を渡った象徴的な場所であった。

その場所を選んで式典を組んだのは、周に権威の委譲を迫ったためである。だから、周囲の諸国は団結して魏を攻めた。

ここで周に権威の委譲を迫るのに、「夏王」と称しているのが、夏王朝の復興と周王朝の否定を組み合わせた「形」になっている。

魏が始めた新しい暦があり、それは夏王朝にゆかりのものだと説明された。斉や韓も同じ種類の暦を採用する。若干の相違が国ごとに存在し、それは独自性主張には必要であったのだが、夏王朝ゆかりのものという説明は共通していた。

魏における神話の利用状況は、よくわかっていない。しかし、すでに紹介したように、『左伝』に示された晋の神話と同じか、または類似したものを使っていたのだろう。その先に、革命を語るためには、「よそもの」としての「諸姫」(姫姓諸侯)を排除し、しいたげられた「諸夏」を復興する必要がある。そのために「夏王」を称したのである。

魏氏は、『左伝』を作った韓氏とは違って、「諸姫」の末裔ではない。だから、斉において田氏が下克上の論理を熱心に進めたように、魏氏も中原の地において、同様の下克上の論理を追求した。『左伝』を検討することでかいま見えていた「諸姫」を「よそもの」とする論理が、前面に出されたようだ。その上で、「諸夏」の地における下克上を論じ、夏王朝の再来を演出したのである。

## 楚の祖先神話と三代

### 伝説の帝王との関わり

夏王朝の故地と殷王朝の故地が中原一帯に設定され、それをどう領有するかがさまざまに論じられているころ、長江中流域を本拠とした楚では、独自の祖先神話がまとめられていた。

楚でも伝説の帝王にみずからの祖先を関わらせる。ただし関わらせたのは、夏王朝・殷王朝ではない。祝融《しゅくゆう》という伝説の帝王であり、さらに遡って顓頊《せんぎょく》という伝説の帝王であった。楚のこの種の伝説は諸書に部分的に記されている。『史記』楚世家にまとまった記述があるが、この『史記』ができた前漢中期と戦国時代の間には、始皇帝《しこうてい》死後の陳勝《ちんしょう》の反乱があり、さらに項羽《こうう》の時代があり、そして漢代になってからの黥布《げいふ》の反乱があった。いずれも楚の正統継承を「形」にしている。

また楚は東方を攻めて越の故地を支配下におさめた。越の故地は、楚と称される場合もあれば、遡って越が問題にされる場合もある。

漢の武帝まで、漢と対峙した南越《なんえつ》（越帝の国家で広東に本拠を置いた）がある。この国家が標榜した「越」は、楚が滅ぼして支配した越の故地を歴史的に継承する。

これら戦国時代から漢代にいたるまでの諸国家が採用した伝説が、『史記』に混入した可能性がなきにしもあらずである。このことは念頭においておこう。

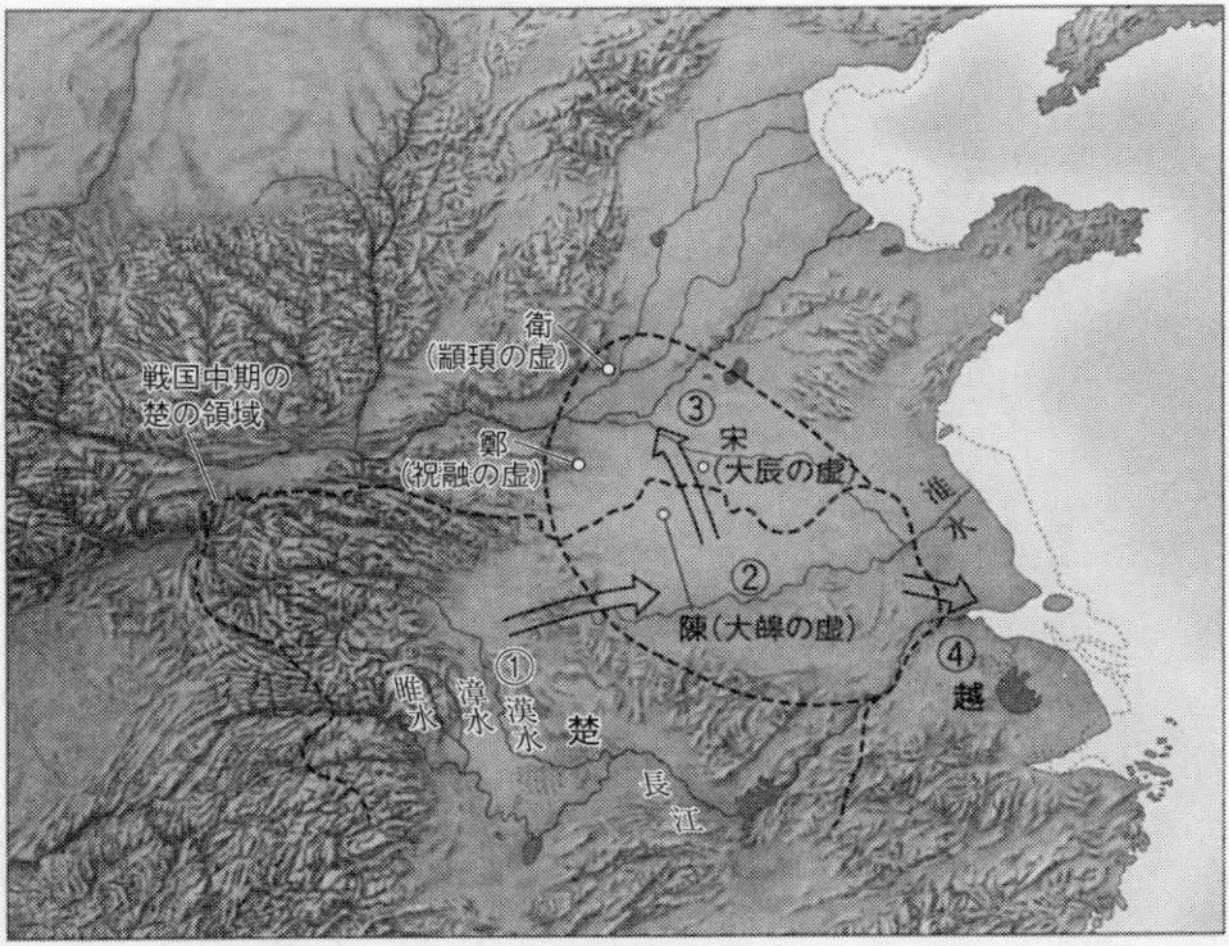


戦国中期の楚の領域と領土支配の正当主張　楚の領域は、譚其驤主編『中国歴史地図集』第一冊により、一部改変。①は新石器時代以来の文化地域の両湖区で、春秋時代の楚がいちはやく大国としての地位を築いたところ。②は春秋時代の楚が進出し中原勢力や呉・越と支配を争ったところ。③は②をもとに神話を加上し支配の手を伸ばそうとするところ。④は②をあらそう越（呉）の本拠をつぶして支配しようとするところ

先に検討した『左伝』にも、楚の祖先説話が語られている。『左伝』僖公二六年には、楚とその一族の国である夔《き》とのいさかいの記事があり、共通の祖先である祝融と鬻熊《いくゆう》（鬻熊《しゅくゆう》）を祭らないことが問題にされ、「先王熊摯《ゆうし》」が夔に逃れて以来、楚と夔の関係は切れている、という夔の主張が示されている。『史記』楚世家に熊摯の弟の熊延《ゆうえん》が兄を殺して君位についたとある。『左伝』に「逃れた」というのと違っているが、世系上はつじつまがあう。『楚辞《そじ》』は、楚国ゆかりの詩集だとされているが、離騒《りそう》篇の最初は「帝高陽《こうよう》（顓頊）の苗《びょう》裔《えい》」という文句で始まる。屈原《くつげん》に仮託されたこの詩集にあって、これは屈氏の祖先が顓頊だということを示したものである。『史記』楚世家も、祝融の祖先を顓頊だとしている。

やや想像が入るが、伝説に関する「加上説」を、ここで述べておこう。もっと古い、もっと古いと、どんどん古い時代をかさ上げしていくことで、伝説の時代は加上されていったという説である。

説明対象は違うのだが、江戸時代の富永仲基《とみながなかもと》がこの加上説を述べている。このことは、内藤湖南《こなん》が論理的思考として紹介し有名になった。だから、あっちの書物にはこうあり、こっちの書物にはこうありと紹介し、足して二で割ったような説明にしてしまうと、加上された内容が妙な具合に変形して残ることになり、実におかしな説明になる。本書は、そのような説明は避けた。

戦国時代にあって、当初は夏王朝・殷王朝と周王朝に関する議論ができあがった。この王朝に先んじては、堯・舜を代表とする賢人の政治があったという話ができあがった。これらとは別にそれぞれの戦国国家には、それぞれの祖先が議論されている。祝融を祖先とする祖

先神話をもっていた楚は、さらに遡って顓頊から説き起こし、顓頊は堯・舜に先行する帝王
だということにした。これに対抗して、顓頊より先に黄帝《こう》が存在し、それから説き起こす帝王
朝もあらわれた。魏と斉である。前者は黄帝から説き起こして五帝を論じ、夏王朝につなげ
た。後者は黄帝の子孫であることを標榜した。黄帝の子孫が周代の陳であり、田氏はその陳
の君主から分かれた一族である。

## 『左伝』に記された楚の祖先

ここまできて加上することの限界を感じた『左伝』では、顓頊の子孫を賢人とだめなもの
に分けた。すなわち『左伝』文公一八年において、こう記した。高陽（顓頊）氏には八人の
才子があり、天下ではこれを八愷《はちがい》とたたえた。高辛《こうしん》（帝嚳《ていこく》）氏には八人の才子があり、天下
ではこれを八元《はちげん》とたたえた。堯の時代にはこれを用いることはできなかったが、舜の時代に
なると大いにこれらを用いた。しかるに、帝鴻《ていこう》氏・少皞《しょうこう》氏・顓頊氏にはそれぞれ不才の子が
あり、この三族は代々その凶を伝えて悪名は増幅し、堯の時代にもこれらを抑えることがで
きなかった。これらに加え、縉雲《しんうん》氏にも不才の子がおり、それを加えた四凶を舜が追放し、
功績を残したのである。

この『左伝』の説にいう顓頊の子孫のうち、舜に追放された不才が楚の祖先になったとい
う含みである。

『左伝』は楚王の事績を紹介するにも、「楚王」が「楚子」であることがわかるよう工夫し
ている。引用した材料にはもともと「楚王」と記されたものが多いようだ。その引用材料を

そのまま使うのではなく、書き換えによって「楚王」と「楚子」が混在するものに作り替え、実は「楚王」は「楚子」だったのだとわからせる。

それに関連することだが、楚王の子も、「王子」ではなく一律「公子」として紹介される。周王の子が「王子」と紹介されるのと対照的である。

『左伝』の引用材料の中には、「楚子」としてしか紹介しない場合もある。例えば、有名な楚の荘王が周の「鼎《かなえ》の大小軽重を問う」場面（『左伝』宣公三年）では、「楚王」は一度も使われない。そして、権威を問題にするなら、本来徳を話題にすべきなのに、「楚子」はこともあろうに形式しか問題にせず、鼎の大小軽重を問題にしてきおった、という内容として紹介している。

ことほどさように、楚に関する紹介にはバイアスがかかっているから、どこまでが貶める内容なのかを適切に見極める必要がある。『左伝』は特定の正統論に反論するのに、その正統にとって好ましくない「事実」を提示するという方法をとっている。そのため、記事の中には、「事実」がとても多い。その「事実」に内容を逆転させるような書き換えや書き加えがなされた場合、それはどんなものだったかが問題なのである。

黄帝は、斉の祖先だとされたものだが、『左伝』昭公一七年において、黄帝氏には雲紀、炎帝神農《しんのう》氏には火紀、共工《きょうこう》氏には水紀、大皞《たいこう》氏には龍紀があると述べて、それぞれを相対化している。楚ほど貶めないが、やはりだめだという含みである。

そして、昭公一七年において、宋・衛・陳・鄭のことに言及し、宋は大辰の虚（虚は殷虚の虚で故地のこと。基準星宿たる心宿《しんしゅく》を祭祀する故地）にあり、陳は大皞の虚にあり、鄭は祝融の虚にあり、衛は顓頊の虚にあると述べた。天のものさしである大辰の虚にある宋を別格とし、他を相対化しつつ、祝融の虚も顓頊の虚も、ゆくゆくは韓が抑えることを主張している。

くりかえすようだが、楚の祖先神話は、わかりにくい体裁で現在に残されているだけでなく、『左伝』を作り出した韓のように、楚に対抗していた国家による誹謗の「形」の中で語られていることが少なくない。だから、そのまま使うのではなく、少なくとも、楚の立場におきかえておかしくないかどうかを、検証しておく必要がある。

そうした検討を進めてみると、祝融や顓頊をもって夏王朝・殷王朝の権威を否定する論理が、楚の主張の根幹にありそうだ。

ということになると、戦国時代の楚の特別地域は、湖北・湖南の地からさらに延びて、すでに何度も紹介した殷の故地、上記の宋・衛・陳・鄭を含むものと考えることができる。ただし、殷を継承するのではなく、みずからの祖先神たる祝融や顓頊の故地として継承するわけである。

殷王朝は問題にせず、夏王朝は特別地域の域外にある。

なお、『左伝』哀公六年に、楚の昭王が次のように述べたという話が紹介されている。「昭王」という個人名以外、「楚王」の語はなく、「楚子」のこととして紹介されている。内容は、「夏・殷・周三代にあっては、楚に命ぜられた河川祭祀は、『楚の望』を越えなかった。楚の望というのは、長江・漢水・睢水《しょすい》・漳水《しょうすい》である。だから、自分の病も黄河のたたりはうけていない」というものになっている。『左伝』は、これに対し、孔子に「大道を知っているから昭王は国を失わなくてすんだ」とのべさせ、さらにこれを若干修正するため『夏書《かしょ》』を引用し、「分を越えなければいい」と結んでいる。分を越えない楚の特別地域は、長江・漢水・睢水・漳水が話題になる湖北一帯だけだ、ということである。

その特別領域は、まさに新石器時代以来の文化地域になっている。殷の故地を含める考えは、隣接地域に乗り出してのものとなっている。越の故地を含めるについても、同様である。

### 楚における周の権威継承

敵対する国家の議論から、ある国家の議論が見えてくるということで言えば、韓の『左伝』には、山東方面の諸侯に夏の子孫がいることの言及もある。その議論では、彼らはいまや野蛮人の風になじんでしまっていて、滅亡するのが当然だという筋書きがある。これで、山東の斉が夏の子孫を滅ぼしたからといって、夏を支配する正当性が得られるわけではないという「形」が作り出されている。

同じように、敵対する国家の議論を利用すると、楚における周王の権威継承の論理も見えてくる。

楚は春秋時代に王を称した。周に対抗してのことである。最初に王を称したのは成王で、後になって文王と武王を祖先に追号している。その成王以来威《い》王までの楚王を呪った文章が戦国時代の秦で作られ、石に刻された。詛楚文《そそぶん》と称する。原石は失われ、いまは拓本をもとにした版本を通して内容を知るしかない。

楚の成王以来と述べたが、文書そのものは、秦の穆公《ぼくこう》以来恵文君にいたるまでの秦の一八世を問題にしている。その間の楚王を呪詛《じゅそ》するのである。穆公（繆公とも書く。在位前六六〇―前六二一年）に重なる楚王は成王（在位前六七一―前六二六年）であり、楚で初めて王を称した人物であった。成王からさかのぼって王号が伝えられる楚の武王・文王は、実際は追号にすぎなかった。この追号のことがあるから、秦ではその追号を無視して成王以後だけを相手にしているのである。

楚の武王・文王は追号であったが、追号を用いた理由は、周王朝や歴史書『春秋』への対抗心にあった。楚の武王の在位（前七四〇―前六九〇年）は『春秋』の始まり（前七二二年）に先行し、かつ東周王朝最初の王である平王の在位（前七七〇―前七二〇年）に重なる。

周の平王は栄えある祖先である周の文王・武王以来の正統を継ぐために、東都雒邑《らくゆう》に都をおいた。ここでも周の文王・武王が問題にされた。その記憶が、『春秋』の「形」として利用された。だから、『春秋』に対抗する「形」を作る上で、周王の権威が文王から武王へと継承された「形」をだいなしにする、という「形」が求められたのである。

初代の楚王の名称として武王を位置づけると、しかもそれを周の平王にぶつけておくと、遡っていにしえの周王を問題にしたとき、楚王が武王である以上、周の武王ではなく、周の文王から権威を継承した、という「形」を論じることができる。この「形」を論じると、周の武王以下、つまり、革命によって殷王朝を滅ぼした周王朝をねこそぎ否定することができるのである。

夏王朝・殷王朝は無視する。そして無視した殷王朝を滅ぼした周王朝も無視する。武王以後の周王朝である。

そして、周の文王の徳は、周の武王ではなく、楚の武王に継承された、という「形」ができあがる。これをもって、楚は西周文王の個人的権威を認めつつ、周王朝そのものは権威を否定した。そして、周の権威は、西周に継承されたのではなく、時代を超えて楚に移ったという「形」を作ったのである。その一方で夏王朝と殷王朝にまつわる「形」をすべて否定し、みずからの血統の正しさを強調する。

周王朝の継承、夏王朝の復興、そして下克上、これらのうち、楚では周王朝の継承だけを問題にした。周の文王だけを利用する独自の「形」に作り上げ、夏王朝の復興と下克上の二者は、議論を封印した。それが楚における正統継承の「形」である。

その「形」から楚の領土的野心を読み解くと、特別地域として認識される湖北・湖南の地は、正当に支配される領土である。その北東に広がる中原一帯には夏の故地と殷の故地があり、西に隣接する陝西《せんせい》には周の故地があった。顓頊をもって夏王朝の権威を否定し、祝融によって殷王朝の権威を否定したわけだが、先に引用した『左伝』昭公一七年の説話には、衛が顓頊の虚にあり、鄭が祝融の虚にあると記されていた。いずれも殷の故地内にある。

この故地の領有を韓と斉がねらっていることを述べた。同じ野心は楚にもあって、それが神話の形をとって表現されていたわけである。

韓が支配した一帯は、中原の中枢をしめ、東遷後の周がそこにあった。その周が作り出した文王・武王以来という論理を、楚は否定した。だから、楚の成王に関して上述した周の文王の徳を継承する「形」自体は、周王朝そのものに関するものではあるが、領土主張としては、隣接する中原の支配を念頭において作り出されたものであろう。すでに何度か述べているように、夏の故地と殷の故地は、周によって領有され、周の故地は春秋時代になると秦が大国として支配を及ぼす地域となり、戦国時代には秦の領域となった。夏の故地と殷の故地は、春秋時代には晋が支配を及ぼす地域となり、戦国時代には、晋を三分した趙・魏・韓の領域となった。だから、当面のこととしては、これらを直接支配することはできない。将来は支配の正当主張はできるが、現実にはできない。そこには、斉が殷の故地を特別地域に含め、夏の故地を一等低くみなしていたのと同じ意識をくみ取ることができる。

夏の故地も、殷の故地も、周の故地も、一定の評価を与えるが、楚よりは一等劣った地域だ。それが楚の認識である。

ただ、現実には、みずからが漢字文化を継承した周には、並々ならぬ思い入れがあったようだ。その思い入れが周の文王だけを評価させる。殷を滅ぼしたのは周の武王だから、武王以下を評価さえしなければ、殷を滅ぼした歴史を評価することにはならない、ということである。そのため、上記のように、時代を遡って、武王という追号を楚君主に贈り、その武王が周の武王になりかわって周の文王の権威をうけたという「形」を作ったのである。

なお、『史記』楚世家には、西周時代にすでに楚が王号を用いたという内容の記事がある。すなわち、楚の祖先の熊渠《ゆうきょ》の長子康《こう》が句亶王《こうたんおう》、中子紅が鄂王《がくおう》、少子執《しつ》が越章王《えつしょうおう》を名のったというものである。しかし、これは、周の厲《れい》王に討伐されるのをおそれて、王を称することをやめた、というなさけない話になっていて、誇り高き楚の伝承としてはなじまない。楚とは異なる国家による楚誹謗の一環として生まれた説話である。周の厲王が無道の君主で周王の地位を追われた人間であることも、念頭においておくとよい。無道の君主を恐れた、無道以下だということで、楚王は無道以下の君主の子孫だということである。

楚は東進して越を滅ぼしている。ただ、この越の故地の領有は、楚においては、中原一帯を意識したような正当主張としては展開されなかったようである。

# 中山国の正統主張と三代

## 中山国の正統主張と『穀梁伝』

戦国時代の中山《ちゅうざん》王国は、その祖先を鮮虞《せんぐ》と称する。書物によっては、これを白狄《はくてき》の一種とするものもあり、北方系の外族が中原に進出してきたものと考えられている。中原諸国から外族扱いされた、という意味では、楚や秦に通じるものがある。その中山で作られた史書が『穀梁伝《こくりょうでん》』である。

『穀梁伝』は、先行して作られた斉の『春秋』と『公羊伝』、韓の『左伝』に示された「形」を利用しつつ、それらの「形」を否定する論理を作り出した。

『穀梁伝』では、『公羊伝』と同じ「中国」を問題にする。『公羊伝』の「中国」よりは若干広めの地域が問題にされ、斉・宋以外に衛・鄭・蔡・鮮虞などが話題にされる。他は、「夷狄《いてき》」または「狄」が野蛮人の代名詞として使われる。「夷狄」をあらためて「狄」と言い直すのが普通で、野蛮人はすべて「狄」とみなしていたと言ってよい。

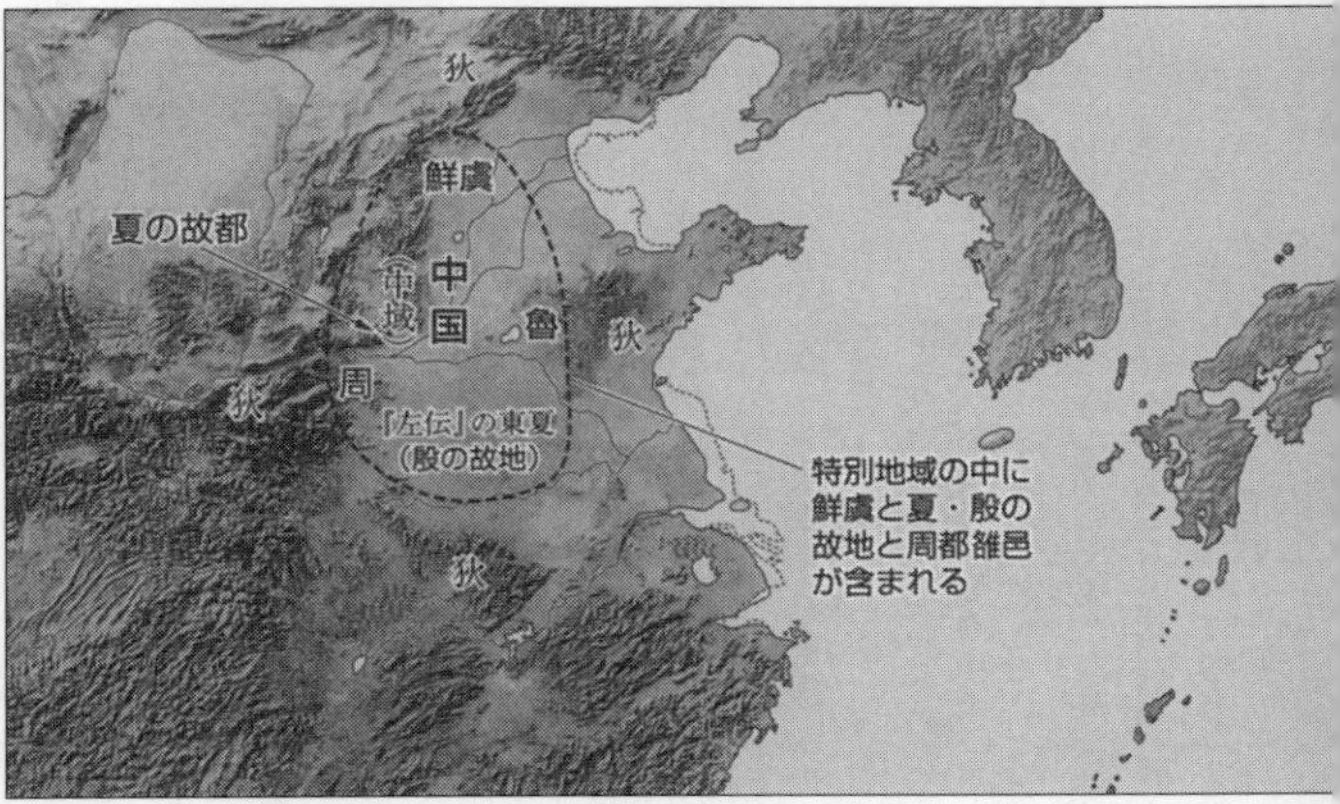


『穀梁伝』の特別地域「中国（中域）」と周囲の野蛮の地　『穀梁伝』を作った中山国では、鮮虞・周・魯と『左伝』の東夏を含む地域を「中国」とする。下克上を認めない。戦国まで残る中国の諸侯は鮮虞（中山）のみ。「中国」内の西辺に夏、南辺に殷、西南辺に周の故都がある。賢人孔子が生まれた魯は同じく東辺にある。三代をすべて包みこんで「中国」を設定し、夏王朝の制度的復興を「形」にするようだ

『穀梁伝』で特徴的なのは、晋をのぞく西周諸侯を「中国」に含めることである。こうした諸侯は、つぎつぎに滅んでいく。

その一方で、下克上を否定する。公・大夫の上下は乱してはならず、君臣の道をたださなければならないという。だから、諸侯は「中国」だが、大夫の身分からはい上がった魏氏や趙氏、斉の田氏などは、すべて「中国」からはずされる。

魯に対する見解は辛辣で、桓公はその君たる隠公を弑して即位しており、周公（の徳）を受けていない、とされる（桓公二年）。また、晋は、夷狄になじんでいるとして「狄」と称される（昭公一二年）。韓氏は晋の一族だから、強

弁すれば諸侯だと言い得る立場にある。そこで念には念を入れて、晋が「狄」だと述べたのである。

「中国」とされた諸侯はつぎつぎに滅んでいく。戦国時代に残ったのは、鮮虞だけとなる。残った「中国」は鮮虞だけである。鮮虞は春秋時代の名称で、戦国時代には、中山と称するようになる。その中山で作られたのが『穀梁伝』であるから、こんな「形」が作り出されたのであった。

斉では「中国」として斉と宋を挙げていた。『公羊伝』の論理を追うと、斉の君と魯の君の一族は、近親相姦を犯した斉の釐《き》公の子孫である。魯の桓公の子は実は斉の釐公の子である（注釈等、一般に釐公の子の襄公の子であることを議論）。そして「大夫」が君主を弑するのは日常のことであり、理由もあるとして、大夫から身を起こした田氏だけを「中国」に入れる「形」を作り出す。これに対して、中山の『穀梁伝』では、逆に諸侯の方を「中国」に入れたというわけである。

下克上を否定して、中山だけが突出するようにしくんだのである。

## 中山国の「中国」と三代

『穀梁伝』において、「中国」とされる領域は、一七一頁の図のようになる。この中には、周（雒邑）と魯、そして『左伝』が「東夏」と称した殷の故地が含まれている。『左伝』が「夏」と称した領域も、部分的に含まれ、魏について話題にした夏都（とされるもの。一五三頁）も、『穀梁伝』の「中国」の中にある。

したがって、夏王朝・殷王朝・周王朝の三代の跡は、それなりに「中国」にからめて論じることができる。

中山王と夏との関係は、直接的には示されることはない。この点は、斉の議論を継承したようである。

しかし、斉と違って、殷との関わりを強調することはない。だから、斉が殷を通して夏の故地の支配を正当化したのと違って、正当化の論理を欠いている。その点は、楚が夏や殷を無視し、周からの継承だけを論じたのと通じるところがある。

ただ、楚と異なるのは、自らを「中国」だと主張した点である。周の諸侯を「中国」扱いし、同じ「中国」の周から中山への正統継承を考えた。

そして、強調はしないが、暦は魏・斉・趙・韓などが採用した「夏正」（夏王朝の暦とされたもの。戦国中期に「周正」「殷正」といっしょにできあがった）を採用し、夏王朝復興の「形」を作り出している。

夏王朝・殷王朝・周王朝の三代を特別地域の中におさめ、それらとは別に中心を設定して自らが座し、そこに周王朝からの権威の委譲を構想するという点は、『左伝』を参照したものであろう。『穀梁伝』が『左伝』を参照していることは、あちこちの記述から推測できるが、三代の位置づけについても、それを認めることができる。

## 漢王朝が三代を継承する「形」

### 戦国時代の正統継承の「形」と漢王朝

「夏」や「中国」が主人公だという論陣をはると、いわゆる下克上の論理になることがあることを述べてきた。この「夏」や「中国」の部分は、韓や魏など国家の独自性が表現されている。だから、他の国家では、この「夏」や「中国」の部分をいろいろに言い換えた。同じ表現でも内容を変えた。それぞれの国家が構想した特別地域を念頭においた「形」ができあがる。特別地域をどこにするかは違う。しかし、共通して下層のものが上層のものを滅ぼす構図を作り上げる。

戦国諸王朝のこうした三代観と革命観を述べてきたわけだが、それをより深く理解するため、「事実」がより豊富に提供されている漢代を検討しておこう。

漢王朝は、秦を継承し、戦国時代にあった複数の特別地域の独自性を封殺した。それぞれの独自色を消し去って、周王朝が特別だという説明を作り出した。その周王朝を自分たちが継承するということにして、自らの独自性を表現したのである。自らが継承する周王朝は、自らと同じ天下の王朝にしなければならなくなった。周王朝が滅ぼした殷王朝、殷王朝の前にあったとされる夏王朝、いずれも天下の王朝でなければならなくなった。

目の前に残された戦国時代以来の典籍には、明らかに天下とその中の特別地域のことが書いてある。それを、そのまま解釈して議論したのでは、漢王朝の立場を演出するのに障害になるだけである。その障害の除去に成功するには、多くの時間が費やされた。前漢代には、成功するにいたらず、この課題は王莽時期の議論を経て、後漢時代にやっと「形」をなすようになる。「注釈」が典籍に付されるようになったのである。

この注釈により、典籍本文の内容は改変された。注釈によって戦国時代の各国家がそれぞれに構想した特別地域がうやむやになるようにし、特別地域が周の王都（東遷以後の）雒邑つまり洛陽の周囲になるようにした（二三六―二三七頁参照）。

王都雒邑（洛陽）を特別に位置づけたのは、後漢時代の王都が洛陽にあったからでもある。西周の故地が陝西の鎬京（西安・長安）にあり、東遷して雒邑に遷ったように、漢王朝の都も前漢時代には長安にあり、後漢時代になると洛陽に遷った。だから、周王朝を特別に位置づけつつ、雒邑に人の目を集めることが、後漢王朝の正統を説明するのにうってつけだと思われたのであろう。後漢時代は、王莽の世を終わらせ、漢王朝を復興した光武帝が至上の存在に位置づけられている。そして、前漢時代は、自らの王朝の時代ではあっても、王莽の簒奪を招いたとして、多少低く位置づけられていた。

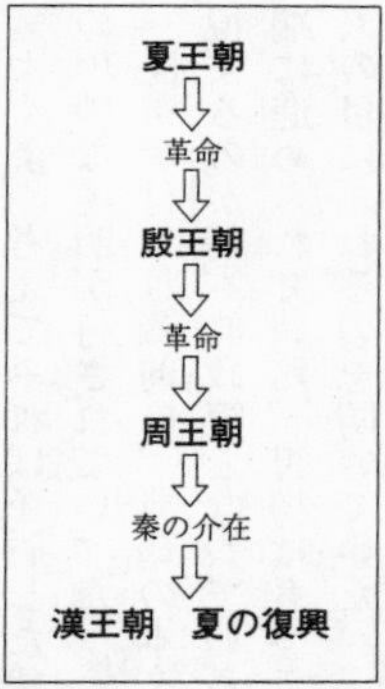

漢王朝が三代を継承する「形」

王都雒邑を特別に位置づけ、注釈が施された結果、戦国時代の地域主義的議論は、天下の議論と区別することが難しくなった。

そして、その結果、戦国時代にあった説明のうち、下層のものが上層のものを滅ぼす構図だけが残されることになった。

よくよく考えてみれば矛盾した状況が作り出されていたのだが、矛盾をめだたせないための巧妙な説明が付されていった。

注釈が付される前は、典籍の本文だけが提供されていたから、前漢時代は総じて本文を無視するのが基本的政策となっている。特に秦の始皇帝から武帝の登場までは、その政策が極端に進められていた。書物はもってはならぬという法律があり、朝廷の主張に反する書物が人の目にふれるのを防いでいた。

そうした時代が変わり始めた前漢中期の武帝のときに、『史記』は作られた。その『史記』という歴史書によって、漢王朝の主張が提示される。

『史記』は、天下のことを語ってから、夏王朝・殷王朝・周王朝のことに言い及ぶものとなった。自然に天下に君臨する王という存在が浮かびあがってくるようしかけが作られたわけである。前漢時代のことであるから、雒邑に人の目が集まるような操作は、まだ施されていない。

その『史記』において作り出された「形」では、夏王朝・殷王朝・周王朝は天下に君臨する王朝として、王朝交替をくりかえしてきた存在である。その交替が一巡した後、周王朝を継ぐのは、あらたな夏王朝だという「形」が作り出された。

前漢武帝にいたるまでは、秦を継承する「形」を制度の中に作り出していた。「形」の要となったのが暦である。秦暦は、夏王朝の暦とされた夏正と、戦国楚王朝の暦であった楚正を折衷したものであった。前漢前期は、秦を継承して、その暦を用いていた。

様々な議論を経て、武帝のときには戦国時代の多くの国が採用していた「形」を再興して夏王朝の復興をとなえ、あらためて夏正を用いることになった。このときは、夏王朝の復興者として、そして至上の存在として武帝を据えたのである。

こうした夏王朝の復興に関する「形」は、以後基本的に継承され、おおむねそれぞれの王朝の始祖を至上の存在に据えて、夏正を用いた。一部例外的に殷正や周正を用いた場合もあるが、ほとんどの王朝では夏正を用いている。

典籍本文では、戦国時代に作られたことを反映して暦の循環が論じられ、夏正から殷正へ、殷正から周正へ、そして周正から夏正への転換が問題になっているのに、ほとんどの王朝が夏正を用いているのは、それぞれが、前漢から後漢にかけて進められた正統継承の「形」の改変、典籍の本文内容の改変の結果を、基本的に継承したからである。継承した上で、自己の王朝の始祖が至上の存在であることを自任した。

### 漢王朝の正統性を象徴するモノ

同じ夏正と称される暦であっても、計算定数などは、次第に精緻になって現代にいたる。漢王朝に関する記録は、比較的多い。漢王朝の制度は、戦国時代そのものではないが、戦国時代の制度を継承している。だから、そうした記事の中から、戦国時代以来の制度を継承したものを抽出することは、三代を継承する「形」を議論する上でも有効な方法である。漢王朝の皇帝を象徴するモノが議論されているのが、伝国《でんこく》の璽《じ》と斬蛇《ざんだ》の剣である。

伝国の璽は、漢が秦を滅ぼした際、始皇帝以来のモノとして引き継いだものである。始皇帝は、名のとおり最初の皇帝である。皇帝は戦国時代の諸王を乗り越える存在として出現した。その王は、夏王の再来として議論されてきた経緯がある。だから、伝国の璽は、夏王朝の復興を意味するモノとなる。

斬蛇の剣は、高祖劉邦に関して語られるモノである。劉邦は農民から身を起こして皇帝にのぼりつめた。いわば下克上である。この始祖にたしかに皇帝たる資格がそなわっていたことを具体的に示すモノである。だから、斬蛇の剣は、始祖伝説を具体的モノにおきかえている。また、劉邦の位の上昇からすれば、「下克上」を具体的「形」にするモノでもある。始祖伝説ということであれば、『史記』には劉邦が母の劉媼《りゅうおう》の氏である「劉」を名のり、その母が龍の精をうけたことを内容とする説話を紹介している（これは後でやや詳しく述べることにしよう）。

これらに加え、モノとして論じられるのが文武の胙《そ》である（これについても、後でやや詳しく扱う）。これは、周の文王・武王の祭肉を言う。『続漢書《しょくかんじょ》』礼儀志には、阼階《そかい》という階段をつかった継承儀礼が紹介されている。この阼階をのぼり、即位儀礼を行う。即位儀礼は「践祚《せんそ》」（祚を践《ふ》む）と称されている。この践祚の「祚」は、文武の胙の「胙」に通じる。戦国時代の魏・秦では、文武の胙を周王からもらい、それをもって周からの権威の委譲を宣言するための式典を議論し挙行した。その式典が代々の王の即位儀礼となり、後漢のときまで続いたのである。

このように、漢代にあっては、夏王朝の復興、周王朝の継承、そして始祖伝説（下克上）をモノとしてたどることができる。

## 漢王朝が継承した下克上

ここで、すでにご覧いただいた一一七頁、一四五頁の図を再度ながめていただくことにしよう。これらの図の中にも、いま問題にしたばかりの下克上の論理を当てはめることができる。というよりも、戦国時代の下克上の論理が先にあって、それらを継承して漢の下克上の論理ができあがったと言った方がよい（二三七頁に図をまとめて述べたところがある）。

一四五頁の図に示した斉の『公羊伝』の論理では、あちこちに大夫による国君弑殺の正当性が述べられている。正当なる理由がある場合は当然のこととなる。この革命の論理の存在は、古来の学者がしばしば論じてきた。ただし、具体的事例を一四五頁の図に落としてみると、結局のところ、その革命の正当性が認められるのは、図の中に示した特別地域「中国」の特別な大夫の田氏だけであり、他はこれにあずからない。また、同じ「中国」にあっても、諸侯は「中国」に入れてはもらえない。以上が具体的事実をもって示されている。

すでに述べた『左伝』においては、領土主張の正当性を語る上で、夏王朝・殷王朝の歴史的領域が問題となり、始祖伝説とからめるかたちでそれが語られ、始祖は周王朝の一族として中原の一角にのりこみ、一族は「諸姫」の中で勝ち残る唯一の存在となり、夏王朝の制度を復興することが予定された。そうした説明の中に夏王朝の復興、周王朝の継承、始祖伝説が組み込まれている。

一一七頁の図に示した『左伝』の論理では、特別地域は「中国」ではなく「夏」「東夏」が問題になる。この「夏」「東夏」の中にあって、夏の民と殷の民は支配される存在であり、外来の支配者は「諸姫」（姫姓の諸侯）と表現される。『左伝』では、革命の論理は、目立ってふりかざされることがないが、数々の具体的事実を通して、貶められる者が列記され、中に有徳の君子として韓氏が残るようにしくまれている。韓氏は「諸姫」の一つである晋国君主の一族であって、なおかつ分家として力をつけた大夫の一族でもあるから、『公羊伝』に示された革命の論理を一部ながら組み込んでいる。

革命に冷淡な場合もある。例えば『穀梁伝』がそれである（一七一頁図）。『穀梁伝』では、特別地域として「中国」が問題になる。この「中国」の中にあって、革命は否定的に扱われる。しかし、だからといって諸侯がすべていい評価が得られるのではない。逆にほとんどすべて貶められるしかけになっている。ただ唯一残される例外が鮮虞であった。『穀梁伝』を作り出した国家、中山の前身である。鮮虞はそもそも外族の国だったようであり、『左伝』の「諸姫」と同じように外来の支配者として特別地域「中国」に君臨するという自意識があったようだ。

以上紹介したのは、戦国時代に展開された下克上の論理の一部である。戦国時代のそれぞれの国家には、それぞれの立場が反映された下克上の論理（下克上を否定するものをもふくめて）があった。それらをまとめなおし、みずからの論理として再構成したのが、上記の漢王朝の説明だったわけである。

# 第五章　夏王朝・殷王朝の史実

## 禹の伝説

### 戦国時代に語られていた三代像

すでに述べてきた点を手短にまとめながら話を進めよう。

戦国時代の領域国家は、新石器時代以来の文化地域を母体として成立した。そして、それぞれの国家領域を特別に位置づけながら、歴史的に遡って領域支配の正当主張を繰り広げた。その歴史の中で、語られたのが夏王朝、殷王朝、周王朝のいわゆる三代であった。

それぞれの国家の主張はそれぞれに違っている。しかし、それらの主張には、周王朝を乗り越えて新しい王朝を開くにあたり、周の権威を継承する「形」を作りだすという共通性がある。

その「形」が共通するのは、周が陝西《せんせい》一帯を睥睨《へいげい》する大国であった歴史と、東方の殷を滅ぼして支配地を拡大させた歴史を、無視することができなかったからである。漢字は殷から周に継承され、独占的に使われた後に各国にひろまっていった。だから、その漢字による文化がそれぞれの正統を説明する上で不可欠のものとなると、自然に周王朝の権威は確立されたのであった。

その周王朝に先行する殷王朝も、また、それに先行するとされた夏王朝も、漢字文化の担い手と認識された（夏王朝は、存在すら確認されていない。殷に先行する王朝が漢字を使っていた証拠はまだ発見されていない）。だから、さまざまな形で「継承」（否定も含めて）の「形」が議論されたのである。

殷の故地たる中原の視点からすれば、周の諸侯はよそものである。そのよそ者をのけて殷の故地と夏の故地を議論する。下克上《げこくじょう》を「形」にしながら、夏の復興を述べたり（韓《かん》）、逆に下克上を否定しながら、夏の復興を「形」にしたり（中山《ちゅうざん》）している。殷からの継承を軸に夏の復興を「形」にした場合（斉《せい》）もあった。

漢代の三代像にも、戦国時代と共通する部分と異なる部分がある。

その漢代の三代像を象徴するのが禹《う》の治水説話である。禹は天下各地を巡回して治水に成功している。この話自体は、戦国時代に天下観念が成立してできあがった。しかし、これが『史記』に採用され、夏本紀の冒頭を飾り、その前に五帝本紀が置かれ、その中で天下を経巡る帝王の伝説が述べられるにいたり、戦国時代の地方性豊かな歴史観は、天下の歴史観に変貌した。

五帝の伝説は、それぞれの領域国家が自国の優越性を論じる中で次第に帝王を加上していったものである。漢は、戦国各国の議論を一つにまとめ、周から直接漢が権威を継承する「形」を作り出した。戦国時代の諸国と同様の論理を作ろうとしたのである。その作り上げの過程で、戦国時代の諸国の議論を混ぜ合わせて一つにしてしまう。こうすると、相互に作り出されていた相違は見えなくなり、天下の議論だけが共通する論理として浮き出てくる。

そのため、『史記』を読んで我々が得られる三代像は、戦国時代に語られていた三代像とは相当に異なるものとなってしまった。

しかし、異なるものとなってしまっても、共通性を強調して異質なものを封印していった部分の外に、なお、戦国時代以来の議論が残されている。気づきにくいものとなっているが、それは確かに残されている。戦国時代の史書には、相互の異質な部分が比較的わかりやすく書かれていて、それがわかりにくくなっているのは注釈のしわざであることが多いので、戦国時代の史書の本文を相互に比較し、これに『史記』本文との比較を交えていくことで、来源が古く遡れる記事を、あぶり出すことができる。

以下には、戦国時代から遡って得られる歴史認識を念頭におきつつ、夏殷周三代の歴史をたどってみることにしよう。

## 『尚書』禹貢

禹と言えば、まず思い起こされるのが治水であろう。治水とは、水を治めることで、その結果、洪水が防がれ、水路の交通網が整備される。

鉄器が普及した結果、水田はくぼみ形（三八七頁参照）から田の字形に変化し、水路が整備された。畑作地でも耕作地が区画される。水路の整備をまちがえば、土中に塩分などがたまって塩害をひきおこす。井戸水も有効に活用される。

交通網は水路だけではない。陸路も整備の必要がある。その整備も鉄器に負うところが大きい。

ということで、治水にまつわる話は、戦国以後の色彩が濃厚なものとなる。

鉄器をつくり出すために、森林を伐採し、耕地化して保水力を著しく減じ、地下水位の上昇を招いて塩害を誘発したとか、水を求めて大規模な水路をつくったはいいが、塩害をまねいて一帯は荒れ地になったとかいった人間が犯した過ちもあるから、治水にまつわる話はいいことずくめで解釈するわけにはいかないが、総体的に耕作地が増加し、水管理は次第に進歩し、人口増加をささえたことは事実である。そして、森林伐採などの行為が環境破壊をもたらしたことも事実である。それは現代にもつながる重い課題を背負っている。

一般に知られた禹は、夏王朝の始祖である。天下を経巡って治水の任に当たり、成功して天子となった人物である。このことは『史記』夏本紀に記されている。

この『史記』の記事は、現行の『尚書《しょうしょ》』と通じる内容になっている。

その現行『尚書』だが、実は、戦国時代の『尚書』ではない。漢代以後にまとめられたものであり、後の学者、たとえば朱子《しゅし》によって偽物と判断された部分を多く内蔵している。だから、まずはいわゆる偽物でないかどうかから、話を始める必要がある。

その点幸いなことに、『尚書』禹貢は、朱子等によって偽物とはされていない篇、つまり通常は偽物とはされない篇である。だから少なくとも漢代までは遡れる。そして内容からみて戦国時代まで遡れる。

『尚書』禹貢の文章は、三つに分けることができる。第一段は、禹が高山大川を定めたことを述べる。第二段落は、天下を九州に分けた場合の、田のランクと賦税の状況を述べる。禹がそれらを個別に治水し、各地を経巡った内容になっている。秦の始皇帝が後に天下を巡行

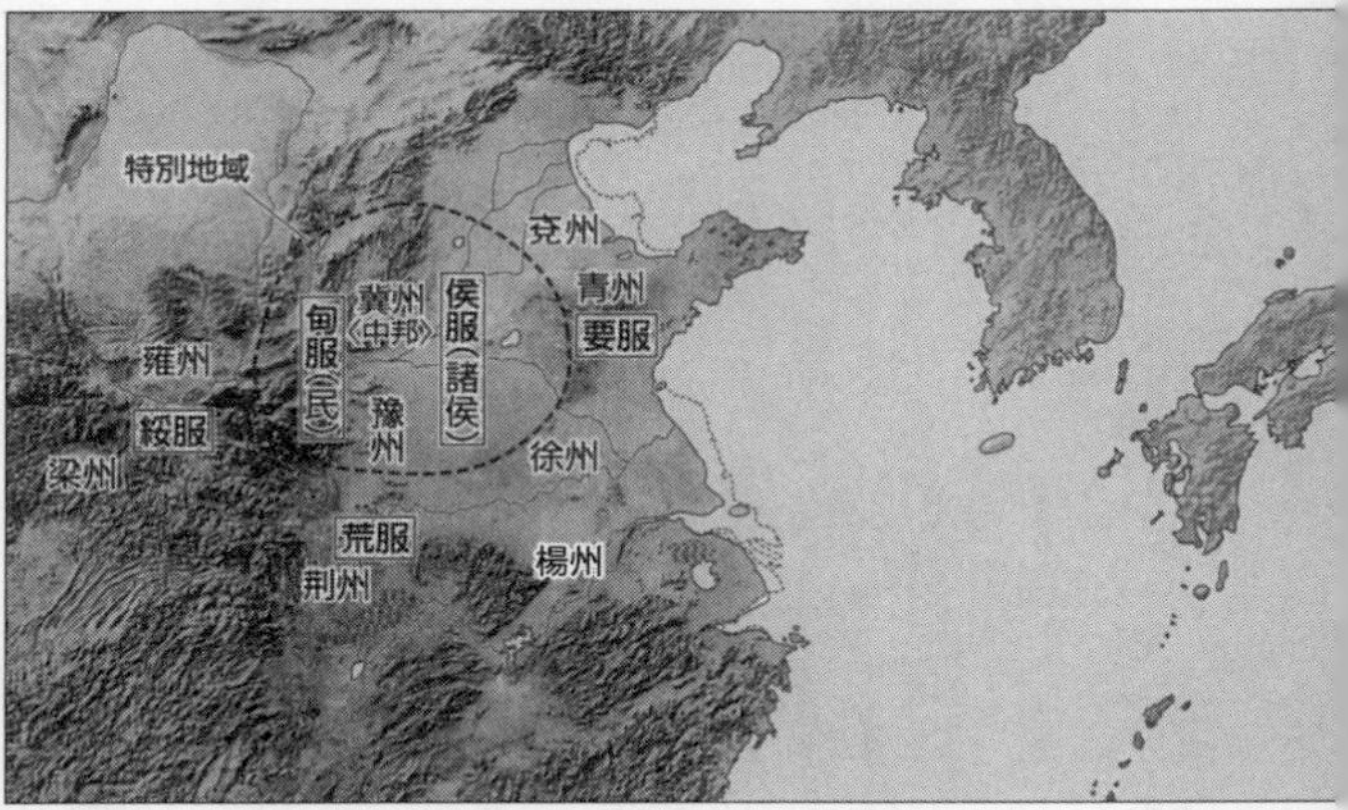


『尚書』禹貢の九州と五服　禹貢は、古くから戦国時代の魏でつくられたものだろうとされている。本書もそのように考える。「中邦」に租税が集まるのが特徴で、魏が中心であることを教えてくれる。九州では、冀州と豫州が魏の特別地域の中に入るようだ。五服は侯服が諸侯、甸服が民を述べ、特別地域の中を語る。他は、戦国時代の外族呼称、つまり他国を誹謗するための呼称を参照して、地域を特定することができる。九州・五服の名称や内容は、『尚書』禹貢や『容成子』等と異なっている

した（神々を祭祀しつつ旅行した）ことが知られているが、その先がけをなすものにもなっている。第三段落は、天下をいくつかの地域に分け、説明を付す。天下は、特別地域と他のいくつかの野蛮の地に分けられるという内容になっている。

第一段は、これを引用した『史記』夏本紀で、長めの補足説明がついた。「（父の失敗に思いを致した禹は）衣食を粗末にして鬼神に孝をいたし、宮室を卑しくして、費用を捻出し、それを溝洫《こうきょく》（田畑の間の溝）づくりに費やした。陸行には車に乗り、水行には船に乗り、泥を行くには

かんじき（そり）に乗り、山を行くにも専用のかんじき（そり）を使って、左手に墨縄、右手にコンパスをもって、四時《しいじ》のことを記載し、九州を開き、九道を通じさせ、九沢を干拓し、九山を度《わた》った」。

**禹貢が述べる九州**

第一段は、次のようにある。

禹は土を敷き、山にしたがって木を伐り、高山大川を定めた。

土を敷いて大川を定め、山にしたがい木を伐って高山を定めたということである。一般に治水のことを示す文章だと解釈されているにもかかわらず、ここには高山がある。山にしたがって木を伐るのは、陸路を確保するためであり、土を敷いて大川を定めるのも河を渡っての陸路と、河すなわち水路を確保するためである。

第二段は、九州のことを述べる。田のことと、賦税のことが言及されている。定めた後は、どんな田があるか、賦税がどのように集まるかが論じられる。

手始めは、冀州《きしゅう》（山西《さんせい》から河南《かなん》）である。ここで問題になるのは、魏の領土である。

冀州壺口《ここう》山で祭祀を行って梁《りょう》（山西省離石《りせき》県）を治め、岐山《きざん》（有名なのは陝西の岐山だが、ここは山西省介休《かいきゅう》県）に及んだ。太原《たいげん》をおさめて岳陽《がくよう》（山西省霍《かく》県の東）に及んだ。

覃懐《たんかい》で功績を残して衡漳《こうしょう》（汶水《ぶんすい》は、山西から河南の魏の領土に出る道筋にあたる）に至った。その土は白い土壌でやわらかく塊がない。その賦税は第一等の上上だが第二等がまじる。その田は中の中である。
同じ冀州だが、以下は付け足しである。問題になるのは、趙《ちょう》の領土である。

恒水《こうすい》・衛水《えい》（河南省曲陽《きよくよう》付近）がすでにおさまり大陸の地も耕作できるようになった。
島夷《とうい》が皮服を貢ぐ中、碣石《けっせき》をこわきに抱え河（黄河）に入った。

以下は、天下にある残りの諸地域である。省略を加えながらご紹介しよう。

済河《せいか》は兗州《えん》である。……その田は中の下であり、その賦税はただしく納められている。
……済水《せい》と支流に浮かび、河に達する。
海岱《かいたい》は青州《せい》である。嵎夷《ぐうい》はすでに平定され、……その田は上の下であり、その賦税は中
の上である。……萊夷《らいい》はすでに牧となり……汶水に浮かび済水に達する。
海岱より淮水《わい》に及べば徐州《じょ》である。……その田は上の中であり、その賦税は中の中であ
る。……淮水と泗水《し》に浮かび、河に達する。
淮海は楊州である。……その田は下の下であり、賦税は下の上である。……島夷は卉服《きふく》
し、……江海の流れにしたがい、淮水・泗水に達する。

荊《けい》と衡陽《こうよう》は荊州である。……その田は下の中であり、賦税は上の下である。……江《こう》水・沱《だ》水・潜《せん》水・漢水に浮かんで洛水をこえ、南河にいたる。

荊河は豫《よ》州である。……その田は中の上であり、賦税は錯雑して上の中。……洛水に浮かんで河に達する。

華陽・黒水は梁州である。……和夷は功績をあげ、……その田は下の上、賦税は下の中で三等が錯雑する。……桓《かん》水は西傾《せいけい》山よりし、潜水に浮かび、沔《べん》水を越え、渭《い》水に入って河をわたる。

黒水と西河は雍《よう》州である。……舜《しゅん》が三苗《さんびょう》を誅殺した三危《さんき》の地もおさまり、三苗も平穏である。……その田は上の上であり、賦税は中の下である。積石に浮かんで龍門《りょうもん》と西河にいたる。……

以下は、九州をまとめてコメントを付したものである。「中邦」は魏を指す。

河を越え、壺口と雷首《らいしゅ》より太岳《たいがく》にいたり、厎柱《しちゅう》と析城《せきじょう》より王屋《おうおく》にいたり、太行《たいこう》と恒山より碣石にいたり、海に入る。

西傾・朱圉《しゅぎょ》・鳥鼠《ちょうそ》より太華《たいか》にいたり、熊耳《ゆうじ》・外方《がいほう》・桐柏《どうはく》より陪尾《ばいび》にいたり、……皆、土地土地の土壌の状況に合わせて「中邦」（中国）に賦税を納めている（「中邦」を含む諸夏を念頭におく）。……

## 禹貢が述べる五服

以下は第三段である。天下を特別地域とその他に分けて論じるものである。通常、中央から外へ次第に遠くなる地域を説明するように考えているが、それでは、実際、どの地域を指すのかがよくわからない。すでにご紹介した多数の書物が、天下を特別地域と野蛮の地に分けていることから推して、以下のように解釈するのがよい。

まずは、甸服《でんぷく》の領域である。うちわけの説明が続くのだが、それらを合計しても五〇〇里にはならない。つまり、重複することを前提に説明を付している。

次に、五服のうち、侯服と甸服は、特別地域の中を述べるものである。侯服は諸侯、甸服は民を念頭においていう。これも重複を前提にして述べるものである。残りの三つの服は、それぞれ戦国時代の外族呼称、つまり天下の中の敵対する国家を誹謗するための呼称を参照することで、地域を特定することができる。それぞれが新石器時代以来の文化地域を念頭におく。

『尚書』禹貢にいう五〇〇里が文化地域一つ分である。

『戦国策』に、各国の領域を「方何百里」という数値をもって表現した部分がある。それを参照すると、天下は「方万里」であり、文化地域一つ分はおおよそ「方二千五〇〇里」になる。だから、『戦国策』にいう「方二千五〇〇里」が『尚書』禹貢にいう「五〇〇里」に相当する。

同じ「里」であるから、禹貢が現実の五分の一に縮小して前代を語ったのだ、とみなすこともできるし、「里」の意味が異なるのだと考えることもできる。いずれにせよ、『戦国策』

にいう「方二千五〇〇里」が『尚書』禹貢にいう「五〇〇里」に相当するということで、話を先に進めよう。

禹貢の五〇〇里は、特別地域一つ分を念頭において言うものである。ここでは魏の特別地域を意味する。この特別地域について、賦税の治め方を述べる。

①五〇〇里のうちは甸服の領域である。それをさらに分ければ、一〇〇里以内は賦税として禾の藁をおさめ、二〇〇里以内は禾の穂をおさめ、三〇〇里以内は秸藁《かっこう》をおさめて役に服し、四〇〇里以内は粟をおさめ、五〇〇里以内は米をおさめる。

次に、特別地域とは別に、一等劣った地域を設定する。設定して諸侯の領域として扱う。かつて西周の本拠があった地域、つまり戦国時代の秦の領域を念頭においていう。

②五〇〇里は侯服の領域である。うちわけは、一〇〇里以内は采《さい》（卿大夫の邑《ゆう》）であり、二〇〇里以内は男邦であり、残りの三〇〇里は諸侯である。

次に、諸侯よりさらに劣った地域として綏服《すいふく》を設定する。斉の領域を念頭において言う。

③その外の五〇〇里は綏服の領域である。そのうち三〇〇里は文教をはかり、残りの二〇〇里は武威でしたがわせる。

次に、同じく諸侯より劣った地域として要服《ようふく》を設定する。呉越の領域を念頭においていう。④その外には要服の領域五〇〇里がある。そのうち三〇〇里は夷の地であり、残り二〇〇里は蔡（流刑地）である。

最後に、同じく諸侯より劣った地域として荒服《こうふく》を設定する。楚の領域を念頭においていう。⑤その外には荒服の領域五〇〇里がある。そのうち三〇〇里は蛮の地であり、残り二〇〇里は流（流刑地）である。

すでに述べたように、最後に示されたのは、理念的な天下観である。西周の故地（侯服）と、『公羊伝《くようでん》』を作り出した斉の地（綏服）、西周金文《せいしゅうきんぶん》にも出現する淮夷《わいい》の地（要服）、同じく蛮夷の地（荒服）が問題になっている。

①の中に畿内がある。それが「中邦」と呼ばれる地域である。九州の冒頭に説明されたのが冀州であるが、その冀州の説明において、魏の領域を念頭においた部分がある。「中邦」とは、本来その魏の都を言うものだろうが、魏の領域全体を特別地域の中の畿内とみなすということであろう。

## 「中国」の起源

「中邦」は、「中国」と言い換えることもできる。この「中国」について、説明しておこう。

西周金文では、王都の近辺を「中或（中域）」と称している。この「或（域）」が後にくにがまえが加わって「國（略字は国）」という字になった。一方、漢の高祖の名は劉邦《りゅうほう》だったから、漢王朝では「邦」を使用禁止にし、意味の似た「国」に言い換えた。だから、我々が知っている「国」には、意味的に「邦」起源のものと、「域」起源のものがある。

『尚書』禹貢で問題になっているのは「中邦」である。西周金文では「中域」が問題になっている。国と時代の相違によって、表現も違った。それらが、漢代には、一律に「中国」となってしまった。「中邦」や「中域」が具体的に意味する地域は、国ごと時代ごとに異なる。過去の文献を筆写したりまとめなおしたりする際、「中邦」や「中域」を書き換え、一律「中国」と表現したのが漢代である。漢代の「中国」は広く、戦国時代の「中国」（「中域」「中邦」）は限られた領域を言うことになったが、後代にその文献を読んだ多くの人は、ひとしく「中国」と称される領域が広いように錯覚することになった。

ということであるから、この『尚書』禹貢の記事も、『左伝』に示された韓の認識や、『公羊伝』に示された斉の認識と大同小異、ということを確認しておかねばならない。

あくまでも『尚書』禹貢によればということだが、魏の領域たる冀州が、夏王朝の始祖禹が天下を経巡る出発点になるようだ。『左伝』に示された韓の認識では、晋の都の一帯に夏の伝説をからめて説明を進めていた。これに対し、『尚書』禹貢に示された認識では、山西の梁から晋の都一帯へ、さらに魏の河南の領域へという順番に説明がなされる。いずれも戦

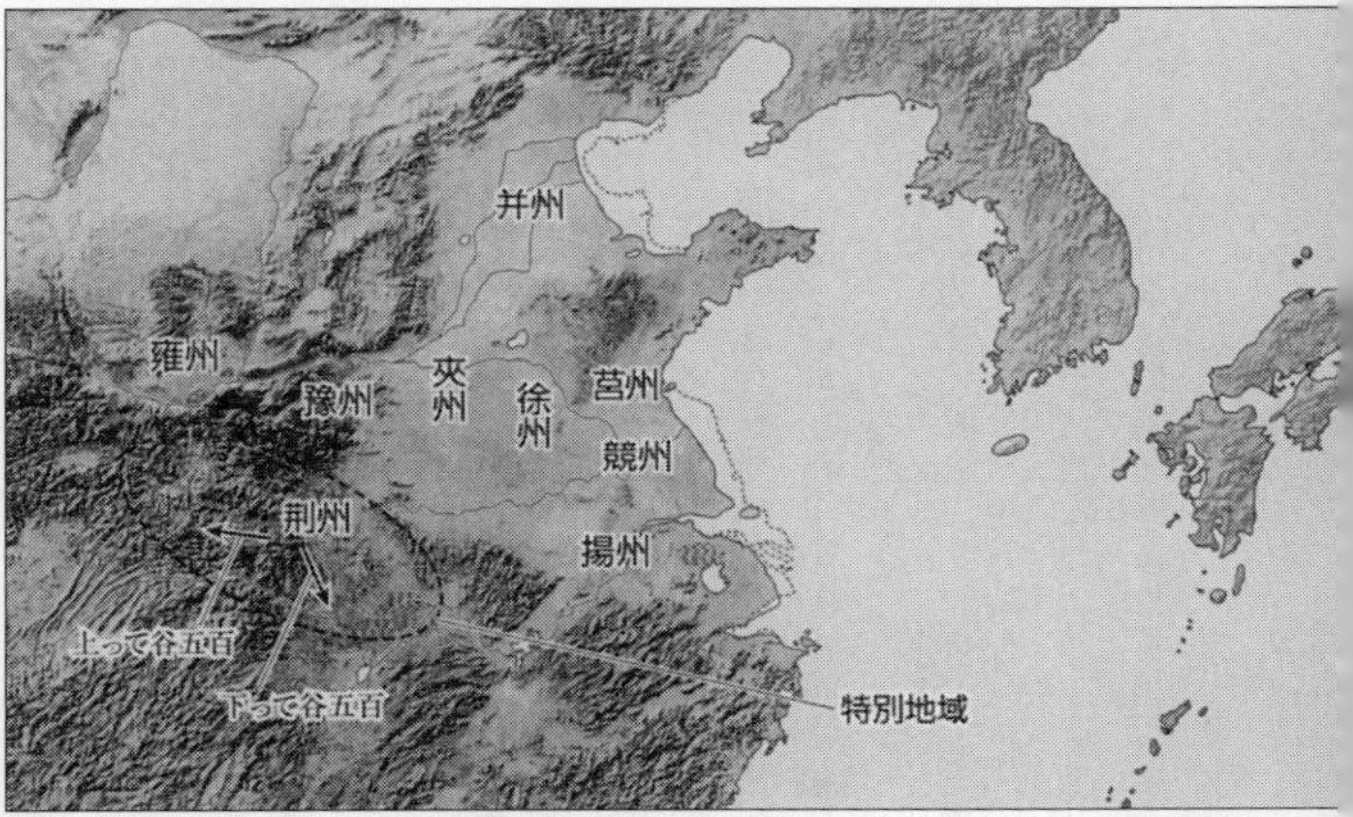


『容成氏』（訟城氏）の九州と禹の治水　ここに示した九州は、名称も位置も『尚書』禹貢と異なったものが多い。禹貢と異なって、禹が最も意を用いて治水した地域は荊州になっている

国時代の魏の領土の中のことである。

## 『容成氏』に見える禹

通常、出土遺物は発掘によってわれわれの眼前に姿を現す。ところが、盗掘によって、はじめて遺物が日の目をみることがある。骨董市場に流れて存在が知られ、研究者はあわてて対応にせまられることになる。正式発掘ではないから、過去の情報とモノとしての遺物をつなぐ糸はぷっつりと断ち切られていて、価値も著しく下がったものとなる。

とはいえ、その遺物が文字史料であれば、その内容を詮索するという手段がなお残されている。上海《シャンハイ》博物館が、近年骨董市場から救出した戦国時代の竹簡《ちくかん》群も、そうした遺物である。

出土地不明のこの竹簡群は、楚地出

土であろうとの意見が有力であるが、竹簡の字が似ているという以外の理由が示されたわけではない。

その竹簡群中に『容成氏《ようせいし》』（『訟《しょう》城《じょう》氏』）がある。その書名（短いから篇名と言った方がいいかもしれない）は、竹簡の末尾に記されていた。

これには、いわゆる禹の治水伝説が記されていた。ただ、上記の『尚書』禹貢と比較すると、とても異なる部分がある。

九州として、夾州・徐州・競州・莒《きょ》州・并《へい》州・荊州・揚州・豫州・雍州が紹介されているが、そのうち夾州・競州・莒州・并州は禹貢には見えない。一方禹貢だけにあるのは冀州・兗《えん》州・青州・梁州である（『容成氏』の揚州と禹貢の楊州が同じだとみて）。『容成氏』は九河を決壊させて初めて夾州・徐州がうるおった（居るべし）という。ここに徐州が含まれているから、ここに言う九河は黄河の支流を言うものだろう。また、淮と沂東を通じて海にいたらせたので競州・莒州がうるおったという。これは淮北と山東南部を言うものであろう。蔞《ろう》水と湯水を東の海に通じたため、并州がうるおったという。これは燕から趙にかけてを言うものだろう。

このように見てくると、天下のうちを九州に分けているという点は共通するものの、その分け方が異なっているということになる。

その上で述べれば、『尚書』禹貢は冀州を特別に位置づけるものであった。ところが、『容成氏』は、特別に位置づけられる州がなく、冀州の名もない。

おまけに、『尚書』禹貢では、賦税のことが細かく記されているが、『容成氏』には、「禹

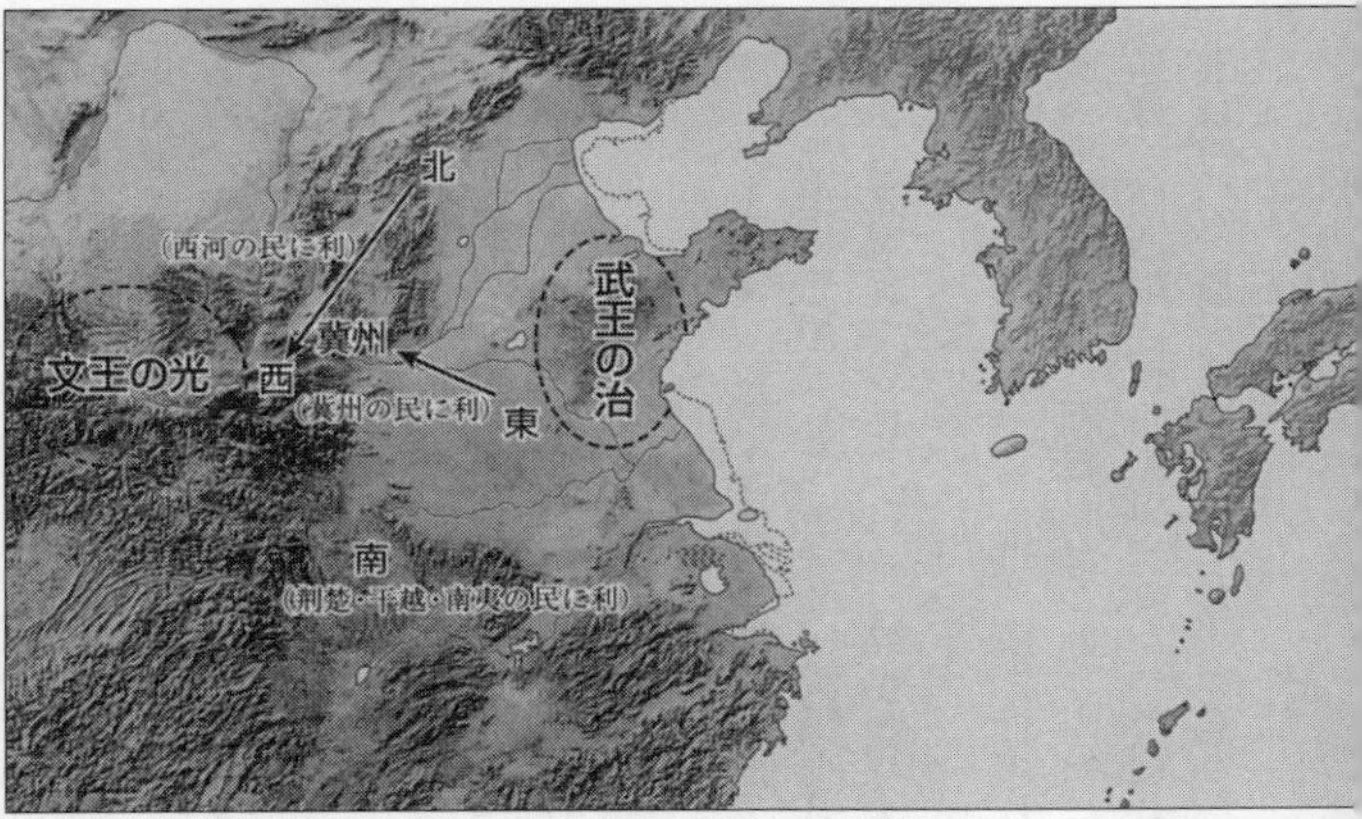


『墨子』兼愛中の禹の治水　北・西・東は利が冀州にかたよる（『尚書』禹貢を批判）。南は利が広く行きわたった（『容成氏』を批判）。ただし、南はとじた世界になっている。周の文王の光が注いだ陝西、武王が治めた泰山は、禹には関わらない（禹の治水にはかたよりがあるだけでなく、天下の治水にもなっていない）

が政治を行った結果として関所には賦税がなくなった」という内容が記されている。

明らかに、『尚書』禹貢の内容を事実の叙述で変更することを意図している。

『容成氏』には州として特別に位置づけられるものがない、と述べたが、『容成氏』は九州をひととおり説明した後、「禹は漢水を南に進んで霊なる谷を五〇〇作り、同じく漢水を北に進んで霊なる谷を五〇〇作った」と記述する。このことから、『容成氏』が禹にからめて特別に位置づけるのが漢水の中央であることがわかる。これはいわゆる楚の本拠たる湖北一帯を指すものである。

そして、確認しておきたいの

が、禹の事業によってなされたのは、河川を「通じさせる」ことだということである。これは、交通網としての河川を整備するものである。

その意味における禹の治水は、『左伝』や『尚書』禹貢にいう夏の故地を特別にみなしてのものではなく、楚の本拠たる湖北の地を特別にみなしてのものであった。それが、『容成氏』に示された内容である。

## 『墨子《ぼくし》』に見える禹

『墨子』は、思想家墨子の教えをまとめたとされる書物だが、実際のところ、成立時期の異なる材料がまとめられ、それらがどこで作られたかも明らかではない。

ただ、その中に禹の治水に関する記事があり、その部分に限って言えば、特定の地域に根ざした主張が、酌み取れなくもない。

問題の記事は、『墨子』兼愛《けんあい》篇（上・中・下の）中にある。『墨子』に示された思想は、春秋末の都市の思想としておこり、大国よりも小国の立場に立脚し、帝国的秩序が確固としたものになる過程で衰亡した。その小国を大切にする立場から、禹の治水が各地に利をもたらしたことをのべている。

それによれば、西・北・東・南それぞれに、とどこおりがちな水を流れるようにし、地域地域の水の過不足を調整したという内容になっている。

西は、西河の漁竇《ぎょとう》（魚のすみか）を作り、渠孫皇《しょうよき》（不明）の水をおとした。

北は、防・原・泒（いずれも川の名）の水を后之邸・嘑池《こだ》の竇《みずぐち》にそそぎ、底（底）柱の山をつくり、鑿《うが》って龍門をつくり、燕・代・胡・貉《ばく》（北方の地）と西河の民に利を与えた。

東は、陸（斉の大陸という山林藪沢《そうたく》）や孟諸（宋の山林藪沢）から水をおとすため、河を整備して九澮《きゆうかい》（九つの小流）をつくり、東土に水が集中しないようにして冀州の民に利を与えた。

南は、江（長江）・漢（漢水）・淮（淮水）・汝（汝水）を整備してうまく五つの湖に東流させるようにして、荆楚《けいそ》（湖北）・干越《かんえつ》（呉越）と南夷の民に利を与えた。

以上は、禹の時のことだとし、いま兼愛を行おうとすると言っている。だから、禹は理想とはうらはらに実はうまくいかなかったところもある、とほのめかしつつ述べた内容になっている。

禹の治水に続いては、周の文王・武王の事績を紹介する。その紹介の後、「今、天下の君子は天下の富を欲して貧しさを憎み、天下の治まることを欲して乱れることを憎んでいる。だから、兼ねて相愛し相互に利を得ることこそが、聖王の法であり、天下の治道である。これに努めないわけにはいかない」と結んでいる。

一見、禹の治水は理想的なものであるかに見える。ところが、禹の治水を述べる前書きの部分では、「太山を手にして河を越えるのは、力持ちのやることだが、いにしえ以来なしとげた者はいない。まして相《たが》いに愛し利を共有しあうのは異なる次元のことで、もっと大変だ」と述べている。奥歯にモノがはさまったような言い方になっているが、要するに禹はできなかったことを述べる。

「禹のやったような治水は、そもそも力持ちのなしえることであるが、禹を含めてそれはできなかった」ということである。そして、兼愛にいたってはなおさらできなかったというわけである。

①力持ちのなし得ること、②兼愛、それぞれを問題にしてみよう。①力持ちのなし得ることができなかった点は、具体的には、禹の治水の後に示されている。そこでは、周の文王と武王の事績が紹介され、それぞれ禹の治水域が及ばなかった領域が問題となる。

周の文王の治世は日月のごとく光を「四方《しほう》」と「西土《せいど》」にそそいだという。この「四方」は東西南北ではない。方とは「方国」つまり諸侯国のことである。すでに述べたように、「四方」とはそもそも殷の「四方」をいい、武王の時になって周が殷を滅ぼした際、周の支配が及ぶことになった。その「四方」以外に「西土」がある。「西土」は周の故地である。禹の治水範囲は、西土の一部にしか及んでいなかった。文王について、光をそそぐと表現するのは、周の支配がまだ及んでいない時期のことを論じるからで、祭祀により霊的威圧を行っているのである。

周の武王の場合は泰山《たいざん》を治めたという。つまり力持ちがつかむことになる太山である。これにより商（殷）夏・蛮夷・醜貉《しゅうばく》を威圧した。商夏が中原、蛮夷が南、醜貉が北を言う。東の泰山で祭祀を行い、これらに威圧をかけた。この泰山の祭祀でカバーできないのは、「西土」、つまり周の地である。

歴史的には、文王の死後、武王が殷を制圧して支配下においたわけであるが、ここでは、文王は「光をそそいだ」だけだし、武王も「威圧した」だけだということが話題になっている。

②兼愛がうまくできなかったことは、禹の治水の結果に表れている。
禹の治水結果は、北・東・西と南に分けて論じることができる。禹の治水は各地の水の調整にあり、それぞれに気配りがなされたわけだが、「利」を得たのは、西については示されていない。北の治水は燕・代・胡・貉（北方の地）と西河の民に利を与え、東の治水は冀州（中央）の民に利を与えたという。西河は西の地として紹介されている。この西河と冀州にまたがるのが戦国時代の魏である。西の治水は「利」を論じるべきでなく、北・東いずれも魏の領土に「利」を与えた。一部が肥え太ったわけで、これでは兼愛にはならない。この魏に利益を与える治水内容は、『尚書』禹貢を説明して批判するものである。つまり、『墨子』兼愛中のこの一節は、『尚書』禹貢の内容を知って、その内容を否とするものである。

これらとは別に南の治水は、荊楚・干越（楚と呉越）に利を与えたという。この場合、「利」は南だけで閉じている。南の中を問題にすれば、兼愛だが、外の世界とは別だということである。南の中だけなら兼愛だという点は、先に紹介した『容成氏』を参照すると面白い。『容成氏』では、禹は漢水を中心に治水をしたことがわかるようになっていた。『墨子』に言うところは、禹は漢水を中心に治水したことはない、といっているわけで、『容成氏』が荊州を特別に扱う意識を否とするものになっている。さらに言えば、その南を治水した禹の業績も、結局南の地を出ることはなかったという含みがある。

以上から、『墨子』兼愛中の記事は、『尚書』禹貢と『容成氏』それぞれの内容を前提に書かれていることがわかる。『容成氏』の出土で、『墨子』兼愛中の禹の治水記事が意味するところが先行する書物の内容批判にあることが、よりはっきりしてきたわけである。

以上の①力持ちのなし得ること、②兼愛、両者の検討から、『墨子』の認識が、新石器時代以来の文化地域を問題にしていることを知る。禹の伝説は、複数の地域を問題にしているが、結局北・西・東の閉じた世界と、南の閉じた世界があった。西・東ともに後の天下の一部を取り込んだにすぎない。周の文王は周の故地から殷の故地をにらんだだけであり、武王は殷を滅ぼして泰山の一角に魯《ろ》を封建したが、そこから、禹の治水域を威圧したにすぎない。

天下の一部である禹の治水域（冀州と漢水をそれぞれ念頭に置いて）と、周の文王・武王の事績を問題にして、いずれも力持ちのなし得ることも兼愛もできなかったと述べ、小国の立場に立つ国……それはいったいどこなのか。手がかりはさらに必要になるわけだが、読者はどうお考えになるだろうか。

## 『周礼』職方氏に見える九州

先に、『尚書』禹貢と『容成氏』（『訟城氏』）の中に禹の治水のことが記され、それに関連する九州の記事があることを述べた。この九州だが、『尚書』禹貢と『容成氏』では、九州の名称も、その九州が問題にする地域にも、かなり違いが見られた。

そして、その違いは、『尚書』禹貢が魏を中心とする治水、『容成氏』が楚の本拠たる湖北・湖南を中心とする治水を述べたところに起因することも、併せて指摘した。

これらに述べる九州と同じく九つの州のことを述べながら、両書とは異なる州の名称や対象地域を述べ、そして関連する「服」の内容が『尚書』禹貢と著しく相違する記事がある。

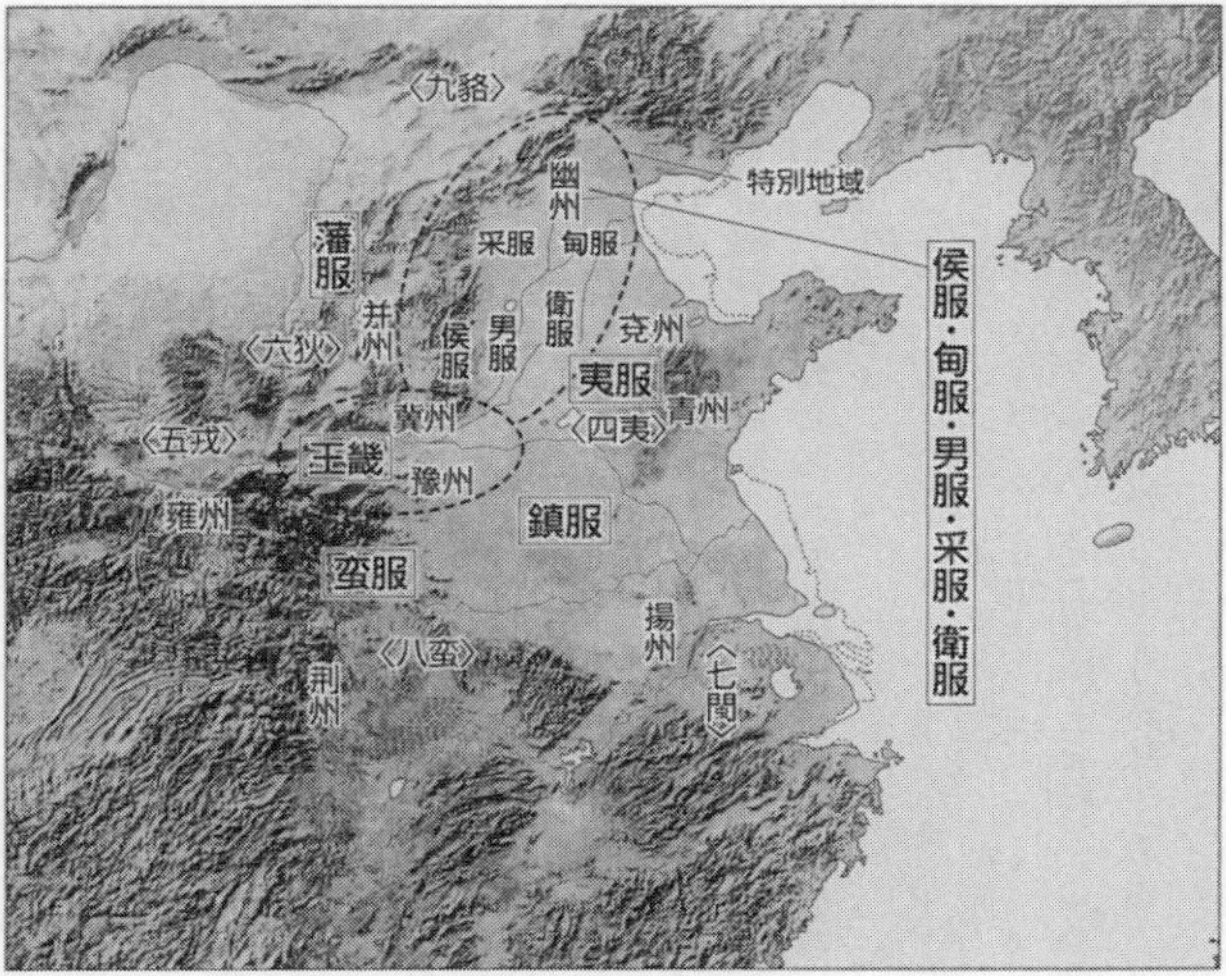


『周礼』職方氏の九州・九服と外族　九州については、山鎮と藪沢の記載があるので、おおよその位置がわかる。九服は、外族名称に関連するものと、王の封建に関わるものとを分けて論じることができる。九服は王畿と別にあり、王畿の外にあるので、外族名称によらぬ侯服・甸服・男服・采服・衛服が幽州に集まり、きたるべき王に関わることを暗示する。公・侯・伯・子・男の方域は、王畿と幽州をもって説明することができる

『周礼《しゅらい》』職方氏《しょくほうし》に記された九州と九服の記載である。

『周礼』によれば、職方氏は天下の図を司り、天下の地を司って、その邦国・都鄙《とひ》・四夷《しい》・八蛮《はちばん》・七閩《しちびん》・九貉《きゅうばく》・五戎《ごじゅう》・六狄の人民とその財用・九穀・六畜の数要を弁じて、あまねくその利害を知るものである。

九州についての要点をまとめれば、以下のようになる。東南を揚州《ようしゅう》といい、その山鎮《さんちん》を会《かい》稽《けい》、その藪沢《そうたく》（沢藪）を具区《ぐく》という。正南《せいなん》を荊州といい、その山鎮を衡、その藪沢を雲夢《うんぼう》という。河南を豫州《よしゅう》といい、その山鎮を華山、その藪沢を圃田《ほでん》という。正東を青州といい、その山鎮を沂山《ぎざん》といい、その藪沢を望諸《ぼうしょ》という。河東を兗州《えんしゅう》といい、その山鎮を岱山《たいざん》といい、その藪沢を大野《たいや》という。正西を雍州《ようしゅう》といい、その山鎮を嶽山といい、その藪沢を弦蒲《げんぽ》という。東北を幽州といい、その山鎮を医無閭《いむりょ》といい、その藪沢を貕養《けいよう》という。河内を冀州といい、その山鎮を霍山《かくざん》といい、その藪沢を楊紆《ようう》という。正北を并州といい、その山鎮を恒山《こうざん》といい、その藪沢を昭餘祁《しょうよき》という。

以上から、九州のおおよその場所は特定できる。

次に、九服である。方一〇〇〇里を王畿といい、その外の方五〇〇里を侯服といい、その外の方五〇〇里を甸服といい、その外の方五〇〇里を男服といい、その外の方五〇〇里を采服といい、その外の方五〇〇里を衛服といい、その外の方五〇〇里を蛮服といい、その外の方五〇〇里を夷服といい、その外の方五〇〇里を鎮服といい、その外の方五〇〇里を藩服という。「その」は「王畿の」という意味である。外に外にと同心円ならぬ同心方を設定するものではない。

この方五〇〇里であるが、すでに述べた『尚書』禹貢の「五〇〇里」と『戦国策』の「方二五〇〇里」がほぼ同じだろうということに関わる。ここでは、方五〇〇里の服（という区域）が合計九つあるので、その合計は四五〇〇里になる。これとは別に王畿方一〇〇〇里がある。王畿と九服を合わせて天下だとすると、天下は方五五〇〇里になる。『戦国策』にいう天下方万里の一部を問題にする。

『周礼』職方氏には、続いて、「方五〇〇里で四公、方四〇〇里で六侯、方三〇〇里で七伯、方二〇〇里で二五子、方一〇〇另《れい》（另が不明）で一〇〇男（を封建する）」と記されている。以上、九州から始まる記事をまとめて、「天下のことがわかる」と結ぶ。公・侯・伯・子・男の方数については、一〇〇另《れい》を除いて計算すると、合計方一四〇〇里になる。これは方五〇〇里の服三つ分に一〇〇里足りない勘定である。これに一〇〇另を加え、四つの服を問題にするもののようだ。名称からして、侯服・男服・采服と衛服を問題にするものだろう。

甸服は『尚書』禹貢では民を問題にした。その甸服が王畿の外にある。これは、きたるべき戦国時代の王を予想して、外においたものである。

蛮服は南、夷服は東のそれぞれ外族名称を意識したものである。それぞれの外族地区の一部を天下にとりこむ。鎮服・藩服も外族を意識したもので、古くから鎮定し、藩兵となしたという意識がありそうだ。

さて、『尚書』禹貢の場合と同様、外族呼称をてがかりに九服の位置を特定してみると、先に『周礼』職方氏について示した二〇一頁の図のようになる。夷狄名称からはずれるのが王畿と幽州である。服は王畿の外にあるから、幽州の中に、侯服・甸服・男服・采服・衛服が位置づけられる。これらは本来王のためにある。くりかえすようだが、甸服は王の民である。そして采服の采は采邑の采であり、それは王の直臣のために用意される。これらを含む諸服が王畿の外にあり、それが幽州にある。

『周礼』は幽州を特別に位置づけている。禹の名前は出てこないが、禹の治水の眼目は幽州にあると言いたいのだろう。私は、ここに述べたのとは別の検討をも進め、『周礼』は燕で作られたと考えている。

### 行神であった禹

一般に議論されているように、治水の功績が喧伝されるのが禹である。しかし、『尚書』禹貢や『容成氏』、そして『墨子』兼愛篇の（上・中・下の）中には、各地を経巡る交通網の整備者（治水を行った者）としての禹の姿があった。

これに関わるのが、行神（旅の神）としての禹である。

禹は旅行の安全を祈願するための行神としてあがめられていたことが、湖北《こほく》省雲夢睡虎地《うんぼうすいこち》出土の秦簡《しんかん》『日書』の研究で明らかにされている。

後に付加された部分、すでに紹介した『尚書』禹貢の文章でいえば、最初の段落の短い一節に見られるような治水の功績は、代々の議論の中で禹の最大の功績として喧伝されていく。この動きにおされる形で、行神としての禹の姿はしだいに忘れられていく。漢代の文献などに、この行神としての禹の姿がわずかに残されていた。その行神禹の具体像が、出土遺物『日書』によってよみがえることになった。
邪悪な妖魔から旅人の安全を守るのが行神であり、漢代では旅に出る際には、この行神を祭って安全を祈願した。その祈願の儀礼の中に禹歩《うほ》と称されるものが含まれている。

進んで邦門の中央にある門杭にいたると、三べん禹歩を行う。一歩進むごとに「ああ、あえて告げる」とさけび、「道中悪いことがおこりませんように。そのために先に禹のために道をお祓いしましょう」と述べる。そこで地を五画し、その中央の土を拾ってふところに納める。

禹歩とは、巫《ふ》者の呪術的歩行法で、神霊を召して力を発揮してもらうためのマジカルステップである。このマジカルステップについては、『尸子《しし》』という書物に、禹が治水の功を挙げるために河川を通るようにし、そのため手の爪ははげ、すねの毛はなくなり、通常の歩き方ができなくなったとし、その歩行を形容して禹歩というのだと述べている。このわずかな記事からすると、禹はみずからの手足で河川を通したということのようである。
すでに、『容成氏』に関して、禹の治水は河川を通じさせる内容を述べていることを紹介した。ここで再度、先に紹介した『尚書』禹貢を見ていただこう。冒頭は「禹は土を敷き、山にしたがって木を伐り、高山大川を定めた」とある。これは天地創造の後に、大地に土を敷いて道や河土手を作り、山では木を伐って道を作り、そのため高山大川の間の行き来ができるようになったことを言う。その結果できあがった道路や河を使って、禹があちこち行き来した（そしておそらく山川を祭祀した）結果が禹貢には長々と記されていたわけである。

　禹歩は、邦門の中央にある門杭にいたって行う。これは都市の城壁の外に出る際に行うということである。都市国家の時代以来、防備の象徴である城壁の外に出ることは、決死の覚悟が必要であり、かつ自分たちの祭祀の場がある都市から外に出ることは、その祭祀対象たる神々の加護が得にくいことを意味した。あらためて行神に加護をお願いする必要が生じる。この行神の禹の原形は、遠く都市国家の時代に遡る。

　天下が成立し、さらに領域国家ができあがると、領域国家を治めた禹が、天下を広く睥睨して、人々の行き来を守る、という話ができあがるのだろう。『尚書』禹貢は、さらに進んで、禹が「中邦」を含む特別地域の周囲を経巡って、天下内にあって「中邦」の周囲に居住する諸侯や野蛮人が「中邦」に貢納する秩序を確認する、という話になっている。

　さわらぬ神にたたりなし、ということわざがあるが、神はむやみに関わってはいけない存在である。加護は祭祀をしてお願いするものであり、神を怒らせてはならない。禹もそんな神であった。たとえば、嫁入りする日取りの吉凶に関わり、雲夢『日書』はこう述べる。戊《ぼ》申《しん》・己《き》酉《ゆう》の日は、牽牛《けんぎゅう》が織女《しょくじょ》をめとろうとして果たせなかった日取りだから、めとれば三度捨てることになる。そして同じ文脈でこう述べる。癸丑《きちゅう》・戊午《ぼご》・己未《きび》の日は禹が梌《と》（塗）山《ざん》氏の娘をめとった日だから、妻を捨てないときは子が死ぬ。

　禹は病気をなおしてくれる神でもある。そしておそれの意識を背景に、アジール神としての姿も見せる。アジールとは、聖性によって支えられた避難場、いわば駆け込み寺である。

禹は石のひだから生まれた。かつて、その聖なる生地に逃げ込むと罪をのがれることができるという信仰があった。西南夷とされた後漢時代の羌族《きょう》にその信仰が存在したことが記録に残されている。

こうしたアジールは、新石器時代以来のそれぞれの文化地域の中のものとしては、広く存在した可能性がある。日本という文化地域の中にあるようにである。しかし、そうした文化地域を天下としてまとめて官僚統治するにいたると、異文化地域に対してアジールの存在を容易には認めなくなった。中国の歴史の中に、一般にはアジールが見られない、という指摘は、このことに関わるように思う。

## 治水伝説と禹

『尚書』の中には、禹貢以外にも、禹の治水のことを明言する伝説だとされているものがある。舜典の記事である。舜典も、朱子などにより偽物とされていない篇である。

具体的に見ていくと、これもとても興味深い。

舜典の冒頭は、帝堯からの禅譲《ぜんじょう》により舜が帝位につくことを述べる。舜は天下を巡視し功績をあげた。堯は、共工を幽州《ゆう》に流し、驩兜《かんとう》を崇山《すうざん》に放逐し、三苗を三危の地に誅殺し、禹の父の鯀《こん》を羽山の地に誅殺して、天下が舜に服するようにした。堯が死去すると、舜は禹に「水土を平らぐ」ることを命じ、他の者にも様々な命令を発した。禹は命を受けるとすぐに、稷《しょく》・契《せつ》・皐陶《こうよう》の方が適任だと譲った。それに対し、舜は、禹にひとりでやれと命じる。

この舜典の前には、堯典がある。そもそも舜典は堯典の後半で、それを堯典と舜典に分けたという説がある。その堯典には、やはり諸々の神にいろいろな命令を発し、そのうちの一つが禹の父の鯀に対するものであった。山を包囲し陵を越え、天の際にまで満ちる洪水を治めよという命令であった。鯀はこれに失敗した。

『史記』夏本紀は、禹に焦点を当てたこともあって、堯典の鯀のことと、舜典の禹のことをつなげて短くまとめた。鯀は大洪水を治めることに失敗し、それがもとで誅殺されたことになり、子の禹がそれを継いで成功したことになった。禹が成功したのは「水土を平らぐ」ることだったのだが、それが、大洪水を治めることだとされた。

だから、多くの読者は、禹が洪水を治めるための「治水」をしたと信じてきた。

ところが、すでに述べてきたように、禹の「治水」は、道路や水路の交通網を整備することだったわけである。これに対し、鯀が関わった洪水は、山を包囲し陵を越え、天の際にまで満ちるもので、ノアの箱船を彷彿《ほうふつ》とさせるものであった。

このような大洪水を治めるには、山川の祭祀が大きな意味をもつに違いない。しかし、すでに見てきた『尚書』禹貢・『容成氏』・『墨子』兼愛中にかいま見えた祭祀は、他地域への霊的威圧であり、すでに整備された水陸交通網を霊的に掌握することに意味があった。大洪水を治めるための祭祀という位置づけはなされていない。

以上述べた経緯によって、禹の「治水」伝説とノアの箱船すら彷彿とさせる洪水神話とが結びついてしまったことを知らないと、農地の整備と水陸交通網の整備という内容の治水を、山をも飲み込む大洪水を治めるための治水事業だと勘違いする。そして、禹の治水は、天下全体を等しく問題にしたような錯覚におそわれる。実際はすでに見てきたように、新石器時代以来の文化地域を念頭においた地域地域の事情をとりまとめて、天下のことや天下の一部が議論されている。

舜典では、舜が各地を巡視していることにも注意しておく必要がある。他の帝王もそうだが、天子になれば天下を巡視するとされていた。その巡視の内容はというと、天下の交通網を霊的に威圧することである。『尚書』禹貢のように、その威圧が特別地域（この場合は魏の領土たる冀州）のためになされることを強調する場合もあれば、『墨子』兼愛中のように、そうした威圧など、結局天下の一部にしか行きわたらないのだと嗤《わら》う場合もあるが、いずれにしても、広域にわたって霊的に威圧する。

## 自らが支配する国家領域を巡視する王

そもそも自らの支配する地域を王が巡視してまわることは、殷王について確認されている。これは甲骨文《こうこつぶん》を用いて得られた結論で、殷王は、日常的には自らが居住する都市に直接付随する都市や村を巡視していた。それは一日で行き帰り可能な範囲に限られていた。そして必要に応じて遠征し、その際も巡視して祭祀を挙行した。

戦国時代に領域国家ができあがっても、巡視の範囲は似たりよったりだった。自らが支配する国家領域を巡視し、日常的には首都に居住する。

特別地域の民は、王の徳に感化される。官僚たちがその徳治を支える。野蛮の地、つまり天下から特別地域を除いた残りの地域も、王の徳に感化される。そのことを明確に文章化すると、感化された結果として天下の交通網が利用され、物資が特別地域に運ばれる（貢納される）ことを記すことになる。

秦の始皇帝《しこうてい》も天下を巡視したことが知られている。一般には、それまで理念的にしかできなかった天下の巡視を、実行に移したと理解されている。それは天下人となった始皇帝が初めてなしえた偉業である。ただし、その巡視に当たっての具体的道のりは、戦国時代以来の水陸交通網を利用した。そして祭祀の場所は、新石器時代の文化地域それぞれの霊所である。天下を一つの霊所から威圧したのではない。その意味では、『墨子』兼愛中が、結局いにしえ以来「できなかった」と嗤った代表である禹の限界を越えていない。

そもそも治水は、大規模な工事の推進を前提とする。大規模な工事は、鉄器の普及があれば、相当に進む。しかし、その普及がないと、絶えざる戦争をしかけて奴隷を作り出し、その奴隷労働で進めるということでもないと難しい。治水伝説は、この奴隷労働をもとにするか、鉄器の普及をもとにするかのいずれかでできあがる。

しかし、広大な領域を問題にしての治水ということであれば、鉄器を前提に議論を進めるしかない。

城壁を作るという意味では、新石器時代の後期になると、城壁都市が出現する。しかし、目を農地に転じてみると、農地が面的に広がるのは、春秋戦国時代になってからのことであり、その変化を支えたのは鉄器の普及である。治水事業に関わるのは、農地の面的な広がりの方である。上記の『尚書』禹貢で農地の整備と交通網の整備が問題になっていることに、あらためて注目しておきたい。

かくして、『尚書』堯典・禹貢やそれらを利用した『史記』の内容を概観するだけで、戦国時代の領域国家の下での作為が、漢代における天下の作為へと変わる過程を読み取ることができる。禹の功績を治水伝説に求め、その功績を青銅器時代たる殷・周・春秋や、殷の前の時代に遡らせるには、無理がある。

## 夏王朝の系図

### 夏王朝の系図はどう残されたか

戦国時代の魏で作られた『竹書紀年』の夏紀には、夏王朝の歴代の王の名が列記されている。そこに記されたのと同じ、ないし類似の王名が、『史記』夏本紀に記されている。まったく違う王名も見えるが系譜上おなじ者との判断がつく。『世本《せほん》』という書物にも似た王名が見える。

系図については、『史記』を問題にするのが手っ取り早い。

その『史記』をじっと見ているとわかることがある。

どういうことかというと、西周王朝までの系図は、系図はあるが具体的在位年は不明である。並行して存在する諸侯の系図も同様である。春秋時代になると、周王と各国の系図には具体的年代が付与されるようになる。この具体的年代は、漢代の学者が『春秋』の記事から作り出したものがたくさんあるが、この記事とは関わりのない独自の年代も多数認められる。これは、西周時代までは、各国に漢字がまだ根付いてはおらず、具体的在位年を示す記事もなかったのに、春秋時代になると、各国に漢字が根付き、それぞれに自国君主の在位年を記録として残した結果である。西周時代について、各国の在位年なしの系図だけは結構残されているが、これは、口頭の伝承による他、西周から各国に配付された青銅器銘文に、代々の王に仕えた各国の君主の名が記されていたことと関わる。

ただし、こう言っておいて何だが、青銅器銘文に頻繁に記されているのが周王の在位年である。当然周には在位年を記す習慣があったことになる。ところが、『史記』には、その周王の在位年すらほとんど記されていない。だから、『史記』にないからといって、ない、ということは言えない。しかし、その青銅器銘文に示されている年代は、西周時代の場合はすべて周王の年代である。諸侯の年代は、春秋時代になって出現するようだ。だから、青銅器銘文の状況から見ても、西周時代に関して、諸侯側の年代記事はほとんどなかったと見てよいようだ。

殷王朝では、周と違って、系図が反映されるような銘文入りの青銅器をほとんど与えなかった。そのため、漢字を使っていた殷王朝以外、諸侯の系図はまったく残されていない。

その前の夏王朝のことになると、その系図がどう残されたのかが議論される。夏王朝に漢字があったのなら、その記録は殷に継承されたかもしれない。しかし、殷王朝の前期や中期の時代の都市から、漢字の文章が出土してきていないのは気になることである。現在のところ、夏王朝の時代とされる時代の都市は少なからず議論されているが、まだ漢字や他の文字は出土していない。

さらに言えば、殷王朝が滅んだ後は、宋が立てられ、その系図が西周王朝に並行してたどれる。しかし夏王朝が滅んだ後の国の系図は、皆目わからない。

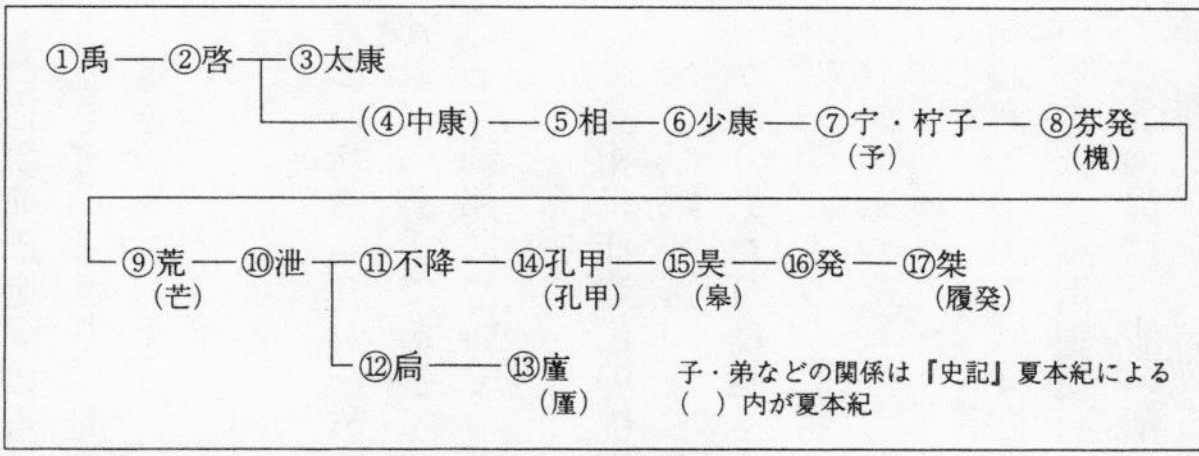


『竹書紀年』と『史記』夏本紀に見える夏王朝の王名

仮に夏王朝の子孫とされる国の系図をもってきて、夏王朝のものだとするような強引な操作があったとしても、それを否定することは困難であったに違いない。

すでに紹介したように、夏王朝が殷王朝に先行して存在したという話は、戦国時代にあって、各国に広く知られた話題となっている。火のないところには煙はたたないだろう。しかし、その火の実態がどうかということになると、戦国諸国家の説明には国家ごとの相違が少なからず存在し、かつわからぬことだらけである。

### 劉累の伝説

『史記』夏本紀の中に、具体的事実のように記された伝説がある。孔甲《こうこう》の時代に劉累という人物がいたことが記されている。

夏《か》后《こう》氏（夏王朝）の徳が衰えた後に、天が雄雌つがいの龍をつかわした。孔甲は、養い手が得られず、その龍を増やして食することができなかった。堯の子孫である陶唐《とうとう》氏はすでに衰えていたが、その子孫に劉累なる者がいた。豢龍《かんりょう》氏から龍の扱い方をならっていた。劉累は孔甲に仕えた。孔甲はこれに御龍氏を名のらせた。祝融《しゅくゆう》の子孫が豕韋《しい》にすんでいたが、その地を劉累に与えた。そうしているうちに雌の方が死んでしまった。そこで劉累はその肉を孔甲に食させた。孔甲はその味がわすれられなくなり、さらに求めた。劉累は事態を懼《おそ》れて移り去ってしまった。

この話は「劉累」が劉氏だというのがミソである。『史記』を作らせた漢王朝は、高祖劉《りゅう》邦《ほう》以来の劉氏である。

その劉邦について、『史記』高祖本紀は、こう記す。

高祖は沛豊邑の中陽里の人で、姓は劉氏である。字(あざな)は季であり、父を太公、母を劉媼《りゅうおう》と言った。劉媼はかつて大沢の堤に遊び、夢をみて神と出会った。この時、雷電がありあたりは暗くなった。太公が行って見るとその上に蛟龍が見える。ほどなくして劉媼はみごもり、高祖を産んだのである。高祖は性格(人と為り)が気高く、龍顔でヒゲが立派であった。

通常、中国では父方の系統だけで家が守られると思われているはずだが、ここに記されているのは、高祖劉邦の劉は、母方の氏だということである。父方の氏はわからない。そして、その母は、龍の精をうけてみごもった。この話と、先に示した劉累の伝説が、つながるようになっている。そのために、高祖は母方の劉氏を名のる必要があった。

劉累の伝説は、母方を持ち出す点で、すでに述べた戦国時代の斉の田氏が母方の血をもって殷の子孫だと述べたのに通じる説明を含んでいる。そして、劉累の時代に祝融の子孫の封地を受けている。この話は祝融の子孫を支配することを述べたものである。祝融の子孫とは、楚の君主の一族のことであり、高祖が天下を争った項羽《こうう》を打ち破ることを予言的に示したものである。

以上のようなことだから、孔甲の時代の劉累の話は、事実ではない。

ただ、この伝説は、元になる話が『左伝』に引用されている。『左伝』昭公二九年である。『史記』同様の話を記した後、劉累は懼れて魯県に移ったとする。范氏はその子孫だと述べる。『史記』はこの移った先の魯県を削り、范氏のことを削除した。そして、劉邦の「劉」につながるようしくんだのである。想像をたくましくすれば、「劉累」というのも、もともとは「龍累」だったのかもしれない（「龍」と「劉」は漢代の発音が違うが）。范氏のことを述べるのに、劉氏である必要はまったくないからである。しいて言えば、雒邑《らくゆう》の周王朝の周囲には、劉という地名があり、周の有力者だったようである。しかし、ここでは、この劉氏に関わらせようという話ではなく、陝西《せんせい》の地にのがれた一族が話題になっている。だから、劉氏についての手頃な話題ほしさに、漢代に「劉累」に書き換えたのではないか、と述べてみたのである。

この劉累の伝説は、『左伝』が戦国時代に成書された後、唯一漢代の書き加えが濃厚な部分になっている。上に述べたように、『左伝』では范氏が関わっている。文帝のころ、この説話を利用し、劉邦の出自が秦にあるようにほのめかす記事にした。劉邦は范氏の子孫だということにする。すでに述べたように、そのころの制度は、秦のものを継承する「形」を作り出していたからである。そのころの判断も前漢中期武帝時期の『史記』編纂のころには目障りになった。その結果、范氏を削った。こんなことではないかと、私は考えている。『左伝』の「龍累」が、以上のような事情で「劉累」に書き換えられたのは文帝のころで、『史記』編纂が始まった武帝のころではないということである。

以上、夏王朝に関する説話は、使えるものがなく、系図も使えるかどうかわからないことを述べてみた。系図は、あるいは時代を異にする国のものである可能性すらあることを述べた次第である。

ただ、第三・四章で長々と述べてみたように、漠然とした共通認識としては、殷王朝に先行して夏王朝があり、その支配が及んだ領域は、殷のそれと重なりつつやや西よりであったと見られていた。この点だけは、考古学の成果を利用しつつ殷王朝に先行する王朝の時代を検討する上で、常に念頭においておきたいことである。

## 殷王朝

### 出土文字史料に基づく殷の始祖伝説

夏王朝に比べると、殷王朝は具体的事実が多数提供されている。

殷代には出土文字史料たる甲骨文があり、多くの事実をわれわれに教えてくれる。

つぎに、青銅器銘文がある。数は少ないが、やはり出土文字史料として持つ意味は大きい。

さらに、周王朝が殷の文字文化を継承したおかげで、周を通して残された記事がけっこうある。

夏王朝の始祖伝説が、戦国時代の史料やそれに基づいて発展させた説話であるのに比べると、殷王朝の始祖伝説は、対照的に古くからのものと思われる説話が含まれている。『尚書』などの記載をもとに整理した多くの記事は問題にしないことにして、殷本紀の冒頭からすぐのところにある部分を見てみよう。そこには次のようにある。

殷の始祖契《せつ》の母簡狄《かんてき》は、一族の婦人三人で水浴をしていた。すると玄鳥（つばめ）が卵をおとした。簡狄がそれを飲むと子をみごもった。こうして生まれたのが契だという。玄鳥が、霊妙なる力をもつ人物をもたらしたという伝説である。

簡単だが、とても興味深い。先に漢王朝の高祖劉邦にからむ伝説として、『史記』夏本紀にある劉累のことに言及した。霊妙なる力がやどる、という点は共通する。しかし、玄鳥をもちあげる論理は、戦国時代やその後にあって天下で流行したものではない。おそらく、殷に固有の習俗が反映しているのだろう。

この玄鳥の卵に関する伝説の祖形は戦国時代の書物に見えている。新出土の上海博物館楚簡（出土地不明の遺物だが、楚簡、つまり楚で作られた竹簡だとされている）の中にある『子羔《しこう》』の中に、「契の母は燕が卵をくちにふくんで前においたのを飲み込み、みごもった。胸が割けて生まれたのが契である」という内容の記事がある。その前に禹の伝説、後に周の后稷《こうしょく》の伝説があり、霊妙なる力を得たことを内容とする話になっている。禹は母の背を割いて生まれたという。こうした背や胸を割いて生まれる姿は、セミが変態してカラを脱ぐ光景を彷彿とさせる。しかし、母の背や胸を割いて生まれた後、母はどうなったのだろうか。

同じく『子羔』は、周の后稷については、「人の足跡を見、帝の足跡を祈禱した」ことを述べている。帝の足跡そのものではない。

『子羔』の禹・契・后稷の伝説は、夏・殷・周それぞれをくさす内容を盛り込んでいるようである。背や胸を割くという部分をのぞくと、『史記』にいう内容となる。類似の内容は『詩経《しきょう》』商頌《しょうしょう》玄鳥篇にも見える。

下記においても問題にする甲骨文には、 など、殷の祖先の名とおぼしき名前がある。尾をもつ異形の神の姿をしているようである。この異形の神が、上記の燕の卵を呑んで孕《はら》んだ子の姿なのかどうか。異形の神は、殷の末裔である戦国時代の宋の認識でしかなかった、というようなことはないのかどうか。読者はどうお考えになるだろう。

異形の神自体は古く甲骨文の時代までさかのぼる。その内容が、『史記』に見える玄鳥の卵を呑んで孕んだ子そのままなのかどうかが問われるところである。

### 都市国家としての殷

『史記』殷本紀に記された記事が、ほぼ戦国時代に作られているのに比べると、考古遺物として出土した甲骨文は、生の情報をわれわれにもたらしてくれる。

一九世紀の末に出土した甲骨文は、漢方の薬として売られて世に知られるようになった。そのため、調査されたもの以外に、大量の甲骨が世に出回り、世界各地で収蔵されている。

董作賓《とうさくひん》に代表される研究者の努力で、それらは整理され、殷代後期のものとして五期に分けられている。

ただし、この甲骨文は、後の記録と異なって、年代記事などを記したものではない。そのときどきなされた祖先祭祀などを、そのつど甲骨、つまり亀甲獣骨に青銅刀で刻したものである。記事そのものは零細である。

それらを整理する中から現れ、世の学者を驚かせたのが松丸道雄の田猟《でんりょう》説である。これについては、すでに一部言及しているが、以下、やや詳しく紹介することにしよう。

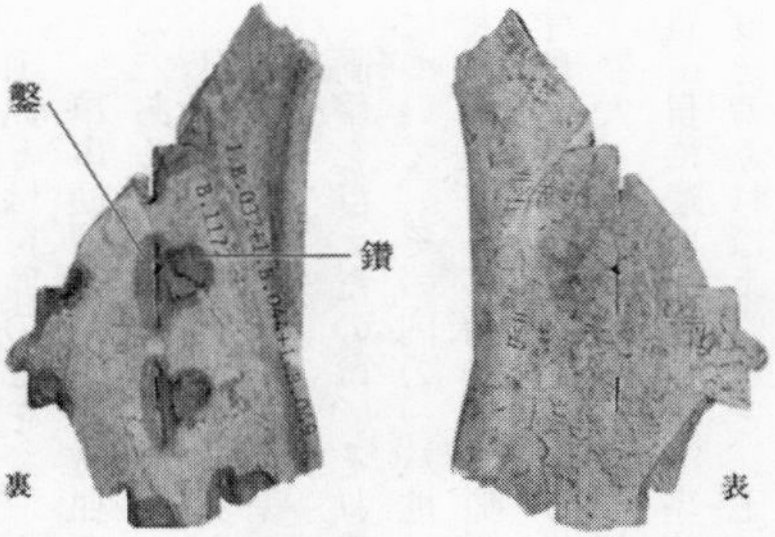


漢字を刻した甲骨片（東京大学東洋文化研究所蔵）　甲骨すなわち亀甲獣骨に漢字を刻する方法は、殷代後期について確認されている。字は、うらなった後に刻される。うらないは、（1）甲骨に火をいれ（燋灼（しょうしゃく）し）て亀裂を生じさせ、神意を問う、（2）甲骨の表面にあらわれた亀裂から神意を読み取り判断をくだす、の二つからなる。亀裂の様子から「卜」という漢字が生まれた。（1）で卜して神意を問うのは貞人と称される祭祀官の役割であり、（2）の判断は王の役割である。写真の甲骨片には、表（右）と裏（左）に刻字があり、裏に燋灼の痕がある。燋灼には、はは木を用い、先端を火にして甲骨に押しつける。押しつける箇所は、写真のように丸い小さなくぼみ（鑽）と、縦長のくぼみ（鑿）が隣りあって作られ（重なり合う場合などもある）、そのうちの丸いくぼみに火をいれる。甲骨に漢字を刻することは、周初にはなおあったが、後に消滅した。文字を刻しない甲骨の燋灼によるうらないは、新石器時代に遡ることができ、戦国時代に作られた『左伝』にも「卜」の記載がある。『史記』にも漢代の「卜」の記事がある

田猟とは狩猟のことで、王やその命によって各地に赴いた名代が、祭祀の一環として行った。軍事演習をかねた狩猟を行い、そこで得た獲物を神に捧げた。その際の記録を整理したのである。

田猟地の間を王が移動するその具体的日程がわかるものがある。それを一覧にして数学的証明がなされた。

衝撃を与えたのは、それまで殷の王都から遠く離れた地と見なされていた地を含む二一地について、その内の一八地は相互に最大三日以内に移動できる範囲内にあり、残り三地も最大四日以内に移動できる範囲内にあることを表にして示し、かつ、その一八地について、数学的証明を用いて、半径が一・七日行程の範囲内に納まることを示した点であった。

最大、というのが注目のしどころである。最大一・七日行程なら二日にならないから、実質一日に違いないこと、当時の王の移動は馬車によったから、馬のギャロップによる移動速度を考えればよいこと、王の移動には、明らかに往復を意味する語句もあることなどから、半径二〇キロ程度の円内に一八地がすべて納まるだろうという結果が得られた。

この想定が仮に倍の距離を問題にしても、衝撃の大きさは変わらない。

それまでは、その一八地で具体的に問題になる地を、世に知られた地理書などの地名に当てはめ、結果として殷の王都から広範囲に広がる領域の中に比定していた。その方法が少なくとも問題の一八地については正しくないことが証明されたわけである。しかも、その一八地を除いては、相互の移動行程の意味ある表化ができない状況であった。だから、結論に不服な場合、一八地（最大四日行程の三例を加えて二一地）をのぞいた事例について、相互の

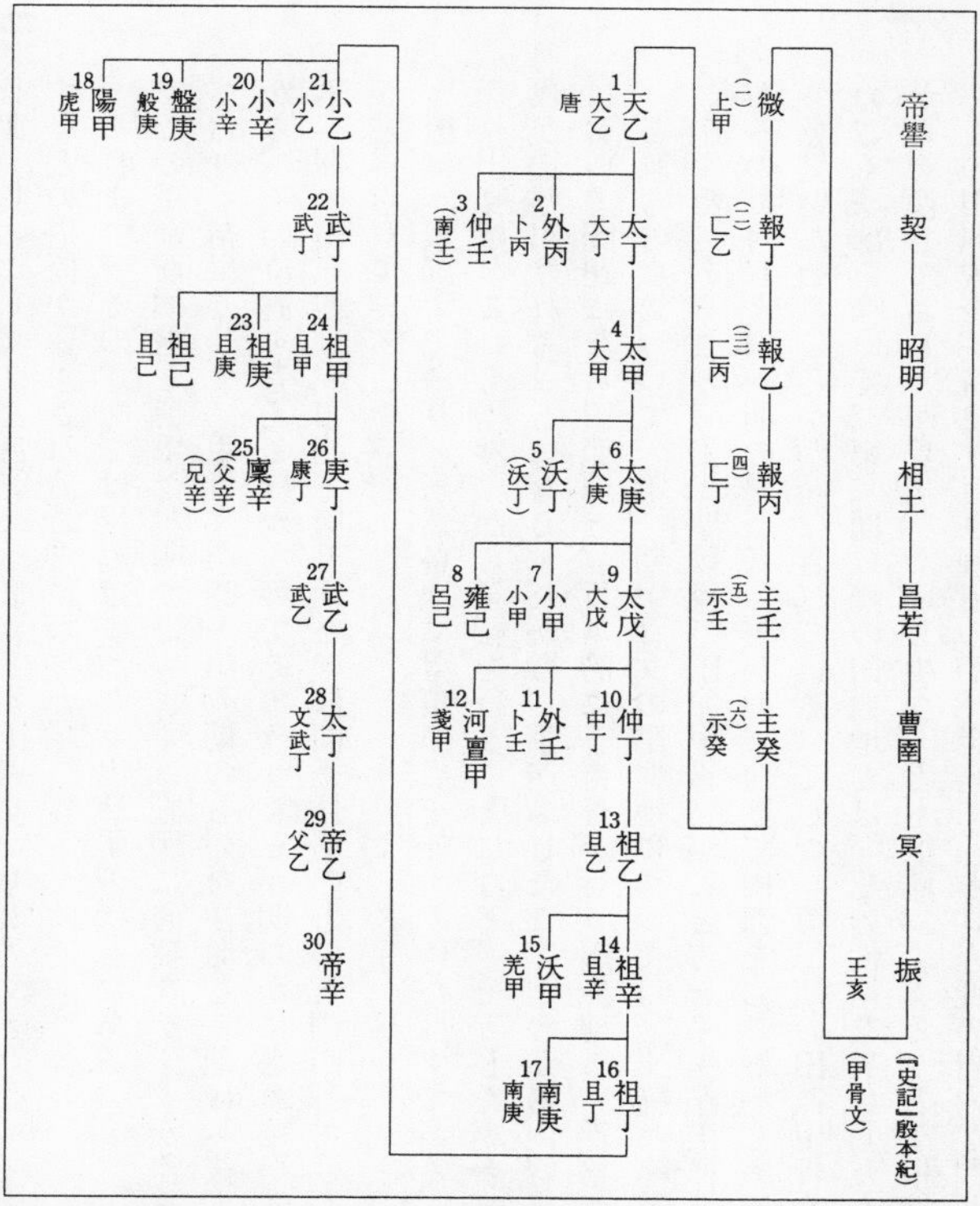


殷王朝の系図　殷王の名前には十干がつく。これは、この十干を称する集団から王が出自したことを意味するようだ。だから、ここに示した系図は、現代的意味の父子兄弟ではなく、兄弟のように示されるのは同世代の王、父子のように示されるのは世代を異にする王である。主に王を出す集団と主に夫人を出す集団がある。それらが殷の王族を構成していた。即位順が『史記』殷本紀と甲骨文とで異なっていたり、殷本紀で即位したとされる王（1～30で示す）が甲骨文では即位が確認できなかったり（(　）内に示す)、逆に殷本紀で即位したとされない王が即位していたりする。しかし、多少の表現の違いを考慮しても、殷本紀に示された王名は、甲骨文によって明らかになった王名と驚くほどの一致を示した

移動行程についての意味ある表化が実現しないといけないわけで、その上で数学的処理を施すなどの措置が要求されることになった。

これまで、その意味では反論はまったく出せずの状況にある。

この緻密な検討と慎重な説明では、まずは証明に必要なデータが得られる材料を問題にしており、結果として、甲骨文第四・第五期のものを検討し、他は「後期田猟地との重複関係から、その位置を考えるほかないであろう」ことが明らかにされている。その上で、第二・第三期の田猟地は、第四・第五期とほぼ同一性格のものと判断してさしつかえなかろうことが述べられている。

殷は「大国」であり、当然各地に軍事拠点を作っていたはずである。そうした拠点に軍を繰り出せば、これも当然ながら祭祀を行うことになる。そうした場合、王ではなく、王の名代が送り出されることになる。だから、王が命じたことがわかる内容になる。そうした遠征において問題になる田猟地と、日常的に王自身が行う田猟地は、性格が異なる。

これらの点について、第一期甲骨文の田猟地については、上記に考察した地と重複するものが少数であること、第二期以後の田猟甲骨文がことごとく王が田猟をおこなう際の卜《うらな》いであるのに対し、第一期の場合は、王が他に命じて田猟をおこなわしめる場合の卜いをかなり多数見いだせることが問題にされている。そして、第一期の田猟甲骨文に見える地名は、そのごく一部を除いて、第二期以降の田猟地とは、その性格を異にしたものだったのではないかと想像しておく方が妥当、ないし少なくとも無難、であることが指摘されている。

この田猟説で、特に注目されるのが、半径二〇キロ程度の円内が問題になることである。

この範囲は、当時の都市国家が統轄する範囲にほぼ重なる。つまり、殷王は、殷（商）という都市が直接管轄する範囲内をあちこち移動し、そこで儀礼を行っていた、ということになる。

さらにおどろくべき指摘として、田猟地の中に、服属する氏族の名が混在するということがあげられる。おそらく、殷の王都の周囲には、服属する氏族の村ができあがっており、そこに服属する氏族から物資がまず送られ、そこからさらに王都に物資がはこばれたのだろう。村は、服属する氏族が殷に貢納の義務をはたすにあたって、ぜひとも必要な中継地の一つであった。

この田猟に関する研究から、大国たる都市に中小の国たる都市が服属する構造が、より具体的に見えてきたわけである。

**甲骨文からわかること**

甲骨文は、祭祀の際に作られた記録である。その中にある特徴的事象をとらえて、記事をまとめなおすと、様々なことがわかってくる。上記に問題にしたのは、王の田猟地であった。

甲骨文の中にあって、すぐに目につくのは、殷王の祖先祭祀である。だから殷王の祭祀がいかなるものであったかが、詳細に明らかにされてきた。

その祭祀対象を整理すると、系図を復元することができる。その復元結果が、『史記』殷本紀に記された殷の系図にほぼ一致することがわかって、世の学者は驚愕した。ただし、それで『史記』殷本紀の記事がすべて正しいとされたわけではない。気の早い人々の中には、すべて正しいと誤解した人も少なからずいたようであるが、実際に甲骨文を研究した人々の作業は、かなり地味で堅実なものであった。その堅実な作業の結果わかった一つの事例が、上記の系図のことなのである。

以上の膨大な材料をもとにして帰納的に得られる推論以外に、文化地域の分布や地名を基礎にし、甲骨文に見られる記事を検討して得られる推論もある。

たとえば、祖先祭祀の中にまじって、伊尹《いいん》の名が見える。この人物は、殷本紀に出ており、殷初の宰相の位置づけがなされる。宰相というのは戦国時代以後の認識であり、実際は官僚による地方統治が一般化した後を問題にする。だから、都市国家どうしの連合体であった殷王朝にあっては、その意味における宰相ということにはならない。王を補佐するという意味は同じだが、殷にとって副都に当たるような最重要の都市をまかされた者を言う。伊尹は伊という名の都市をまかされた人物だと考えられている。

では伊とは現在のどこに当たるのだろうか。

殷の影響が及ぶ範囲がどこまでかは、なかなかに決めがたいところがある。しかし、すでに先行して説明しておいた周王朝が陝西の地を本拠にし、中原の雒邑を副都と位置づけて周公を据え、さらに東方の泰山の南に一族の魯を封建して斉などににらみをきかせていたのが参考になる（一一七頁・一七一頁）。考古遺跡（モノの移動）を通して知られる周の文化的範囲はさらに広がる。周が殷を滅ぼす時点でその影響が及ぶ範囲が広がり、後にそれが縮小したという経緯もある。だから、伊の位置も、少なくとも中原一帯の軍事拠点、殷の勢力がさらに伸びれば、伸びた先のどこか、ということになる。洛陽《らくよう》の東で洛水に合流する支流に伊水がある。この伊が、伊尹の伊であろうと考えられている。河南《かなん》一帯の文化地域の中にある。

周は、その伊を直接支配する都城として雒邑《らくゆう》を作り、殷以来の軍事拠点を継承したのである。

『史記』殷本紀によれば、太戊《たいぼ》の時に伊陟《いちよく》をとりたてて勢いをもりかえしたとある。伊尹の一族は、殷の中で特別の位置づけをもっていたようである。

## 殷と周

すでに紹介したが、魏の年代記『竹書紀年』には、殷紀がもうけられている。そこに、殷王歴代の記事が配列されている。伊尹の記事もあり、伊尹は仲壬《ちゆうじん》の卿士《けいし》（周の言い方）となり、太甲《たいこう》を桐の地に放逐して自立したという。太甲は放逐後七年にして帰り、伊尹を殺してその子の伊陟《いちよく》・伊奮に領地を分け与えたという。伊陟の時期が『史記』とずれているし、伊尹一族と殷王一族との葛藤が見られる点も異なっている。伊尹一族の歴史的位置づけが『竹書紀年』と『史記』では異なっている。

『竹書紀年』では、盤庚《ばんこう》のときにいわゆる殷虚《いんきよ》の地に移ったと記すが、異なる伝承を記すものもある。甲骨文は武丁《ぶてい》から殷末までのものである。殷虚時期に先行する時代の鄭《てい》州商城や偃師《えんし》商城が、巨大な城壁に囲まれているのに、いわゆる「殷虚」には城壁がない。そのため、「殷虚」は実際は都に付随した宗教的施設であり、都は別にあると考える説が有力である。
「殷」という漢字は、一般に知られる意味は悪くはない。さかんなる意味がある。ところが、経典には、この殷を「衣」と記すものがある。『礼記』中庸に「武王は大王（古公亶父《ここうたんぽ》。王は追号）・王季（季歴《きれき》。王は追号）・文王（王は追号）の事業を継いで、〝衣〟（殷）をうって天下を支配した」という文章がある。その「〝衣〟（殷）をうつ」の部分は、ほぼ同じ表現が『尚書』康誥《こうこう》にあり、そこでは「衣」の字が「殷」になっている。この「衣」は夷狄《いてき》の夷のことであろうとされている。西周金文では「東夷」が問題になるが、この「夷」は「衣」とは字が異なる。また、保卣《ほゆう》・保尊という青銅器の銘文には「成王が保に命じて殷の東国の五侯を追いかけとらえさせた」とある。これが上記の経典に見られる「衣」としての「殷」、つまり蔑称に基づく用法であろうと考えられる。

ただし、後の経典で使われる場合の「殷」が悪い意味であったというわけではない。周が「衣」（＝夷）とさげすんだ意識とは異なって、戦国時代にあっては殷王朝を美化する必要が生じていたからである。夏・殷・周三代は理想化されている。本来の意味をはなれ、さかんなる意味も出てきた。「衣」という漢字も、「夷」という蔑称であるという意識は薄くなった。

こんな事情とは別に、この「衣」を用いる用例によって、われわれは発音の上で殷が夷狄の夷であることを知ることができるわけである。

さて、その殷と周との交渉は、殷王武乙《ぶいつ》の時から始まる。『竹書紀年』によれば、武乙三五年、周の文王（在位前一〇六八―前一〇三四年）の父たる季歴（―前一〇六八年）が鬼戎《きじゅう》を伐ち、「狄王」二〇を虜にしたという。殷王太丁《たいてい》二年には「燕京《えんけい》の戎」を、また同四年には「余無の戎」という外族を、それぞれ伐った。周の勢力が増大していく様を伝えている。この状況に対し、殷がとったのは、周をとりこむことであった。太丁四年、殷は周を牧師《ぼくし》にしたという。その後も周の軍事行動は盛んで、太丁一一年には、「翳徒《えいと》の戎」を伐ち、その三人の大夫を虜にしている。

ところが、周は結局のところ、殷には脅威だということか、文丁のとき、季歴は殺された（前一〇六八年）。このことで周は殷を伐つにいたり、帝乙二年（前一〇六四）に周人が殷を伐っている。周の文王の五年にあたる。

武王一一年（前一〇二四）庚寅《こういん》の日をもって、武王時代の伐殷が始まる。

**帝乙・帝辛時期の祭祀**

この時期に関する祖先祭祀は、年代の決め手として利用できる。祭祀が一〇日ごとに癸《き》の日に行われ、翌日からの一〇日間（旬日《じゅんじつ》）を占うこと、そして、祖先を祭祀する順番が決まっていたことを利用する。この祖先祭祀と現実に存在した暦を復元した結果とを対照させながら、年代を決定していく。

そもそも暦とは、天文現象の規則性を日常生活に反映させる「形」である。規則正しい、というところに、秩序の根源を見いだす。

農業が始まれば、季節を知らねばならない。それなしには種まきもできない。季節を追って天の星座は違っていくから、その特徴を時に応じて把握する必要がある。この把握には、文字は必要なく、記憶すれば事足りる。

目立つ星に注目しておいて、夜明け前や日没後にどちらの方位に見えるか、などというのが一つの方法である。地域はとても離れていて中国とは影響関係などないが、英国のストーンサークル（文字がないころのもの）も、そうした人々の営みが生み出したものであろう。

殷から春秋戦国にかけての暦を語るための材料は、漢字で記された殷の記録、同じく漢字で記された西周の記録、そして、漢字が伝播《でんぱ》した後、つまり春秋時代以後の各国の記録である。

先に述べたように、殷代の暦は、甲骨文第五期（帝乙・帝辛《ていしん》時期）の祖先祭祀を利用して復元する。三六〇日周期の祭祀で、一〇日ごとにきまった祖先を祭祀している。その記録を現代の天文計算でさかのぼって作った月の満ち欠けの一覧（多くは朔日《さくじつ》を記す）と比較しつつ、記事にいう年・月・日が紀元前何年のいつのものかを決めていく。復元結果（殷の暦と三六〇日周期の祖先祭祀）からすると、冬至をすぎてから一月を始めるという暦だったようである。

この暦は月の満ち欠けに基づいて定める。月の満ち欠けが一二回で一年である。ところがこの月の満ち欠け一二回分では、太陽の高さが一年かけて元にもどる約三六五・二五日にならない。このあまりが集積して一ヵ月になると、調整のためによけいな月をもうける。これが閏月《うるうづき》である。

太陽の高さが元にもどるのが約三六五・二五日なので、三六〇日周期の祖先祭祀を季節と対応させるには、祭祀が終わって次の祭祀に入る前に、何日かの間を置くことになる。毎年こまめに置いたり、年を重ねてまとめて置いたりしているようだ。

こうして三六〇日周期の祭祀を組み合わせると、暦を使う側から言えば、その一〇日ごとの祭祀が何番目かによって、季節との関わりがおおよそ判断できることになる。

甲骨文は殷の祭祀に関わる文字で、その祭祀の体系を緻密にする役割を果たした。その結果が、暦にまでおよんで、季節との関わりを知るための「節気」の役割をはたすものまでできあがっていたわけである。

ちなみに、殷を滅ぼした周では、殷のような祖先祭祀の体系を持っておらず、また持とうともしなかった。甲骨文を作る、つまり亀甲獣骨（略して甲骨）に文字を刻する方法も継承しようとしなかった。

かわりに、周は、殷が始めた青銅器に鋳込むというやり方を通して文字を継承した。そして、この方法で作った青銅器を配下の諸国に与えた。

その青銅器銘文つまり金文には、月の満ち欠けを区分した用語が見られる。われわれは月相と表現する。この月相は、月の満ち欠けを四分する（九一頁を参照）。

この月相があると、月相を何個分数えるかを問題にして、季節との関わりをつけることができる。これも節気の役割を果たしてくれる。殷と違って祖先祭祀の体系ではないが、もたらされる結果は似たようなものになる。

戦国中期になると、鉄器の普及による社会変動の進展を反映して、暦の世界にも革命的な動きが現れる。太陽の高さや星座との関わりを正確に割り出し、二十四節気（冬至・夏至・立冬・立春など）を作り出すにいたる。節気の周期による一年（例えば冬至から冬至まで）

を三六五と四分の一日と計算し、月の満ち欠けとの関わりが正確に元にもどるには（例えば冬至朔から始めて冬至朔がもどってくるには）ちょうど七六年かかることを発見した。この七六年間に、月はちょうど九四〇回満ち欠けする（九四〇ヵ月）。日数は二万七七五九日ちょうどになる（［三六五と四分の一］日×七六年）ので、一ヵ月は九四〇分の二万七七五九日、つまり二九と四九九／九四〇日となる。現在いうところの一年（一太陽年）は、約一二・三六八ヵ月（九四〇ヵ月／七六年）という勘定になる。最初の年は一二ヵ月、次の年も一二ヵ月で、三年目に一三ヵ月、という具合にならべていき、一二ヵ月を数えたあまりの日数が一ヵ月を越えたところで閏月《うるうづき》を置く。

一年が一三ヵ月になる場合、どれを余計な月（一般に閏月という）にするかは、最後の月（一二月）に決まっていた。一三ヵ月目を「閏再十二月」などと記載している。秦は現在の四月から始まる年度のように、一〇月から始まって九月で終わる暦を使ったので、閏月は九月の次にあり、この場合「後九月」と記録している。閏月の表現は国ごとに差異がある。漢代になると、二十四節気のうち、冬至からはじまる一二の「気」を含む月を通常の月とし、含まない月を閏月とする方法が始まる。暦はだんだん進化していく。

幸いなことに、私が復元した暦には、現状扱うべき材料がすべて納まっている。

さて、殷の帝乙・帝辛時期の暦が復元でき、それによれば、帝乙の在位は前一〇六五―前一〇四四年、帝辛の在位は前一〇四四―前一〇二三年である。すでに述べた『竹書紀年』が紀元後三世紀に出土した時、いっしょに出てきたのが『逸周書《いつしゆうしよ》』である。この書物に巻三小開解《しようかいかい》がある。そこに周の文王の三五年正月丙子《へいし》の日に満月を見たという記事がある。『竹書紀年』の記事を参照して文王の在位を復元すると、文王三五年は前一〇三四年である。この年の西暦（ユリウス暦）一月二九日がまさに丙子になり、冬至をすぎてもうけられた正月の満月の日にあたる。筆者の想定によって割り出された文王の三五年正月丙子の日は、天文学的にも確かに満月なのである。そしてそれは、前一〇三四年のことである。

# 第六章　春秋時代の史実

## 広域的漢字圏の出現

### 「東遷」の衝撃

すでに述べたことを繰り返せば、漢字は西周時代まで、殷や周という限られた大国都市の内部で使用される文字にすぎなかった。周が熱心に銘文を刻した青銅器を配布したので、周の諸侯はいちはやく漢字に慣れ親しんでいった。しかし、青銅器銘文を鋳込む技術は、やや特殊であった。そのため、各国はその技術を習得するにいたらず、自らの意志で青銅器銘文を作り出すことはなかったようだ。

こうした状況を一変させたのが、いわゆる「東遷」である。

この「東遷」が実は周王朝を支える諸侯の争いを背景とする周王朝の分裂劇であったこと、これに外族の侵入が加わって西周の故地は混乱し、やがて秦が西方からこの地に乗り出してきたことは、すでに述べておいたところである（第二章）。

『竹書紀年《ちくしょきねん》』は、宣王の時期にすでに秦が関わってきたことを記している。宣王四年（前八二三）、秦仲《しんちゅう》が戎をうち、戎に殺された。次いで即位した荘公《そうこう》が戎を破る。

前七五九年に西周が東周によって滅ぼされたが、その後も混乱は続いた。前七五四年、秦が周との境を岐と定めるにいたる。その際、『史記』秦本紀の記事によれば秦は周の余民をおさめたという。この余民には、技術者が含まれていたに違いなく、この時点で、西周に伝えられていた青銅器に銘文を鋳込む特別の技術が秦に継承された。

一方、混乱の中で技術者たちもちりぢりになり、逃れた先で保護された。その落ち着き先にも特別の技術は伝えられた。

東の周が西の周の携王《けい》を滅ぼした際（前七五九年）、東の周の平王側の旗頭は晋の文侯であった。この文侯も、技術者を手に入れたようだ。文侯は東の周の旗頭だっただけに、技術者と記録類を周王朝に献納したことは当然だが、一部は自己のもとにのこしたらしい。技術者は晋国で漢字を根付かせ、記録類は書き写されて、すでに言及した『竹書紀年』の材料となった。そして、その材料は、晋の都を掌握した戦国時代の魏に継承された。

一部の国は、この東遷時期に先だって、漢字を入手していた可能性はある。長きにわたって周王朝から銘文入りの青銅器を賜与されていれば、わけのわからぬものだった漢字にも次第に親しみ、青銅器に自らの意志を表現してみたいと思う者も当然出てきただろう。魯《ろ》は副都雒邑《らくゆう》をまかされた周公の子が封建されている。こういう特別な国には、例外的に漢字が早くから伝播し根付いていたかもしれない（証拠と言えるほどのものは、まだ発見されていないのだが）。

### 盟書《めいしょ》の出現

盟書とは盟誓の内容を文書にしたものをいう。石板や玉片に朱書ないし墨書された盟書

（前五世紀。後述）が出土している。

盟誓に関しては、従来以下のように説明されてきた。このことを耳にされた方も少なくなかろう。大いなる誤解なのだが、意外に根強く信じられているようだ。

いにしえは理想的治世にあって、盟誓などをかわす必要もなかった。ところが、春秋時代になると周王朝の権威がおとろえ、諸侯は勝手きままにふるまうようになった。戦いも増えた。そうした中、周王朝とはことなる大国が覇者となり、諸侯をまとめ、盟誓を行うようになった。だから、盟誓は世の中が乱れたことを象徴的に示すものである。

盟誓・盟書と覇者は不可分の関係にあると見なされてきた。

理想的治世という説明には、さすがに難色を示した人々も、周王朝の権威が衰えた結果盟誓が増えた、ということを前提に、盟書の内容を検討してきている。

ところが、その検討の前提にあったのは、太古の昔から、漢字は広く根付いていた、という思いこみであった。もともと漢字はあったが盟誓はする必要がなかったという思いこみである。

しかしながら、実際は、漢字は「あった」わけではなかった。殷王朝や周王朝にはあったが、必ずしも諸侯のもとで自由に読み書きするしろものではなかったわけである。

漢字がなければ盟書は作られない。当然のことである。漢字が一所にしかなくても盟書は作られない。盟書は相互確認の証拠であり、一方のみによる確認は意味がない。だから、盟書が作られないのも当たり前のことである。盟書の出現は、漢字が広く根付いたことを象徴的に示すものである。

盟書だけではない、盟誓の「儀式」の記録も西周までの記録には見えていない。これはすでに述べたことに関わる。殷や周以外の諸国においては、漢字は使われておらず、君主の在位年すら満足に残していない。盟誓は神かけて誓いをたてる行為であるから、太古の昔からあったに違いない。その約束に文字は必ずしも必要がない。子供の指切りげんまんなどというのも、約束をかわしたことを「形」にする儀式である。

漢字を自由に操れた殷や周のみは、盟誓の行為を記録として残せる立場にあった。しかし、諸国の使節が「やってきた」こと、遠征先において「何らかの儀礼を行った」ことは記されても、そして、誓いをたてた事実自体は記されても、神かけて誓いをたてた文章としての盟書という形式では、記録を残さなかった。

「盟書」という言葉は『周礼《しゅらい》』に見える言葉である。『周礼』は戦国時代に作られた。同じものを『左伝《さでん》』では「載書《さいしょ》」という。この「載」は、淵源をたどっていくと、甲骨文に記された祭祀の一つにいきつく。「載書」とは祭祀の書である。

約束を交わしたことを「形」にする上で、大きな効力を発揮したと思われるのが、各国の祭祀の場である。その祭祀の場に、ほとんどの場合文字がなかったわけである。符号はあったが、それが、「形」に関与したかどうかは不明である。

盟誓が祭祀の場で確認されたということであれば、祭祀の一つを意味する「載」が使われて「載書」という言葉が生じた経緯は、まさに漢字を用いる場の広がりを説明する。殷王朝や周王朝では、独占的に漢字を用いていたので、盟書に当たる言葉がなく、後に盟書づくりが始まって、それまで祭祀の一つに使っていた漢字を用いて「載書」という言葉を作り出し

## 【戦国時代の典籍を密かに改造した漢代の注釈】

戦国時代にできあがった典籍は少なくない。その典籍が最大の眼目としたのが、天下の中の特別地域をどう説明するかであった。左の地図の❶❷❸に示したのはその一例で、『公羊伝』・『左伝』・『穀梁伝』など『春秋』の解釈本（伝）も、典籍ごとに記される特別地域が異なっている。漢王朝ができあがると、そうした主張は邪魔になった。だから、前漢ではこれらの書物は天下の主張とは切り離された。この時代、『春秋繁露《はんろ》』という『春秋』の名を冠する本が別に作られる。後漢になると首都が洛陽になる。春秋戦国時代の周王朝が洛陽に位置したことが利用できないか。こうした使命をおびて諸書の注釈が作られた。

そもそも❶❷❸のように、伝の文は直接説明する。ただそれだけでは奥義書らしくなかったので、ほのめかしの手法で読者にわからせようとした。

『公羊伝』は左図の❶のような領域観を具体例で示した。そして、「例のあれだよ」と、洛陽が「中国」でないことをわからせた。一方『穀梁伝』の洛陽は❸のような領域観の中に入っていた。後漢の注釈は戦国時代にはなかった説明をする。『公羊伝』のわかりにくいほのめかし部分に、『穀梁伝』の❸のような領域観をぶつけた。読者はわかりやすい方に目がいって、『公羊伝』の領域観では洛陽は「中国」だと誤解した。こうして、後漢時代の読者は、注釈にいざなわれてありがたき戦国時代の奥義と無縁になった。漢帝国に都合のいい解釈本がこうしてできあがった。

『左伝』は❷のような領域観を具体的に記した。「夏」とそれが拡大された「東夏」が天下の中心であり、「中国」は格下である。洛陽は「夏」である。注釈は「夏」と「中国」を同じものとしたので、洛陽は「中国」だという話ができあがり常識となった。この常識は『左伝』本来の見解ではない。

説明対象たる伝の文をぶつ切りにし、本来異なる意見もぶつ切りにして注として組み合わせると、一部しか参照しない読者の目がくらまされる。伝の文の本来の文脈とは矛盾する解釈本が作られる。注釈はあちこちめくばりした説明に見せて、取捨選択が恣意的である。戦国時代の文化地域に根差した諸書の内容は、注釈家の努力によって二十四史の時代の皇帝制の下の教養に生まれ変わった。時代が変われば求められる教養も変化し、解説を増補している。注釈は、その注釈が作られた時代の思想を写す鏡である。注釈と戦国時代の伝の文は、正統観と事実の扱い（取り上げるか無視するか。どう評価するか）が異なっている。その違いを除かないと、注釈は戦国時代の検討に使えない。

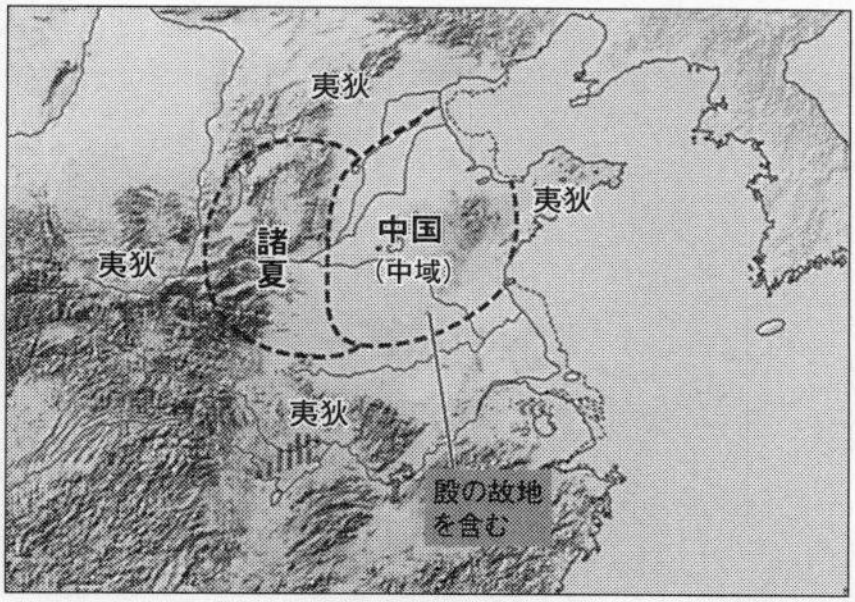

図❶斉の『公羊伝』の特別地域「中国（中域）」と一等劣った「諸夏」と野蛮の地（145頁参照）

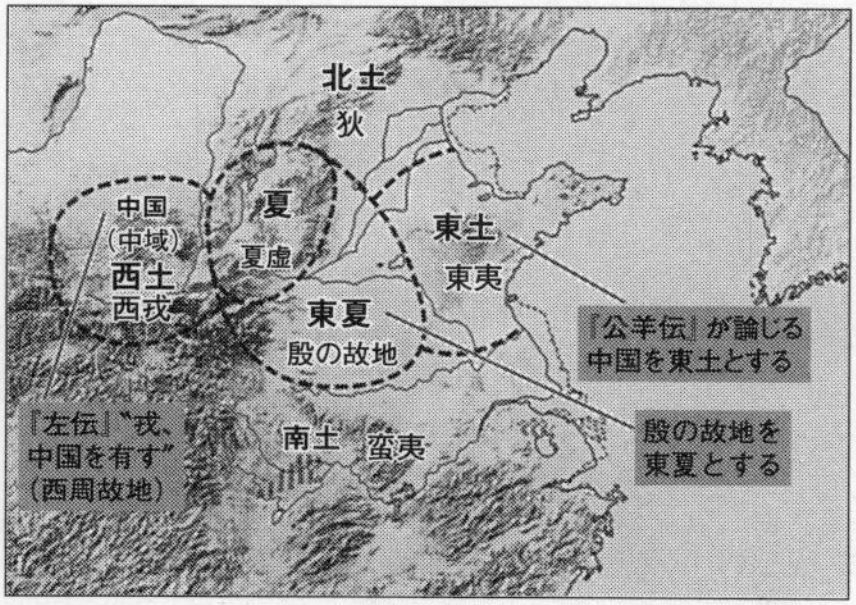

図❷韓の『左伝』の特別地域「夏」・「東夏」と野蛮の地（117頁参照）

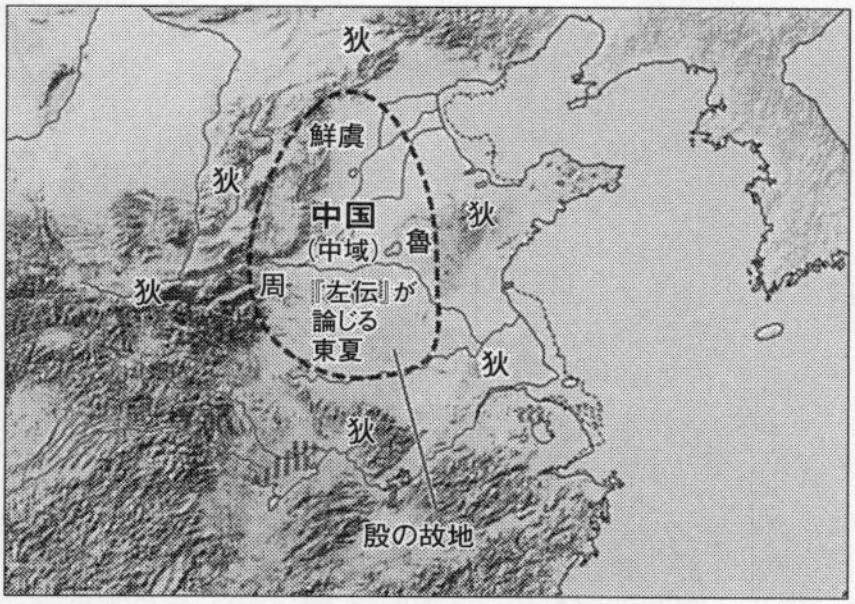

図❸中山の『穀梁伝』の特別地域「中国（中域）」と周囲の野蛮の地（171頁参照）

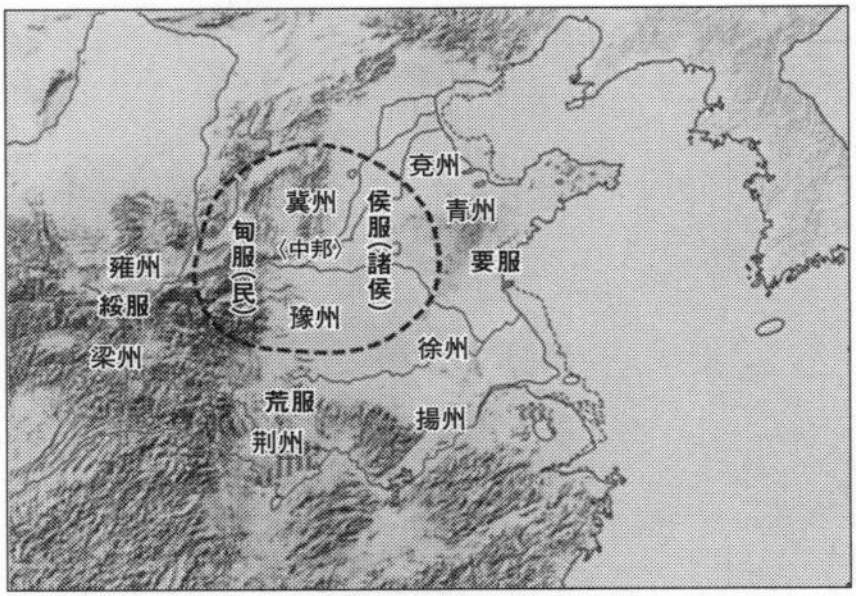

図❹『尚書』禹貢の九州と五服（185頁参照）

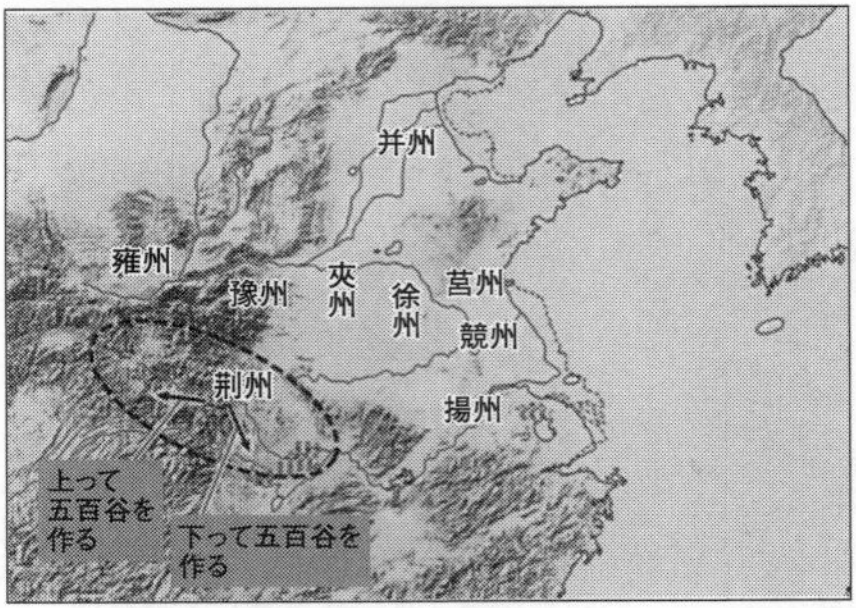

図❺『容成氏』（訟城氏）の九州と禹の治水（193頁参照）

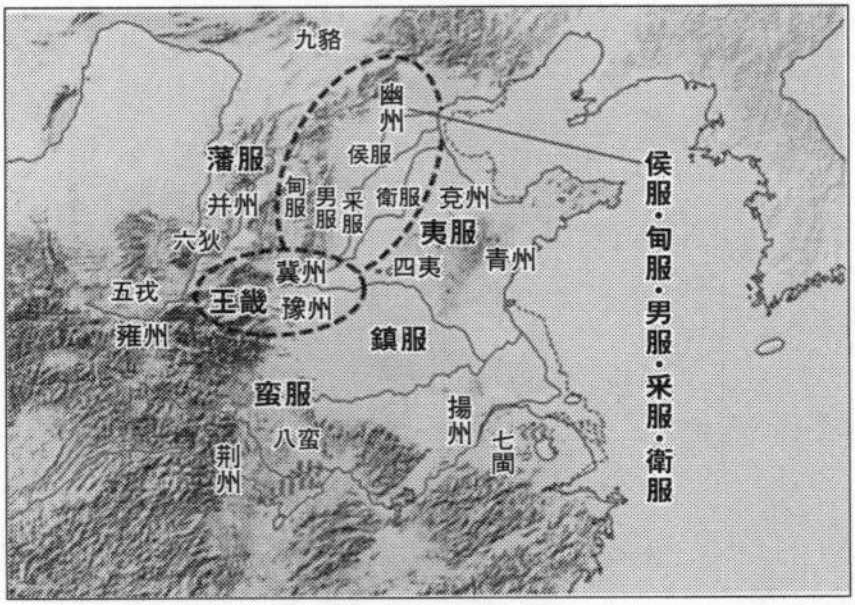

図❻『周礼』職方氏の外族・九州・九服（201頁参照）

## 【戦国時代諸国家のつばぜりあい】

手書きの時代であるから、大量に印刷して配布したということにはならないが、戦国時代の諸国家は、自分たちが作った書物を、宣伝用に敵対する国家に送りつけた場合もあったようだ。送られた側は、敵国の王を正統とする内容に憤然とする。国家内部でも、学習用・宣伝用に書物は書き写される。だから送られない国家があっても、スパイを送り込んで盗んでくることができる。盗んできた内容を見た場合も、その内容に憤然とすることになった。送りつけることが、敵に塩を送る所行とみなされる場合もある。独占したい情報は送りつけられることがない。

『春秋』の解説書には、『公羊伝』・『左伝』・『穀梁伝』以外にも、『鄒氏伝』・『夾氏伝』があったことが知られている。『公羊伝』・『左伝』・『穀梁伝』は現存するが、他の二伝は散逸した。こうした『春秋』をめぐる複数の解釈本があるのも、上記の宣伝戦があった結果である。

憤然とした結果、自己に都合のいい内容になるよう作り替えが行われる。作り替えた上で、また宣伝戦を行う。

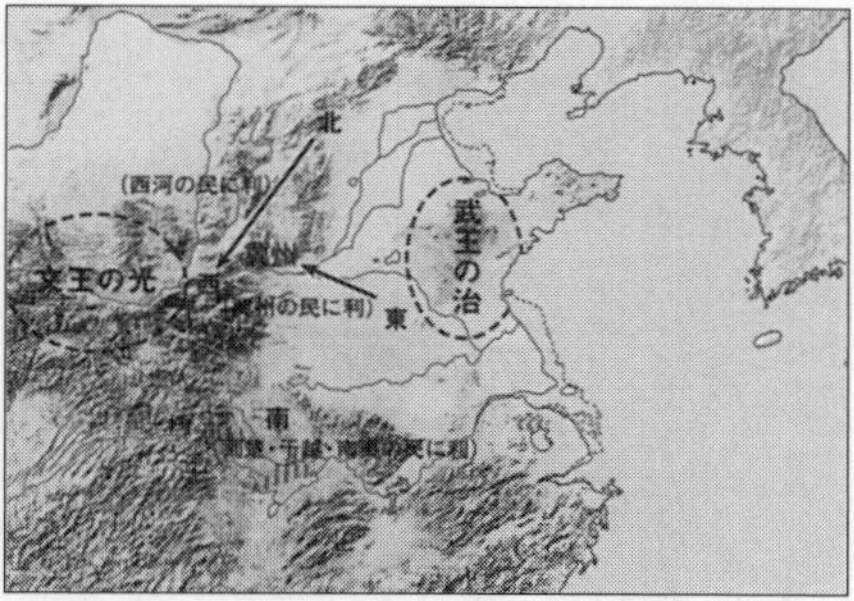

図❼『墨子』兼愛中の禹の治水（195頁参照）

という構造があるから、書物の内容を（「内容」とは別に語句や表現の問題もあるが、領域国家には、各国の多様な語句や表現が流入し、また、都市国家時代の多様な語句や表現も継承されていたから、「内容」と関わらせつつ議論して意味がある）比較すると、その書物相互の先後関係が判断できることがある。『公羊伝』の内容を知った上で『左伝』がまとめられ、『公羊伝』・『左伝』の内容を知った上で『穀梁伝』が作られている。

同様のことが、禹の伝説に関しても言える。『尚書』禹貢の内容を知って『容成氏』がまとめられ、『尚書』禹貢・『容成氏』の内容を知った上で『墨子』兼愛中がまとめられている。

禹は、それぞれの国家にとって都合のいい論理で説明された。だから、夏王朝の都などを論じる場合は、国家ごとに作り上げられた禹像がある点を考慮する必要がある。

たのである。

この祭祀の一つから「載書」という言葉ができる過程で、周王朝による一方的対外宣言の文章の一部が「載書」に取り入れられた。

その宣言文はすでに紹介した兮甲盤《けいこうばん》という青銅器の銘文の一部になっている。周王朝が蛮夷に対して宣言した内容が、青銅器銘文に盛り込まれており、その部分に神の罰を問題にするところがある。それが盟書のものとよく似ている。

「淮夷《わいい》はもと周に貢ぎ物を差し出す地域である。すみやかにその貢ぎ物を献納し、人を差し出し、宝物を差し出し、師団・旅団の軍に従い、王命に従え。さもなくば罰（栞刑）が下されよう。わが諸侯・百姓《ひゃくせい》よ、貢ぎ物を差し出し軍に従え。蛮に貢ぎ物を差し出してはならぬ。さもなくば罰が下されよう」（九八頁参照）

盟書があれば、盟誓を挙行してそれを作る。上記のうちでも、とくに諸侯・百姓に語りかけた部分は、盟書があるなら、当然盟書に書かれる内容である。それが周の一方的宣言の中に盛り込まれている。盟書がまだなかった時期のことだからである。

そして注目しなければならないのは、次に示す盟書が、神の前において誓う儀式を通してつくられるのと異なり、上記の文章は、対外的、一方的な宣言になっていることである。そのため、盟書が会盟者共通の神罰を問題にするのと違って、神を相互に介在させることなく刑罰を問題にしている。しかも、その刑罰は、戦国時代以後の法体系を背景にするものではなく、新石器時代以来の秩序維持のためになされてきた、そして掟やぶりを一方的に懲らしめるためのものになっている。

### 侯馬盟書

盟書出現の経緯は上記のようでありながら、なおかつ西周時代の一方的対外宣言文の体裁は盟書に継承された。

遺物として出土したのが、侯馬《こうば》盟書《めいしょ》である。前五世紀初め、孔子が生きているころに作られ、山西《さんせい》省侯馬の晋国遺跡で発見された。石板や玉片に朱書ないし墨書したもので、破片まで含めると五〇〇〇点余あり、内容から数次にわたって作られたことがわかる。

この盟誓は、『左伝』定公一三年（前四九七）—哀公五年（前四九〇）に記された趙《ちょう》氏の内紛に関わる。この内紛では、趙氏の宗主（趙孟《もう》）である趙簡子《かんし》とその一族である邯鄲《かんたん》趙氏との間に争いがおこり、ついには晋国全体をまきこむ争乱に発展した。その際に作られたのがここに紹介した侯馬盟書である。

争乱は趙簡子側が勝利をおさめている。

その盟書の一例を紹介しておこう。いくつかの類・種に分類されたのだが、その中に「委質類」（第三類）とされたものがある。その銘文に以下のように記されたものがあった。

私「某」（ここに具体的人名が入る）は、「君」（神格）の所（祭祀の場）に誓った上は、背いて以下のようなことはいたしません。もし、趙稷《ちょうしょく》の所（祭祀の場）に出入りし、その子孫、【以下范氏】范克およびその子孫、およびその子乙およびその子孫、およびその伯父、叔父およびその兄弟およびその子孫、范徳およびその子孫、范鑿《はんさく》およびその子孫、范𢓜《らつ》およびその子孫、范僩《はんかん》およびその子孫、范癀《はんこう》およびその子孫、中都の范𢏳およびその子孫、范木およびその子孫、【以下范氏が祭りあげた晋侯一族】騖およびその子孫、およびその新君弟およびその子孫、隥《とう》およびその子孫およびその新君弟およびその子孫、【以下趙氏】趙朱およびその子孫、邵城およびその子孫、趙喬およびその子孫、郙詨《ふっこう》およびその子孫、【以下𧻓《よう》氏すなわち中行氏】邯鄲郵政およびその子孫、閔舎《りんしゃ》およびその子孫、𧻓歂《ようてい》およびその子孫、史醜《ししゅう》およびその子孫、郵瘖およびその子孫、【以下史氏すなわち士氏】史醜およびその子孫、司寇鶩およびその子孫、司寇結およびその子孫、のところに出入りして群れ呼して盟誓をおこなったならば、そして、私が嘉（趙孟・趙簡子）の身およびその子孫をないがしろにし、晋邦の地に上記の者たちを復帰させようとした場合は、わが「君」（神格）、その神罰（盟殛）をくだし、（わが）一族を滅亡させよ。すでに盟誓を行った後、巫《ふ》（女のミコ）・覡《げき》（男のミコ）・祝（祝詞をあげる者）・史（文字の書き手）を「皇君」（神格）のところに差し出さなかったならば、永遠なる罰をくだし、（わが）一族を滅亡させよ。行道において閔伐《りんばつ》およびその子孫に遭遇し、かつ彼らを殺さなかったならば、これを～せずして、また彼らと盟誓をとりかわしたならば、わが「君」（神格）、その神罰（盟殛）をくだし、（わが）一族を滅亡させよ。

盟誓参加者が、個々に同じ内容の盟書を作り、それが埋められていた。一点一点を比較検

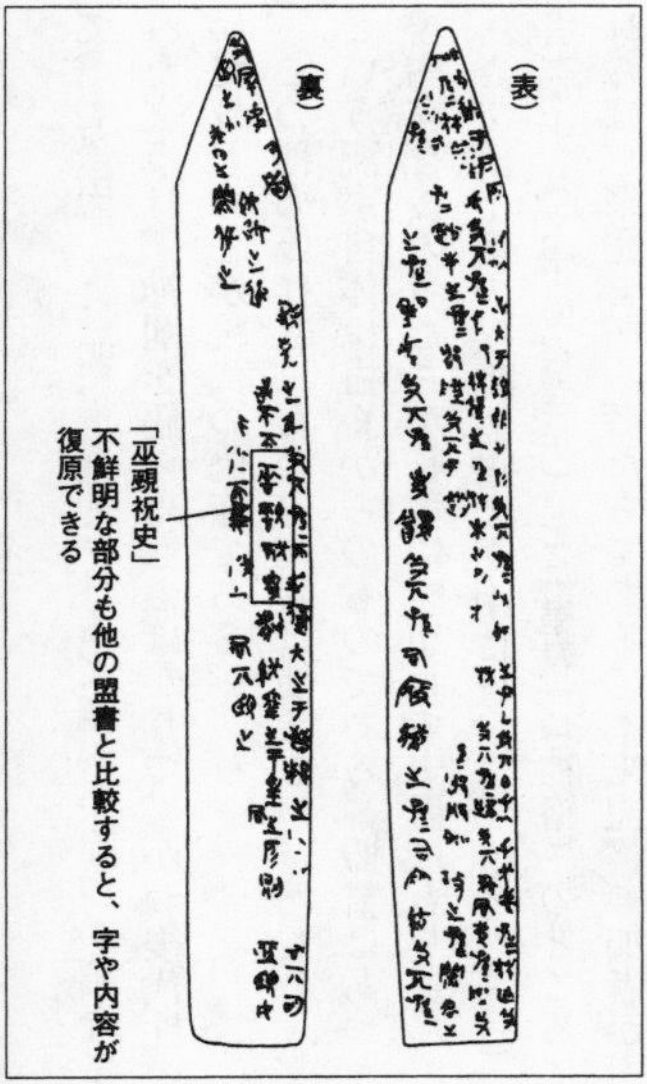
（表）
（裏）
「巫覡祝史」
不鮮明な部分も他の盟書と比較すると、字や内容が復原できる

**侯馬盟書の一例**　盟書は、春秋時代に広域的漢字圏が出現した結果として作られるようになった。それまでは、当事者の一方もしくは双方が漢字を知らないので、盟誓という祭祀をしても盟書は作られなかった。一部の西周青銅器銘文に、盟誓をした内容はあるが、周の祭祀官が残した記事なので、当事者どうしが神格の前で確認したことの記述が欠けている。また、銘文中に対外的宣言もあり、その部分は盟書と形式が似ているが、一方的宣言にすぎず、これにも神格の前での確認のことの記述がない。図の侯馬盟書は、前5世紀初め、晋国の有力者趙氏の下で作られた。何百という参加者が数次にわたり盟書を作ったことがわかる。盟誓は儀礼の一つであり、女ミコ（巫）・男ミコ（覡）・祝詞をあげる者（祝）・文字書き（史）が関わる。各地からの参加者はそれぞれの地元の巫・覡・祝・史を連れてきて、儀式に参加させていることがわかった。有力者が複数の都市をまとめる意味をもっていた盟書づくりは、やがて文書行政が始まって廃れていった

討すると、盟誓参加者が自筆したものではなく、駆りあつめられた文字書きが書いていることがわかる。しかも、その文字書きたちは、同じ手本を目にしながら、内容を頭に入れて書いたようで、それぞれの文字書きの表現が微妙に違っている。文字書きたちの教育環境が関わるはずで、この場合、各地から駆りあつめられた文字書きそれぞれの受けた教育が、表現の違いに現れているようだ。

　この盟書で神罰が問題になっていることを、再確認しておこう。

## 盟書から法令へ

　西周時代の対外宣言文とこの侯馬盟書の間の時期のものとし

て、『左伝』には盟書と称される文章がいくつか紹介されている。しかし、それらに紹介された文章は、神罰を語らぬものばかりで、かつ後代性の強い表現が目立つ。一部の例外を除いてほとんどが後代の偽作である。

この種の偽作された盟書内容は使えない。ただし、文章構造から判断して、盟誓を行ったという記事自体は古くからのものである。盟誓はあった。そして、盟書は作られた。その盟書内容を後の者たちが勝手に構想して史書にもりこんだのである。

さて、上記の侯馬盟書の文中には、「巫（女のミコ）・覡（男のミコ）・祝（祝詞をあげる者）・史（文字の書き手）を『皇君』（神格）のところに差し出す」ことが記されている。これらは、祭祀を司る者たちである。本来盟誓参加者が所属した国の祭祀の場で、祭祀を行っていた。そのうちの「史」が上において話題にした文字書きである。そうした者たちが各国にいるから、盟誓を行った後、盟書を作って持ち帰り、祭祀の場で内容が確認できる。

そうした祭祀官が、ここで趙氏の下に集められている。これは、地方の祭祀の場を趙氏の下で再編しようとする動きである。この動きが軌道に乗ると、中央と地方の文書のやりとりが始まる。これが文書行政である。だから、文書行政が始まると、中央と地方、つまりかつての国と国を結びつける意味の盟誓は消滅する。かわって出現するのが法令（律令）である。法令が、文書行政を進める上での様々なトラブルを解決する。地方の祭祀の場は、派遣された官僚があらためて支配することになる。

中央と地方、かつての国と国とを結びつける盟誓の消滅は、中央（それまでであれば大国たる都市）と地方（それまでであれば小国の都市）の関係の変化を具体的に示すものである。そして、漢字が行政の道具として広く展開し始めることを意味するものである。

## 孔子の時代

### さまざまな孔子像

侯馬盟書はいくつかの類・種に分けることができることを述べたが、そのいくつかの類・種にまたがって出現する人名がある。それらは同一人と考えられる。ところが、個々の盟書の表現などを見ると、同一人の盟書にもかかわらず相互に表現が異なっていることが確認できる。筆跡はそもそも全体的によく似ているのだが、やはり差異がみとめられる。それもそのはずで、盟書の筆写に関わったのは、すでに言及した「史」である。この「史」は他の祭祀官といっしょに集められて盟誓つまり一種の祭祀に加わり、書き手として働いた。すでに述べたように、盟誓参加者たる兵士が盟書を書いたのではない。

つまり、文字の書き手は盟誓参加者とは別だということであり、盟誓参加者は必ずしも文字知識がなくてもいいということである。この頃は、まだ、そんな時代であった。

そんな時代に生きた人物、それが孔子である。

春秋時代といえば、まず孔子、というほど、この人物とこの時代は切っても切れない関係にある。また、この人物ほど、歴代の尊崇を集めた思想家もいない。

尊崇を集めたがゆえの理想化もかなりある。われわれが目にすることが多い孔子像は、宋《そう》明理学《みんりがく》（朱子学・陽明学など）とまとめられる学問体系の中で語られたものである。士大夫《したいふ》の理想としての孔子像である。

これとは別に、後漢から唐にかけての注釈を通してうかがえる聖人としての孔子像がある。

そして、意外に知られていないのが、後漢時代にさかんに作られた「緯書」の孔子像である。たとえば『論語讖考《ろんごせんこう》』には、黒龍の精に感応して仲尼（孔子）が生まれたことを述べている。この種の文脈で孔子を特異化しようとする動きは、彼の風貌を怪異にした。『孝経鉤命決《こうけいこうめいけつ》』は、孔子の口は海のようであり、背は亀のようであり、掌《てのひら》は虎のようである、などと言っている。我々が想像する孔子像とはおおよそ異質である。

この種の特異化がなされる以前、天下の教えとなった儒教の開祖としての前漢代の孔子像がある。そして、さらに遡って戦国時代には、戦国時代各様に論じた地方性豊かな孔子像がある。

孔子は弟子をたくさん育てた。その弟子たちもさらに弟子を育てた。そうして増えていった孔子の後継者たちが、戦国時代には、各国で活躍するようになる。その過程で次第に形を整えるのが原始儒教である。

その儒教は、われわれが知る儒教とは異なっている。

## 流浪の孔子

よく知られたことだが、孔子は晩年に各国を遍歴した。

『史記』孔子世家《せいか》に紹介されたその遍歴を、以下に紹介しておこう。というのは、この遍歴を通して、世に知られた孔子像とはとても異なる孔子像が前漢代にあったことを確認し、かつ、それが、戦国時代の一つの地域の孔子像を継承していることを確かめておこうと考えるからである。

まず赴いたのは衛《えい》である。弟子の子路《しろ》の妻の兄、顔濁鄒《がんだくすう》の家におちつく。衛の霊公は、孔子が魯でもらっていたのと同じ粟六万を孔子に与えた。しばらくして孔子を讒《そし》る者が現れた。身の危険を感じた孔子は、この地を後にする。滞在期間は一〇ヵ月であった。

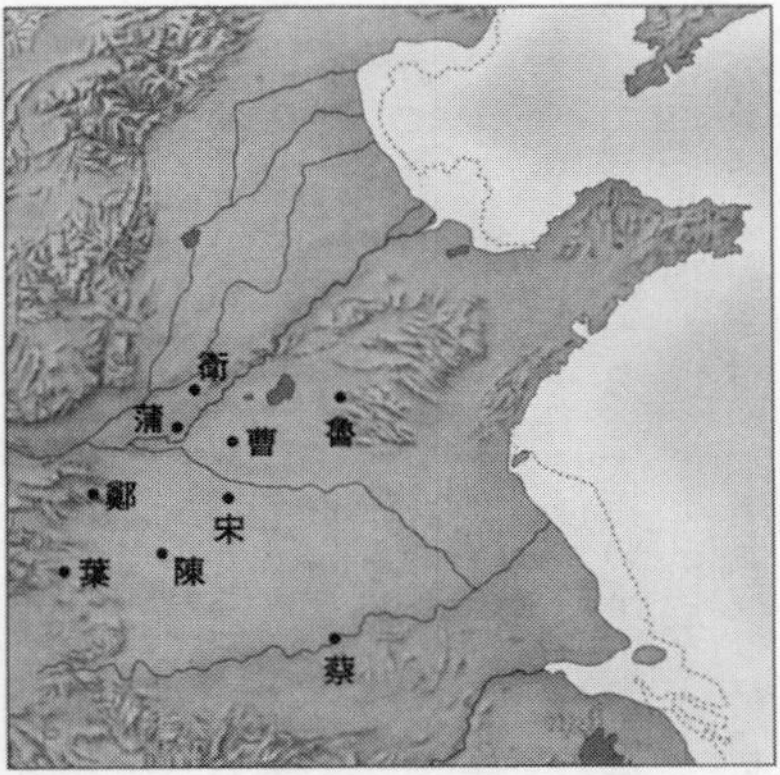


孔子が魯を去って遍歴した国々　衛は西周初期の位置より東に遷っている。蔡も孔子がくる直前に呉を頼って図の位置に遷ってきた。とはいえ、宋・陳・鄭・衛は、『左伝』が四国としてまとめ、殷の故地を問題にする国々である。蔡は西周の始め、図の蔡とは場所がずれたところに、殷の民を支配する拠点として封建された国である。孔子は、殷の故地とその故地にゆかりのある国々を遍歴したことになる

つぎに向かった先は陳《ちん》である。向かう途中で匡《きょう》の地に立ち寄った。そこでは顔刻《がんこく》が僕となった。孔子の発言がもとで、匡人《きょうひと》は孔子を陽貨《ようか》（魯で反乱を起こした人物）だと誤解した。風貌が陽貨に似ていたことも誤解を助長した。五日間取り囲まれた。従者の中で衛の寧武子《ねいぶし》の臣下であった者を衛に遣わしてとりなしてもらい、立ち去ることができた。

蒲《ほ》の地に立ち寄り、一ヵ月余りで、衛にもどった。蘧伯玉《きょはくぎょく》の家に逗留した。その時衛の霊公夫人の南子《なんし》に会った。

衛にもどって一月あまりたったころ、霊公は夫人と同車してでかけた。宦官雍渠《かんがんようきょ》が参乗し、孔子も次乗した。「私は徳を好む者で色を好むような者には会ったことがない」といって不快感を抱いた。衛を去り、曹《そう》に立ち寄った。そして宋に向かった。

宋では、弟子たちと大樹の下で礼を習った。宋の司馬桓魋《かんたい》は孔子を殺そうとしてその樹を抜いた。孔子は去った。

弟子は早くなさった方がよろしい、と言ったが、孔子は、天がわれに徳を生ぜしめているから大丈夫だと答える。孔子は鄭《てい》に行った。

弟子たちとはぐれて、一人郭東門に立っていた時、鄭の某人が弟子の子貢《しこう》に言った。「東門に人が立っている。額は堯《ぎょう》のようであり、首筋は皐陶《こうよう》のようであり、その肩は賢人子産《しさん》のようである。しかしながら、腰から下は禹《う》に三寸およばない。志を得ない様は飼い主を失った犬のようである」。子貢がこのことを孔子に告げると、孔子は笑って言う。「似ているかどうかはわからぬが、飼い主を失った犬とは、その通りだ」。孔子はついに陳に至った。

司城貞子《しじょうていし》の家に逗留した。……

ときにハヤブサが陳に集まってきて死んだ。見ると、石の鏃《やじり》がついた楛矢《こし》で射抜かれていた。陳の湣公《びんこう》が使いをつかわしてことの次第を孔子に質問した。孔子は答えた。「ハヤブサは遠きを飛んでくる。これは粛慎《しゅくしん》の（粛慎と称される人々が使っている）矢である。昔武王が殷（商）に勝ったとき、道を九夷百蛮にまで通じた。おのおのその貢ぎ物をもって来たり、職を忘れないようにした。そのおり、粛慎は楛矢と石の鏃をもってきた。矢の長さは一尺八寸であった（九寸の二倍。九寸は尺度の基準であり、天を意味する。戦国時代に始まる説明である）。先王武王はその令名なる徳を明らかにしようとして、粛慎の矢を娘に分け与えた。これを舜《しゅん》の子孫の胡公《ここう》にめあわせ、陳に封建した。同姓の諸侯にはめずらしい玉を分け与えて親を示し、異姓の諸侯には遠方の職を与えて服の秩序（中華と夷狄の別）を忘れさせないようにした。それゆえ、陳には粛慎の矢を与えたのである」。そこで探してみると、果たして昔与えられた粛慎の矢が出てきた。

孔子は陳に三年滞在した。……孔子は陳を去った。孔子はついに衛に向かった。

孔子は陳を去って蒲に立ち寄った。……孔子はついに衛に向かった。

衛の霊公は孔子がやってきたと聞くと、喜んで郊に迎えた。……霊公は老いて政務をおろそかにし、孔子を用いなかった。……用いられない孔子は、西のかた趙簡子に会おうと思った。……孔子は趙簡子に会いにいくのをやめて陬郷《すうきょう》でやすんだ。そして衛に帰った。

他日、霊公が兵陣に関してたずねた。孔子が言う、「俎豆《そとう》のことは知っております（子供のころより親しんだ貧しい生活道具は知っております）が、軍事のことはわかりません」。

翌日も、霊公は孔子と語り合ったが、飛ぶ雁を仰ぎ見るだけで孔子には注意を向けない。孔子は去って陳に行った。

……孔子は陳から蔡《さい》にむかった。……孔子は蔡から葉《しょう》に向かった。……葉を去り、蔡に帰った。長沮《ちょうそ》と桀溺《けつでき》が二人一組で耕作していた。孔子は隠者だと思い、子路に渡し場をたずねさせた。長沮がたずねる、「あの方はどなたか」。子路が答える、「孔丘《こうきゅう》です」。たずねる、「魯の孔丘か」。答える、「そのとおり」。たずねる、「ならば渡し場ぐらい知っているだろう」。桀溺が子路にたずねる、「あなたはどなたか」。答える「仲由《ちゅうゆう》です」。言う、「あなたは孔子の弟子か」。「そのとおり」。桀溺が言う、「悠々たるのが天下である。これを変えられるものなどいない。それに人を避けてえりごのみする人物よりは、世をさける人物に仕えたいものだ」。たねまき仕事をやめなかった。子路は孔子にこのことを告げた。孔子は憮然として言った。「鳥獣はいっしょに群れることができない。天下に道があっても、私はいっしょに変えようとは思わない」。

……孔子は蔡に三年いた。……孔子はそこで子貢を楚《そ》につかわした。楚の昭王《しょうおう》は、軍をくりだして孔子をむかえんと申し出、ゆるされた。昭王は書社の地七〇〇里をもって孔子を封《ほう》じようとした。……「……そもそも周の文王は豊にあり、武王は鎬にあり、ともに一〇〇里の君をもって天下に王となった。いま孔丘が土地を得て、賢なる弟子が補佐すれば、楚の福とはなりません」。昭王は孔子を封《ほう》じるのをやめた。その秋、昭王は城父において死去した。

……孔子は楚から衛に帰った。……たまたま季康子が公華・公賓《こうひん》・公林を追放し、幣をもって孔子を迎えたので、孔子は魯に帰った。

## 孔子評価と殷の故地

孔子評価は、戦国時代の国家ごとに異なった。ある国家は高く評価し、別の国家は低く評価した。そうした評価を集めてまとめたのが『史記』孔子世家である。だから、孔子世家の中には、高い評価と低い評価が混在している。

鄭では「額は堯のようであり、首筋は皋陶《こうよう》のようであり、その肩は賢人子産のようである。しかしながら、腰から下は禹に三寸およばない。志を得ない様は飼い主を失った犬のようである」との評価を受けた。これもすでに紹介したように、禹は天下を経巡っている。その範囲に比べると孔子が行き来した範囲はごく限られている。だから「腰から下は禹に三寸およばない」と言われているのである。これは、孔子にとっていい話とはなっていない。話は前後するが、孔子が最初に逗留したのは衛である。そこで仕えることができた。身の危険を感じて去ることになるが、魯にいたときと同じ俸禄を得ている。宋では修行をすることができた。邪魔されて去ることになるが、修行はできた。そして鄭では褒められたり貶《けな》されたりの評価があった。陳では粛慎の矢の存在を言い当てた。衛から晋の趙簡子の許に向かおうとしてやめた。楚に向かうが仕官できなかった。

陳から蔡にいき、長沮と桀溺に馬鹿にされた。長沮と桀溺の二人を鳥獣扱いしているが、その鳥獣に馬鹿にされたというありがたくない話になっている。

ただ、楚の昭王のところに足を運んだ話題は、孔子らしさがただよっている。楚の昭王は孔子が王となっても不思議ではないという内容を問題にして封地を与えなかったということになっている。この話が挿入されているから、先に述べた話、つまり単独で話題にされたらありがたくない話も、その話をした方が悪いという文脈で解釈できるようになっている。
孔子が各地を遍歴する中で、移動の要となっているのは、衛と陳である。他に移動するのに、これらを起点としてもどってくる。宋と鄭も話題になっている。すでに一一二頁で述べたところだが、これらは『左伝』にあって大火の分野に配された国々であり、韓《かん》が中原《ちゅうげん》から殷の故地を領有することを主張するため、話題にした国々である。

これらの国々の領有は、他の国家も考えていた。

そこに孔子をからませようというのが、最初に作り出された話であろう。孔子を高く評価する国家、たとえば斉においてである。孔子の一族、つまり孔氏は宋の君主から出た。殷の末裔である。斉は、孔子に田氏を高く評価させる「形」を作り出している。その孔子が、遍歴したところが、問題の地であり、殷の故地である。

この話ができあがると、他の国家はおもしろくない。殷の故地の領有を正当化する話題を、見逃すはずはない。そこで、孔子をくさす話題を盛り込む。そうして作り出された説話が、上記の『史記』孔子世家に掲載されたのである。

実のところ、『史記』が作り出した「形」そのものは孔子に好意的である。孔子の事績をまとめるのに、個人の歴史をまとめた「列伝」ではなく、格上げして諸侯格とし、「世家」扱いにした（「孔子世家」）。後代になると、孔子が称王したという説まで飛び出す、その元を作り出している。上記の昭王にまつわる話題は、孔子を褒めたたえる内容をもって、その「形」を「形」たらしめる役割を果たしている。しかし、その文中には、あきらかに、孔子を誹謗する内容がなお残されている。

## 孔子と『公羊伝』

すでに言及したように、『史記』が用いた材料の多くは戦国時代に作られている。それら材料を取捨選択し、適宜加筆して『史記』の文章はできあがっている。

その『史記』孔子世家にも採用された話題の中に、「獲麟《かくりん》」、つまり麟を獲たという話がある。「麟」とはいま言う麒麟《きりん》のことである。麒麟はもとより伝説の獣である。この麒麟を獲たという「獲麟」が、特別のこととして説明されている。孔子世家に「獲麟」の記事が採用されているのは、この話題が、孔子に関わるという判断があってのことである。

ところが、「獲麟」に誰が関わるのかは、意見が一つというわけではなかった。『史記』の判断は、漢代中期の判断である。この判断がなされる以前から、「獲麟」が誰に関わるかは議論されていた。戦国時代の国家ごとに「獲麟」をどう判断し説明するかは異なっていた。「獲麟」の話題を最初にまとめたのは、戦国時代の『公羊伝《くようでん》』（『春秋公羊伝』）である。『公羊伝』は『春秋』に掲載された記事について、説明を進める書物だが、『春秋』最後の年が哀公一四年（前四八一）であり、その年の記事は一つだけ記されていて、それが「獲麟」になっている。つまり、『春秋』のしめくくりの記事が「獲麟」、麒麟を獲たという特別の記事なのである。

『公羊伝』は『春秋』とセットになって斉で作られた。斉国の君主は、西周時代の太公望呂《たいこうぼうりょ》尚《しょう》から始まる。その斉の君主の下で、次第に力をつけたのが陳国からやってきた田氏であった。田氏は、前三八八年、宗主の田和《でんか》（田太公）がそれまでの君主に替わって諸侯となった。周を頂点とする諸侯連合の中で諸侯としての地位を認められたのである。ついで前三三八年に王となった。そのころ作られたから、その最後をかざる『春秋』である。『春秋』は斉で作られたから、その最後をかざる「獲麟」の記事には、斉の朝廷の意志が集約されている。『春秋』の最後は上述したように前四八一年の記事で、その田氏が斉において権力を掌握した年の事件である。斉の論理としては、この権力掌握を歴史的に高く評価したいわけである。その論理の中で、孔子が特別な役割を演じている。それを以下に確認してみることにしよう。

（魯の哀公）一四年（前四八一）の春、西のかた狩りをして麟を得た。どうしてこの記事を記すのか。「異」だからである。どうして「異」なのか。中国の獣ではないからである。であるなら、だれがこれを狩りしたのか。薪をとる者である。薪をとる者だとすれば、「微」なる者を問題にするのに、どうして狩りをしたと表現するのか。これを「大」にする（尊ぶ）からである。どうして「大」にするのか。麟を得たことを「大」にするからである。どうして麟を得たことを「大」にするのか。麟なるものは仁獣であり、王者が出現すれば至り、出現しなければ至らないからである。

麕《きん》が出現した、角がはえている、と報告する者があった。（麟ではなく、麕が得られたことについて）孔子はおっしゃった。「どうして来たのか、どうして来たのか」と。そして袂《たもと》で顔をぬぐい、涙が襟《えり》をうるおした。やがて顔淵が死去すると、先生は嗚咽しておっしゃった。「天は我を失った」と。また子路が死去すると嗚咽しておっしゃった。「天は我を断った」と。

西のかた狩りをして麟を得た際、孔子はおっしゃった。「わが道はきわまった」と。『春秋』はどうして「隠」（隠公）から始まるのか。わが祖の聞き及ぶところ、所見の異辞、聞くところの異辞、伝えられた異辞がそこから見られるからである。どうして「哀」（哀公）の一四年で終わるのか。それらがこの年までで備わるからである。

「君子」はどうして『春秋』を作ったのか（作らせたのか）。乱世をおさめてこれを正常にもどそうとするのに、『春秋』ほどその理想に近いものがなかったからである。理想を為す方法は、まだわからなかった。諸「君子」が堯舜の道を楽しむというよりは、堯舜が「君子」を知るのだという事実の方を楽しむために、『春秋』の義を制して後聖の出現をまつことにしたのである。「君子」が『春秋』をお作りになったので、「君子」の道を知ることが楽しめるようになったのである。

『公羊伝』は、『春秋』（簡単な記事を配列し、爵位などを整理したにすぎない）の筆法と称して歴史的事件に関する説明を進めつつ固有の論理を展開する。その中で『春秋』には「賢人のために隠す」という論理があることを述べている。この論理は、『春秋』の中の複数の記事について、目立つように記されている。

『公羊伝』は、そうした記事について、絶国を継がせることが、賢人が賢人たる条件であることを述べている。その条件によって規定される賢人が何らかの事件に関わった場合、その賢人のために「隠す」ので、省略や言い換えがなされた記事ができあがる。「獲麟」というあまりにも簡略な記事は、容易にその種の省略があることを予想させる。その記事が『春秋』最後の記事だということであれば、なおさらのことである。

ここでは「獲麟」つまり「麟を獲た」ことは書いてあるが、誰が獲たのかは省略されている。

この「獲麟」が記された年には、斉の田常《でんじょう》が君主である簡公を弑殺し（弑は目下の者が目上の者を殺害すること）、新しい君主を立てるという事件があった。

この事件については、次のように説明できる。

『公羊伝』には、「賢人のために隠す」ことと同様、くりかえし強調されている論理がある。大夫が諸侯を弑し、諸侯が大夫を殺すのは日常のことであるという事実の提示が顕著で、弑殺にそれなりの理由があれば、それは正しいことだという判断がくりかえし提示されている。また、宗主（一族の代表）たる者は、一族を代表して一族の罪をかぶるという論理があり、一族の者が殺人をおかした場合、記事としては宗主が殺したように記されるものだと述べている。

前四八一年に斉の田常が君主簡公を弑していることは、『公羊伝』とは別の書物に記述されている。『公羊伝』では隠されているのである。書かれないのは「賢人のために隠した」ためであり、仮に書かれたとしても、上記の事情がからまっている、ということになる。田常は宗主であり、かつ直接手をくだしたわけでもなく、君主は無道であった、ということである。名が隠された田常は賢人である。

田常は賢人であるから、無道という理由があって君主を弑殺した後、斉がいわば絶国の状態になったのをすみやかに復国の状態にするため、新しい君主を即位させる。「獲麟」は、主語が省略されている。その省略された「誰が」は「田常が」ということになる。

この隠された賢人「田常」に関わる事件である「獲麟」について、『公羊伝』は上記のように長い説明を付した。

その説明を漫然と読んでいると、孔子が登場する意味がわからなくなる。「獲麟」の結果、孔子は「わが道はきわまった」という。それだけのこととなってしまう。しかし、「獲麟」は「田常」が主語である。そのことについて孔子は「わが道はきわまった」と述べるのだから、田常と孔子の間は尋常のものではない。

「獲麟」についての『公羊伝』の説明には、孔子と書き分けられる「君子」が登場する。「君子」が『春秋』を作り、『春秋』が「義を制して後聖の出現をまつ」ものであることが記される。

書物を「作」する場合、編纂を命令する者を言う場合と（某王や某皇帝が作った）、執筆者や編者を言う場合がある（司馬遷《しばせん》や班固《はんこ》が作った）。「君子」と孔子の関係もこの点に求められるだろう。「君子」は編纂を命じた者であり、孔子は執筆者・編者だと説明されたのである（あくまで『公羊伝』の説明ではこうだ、ということではあるが）。

このように考えて、はじめて上記の「田常」と孔子の尋常ならざる関係が、具体的に理解できる。

『孟子《もうし》』は、『公羊伝』の編纂にやや遅れて活躍した孟子の言行録とされる。その『孟子』

の中に、孔子が『春秋』を作ったことが明言されている（あくまで『孟子』の説明ではこうだということだが）。人口に膾炙《かいしゃ》された有名な「事実」である。『孟子』によれば、孔子は『春秋』の「執筆者・編者」である。孟子は斉の人であり、『公羊伝』は斉で作られた。そのため、孟子に『春秋』を作ったという孔子と、『公羊伝』に『春秋』を作ったという君子は、同じように見える。しかし、実際は、『公羊伝』の中の説明には、君子たる「田常」と賢人たる孔子の尋常ならざる関係（くどいようだが、そう説明されたということである）が示されているのであって、『公羊伝』にいう君子が孔子なのではない。

すでに述べたように、『春秋』も『公羊伝』も前三三八年の斉の称王のころに作られた。そのため、この年に斉において始まった踰年称元法《ゆねんしょうげんほう》（前君主死去の翌年元旦から新君主の元年が始まる）で、『春秋』はすべての記事が配列されている。魯の年代記の体裁をもっているが、魯の年代を用いたものではない。魯は前二五七年に楚によって滅ぼされるまで、一貫して立年《りつねん》称元法（前君主が死去すると即位した新君主がすみやかに元年を始める）を用いていたことがわかっている。だから踰年称元法による『春秋』の年代は魯の君主の在位年そのものではない。『春秋』は、「君子」の命により、孔子が作ったとされた架空の、しかし特別の年代記である。

「獲麟」は「王者が出現すれば至り、出現しなければ至らない」という。王者は出現したのだろうか。『春秋』を作り、『春秋』の義を制して後聖の出現をまつことにしたと言っているから、より正確には、「出現せんとすれば至る」と訓読すべきだろう。予言である。

戦国時代に作られた史書は、ゆくゆくは（戦国時代には）王者が出現することを、歴史的事実の提示を通して予言する「形」を作り出している。

前三三八年に斉の威宣王《いせん》が踰年称元法をはじめ、王を称した。ここに実際に王者が出現する。

### 『左伝』の「獲麟」

こうした「君子」田常と賢人孔子との歴史的関わりは、斉の朝廷においていわば勝手に作られたものだが、勝手なだけに他の国家には迷惑千万な話題である。他の国家が歴史的にほめたたえたいのは、それぞれの国家君主とその祖先であり、斉の田氏などどうでもいい存在である。

迷惑だから、ということで、おりに触れてくさす「形」を作り出す。

『左伝』は、戦国時代の韓の朝廷で作られた。韓が王を称するに当たって必要とされた正統性の説明書である。韓で作られたものだから、他国の正統に対してはきびしい評価が下される。

『左伝』は、賢人のために隠すという『公羊伝』の論理が示されたところをこまめに点検し、そのつど、事実は違っていると説明しなおした。『公羊伝』の言うことは間違いだということである。史書の根拠は「事実」にあるわけで、その「事実」が間違いだということは、その史書が偽物だということを意味する。

きわめつけは、『公羊伝』が哀公一四年「獲麟」について示した「事実」である。『左伝』は、この「事実」が違っていることを示すために、別の「事実」を提示する。

『左伝』は、「獲麟」について、こう記した。

一四年、春、西のかた大野に狩した。叔孫氏《しゆくそん》の車に同乗していた子鉏商《ししよしよう》が、麟を獲た。しかし、不祥のことだと考えたので、虞人（官名）に与えた。仲尼（孔子）は、これを見つけるや、麟だ、といって持ち帰った。

『公羊伝』にながながと説明された「獲麟」は、実にそっけないものとなった。しかも、孔子を「仲尼」と呼び捨てにし、「麟を獲たこと」が「不祥のこと」だと述べる。そして、それを（『公羊伝』がほのめかした田常でなく）「仲尼（孔子）が持ち帰った」という。『公羊伝』が仁獣だという麟は、ここでは獲ることが不祥だとされた。

『公羊伝』がほのめかしていた田常の称揚は、きれいに吹き飛んでいる。そして、田常が実際に簡公を弑したことが、「獲麟」の記事の後に詳細に説明される。すでに述べたように、『公羊伝』では、宗主たる者は、一族を代表して一族の罪をかぶるという論理があり、一族の者が殺人をおかした場合、記事としては宗主が殺したように記されるものだと述べている。ところが、実際に殺しているという事実を提示すれば、一族の者が殺人をおかしたのではない、宗主本人が殺したのだ、ということになる。

すでに述べたように、『公羊伝』では、「獲麟」にからめて、「君子」が『春秋』を作ったと述べている。これは編纂を命じたことをいう。『孟子』には、孔子が『春秋』を編纂したと述べている。これは執筆のことを言う。こうした斉の「形」をくさすには、例えば『春秋』と孔子の関わりを否定したり、「君子」は田氏とは何の関わりもないことを示したりすればよい。

『左伝』では『春秋』経文を、二年分余計に増補した。『公羊伝』に付された『春秋』は哀公一四年の「獲麟」で終わっていたのだが、『左伝』に付された『春秋』は、二年分増補されて、哀公一六年まで続くものとなった。しかも、その哀公一六年の記事には、「孔子が死去した」という記事まで付け足された。死去した人間に、『春秋』は作れないということで、孔子が『春秋』を作ったことを否定しているのである。

さらに、『左伝』では、あちこちに「君子いわく」という文章をちりばめた。こうすると、『左伝』を編纂したのは「君子」だという「形」ができる。『公羊伝』が編纂者を孔子だと明言した「形」をこの「君子」で否定する。「君子」は編纂を命じた者ではなく、編纂者の方だというわけである。

その「君子」の筆法により、『公羊伝』が賢人たる君子として高い評価を与えた田氏の宗主田成子は、正反対の立場たる批判の対象となった。『公羊伝』では「田成子は賢人だからかくした」ことになっていた記事について、『左伝』は『春秋』の記事をあらためて増補し、哀公一四年に「斉人が簡公を弑した」と明言した。かくすどころではない。そもそも『公羊伝』の論理では、「人が弑した」と記す場合は、その「人」は賤なる者だということになっている。『左伝』編者はこれを逆手《さかて》にとって、増補した『春秋』経文において、わざわざ「斉人《せいひと》が（殺した）」と記した。そして、その斉人が田常（陳恒《ちんこう》）であることを、『左伝』本文で説明した。

『左伝』の中では、「君子」が編者である。その「君子」が批判する対象が田成子だということになると、その田成子が「君子」であるはずはない。

こういう『公羊伝』と『左伝』の関係を知らぬまま、両者をひとしく『春秋』の伝だとしてごちゃまぜにして論じると、両者のつばぜり合いは見にくくなってしまう。

ちなみに、『左伝』は『春秋左氏伝《さしでん》』の略称である。そして、その『春秋左氏伝』も、そもそもの書名ではない。本来の書名はわからない。『史記』では『左氏春秋』という書名が記されている。後に『左氏春秋』は『春秋』の伝だとされるようになり、『春秋左氏伝』、略して『左伝』と言われるようになった。

歴代「左氏」とは左丘明《さきゆうめい》なる人物だとされている。『論語』公冶長に「左丘明が恥じるし、私（孔子）も恥じる」とあることからして、左丘明は孔子に先んじた賢人のようである。この人物に仮託し、『春秋』より価値があることを示したようだ。『左伝』の文章は、最終的には、前四五一年までを記しているので、孔子に先んじたとされる左丘明一人ということではなく、左丘明とその一族、つまり「左氏」ということのようだ（『左伝』が孔子の死後しばらくの期間記事を記すため、左丘明がすなわち「左氏」だとして、孔子より後の人物だとする説もできた）。あくまで仮託の話ではあるが。

『左伝』の文章には、「会話」部分をはじめ新しい文体や内容によって書かれる部分が多々ある。その「会話」部分には木星紀年を使用した箇所がある。その木星紀年は木星の運行を利用するため、前三五三―前二七一年の天象を反映することがわかる。この年代に『左伝』は書かれたということである。『春秋』が孔子に関わらぬように、『左伝』も左丘明には関わらない。あくまで左丘明に仮託されたということである。

『左伝』の年代をよりつめる材料は『穀梁伝《こくりょうでん》』から得られる。『穀梁伝』には、『左伝』の議論を前提に、それをくさす「形」が作られている（二三六頁のコラム参照）。『穀梁伝』も『公羊伝』や『左伝』と同様独特の「形」があり、例えば「中国」として批判されないのが鮮虞《せんぐ》だけであったりする。通常は「中国」は特別地域であって、鮮虞はそれにあずからぬ野蛮人だと考えられているから、とても特異な論理である。『穀梁伝』は鮮虞の後裔である中《ちゅ》山《うざん》王の朝廷で作られた。その中山は前二九六年に滅ぼされている。だから、その前二九六年までに『穀梁伝』は作られており、『左伝』はそれより早くに作られている。

## 『左伝』の中の孔子

すでに述べたように、『左伝』哀公一四年には、斉の田常が簡公を弑した事件が取り上げられている。その際には、孔子への言及もある。

甲午の日、斉の陳恒（田常）はその君壬を舒《じょ》州において弑した。孔某は、三日斉戒《さいかい》してから、斉を伐とうと三度にわたり公（魯の君）に要請した。公は言った。「魯は斉のために弱体化されて久しい。あなたは斉を伐とうと言うが、どうしたらよかろうか」。答えて言う。「陳恒（田常）はその君を弑した。民のうち、これにくみしない者は半数もおります。ですから、魯の衆に斉の衆の半ばを加えれば、勝利をおさめることができます」。公は言った。「季《き》氏と相談してくれ」。孔子はそれを辞退して、人に告げて言った。「私は大夫の末席につらなっているので、敢えて発言せざるをえなかったのだ」。

ここでは、孔子は斉の田氏を伐とうと言っている。孔子は魯のために発言しているのであって、斉の田氏など眼中にはなかったという含みがある。『公羊伝』の示した「形」をここでも否定している。

『左伝』は最後の部分で、前四五一年に韓氏・魏氏・趙氏が知氏（智氏）を滅ぼした話をもちだした。この話の内容では、魏氏と趙氏をくさしている。そして、その話の直前に別の話題がある。そこでくさされているのが、斉の田氏である。

『左伝』における孔子は、その発言が掲載されるという意味で賢人の扱いを受けている。しかし、その発言内容をつぶさに見ていくと、孔子の発言が別の人物の発言によって、おりにふれて否定されていることがわかる。『左伝』では「君子」は「遠き慮《おもんぱか》りがある者」だとされている。「遠き慮りがある」のであれば、予言内容は的中しなければならない。ところが、孔子の予言は事実として当たらない、別の人物の予言は事実として当たったということになっている。だから、孔子は『左伝』にいう「君子」には当たらない。

『左伝』には、「夫子《ふうし》」「吾子《ごし》」という言葉も頻繁に用いられている。これらは、一般的用法としては「君子」と同様ひとかどの人物を指して言うようだ。ところが、『左伝』では、多くの「事実」の積み重ねによって「夫子」がどういう人物かがわかるようになっている。それが『左伝』の一つの「形」である。その「事実」の積み重ねによれば、「夫子」やその縁者は滅亡する。つまり、「夫子」とは将来の滅亡がわからない者だということである。「遠き慮り」がないわけである。同様に、多くの「事実」の積み重ねによって、「吾子」がどういう人物かもわかるようになっている。その「事実」の積み重ねによれば、「吾子」やその縁者も滅亡する。「吾子」も将来の滅亡がわからない者だということである。「遠き慮り」がやはりないわけである。

孔子は「夫子」と呼ばれている。別の書物なら、「夫子」はひとかどの人物だということになる。しかし、『左伝』では、孔子には「遠き慮り」がないことを示す一つの「形」があり、その一つが、この「夫子」という表現なのである。

## 国家ごとに異なる孔子の評価

孔子にまつわるものとして示される「事実」は、国家が異なるとかくも異なってしまう。孔子は賢人を代表する人物だとする国家もあれば、未来がよめない者の代表だとする国家もあったのである。

この「事実」の相違をもって、先に言及した『史記』孔子世家のような記事を見直してみると、その材料の中に、孔子に対していい評価を抱いている国家だけでなく、いい評価を抱いていない国家でできあがったものも含まれていることがわかる。

『史記』孔子世家自体を全体から判断すると、その孔子評価は、けっして悪いものではない。これは、『史記』の編纂方針に関わる。『春秋』は歴史書として位置づけられる。歴史書という意味では、『史記』に先行するものである。先行するからある程度は評価する。しかし、『春秋』がこの上もなくすばらしい歴史書だったということになってしまうと、『史記』の位置づけは難しくなる。『史記』が至上の歴史書であるなら、『春秋』はそれよりも劣った歴史書でなければならない。劣った歴史書を書いた人物も、多少はくさしておく必要がある。

『史記』編纂者にとってみれば、孔子評価にばらつきがあるのは、むしろ幸いであった。そのまま採録すれば、所期の目的が達成できるからである。孔子には欠けるところがある、このことを「事実」が示してくれる。

『史記』が第一に位置づけているのは、武帝の命を受けて編纂の任に当たった司馬遷である。『史記』の中の司馬遷は、太史公として公の議論をはる存在となっている。

『史記』が先行歴史書にとった態度は、以後の歴史書でも同様に存在する。

例えば、後漢のときにできた『漢書《かんじょ》』では、公の議論をはる存在となったのは編者の班固であった。『漢書』にとって、『史記』は先行する史書にすぎない。だから『漢書』では、司馬遷は私人として司馬遷伝に記されている。有名な「司馬遷は発憤して『史記』を作った」というくだりは、『史記』ではなく『漢書』に記されている。このくだりは、私人の記事であって、公人の記事ではない。『史記』が述べる公人としての司馬遷像と、『漢書』が述べる私人としての司馬遷像はかなり違っている。

『公羊伝』に見える孔子は公人（作り出されたものだが）であり、『史記』に見える孔子は私人（作り出されたものだが）である。

『左伝』に見える孔子も私人（作り出されたものだが）である。

## 孔子が予言した王者は誰か

『史記』孔子世家は、最後の方でこう述べる。

太史公（司馬遷）は言った。……私は孔子の書を読んで、その人となりを想像してみた。魯に行き、仲尼の廟堂・車服・礼器を見ると、諸学者がおりにふれて礼を孔子の家で習っている。つつしんで止まり去ることができないと言う。天下の君王で賢人の域に達する者は多いが、生前は栄え、死去するとその威光はなくなる。孔子の布衣は十余世を伝えて、学者はこれを尊んでいる。天子から王侯にいたるまで、中国で六芸を言う者はみな夫子に範をとる。至聖というべきである。

こう評価しつつ、太史公自序では孔子の『春秋』（実際は戦国時代の斉で作られた）だけでなく、屈原《くつげん》の離騒《りそう》（『楚辞《そじ》』。戦国時代の楚で作られた）、呂不韋《りょふい》の『呂覧《りょらん》』（『呂氏春秋《りょししゅんじゅう》』。戦国時代の秦で作られた）などに言及する。『春秋』は材料の一つにすぎない。『史記』孔子世家は、その『春秋』について、孔子が作ったと明言した上で、さらにこう述べた。「後に王者が現れ、『春秋』を読んでその義を行うことになれば、天下の乱臣賊子は懼《おそ》れることになる」。

ここには、後に「王者」が出現して『春秋』の義を行うとある。同じ『史記』の十二諸侯年表の最初にも関連する記事がある。そこでは、太史公（司馬遷）が、『左氏春秋』・『鐸氏微』・『虞氏春秋』などに言及しつつ、「おのおの『春秋』の文を拾い取って書を著したが、『春秋』に勝るものは出なかった。漢の（高祖の世の）宰相《さいしょう》張蒼《ちょうそう》が、暦譜を作り五徳《ごとく》を述べた（『終始五徳伝』を著した）にとどまる。わが（武帝の世の）上大夫の董仲舒《とうちゅうじょ》は『春秋』の義を推して、みずからの著作（『春秋繁露《はんろ》』）を作った」と述べている。つまり、太史公の言によれば、『春秋』の義はいま、すなわち武帝の御代に議論されているわけである。「その義を行う者」とは武帝であることが示されているのである。

孔子が王者だと予言したのは武帝のことを言っていたのだと、漢の武帝のときには考えられていたわけである。それをほのめかしているのは、『春秋』ではなく、『史記』である。

そもそも、戦国時代の斉で議論された『春秋』の義では、王者とは戦国時代で最初に王を称した威宣王を言うものであった。それが『史記』では読み替えられて、漢の武帝を王者として予言したことになった。

ちなみに、同じやり方は、繰り返されることになり、前漢末の王莽《おうもう》のときには、予言される王者は王莽を指すことになっている。

そのたびに、孔子は賢人として利用されたわけである。

孔子については、諸書にその言行が記されている。しかし、整理してみると、随所で矛盾を生じるようになっている。孔子の利用の意図が異なっているからである。だから、利用の意図は書物ごとに復元しなければならない。それをせずに一緒くたにして論じると、矛盾はかすんで見にくくなる。

書いてある「事実」相互の矛盾を、矛盾と感じないのは、本文を読まないからである。読みながら、無意識に『史記』の体裁を念頭においたり、後世の注釈だけを読んだりするからである。

漢の武帝の朝廷における認識では、『春秋』は欠けるところはあるが、そこに示された「獲麟」の予言は当たっていた。武帝が至上の存在であることを明らかにする史書は『史記』であった。その『史記』の中で、「獲麟」は望ましい内容として語られた。『春秋』の中の「獲麟」も『史記』に沿う形で解釈されたわけである。

## 孔子の実像をさぐる

### 国家の思惑が作り出した様々な孔子像

話をもとにもどそう。孔子が生きていた時代は、侯馬盟書が作られた時代である。都市国家が社会の基礎をなしている時代であり、それを滅ぼして官僚を派遣する中央が育ちつつあった時代である。人々は必ずしも文字を知る必要がなく、文字は相変わらず祭祀の道具であり、祭祀官の間で機能しているにすぎなかった。

そんな時代の孔子像を求めるには、漢代の『史記』は後代すぎてそのままでは使えない。戦国時代の『公羊伝』や『左伝』でも後代性が強くてそのままでは使えない（聖人・賢人として理想化された孔子像やそれに反対する論理を研究するのであれば、話は別である。また、理想化された孔子像の上にステレオタイプを構想し、そのステレオタイプに安らぎを求める場合も、話は別である。安らぎを求めること自体はとてもいいことである）。『公羊伝』や『左伝』は、『史記』より孔子の時代に近いのだが、その『公羊伝』や『左伝』にあっても、戦国時代の斉・韓それぞれの自己主張が読み取れ、かつ孔子評価が異なっている。孔子の評価は国家ごとに違った。だから、そうした国家が作り出した書物をそのまま使ってはならないのである。

ところで、孔子の言行録とされてきたのが『論語』である。これも戦国時代に原形ができ、漢代になって今見られる体裁におちついた。

現行『論語』を論じる研究では、『論語』の中の篇を分類し、どれが古くてどれが新しいかの先後を論じている。この「先後」を検討することは、重厚な研究史をほこるのだが、「地域性」をも加味した検討、つまり、『論語』のもとがどこで作られ、各地において（学派ということでなく）どのように加工されたのかの検討が、これまでなされておらず、今後の課題となっている。従来なされてきた検討における「学派」の問題を出土史料に関連づけ、地域性を加味することが求められる。出土史料としては、現行『論語』の一部と同じであったり、類似したりする内容のものが、すでに発見されているが、今後も続々と発見されるだろう。それらの出土史料が、どの国家において、そしていかなる経緯をもって作られたのかが問題である。

一般的に言えば、書物を分析していくのに、言葉や表現や内容の違いを述べるだけでは、どの部分が先でどの部分が後であるかの決め手にはならない。地域差の問題が残るからである。

複数の正統の並立状況は、戦国時代のみにあったのではない。漢代になっても、南越（自称は越だろう）などの正統が現れ、漢と対峙している。

春秋中期以後鉄器の普及にともなって田地の形態が激変すると、それを基礎に都市が急激に増加し、人の移動が頻繁になった。その結果、それぞれの都市には多くの游侠《ゆうきょう》が出現した。その游侠の作る輿論の場は、領域国家の中で中央の統制を受けるようになった。そしてさらに、その統制の体制は秦や漢に一元化された。

孔子の教えは、魯という都市で始まり、賛同者を得て先ずは近隣に広まった。広まる過程で、孔子の弟子たちの展開した主張は都市の議論ではなくなっていく。そして、領域国家ごとの要請に沿って、それぞれの国家の論理を述べる上で利用された。国家ごとに国家ごとの要請があったから、作り出される内容も、国家ごとの差異が顕著になった。

## 游侠たちの輿論と儒教

都市の游侠の場における議論は、国家ごとの差異が顕著なまま統制を受け、そのまま統一国家の時代を迎えた。戦国時代の領域国家の規模においては、統制は容易であった。新石器時代以来の文化地域を母体にしているため、伝統の重みを利用できたからである。しかし、その文化地域を越えて、天下を統制するとなると、伝統の重みが逆に抵抗としてはねかえってくる。伝統的まとまりを越えてできあがった天下の統制は、なかなかに難しい。

後漢になると、游侠の儒教化が問題になる。游侠は都市や過去の領域国家の一部を活躍の舞台としていた。その輿論は、伝統的絆のつよい地域で形成された。その游侠が、儒教経典に関する議論を介して、天下の中央との関係を確認しはじめる。

游侠の問題を、歴史的に遡ってみると、春秋時代から戦国時代にかけて、まずは形成された各地の游侠社会の輿論は、それぞれに独自性が発揮された。戦国時代になって、孔子の教えは、主流になったところもあれば、主流にはならなかったところもあった。それを戦国時代の領域国家が統合しても、それぞれの游侠社会の輿論の独自性は残された。

戦国時代の領域国家は中央の下にそうした游侠社会を支配したが、それら複数の中央自体、孔子の教えを主に位置づけるところもあれば、位置づけないところもあった。

戦国時代の領域国家の中央がかかえていた独自性は、秦や漢の統一帝国に統合され、漢の武帝の時代には、統一帝国の輿論として儒教が主流の位置を占めるにいたったが、游侠社会の輿論の独自性はのこされた。儒教を主に位置づける中央と、かならずしも主に位置づけない地方の游侠の輿論が並立することになった。

後漢の時代になると、游侠社会に、統一帝国の議論であった儒教の価値観が次第に浸透していく。ここにいたって、儒教は、はじめて地方の輿論を巻き込んでの天下の教えとなった。かくしてできあがったのが「游侠の儒教化」だった（宮崎市定の議論がある）。

だから、戦国以来次第にまとめられて現在の体裁をもつにいたった『論語』を分析するには、統一帝国中央の議論、戦国時代の各領域国家中央の議論を分けて論じ、それらに游侠の問題を絡めて検討することが必要である。

その目から『論語』をながめてみると、一般に「仁」だけが突出して語られているのにまじって、「智者」「仁者」「勇者」をならべ讃えている文章がある（「智者は惑わず、仁者は憂えず、勇者は懼れず」〈子《し》罕《かん》第九・憲問第一四〉）。「勇者」をならべ問題にするところが注目される。「其の（祭るべき）鬼（鬼神）に非ずして之を祭るは諂《へつら》うなり。義を見て為さざるは勇なきなり」（八佾《はちいつ》第三）というのもある。かつての都市国家は、領域国家に従属する過程で、その領域国家の祭祀を受け入れた。それを受け入れたくないという都市国家側の論理が見え、かつ游侠と切っても切れない「勇」が問題になっている。

孔子は「勇」を語る游侠であった。「智」を語る者であった。そして後世喧伝されるように「仁」を語る者でもあった。けっして「仁」だけを突出させていたのではない。突出させたのは弟子たちである。

こんなことが、『論語』の中の新旧の層をさぐる作業から浮かび上がってくるわけである。游侠としての孔子像が、実像により近いものとして議論されることになる。

## 游侠としての孔子

『左伝』定公一〇年（前五〇〇）に次の一節がある。

一〇年春、魯は斉と和平を結んだ。夏、公（魯公）は斉侯に祝其《しゆくき》で会盟した。祝其とはいま（戦国時代）の夾谷《きようこく》である。魯では孔丘（孔子）が会盟儀礼の補佐役となった。「孔丘は礼を知っていますが勇（勇気）がありません。萊人《らいひと》に命じて兵をもって魯侯を脅かせば、必ずやうまくいきます」、犂弥《れいび》が斉侯にこう耳打ちした。斉侯はこの言を聞き入れた。ところが孔丘は公（魯公）を退かせ、こう言い放った。「わが士兵よ、ゆけ。両国の君が好《よしみ》を結ぼうとしておられるのに、野蛮の地の夷の俘虜《ふりよ》が兵をもってこれを乱そうとしている。斉君が諸侯にお命じになったことではない。野蛮の地は夏（夏華）のことがわからない。夷は華（夏華）を乱してはならず、盟をおかしてはならない。兵は好にせまってはならない。もしそんなことになれば、神意は不祥であり、徳は義をかき、人は礼を失うものだ。君は必ずやこんなことはなさらない」。斉侯はこのことを聞くや、萊兵を退去させた。

ここには、「勇」に満ちあふれた孔子が描かれている。そもそもこの説話は、斉の姜姓《きょうせい》君主を誹謗する内容をもつ。姜姓君主を誹謗すること自体は、姜姓君主を倒して斉の君主に躍り出た斉の田氏の朝廷で議論されたことである。また、姜姓を誹謗することは、他の正統でも立場は同じであった。しかし、ここでは、野蛮の地は夏のことがわからない、と言っているから、夏を褒めた内容になっている。この内容は斉では作られず、『左伝』の成書国たる韓ではじめて盛り込まれたものである。

注目されるのは、「勇」を問題にしていることである。盟誓の補佐役という役柄が春秋という孔子の時代を反映するだけでなく、「勇」も彼の時代を象徴するものである。孔子を賢人（文人）として最高には評価しない、というのが韓の立場だから、賢人として語られるのではない本来の孔子像が温存され紹介されたとも言える。すでに紹介したように、『論語』には、「義を見て為さざるは勇なきなり」（八佾第三）とあった。

『左伝』の「形」をながめつつ、その偏向を念頭において検討すると、こうした本来の孔子像が浮かびあがってくるわけである。

## 春秋五覇

### 覇者とされた君主たち

以上、春秋時代とはいかなる時代かを検討するために、漢字の伝播を論じ、都市の祭祀と盟書の関係を論じ、孔子と游侠の問題を論じた。

これらに加え、この時代を特徴づけているのは、覇者である。

従来の一般的理解によれば、周王朝の王道政治が衰えた後、戦乱の世がおとずれた。春秋の世に出現したのは、王道ではなく武力（覇道）で諸侯を従える者たちである。その有名な者たちを挙げるにあたっては、五つの国と五人の覇者を問題にすることが多い。彼らは周王朝の権威をいただきつつ、一方において覇道をおこなったとされた。

斉の桓公《かんこう》・晋の文公・楚の荘王・呉王闔閭《こうりょ》・越王句践《こうせん》が問題にされることが多く、他に、宋の襄公《じょう》・呉王夫差《ふさ》なども話題にされる。

ここで問題になる国々、すなわち斉・晋・楚・呉・越・宋は、戦国時代の領域国家が、それぞれ過去を遡る上で注目した地域の大国である。

斉は山東《さんとう》の大国で、周によって封建された。始祖は太公望呂尚である。釣りをしていて周の武王に見込まれたという伝説があり、それがもとで「太公望」は釣り師の代名詞となっている（四三三頁参照）。太公望以来の斉は姜斉といい、姓は姜である。この君主の一族にかわって斉の実権をにぎるのが斉の田氏であり、周からも諸侯と認められ、後には王を称することになる。

山東には、この斉ににらみをきかす意味もあって、泰山《たいざん》の南に周公旦《しゅうこうたん》の子が封建されている。

晋は山西《さんせい》に本拠をおき、次第に南進して雒邑《らくゆう》にちかいところまで勢力を伸ばしてきた大国である。その領地は、後に三分されて韓・魏・趙ができあがる。いずれも王を称した。

楚は長江中流域に本拠をおく大国である。周に対抗して春秋時代から王を称するようになる。

呉と越は長江下流域に本拠をおく大国である。より詳細にいえば、呉は江蘇《こうそ》を本拠とし、越は浙江《せっこう》を本拠とする。いずれも北進して中原諸国を威嚇し、楚と同じく王を称した。

宋は、すでにたびたび話題にしたように、殷の末裔が封建された国である。中原と斉の間にあって、その領有を周囲がみな考えた大国である（一〇頁・二三八頁のコラム参照）。

## 斉の桓公を話題にする前提

戦国時代の領域国家が、新石器時代以来の文化地域を特別に位置づけ、歴史を振り返って自己の正統性と領域支配の正当性を主張する場合、それぞれの領域国家の君主がいかなる出自を有するかが、それぞれの主張の性格を決める鍵をにぎる。

歴史的には、殷が河南《かなん》を中心とする一帯をまとめあげる大国として君臨していた。その先を遡ると、夏王朝があったとされる。くわしい知識は継承されていなかった。そこに陝西《せんせい》の地をおさえた周が乗り込んできた。殷は周に滅ぼされ、周の副都雒邑が建設された。周によって各地の都市国家が秩序づけられた。

各国は、自己の正統性と領域支配の正当性を主張するための「形」をさまざまに作り出した。その「形」は「事実」として記されるが必ずしも史実ではない。必ずしも信用できないが、その「形」を検討することで、史実をさぐる上での方法が確立される。

「形」には、国家相互に異なるものだけでなく、共通する原理もある。その共通性に着目すると、いくつかに的をしぼって説明することができる。

第一は、自己がぬきんでた存在であることを証明するのに、他はだめだとくさすことである。天下の中に複数の領域国家があるから、特別な地域もそれぞれに違い、くさされるだめな地域もそれぞれに違う。

第二は、同じくだめだとくさす場合で、神もいやがる所行をなしていて滅びると予言する。どんな神を登場させ、どうくさすかは国家ごとに異なる。

第三は、下克上を正当だと位置づけるか、逆にあってはならぬと説明するかがある。出自が低い場合、前者を論じて自己をもちあげ、一方で、他の成り上がり者はだめだとくさす。下克上はあってはならぬとする場合は、成り上がり者はすべてだめだというレッテルを貼り、その上で敵対者をくさしていく。

第四は、神話伝説を持ち出す。自分たちにとって、支配の正当主張ができる領域はどこで、いかにしてそれが正当なのかを神話伝説に語らせる。すでに夏・殷・周三代について、説明しておいたところである。これも国家ごとに説明が異なる。

以上、第一〜第四は、孤立して説明されるのではなく、相互に関連づけられていることが多い。

山東の斉では、陳の君主に出自をもつ田氏が権力をにぎり、領域国家の君主となり、王を称するにいたった。山東一帯はもちろん古《いにしえ》以来のまとまりをみせる地域であり、その中で第一の大国であったのが斉であるから、田氏もその伝統は継承する。

これに加え、田氏の出自は陳にある。陳は禹《う》の子孫とされている。しかし、禹を利用しての領域支配の正当主張は、他の国家を持ち上げることにもなって、うまくまとまらなかった。祖先神話は、それぞれの思いを背負ってそれぞれに独自なまとめがなされたが、斉では、禹の先祖を黄帝だということにして、田氏は黄帝に出自する、という説明を用いることにした。これは、他の国家との関係で、独自な説明をうまく作り上げることができた。

斉が領域支配の正当主張に使えるとにらんだのは、宋の領域であった。宋は殷の一族として周に封建された唯一の国である。その宋との関係をうまく説明すれば、宋をとおして殷の故地の領有が主張できる。幸いにも、斉の田氏のもとには、宋の君主の一族の女性が嫁いできた。その女性とは、斉の威宣王の母である（叔戸鏄《しゆくしはく》）。この事実を基礎にして、過去について、ほのめかしをやった。『公羊伝』においては、田成子（田常）が「君子」の位置づけを得ているが、『公羊伝』には、その田成子（田常）の母を特別に紹介するくだりがあり、料理の作り方を通して、宋の出身であることをほのめかしたのである。『公羊伝』では、一般的議論の中で、宋は「中国」に入ると説明し、最後の「獲麟」という特別記事に関連して「母が尊ければ子は尊い」と述べた。

戦国時代の斉の朝廷で、田氏がたたえられたのは、いわば当然のことだが、同様に当然のこととして行われたのが、その田氏に君主の地位を追われた一族の誹謗である。すでに説明したことだが、覇者との関わりがあるからおさらいしておこう。

斉のもともとの君主は、姜姓（姜という姓をもつ一族）である。その一族を誹謗するため、ある事実に注目し、『公羊伝』読者の目がそこに注がれるようにしむけた。

魯の桓公の夫人は、斉から嫁いできた。ところが、桓公の目をぬすんでは、郊外にでかけ、父である斉の釐《き》公（兄の襄公だとする説もある）と情を通じていた。その結果子供ができた。このことが露見すると、夫人は斉に夫の桓公を誘い出して殺してしまった。魯の桓公を嗣いで即位したのが荘公であり、これは斉の釐公の子であった。『公羊伝』が紹介するこの記事は、斉の姜姓君主の呪われた血と、魯の君主の呪われた血が、斉の釐公を共通の祖先として受け継がれていることを示している。

この「事実」（かどうかは、実のところよくわからないが）を通して、斉の君主（姜姓）と魯の君主（荘公以後）をともに誹謗しているのである。

斉は「中国」であって、「中国」ではない。国としては「中国」なのだが、君主の一族は「中国」には入らない。よそもの扱いなのである。「中国」たる宋の出自である（母方の）田氏が斉に入ることに意味があり、姜姓の君主はこれにはあずからない。

中原の諸侯は諸夏であって「中国」より一等低い。他は春秋時代には野蛮の地である。ということであるから、戦国時代の田氏の斉の朝廷では、遡って歴史を語る場合、春秋時代の姜姓の君主は一般に悪くいわれ、能力があった場合でも、ほめながらくさされる運命にあった。

王道と覇道は、前者がたっとく、後者はほめられない。覇者は、ほめられない存在として登場する。

斉の桓公も、能力はあるが、だめだ、という文脈で語られる。

### 『公羊伝』における斉の桓公

西周金文に見える内容からすると、淮水《わいすい》流域の国が「淮夷《わいい》」として外族扱いされており、これらと周が対抗関係にあったことが読み取れる。この事例に限らず、歴史的に遡れば、長江流域や淮水流域の諸国と中原一帯の諸国との間には、対抗関係が幾度となく形成されたことがうかがえる。

春秋時代、前七世紀になると、長江中流域、湖北に拠点をかまえていた楚が中原に勢力をのばしてきた。そのときに、中原一帯の諸侯をまとめ、楚に対抗する同盟を作り上げたのが斉の桓公（在位前六八五—前六四三年）である。この事実から、斉の桓公は、戦国時代になって覇者とされることになった。

『春秋』僖公一四年（前六四六）には、「春、諸侯が縁陵《えんりょう》に城壁を築いた」という記事があり、『公羊伝』は以下のように述べる。この記事には、覇者がどういう人物について語られるかが書かれているので、紹介しておこう。

どこに築いたのか。杞《き》に築いたのである。どうして杞に築いたのか。滅ぼしたからである。誰が滅ぼしたのか。そもそも徐《じょ》・莒《きょ》がこれを脅かしたのである。ではなぜ、徐・莒がこれを脅かしたと言わないのか。桓公のために忌み隠したのである。どうして桓公のために忌み隠したのか。上に天子なく、下に諸侯をひきいる方伯《ほうはく》なければ、天下の諸侯は相滅ぼし合う。桓公が救うことができなかったのは、桓公の恥である。だから、誰が築いたのかと言えば、桓公が築いたのであり、どうして桓公と言わないのかと言うと、諸侯が封をもっぱらにすることに関与しなかったからである。どうしてあずからなかったのか。実はあずかったのであるが、文章はあずからなかったことにしたのである。諸侯の義は、封《ほう》をもっぱらにすることができない。諸侯が封のことをもっぱらにすることができないとすると、実はあずかっていたのだと述べるのはなぜか。上に天子なく下に諸侯をひきいる方伯なければ、天下の諸侯は相滅ぼし合うものだが、これを救う力があるなら、これを救ってもよいのである。

封（諸侯封建）のことをもっぱらにするのは、王者の権限である。だから諸侯にはこれができないとされる。しかし、上に天子がおらず、下に諸侯をひきいる方伯がいない場合、その力があれば権限を行使してもいいのだという。方伯とはいわゆる覇者のことである。桓公は、その力がありながら、そして、救うべきであったにもかかわらず、それをしなかった。これは桓公の恥になると明言する。これが『公羊伝』の立場である。前半で「忌み隠した」ことを述べているのは、『公羊伝』には賢人のために隠すという論理があるからで、桓公をけなす前に、賢人だとほめているわけである。後半で「力がある」ことを問題にしているのも同じ理由である。褒めた上で、しなかったとけなすのである。賢人がすべていい、という論理があるわけではない。他の要素が加わってのぞましき人物となる。

ここで注意しておきたいのは、方伯についての説明である。斉の桓公は天子でないだけでなく、方伯でもない。その下にあって「その力がある」と記されている。一般に、方伯とは覇者だと言われ、桓公は覇者だとされているが、ここに言う方伯とは、いにしえ以来の諸侯をひきいる存在であり、「その力がある」のに「しなかった」のが桓公だという話になっている。方伯ではないが方伯の力がある人物が議論されている。だから、『公羊伝』では、斉の桓公は「方伯」ではない。『公羊伝』によれば、ということであるが、斉の桓公はいわゆる覇者ではないのである。

## 斉の桓公をけなすための「形」

覇者は王者には及ばない。これは覇者をけなすための「形」になる。一般的には、春秋時代の覇者は戦国時代の王には及ばない、という意味で使うわけだが、うまく使えば、戦国時代の王をくさす「形」が作れる。たとえば、あるモノが覇者の象徴だった場合、それを戦国時代の王が利用して「王たるの証」にしようとしても、「それは覇者の象徴でしかありませんな」ときりかえすことができる。

戦国時代の魏や斉や秦では、「文武の胙《そ》」が周王から賜与された。「文武の胙」とは、周の文王・武王の祭肉のことである。

魏の恵成王、斉の威宣王、秦の恵文王は、それぞれ周からの権威継承、つまり周王になりかわって自らが天下の権威者となる式典を整備する中で、この「文武の胙」を利用した。そして「胙を践《ふ》む」ことが儀式化された。ちなみに、それが「践祚《せんそ》」（祚＝胙）の原義である。後代その言葉が継承され、我が国にもやってきた。践祚の儀式を行うにあたって登る階段が「阼階《そかい》」（阼＝胙）であり、阼階を使った皇帝位の継承儀礼のことは『後漢書』礼儀志に記載がある。

周王の権威を引き継ぐ式典を組むのに、この儀式がとても重要視され、秦から漢に継承されたのである。

しかし、この儀式を先に行われてしまった立場の国家の王たちは、次第にその利用をためらうようになる。ネタはそれほど豊富なわけではない。利用の限界を感じた国家では、「文武の胙」の儀式化はあきらめた。そうなると、今度は、その儀式はそもそもつまらぬ意味しかない、とくさすようになる。「文武の胙」を賜るということは、覇者にしてやるという意味しかないのだ、と馬鹿にする。

『左伝』にこの種のくさしによる「形」がある。『左伝』僖公九年（前六五一）、斉の桓公は、諸侯を葵丘《ききゆう》に集めて盟誓《めいせい》を挙行した。その際、周王は使いを送って胙（祭肉）を賜った。『左伝』は、その使者の発言を補い、「天子には、文王・武王を祭祀し、その祭肉を下賜せしめられた」と言わせたのである。周王は覇者に「文武の胙」を与えたのだ、と。

『左伝』は敵対する正統をけなす一環として斉の桓公を利用した。斉の桓公に「文武の胙」を賜与されたのは、それが覇者の証だったからだとし、同時に戦国時代にあって「文武の胙」を賜与された斉の威宣王を覇者にすぎないとけなしたのである。

同じ記事について、斉で作られた『公羊伝』は、周王の使節がきたことだけを述べて「文武の胙」には言及しない。斉の桓公が「文武の胙」を下賜されたということにしたのでは、戦国時代に斉の威宣王が「文武の胙」を賜ることをもって、周王からの権威の委譲を「形」にしたのがだいなしになってしまうからである。

『公羊伝』は下克上によって滅びる運命の斉の君主の中ではましだったという評価を斉の桓公に与えた。すでに述べたように斉の田氏の朝廷では、斉の桓公は覇者そのものではない。覇者の力量がある者にすぎない。その桓公が、田氏の朝廷としては王の象徴だと考えている「文武の胙」を賜与された話は、あってはならなかった。

## 桓公なき後に諸国の混乱を制した覇者たち

### 晋の文公

斉の桓公なき後、まとめ役を失った春秋時代の諸国は混乱をきたした。その混乱を収拾して登場したのが晋の文公（在位前六三七―前六二八年）である。

この晋の文公の後は、中原のまとめ役はおおむね晋がになうことになる。

そもそも新石器時代以来の文化地域（八―九頁地図参照）ということで言えば、中原龍山《りゅうざん》文化の地域は、太行《たいこう》山脈をおおよその境として、山西から陝西《せんせい》東部にかけての一帯（西部）と、河南《かなん》の一帯（東部）に二分することができる。河南一帯のさらに東には、山東龍山文化がひろがっていた。斉は山東龍山文化の地域の西寄りに位置している。その地から西に勢力を伸ばして河南一帯を中心とする諸侯に威令を及ぼした。これに対し、晋は山西から南下して河南一帯を中心とする諸侯に威令を及ぼしてきたわけである。

斉・晋いずれも、河南にあった周王朝をあがめる姿勢を示した。そして、湖北から河南に勢力を伸ばしてきた楚に対抗したのである。

晋の文公は、前六三二年、楚を城濮《じょうぼく》に破り、諸侯を践土《せんど》に集めて盟誓を挙行した。

晋は周の一族が封建されたもので姫《き》姓である。覇者たる晋の文公の祖先に「文侯」と記される君主がおり、その晋の文侯のときに周の平王を助け、敵対する携王を滅ぼしている。しかし、その後、傍系の一族が本家筋を滅ぼしてしまう。その傍系が曲沃《きょくよく》を本拠にしていたので、この曲沃の名を冠して説明することが多い。この曲沃一族から分かれたのが韓氏である。

覇者の桓公は曲沃の一族として出てくる君主である。

東遷の際の文侯は本家筋であり、覇者の文公はその分家の曲沃一族であり、そしてやがて王を称する韓氏は曲沃一族の分家である。

ということであるから、斉における姜姓の桓公の場合と同じで、覇者の文公はほめすぎるわけにはいかない事情があった。力はあるが、本命ではない、という説明が必要になった。

『左伝』には、レッテル貼りという「形」がある。すでに述べた「夫子」と「吾子」(二六四頁)がそれである。これらをもって称される人々は、『左伝』編者の見方からすれば、将来の滅亡が読めない者たちであった。

どうしてレッテル貼りという「形」を作ったのかというと、編纂材料をできるだけなまのままで使おうとしたためである。先行して作られた斉の『公羊伝』をくさすために、自分たちが集めた「事実」の提示をおこなった。だから、「事実」にはなるべく手を入れなかったという印象が残るようにしたい。そんな印象が残るようにはしたいが、実際にはあちこちに手を入れる。そんな方法を進めるにあたって、レッテル貼りほど有効な手段はなかったのである。

なまのままの説話材料を使って、目立つところになにげなくレッテルを貼る。すると、そのレッテルが不吉な意味をもっている。将来の滅亡がきまっているのに、それが読めない者が、勝手なことを言っている、という文脈になる。あの「夫子」がこうこう、あの「吾子」がこうこう、ということである。

晋の文公には、「吾子」というレッテルが貼られている。この「形」によってくさすわけである。

ところで、このレッテル貼りは、同じ時代の、事情がよくわかっている人々の間では有効だったのだろうが、事情がわからなくなった後代の人間からすると、やり方が高度すぎたようである。二〇〇〇年の長きにわたって気づかれることがない、という状況に陥った。秦の滅亡を経ての漢代にして、すでにそうなっている。わからないのを基礎として、さらに後代の解釈が組み上げられたから、それを読んで文脈をたどろうとする人々は、余計にわからなくなった。

『左伝』編者はくさしているのに、後代の読者はレッテル貼りに気づかぬまま、いい話だとうなずいて読むようなことにもなった。

『左伝』が『春秋』の伝だという説明は、読者が「気づかない」からこそ成り立つのである。

## 爵位というレッテル

上記に「夫子」や「吾子」のレッテル貼りを紹介したばかりだが、これら「夫子」や「吾子」がレッテル貼りの最初というわけではない。『左伝』より前にまとめられた『春秋』に、すでにこの種のレッテル貼りの方法が用いられている。

ただし、そのレッテルは「夫子」「吾子」ではなく、爵位《しゃくい》であった。爵位を意図的に書き換え、レッテルとして使ったのである。

『史記』孔子世家に、孔子が『春秋』を作ったことに関して、「ゆえに呉越の君が王を称していたのを、『春秋』はおとしめて『子』と言っている」と説明している。これが『春秋』の「形」である。

『春秋』は、それまであった諸国の年代記を集めて作ったものである（魯と斉の記録が多い）。その集める際に、爵位のレッテルを貼った。

爵位の先駆は、そもそも西周の時代にあり、言い方が違うものは殷にもあった。その西周の爵位では、都市国家の首長が「侯」と称され、特別の「侯」が「公」と称された。都市国家ごとに、従属する小都市や村があり、それらをたばねる者たちが「伯」「叔」などと呼ばれていた。一般成員は「子」や「男」と呼ばれた。

西周のこの種の言い方では、外の地域からやってきた国の首長を「子」と表現した。これは侮蔑の感情にねざし、一般の諸侯や股肱《ここう》の「伯」などとは違う、違うが一般成員ぐらいには待遇してやろうと考えたのである。

これらの爵位を、戦国時代に整理して、領域国家における序列を意味したように説明しなおした。歴史の改竄《かいざん》である。結果、爵位は公・侯・伯・子・男の五等があったと説明される。そのうちの「子」爵を、楚王に用いるなどのことが定例となった。それが、上記の孔子世家における「呉越の君が王を称していたのを、『春秋』はおとしめて『子』と言っている」という説明なのである。

『左伝』もこの『春秋』のレッテルを利用した。思惑の相違から、貼り付けるレッテルとしての爵位が『春秋』の場合と違うことはあるが、レッテル貼りという作業自体は踏襲した。

## 楚の荘王

さて、晋の文公につぐ時期の覇者として、戦国時代に注目されたのは、楚の荘王（在位前六一三―前五九一年）である。『左伝』宣公三年（前六〇六）に、この楚の荘王を有名にした事件が記されている。このことをもって、荘王は覇者の一に数えられているのである。

問題の記事は、次のように記されている。

「楚子」は陸渾《りくこん》の戎《じゅう》を伐った。そして、とうとう周との境において観兵式をおこなった。周の定王《ていおう》は王孫満《おうそんまん》をつかわして「楚子」をねぎらった。「楚子」は鼎《かなえ》の大小と軽重《けいちょう》を質問した。答えて言う、「本質は徳にあり鼎にはございません。昔、夏に徳がおころうとしたとき、遠方は物をはかり、九州から貢がせた青銅で、鼎を鋳造して物にかたどり、百物をもって備えました。民に神と妖怪の別を知らしめたのです。故に民が川沢や山林に入っても、会ってはならぬものに会うことなく、魑魅魍魎《ちみもうりょう》にも遭遇しませんでした。それが上下に協和し、天の賜りものをもたらしました。しかるに、夏の桀《けつ》王に徳がなくなったので、鼎は商（殷）に移り、六〇〇年たちました。商紂《ちゅう》が暴虐だったので鼎は周に移りました。徳の恩恵は明らかであり、（徳があれば）小なりといえども重いのです。姦がめぐりて混乱すれば、大なりといえども軽いのです。天のもたらす明徳には、期限があります。周の成王が鼎を郟鄏《こうじょく》に定めたとき、卜《うらな》ってみると三〇世、七〇〇年が天の命じるところでした。周の徳は衰えたとはいえ、天命はまだ革まっておりません。（衰えた徳すら残っているのですから、ましてや、古から伝わるとはいえやはり些末な形式である）鼎の軽重も、まだ問えないのです」。

「鼎の軽重は（も）まだ問えない」というのは、楚の荘王では、問える状況にはなっていない、ということを意味している。

三〇世、七〇〇年は概数を述べたものである。それだけたてば、「鼎の軽重は問える」。周の成王が即位したのは前一〇〇九年である。この成王以来、父子関係をたどって戦国時代までいくと、一世を三〇年として、三〇世なら前四世紀の後半、七〇〇年なら、前三〇九年のことになる。「鼎の軽重が問える」時代の王は、だれかと言えば、韓の宣恵《せんけい》王（前三二六年称王）である。宣恵王は前三一二年に死去しているので、上記の七〇〇年が正しい数値なら、ずれていることになるが、七〇〇年が概数であることは、その前に記された「三〇世」が如実に物語っている。

そして、ここで持ち出されるのが「楚子」である。実際のところ、楚では成王（在位前六七一—前六二六年）のときに王を称し始めた。だから、称王後の記事が楚で書かれれば、当然「王」（唯一の王）または「楚王」（周とは違うことを強調）と記される。『左伝』では、それを貶《おとし》めて「楚子」と記した。

『左伝』において楚王を貶める場合には、一般に「楚子」と「楚王」を混在させて、説話に言う「楚王」が実は「楚子」だと気づかせる手法をとる。ところが、上記の説話部分では、「楚王」の表現が一つも使われていない。ここに「楚王」を一つも出さないのは、『左伝』にあっては特別である。周からの権威の委譲が話題になっているため、特別にくさしたということであろう。

レッテル貼りのしかけは、以上のようなものであるから、「楚子」を「楚王」にもどし、「まだ早い」を削除して、全体の流れを追えばよい。そうしてみると、楚の荘王が周王に圧力をかけた次第がよく表現されていることに気づく。

ただし、注意しなければならない点がまだ残されている。すでに言及したことに関わるが、ここには夏王朝や殷王朝のことが書かれている。新石器時代以来の文化伝統を全く異にし、領土支配の正当主張がこれらの王朝にからまない楚の荘王にとってみれば、どうでもいい話題である。

楚王が周王に圧力をかけた、という点は楚でも話題にされた「事実」だろうが、楚にとってどうでもいい話題は、おそらく中原で作り出された内容であろう。

よく読めば、「本質は徳にあり鼎にはございません」ともある。楚王はよせばいいのに口出しをして、鼎などという形式にばかりこだわった。本来こだわらなければならないのは、形式ではなく「徳」の方である。こちらを問題にできなかったのだ、楚王は。それにひきかえ、やがて出現なされる王（韓王）は韓宣子《かんせんし》の徳を継承しておられるのだ。

以上楚王をくさし韓王をたたえる内容が中原の韓の朝廷で議論されたのである。

「鼎の軽重（大小軽重）を問う」は、一般に楚の側に立った説明がなされている。そして、出典として『左伝』が示される。しかし、上述したように、『左伝』は楚王を褒めてはいない。読み方が後代の解釈に規制され、本文内容を曲げていることに、多くの読者は気づいて

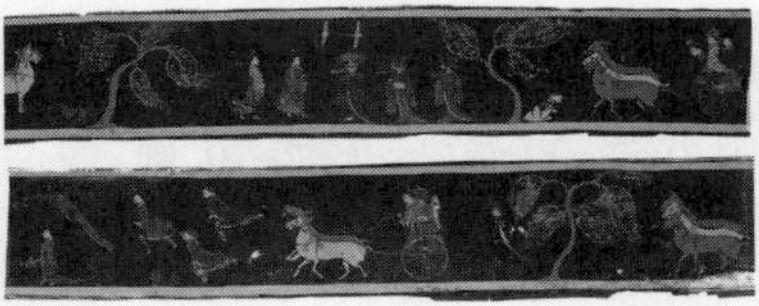

**車馬出行図漆絵（上）**　この漆絵は、円形の化粧道具箱（写真下）に描かれた。湖北省荆門市包山２号墓から出土したものである。被葬者は戦国時代楚国の高官卲㸤であり、この墓からは、前316年までの年代が追える竹簡が出土している。当時の楚国男性の化粧の事情をしのばせる。中国の写実的な絵画としては、最古に属し、樹木の幻想的な表現や被葬者に仕えた女性とおぼしき後ろ姿の人物、ひざまずく人物の様子などが、興味をひく。当時の服飾や儀礼を研究する上でも極めて貴重な資料である。（湖北省博物館蔵）

**化粧道具箱（奩（れん））（下）**　上の漆絵の出土時の状態。直径27.9cm　高さ10.8cm　器体の厚さ３mm

いない。

## 呉王闔閭、呉王夫差と越王句践

湖北の楚は河南の諸侯に圧力をかけ続けた。そんな中、長江下流域の江蘇の地から、呉が台頭してきた。呉は楚とたびたび戦火を交える。そして、前五〇六年には、楚の都を陥落させ、楚王を一時避難させるにいたる。長江下流域の「大国」が長江中流域の「大国」を打ち破ったという話である。

この春秋時代史上の大事件には、当時だけでなく以後も長く熱い視線が送られることになった。ときの立役者は戦国時代に覇者の一として扱われた。呉王闔閭《こうりょ》（在位前五一五―前四九六年）である。

闔閭の子の呉王夫差《ふさ》（在位前四九六―前四七三年）は、さらに中原へも進出し、晋と盟主の地位を争うにいたる。だから、闔閭よりも夫差の方をより高く評価し、闔閭でなく夫差を覇者とする場合もある。誰が決めたというわけでもないだろうが、一国に一人の覇者を数えるのが普通である。

闔閭が傷ついて死去した戦いの相手となり、かつ夫差と死闘を繰り広げ、その夫差もろとも呉を滅ぼしたのが、越王句践《こうせん》（在位前四九六―前四六七年）である。この句践も覇者の一に数えられている。

越王句践は、後、漢代の福建《ふっけん》の越諸国からも尊敬され、彼から出自したという伝説をいくつも残している。

ちなみに、楚の場合は、荘王や共王など、中原風の王号が記録として残されている。これに対して、呉王と越王については、呉王夫差・越王句践などという名称が具体的に示すように、中原風の王号は残されていない。

越王の末裔と称する福建の越諸国の王たちのことが、『史記』の漢代の部分に記されている。東越列伝にみえる諸国である。この諸国の王たちも、中原風の王号が記されていない。おそらく、それが伝統だとされていたのであろう。

呉王と越王の抗争は、『左伝』の中でも好んで読まれる部分である。別に『呉越春秋』と

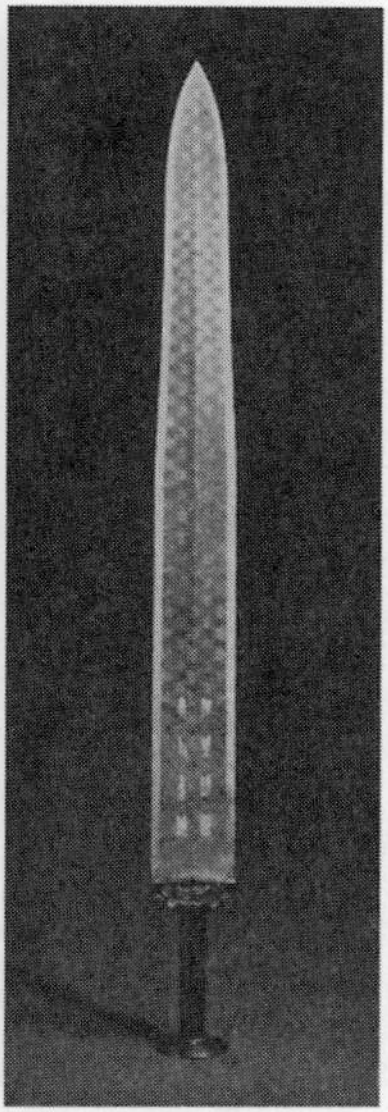

「越王句践」銅剣（江陵県望山１号墓出土　湖北省博物館蔵）

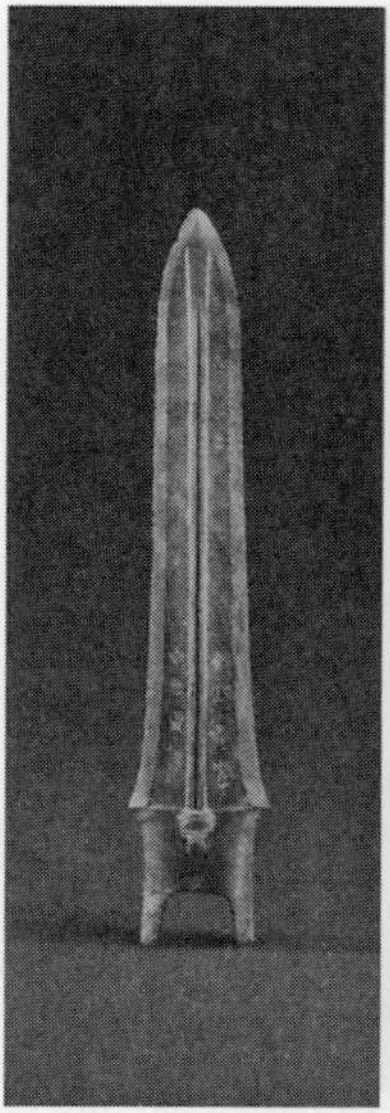

「呉王夫差」銅矛（江陵県馬山５号墓出土　湖北省博物館蔵）

いう書物もできた。だから、後代の読者が彼らの身になって盛んに史実をさぐった。呉王や越王は、長江下流域で覇権をにぎり、中原諸国に圧力をかけ、楚を脅かす存在である。ところが、『史記』越王句践世家には、次のような記事がある。

句践は、すでに呉を平らげ、北に進軍して淮水を渡り、斉・晋の諸侯と徐州に会盟し、貢ぎ物を周にいたした。周の元王は人を遣わして句践に胙《ひもろぎ》をたまい、命をくだして伯（覇者）とした。

周から見れば結構な話なのだが、越はその周に対抗して王を称している。その越が周に臣下の礼をとる、というのは、とても腑に落ちないことである。上述した楚の荘王よりもへりくだった姿勢がある。そういう文脈で「伯」（覇者）が語られる。そして、斉の桓公のところでも問題にした「文武の胙」の賜与のことが、この越王句践について記される。所詮覇者にすぎないという文脈である。

## 呉越同舟と臥薪嘗胆

呉と越は長江下流域ということでは、一つにして論じられる存在だが、戦いを繰り広げた敵対相手として名高い。「呉越同舟」という諺《ことわざ》がよく話題にされる。これは、仲が悪い者同士が同じ舟にのるという状況を述べた表現である。仲が悪い者同士の象徴的表現として「呉越」が使われている。

呉越を扱った諺には「臥薪嘗胆《がしんしょうたん》」というものもある。『左伝』、および『史記』の呉世家（呉太伯世家）・越世家（越王句践世家）にこの表現の元になる事件が記されている。

前四九六年、越王允常《いんじょう》が死去した。呉王闔閭はそれを聞いて越を攻めたが負傷した。そしてその傷がもとで死んだ。いまわのきわに王子の夫差に復讐を誓わせる。呉王夫差はそれから三年目の前四九四年、越王句践を大破した。越王句践は会稽山《かいけい》にたてこもり、大夫種《たいふしょう》を使者《ごしょ》としてさしむけ、和を講じさせた。呉王はこれを許そうとしたが、呉の臣である伍子胥は呉王をいさめた。句践は大夫種《しょう》をつかわして太宰伯嚭《たいさいはくひ》に美女宝器を賄《まいない》した。これが功を奏して太宰伯嚭が呉王を説得し、和議に応じさせた。越王句践は、その後、身も心も苦しめて胆を座のそばに置き、座臥のたびに胆をあおぎ、飲食のたびに胆をなめた。そして「なんじは会稽の恥を忘れたか」と復讐を誓った。この質素な生活ぶりを伝え聞いた伍子胥は呉王夫差を諫め、越王をあなどってはならぬと度々意見したが、聞き入れてもらえなかった。それどころか、夫差は、太宰伯嚭の讒言《ざんげん》を聞き入れ、伍子胥に属鏤《しょくる》の剣を賜い、自殺させようとした。伍子胥は死につくに当たって言った。「わが墓に梓を植えてほしい。やがて生長して呉王の棺桶を作るためだ。わしの眼をえぐって呉の東門にかけてほしい。越が呉を滅ぼすのを見るためだ」。

前四八二年に呉王は北上して黄池《こうち》において諸侯と会盟し、晋の定公と長を争った。ところがこの隙をついて、越が呉に攻め入った。呉王は帰国して越と講和した。越は前四七八年に呉を笠沢《りゅうたく》に大破し、翌年には呉を囲んだ。前四七三年には、呉を滅ぼしている。越王句践は呉王を浙江《せっこう》の地に移そうとしたが、夫差はこれを断り、自殺した。

以上の故事は、越王句践について「臥薪嘗胆」の元になる記事を述べている。「座臥のたびに胆をあおぎ、飲食のたびに胆をなめた」のは、句践だけの記事になっている。この記事は後に「臥薪」を呉王夫差、「嘗胆」を越王句践のこととして説明するようになった。『十八《じゅうはっ》史略《しりゃく》』にその説明がある。

『左伝』によれば、前四八六年に呉が運河である邗溝《かんこう》を掘削し、淮水と長江を連結している。これが後に隋《ずい》の大運河の元になる工事である。翌年呉は海上から斉を討伐している。邗溝を利用して淮水に入り、さらに海に出たに違いない。この運河が淮水と長江を連結したことの経済効果は絶大であった。淮水からは支流によって中原へと進むことができ、呉はこれによって舟を用いて中原と物資のやりとりを、しかも直接行うことができるようになったからである。

運河による経済効果が後世にもたらした至福とはうらはらに、その掘削工事を進めた呉、後に大運河に仕上げた隋、いずれもその後久しからずして滅亡に追い込まれている。その工事がいかに大変なものであったかを物語るものである。

## 秦の穆公

以上、覇者という言葉には、否定的意味の語感がただよっていることを述べてきた。戦国時代の王には遠くおよばないという意味がそこにこめられている。その意味における覇者が使われるだけでなく、さらに野蛮人たる西戎《せいじゅう》の覇者だ（「西戎に覇たり」）とされたのは、秦の穆公《ぼくこう》（繆公とも書く。在位前六六〇―前六二一年）である。この認識を示したのは韓の史書『左伝』である。
ただし、秦の穆公も、秦においては、春秋時代第一の君主として顕彰される存在だった。敵対する国家からおとしめられていただけのことである。

詛《そ》楚《そ》文と称される文章が残されている。戦国時代中期の秦国で作られ、石に刻されたが、原石は失われた。宋代につくられた拓本によって、その内容を知ることができる。それによると、この文章は、楚を呪詛《じゆそ》するものであり、楚については、楚の成王（在位前六七一―前六二六年）から説き起こしている。これに対する秦の君主として、筆頭にあげられているのが穆公である。楚の成王は楚で初めて王を称した人物であった。この成王から説き起こすのは、戦国時代中期になって王を称した秦の恵文王が、楚が王を称した過去を否定するためである。

秦では、楚の暦たる楚正（現在の太陽暦の一一月あたりを正月とする）と、夏の暦とされた夏正（現在の太陽暦の二月あたりを正月とする）を折衷した暦（月名は夏正にあわせ、年頭は一〇月からにする）を採用するなど、楚の正統と夏の正統を、二つながら継承する「形」を作り出していた。そのためもあって、楚は過去からして秦には及ばないという証拠が必要であった。上述したように、中原諸国が、楚の荘王を中原の覇者と同じだと述べたのと同じ意識がそこにある。同時に、その楚王を凌駕《りようが》する存在として秦の穆公を位置づけていたことがわかる。

穆公は肯定的に評価される人物だが、あくまで過去の人である。秦の正統者は、秦国で初めて王となった恵文王（在位前三三八―前三一一年。前三二五年称王）であった。恵文王に比べれば穆公といえど脇役にすぎなかったことは言うまでもない。

## 五覇を論じる地域の目と下克上の目

すでに、春秋五覇《しゅんじゅうごは》という場合、誰を五覇とするかには、見解の相違があることを述べておいた。見解の相違が出てくるについては、誰をどう判断するかが問題になるだけでなく、地域の目が反映されることも念頭におかねばならない。

『孟子』告子《こくし》篇下は、斉の桓公・晋の文公・秦の穆公・宋の襄公・楚の荘王を五覇とする。五覇は「三王の罪人」だと述べている。この見解が、覇者に対する評価を端的に示している。王道がすたれて覇者が出現したことを、「罪人」という表現で強調しているわけである。その罪人の代表が、斉の桓公・晋の文公・秦の穆公・宋の襄公・楚の荘王である。

孟子は戦国時代の田氏の斉で仕えた。田氏は姜《きょう》姓の君主を名目の存在にして自らが君主の地位を得た。だから姜姓の斉の桓公を批判することは、当然である。晋の文公は、斉に対抗して中原をまとめた晋を代表する人物である。晋は三分されて韓・魏・趙ができた。だから晋の文公を批判することは、「三晋《さんしん》」としてひとくくりにされる韓王・魏王・趙王を、斉のまなざしから批判することに等しい。秦の穆公は、戦国時代の秦王の祖先であり、秦では春秋第一の君主である。これを批判するのは斉のまなざしから秦王を批判することに等しい。宋の襄公は戦国時代の宋王の祖先であり、宋では春秋第一の君主だったようだ。これを批判することは斉のまなざしから宋王を批判することに等しい。宋は殷の末裔が封建された国であり、斉が領有を主張した殷の故地を代表する国であった。楚の荘王は戦国時代の楚王の祖先であり、周王に圧力をかけ、観兵式を行って鼎の軽重を問うた人物である。だから、これを批判することは、斉のまなざしから楚王を象徴的に批判することになる。

孟子の時代には、すでに越は楚に本拠をつかれて滅亡の淵を経験し（前三二九年）、北にのがれて山東の付け根たる瑯邪《ろうや》に都をかまえ、斉の庇護を受ける存在となっていた。呉はその越に滅ぼされた国である。だから、ここで呉王と越王は対象からはずされている。

孟子の論じる覇者は、敵対する正統の祖先ないし祖先に等しい存在として批判すべき対象である。それゆえ「三王の罪人」だとされたわけである。

これと異なる立場を示したのが『荀子《じゅんし》』王覇《おうは》篇である。『荀子』は、「義が立てば王となり、信が立てば覇者となる」と述べ、五覇として斉の桓公・晋の文公・楚の荘王・呉王闔閭・越王句践の名を挙げた。ここに名前が挙がった君主たちは、『荀子』にすれば信が立った者たちだったわけである。

ここに問題になる国は、楚をのぞいて、荀子のころ（前二八〇―前二五〇年ごろ）には滅びている。越が滅びたのは、前二五七年に魯が楚に滅ぼされたころだろうと考えられ、他はこれより早くに滅びている。それら滅亡した国の君主をほめても、敵対する戦国時代の国家の王をほめることにはならない。唯一、楚だけは存在している。これをほめるのは楚の立場である。かつほめつつ覇者を論じれば（義が立てば王となり、信が立てば覇者となる）、戦国時代の王は覇者よりも高く評価される。

荀子は楚に仕えた。『荀子』の覇者観には、楚の立場が示されている。

荀子の論じる覇者は、ほめられる対象である。そのほめ方に、楚の正統主張が反映された。正統主張にからんでは、敵対する正統を誹謗するだけが方法になるのではない。一見ほめたようにしておくという方法もあったわけである。

漢代になると、孟子や荀子のように戦国時代の特定の正統に配慮する必要がなくなった。五覇はだれでもよくなった。だから、こういう説もあり、こういう説もある、という言い方になった。『白虎通《びやっこつう》』がこうした言い方で議論を展開している。

そして、覇者は諸侯を集めて盟誓をおこない、天子に朝するのが役割だという説明が付された。これが、世に知られた覇者の意味である。

### 宋の襄公

上記の覇者のうち、『孟子』が五覇のうちに挙げているのが、宋の襄公（在位前六五一—前六三七年）である。宋の襄公は斉の桓公が前六四三年に死去した後、前六三九年に諸侯を糾合しようとして失敗し、前六三八年、楚を泓水《おうすい》に迎え撃って惨敗を喫した。

この事実は、『左伝』に記されている。楚の軍が川を渡りきる前に攻撃することをいさぎよしとせず、渡りきってから攻撃して惨敗したことから、みのほどしらず、という意味で、「宋襄の仁」（宋の襄公の思いやり）という諺ができた。

しかし、この事実だけを見ていると、なにゆえに『孟子』が五覇のうちに宋の襄公を数えたかは、いま一つわかりにくい。すでに述べたように、斉の桓公・晋の文公・秦の穆公・宋の襄公・楚の荘王それぞれ覇者とされたのは、斉の姜姓君主、韓・魏・趙、秦、宋、楚それぞれの君主を誹謗する意図にもとづく。しかし、宋の襄公をのぞけば、それぞれ赫赫《かっかく》たる武勲を立てている。

この場合、注目のしどころは宋の襄公の前に秦の穆公が紹介されていることである。西戎の覇者にすぎない、とされる秦の穆公につづいて、宋の襄公が紹介される。宋の襄公も、宋を中心とする一帯では、絶大なる輿望をになっていたというすでに言及した事実が前提になっているのである。殷の故地における輿望である。

戦国時代の宋では、前三二二年に宋王偃《えん》（康王）が王となった。このことに対する斉の批判は相当なもので、やがて宋に侵攻して泥沼の戦乱にまきこまれることになる（二七八・三一七・三二〇頁参照）。宋王偃は、殷の紂《ちゅう》王の再来と悪口をたたかれた。その王偃が念頭にあるから、春秋時代の宋の襄公に目がいくのであり、逆に、宋の一帯たる殷の故地では、襄公がいにしえの武勲高らかなる君主として称揚されていたことが窺えるのである。

一般的方法を述べれば、以上述べてきたことを勘案しながら、春秋時代とはいかなる時代だったかを論じることになる。しかし、すでに述べてきた点でも明らかなように、春秋時代を語るには、戦国時代の状況を把握することが必要不可欠であった。そこで、しばらく舞台を戦国時代にうつし、それを検討してみることにしよう。その作業の後、あらためて春秋時代像を検討することにしよう。

# 第七章　戦国時代の史実

## 合従連衡

### 合従連衡の虚像

戦国時代と言えば、一般に合従連衡《がっしょうれんこう》の時代だとされている。戦乱の中で、外交を駆使して国家存亡の危機を救う。そんな人々を「合従（縦）連衡（横）」から二字をとって「縦横家《しょうこうか》」と呼ぶ。彼らが存分に力をふるった時代が、戦国時代であることはたしかである。

ところが、一般に議論される合従連衡と、実際のそれとでは、大きな開きがある。

以下に、この問題を考えながら、戦国時代とはいかなる時代かを簡単にたどりなおしてみよう。

一般に理解するところでは、合従というのは、秦に対抗して縦に（南北に）連合することであり、連衡というのは、その強大な秦と横に（東西に）連合することである。「連衡」の「衡」は「横」のことである。そうすると、こうした関係が成り立つためには、秦の領土が拡大されて南北に大きな支配領域をほこり、他の国の支配領域が狭まって、それらが南北にならぶ状況ができあがっていなければならない。

前四世紀半ばの図を見ていただこう（本書一一頁）。この図ではそうはなっていない。これに対し、秦の昭襄王《しょうじょう》（在位前三〇七—前二五一年）が前二七八～前二七七年に楚の本拠たる湖北・湖南の地を征服した後、秦の支配領域は天下の半ばを占めるものとなった（本書一四一頁）。

こうした状況が生まれた後について言う場合、合従・連衡は意味をなす表現として使えるが、そうなる前の時期については、「合従は秦に対抗して縦に（南北に）連合することであり、連衡は、その強大な秦と横に（東西に）連合することである」という状況はできあがっていない。

すでに述べたように、戦国時代の前の時代、すなわち殷・周・春秋の時代を語る難しさは、戦国時代の史書をもって、都市が基本となっていた時代に遡ることの難しさであった。戦国時代については、この難しさはない。ところが、戦国時代には、一方において、新石器時代以来の文化地域を越えて、官僚による領域支配を及ぼそうとする動きが出てくる。大国が小国を諸侯として支配するということなら、周王朝がすでに陝西《せんせい》一帯をこえて中原一帯に支配を及ぼしているが、それを文書行政を通して行おうという新たな動きである。

この動きが進むと、天下統一が見えてくることになる。

天下統一が見えてきた後と、見えてくる前では、当然天下に対する認識は異なっている。同じ言葉を使っていても、その言葉が意味する内容は、統一が見えた国家と見えていない国家では異なっている。

以下に検討しようとする「従」もその例にもれない。合従を意味する言葉として「従」は使われた。しかしその具体的用法には、大きく分けて二つの場合がある。

第一は、秦が天下の領域の半ばを支配するにいたった後の「従」である。この場合、強大な秦に対抗する諸国は、南北にほぼ縦に並ぶような国家領域をもっている。だから、秦に対抗するためには「従」を作り上げる（合従）必要があり、秦としては、それを打ち破る（連衡）必要が出てくる。

この時代にそれまでの史料の多くがまとめなおされた。まとめの言葉が、説話の冒頭に添えられた。そこに「従」が使われた。この「従」は、戦国後期の天下の半ばをしめた秦の強大さを背負って使われた。

第二は、第一の場合より時期を遡って、秦がまだ天下の領域の半ばを支配するにいたる前、斉が東の強国として領域を拡大し、秦が西の強国として領域を拡大する過程で使われた「従」である。この場合、斉と秦の間にはさまれた諸国家が問題になる。これら諸国家は、南北に細ながくならんだ。敵対する相手が秦であろうと、斉であろうと、同盟をむすべば「従」ということになった。

一般に知られた「従」の意味は、第一の場合である。そのため、時期を遡った第二の意味の「従」を読んでも、知らず知らず第一の場合の意味だと誤解してしまう。秦は無視されないのに、斉が無視されてしまうのである。

それだけではない。よく読めば、史料の中には連合を意味する「合」という言葉も見える。こうした言葉が訳されると、合従連衡を説明することになり、その訳語から、読者はさらなる誤解を重ねることになる。

第二の場合に斉・秦に挟まれると述べたが、挟まれた諸国家の足並みはすぐに乱れた。お互いの不信感は新石器時代以来の文化地域の伝統をひく。とくに楚は、時期を遡った第二の場合には、新石器時代以来の文化地域を越えた広大な領域を誇っていた。だから、「従」という言葉にとらわれすぎると、現実を見失うことになる。

楚がその本拠たる湖北・湖南の地を秦に奪われた結果（前二七八〜前二七七年）、秦の領域が天下の半ばを占めるにいたり、第一の場合が不動の形勢となった経緯がある。

ということで、戦国時代を理解するには、また戦国時代なりのなやみが存在する。

しかし、多少なりとも注意をはらっていくならば、この種の相違は容易に見分けることができる。以下には、この点に留意しながら、いわゆる合従連衡の実際をたどりなおすことにしよう。

合従連衡を検討するための材料は、『戦国策《せんごくさく》』に豊富に残されている。この書物は、前漢末にまとめられたもので、まとめられる前には、『短長書《たんちょうしょ》』や『国事《こくじ》』などと称されるいくつかの書物であった。『史記』が材料にしたのは、これらの書物である。後に、前漢末の劉《りゅう》向《きょう》が、これら複数の書物を集めて一つにし、『戦国策』と名づけた。

『短長書』や『国事』などの段階、『史記』に採用された段階、または『戦国策』としてまとめられた段階のいずれかに、説話冒頭の説明が付加された。

説話冒頭の書き加えがなされる前の材料は、現実に出土してきている。湖南省長沙馬王堆《ちょうさばおうたい》三号墓出土の『戦国縦横家書《せんごくしょうこうかしょ》』である。それに収められた各説話の冒頭に、あらためて書き加えを施すと、『戦国策』風の文章になる。

『戦国縦横家書』には、『戦国策』に採用されなかった説話が少なからず残されていて話題になった。

### 蘇秦の虚像

合従連衡を語る上で、必ずといっていいほど顔を出す人物が蘇秦《そしん》である。勉強家としても名高く、『史記』蘇秦列伝には、眠気ざましにと錐《きり》をももに突き立て、吹き出る血をふきもしなかったと伝える。

ところが、この話は、実は蘇秦のものではなく、弟の蘇代《そだい》のものであることがわかった。

こうした誤解が生じたのは、『戦国策』の成立事情と、『戦国策』が一度散逸していることに関わりがある。

戦国時代に作られた書物にあっては、蘇秦は「蘇秦」または「蘇子」、蘇代は「蘇代」または「蘇子」と記された。もともと「蘇秦」・「蘇代」とあった場合は、『史記』に引用されるに当たっても、また後に『戦国策』がまとめられるに当たっても、そのまま「蘇秦」・「蘇代」と記された。ところが、「蘇子」とあった場合は、一部「蘇秦」・「蘇代」に書き分けられたものもあっただろうが、圧倒的多数は一律「蘇秦」に書き換えられたのである。本来「蘇代」のものであった記事まで「蘇秦」のものだとされてしまったわけである（三〇八頁図）。

この混乱は散逸後の再編纂に当たっても尾を引く問題であった。二つの系統の再編本が出現した。姚本《ようほん》（姚宏《ようこう》の刻本）と鮑本《ほうほん》（鮑彪《ほうひょう》の刻本）である。明代以後注目されたのが姚本であり、こちらの方がいにしえの体裁を伝えている、とされてきた。ところが実際は、いにしえの体裁を伝えていたのは鮑本の方であった。

鮑本で「蘇子」としている、つまり書き換えをしていない部分を、姚本で「蘇秦」としているものが多いなどの特徴がある。つまり、鮑本の方が書き換え前の表現を多数残しているのである。

一般に提供されている『戦国策』は姚本系統なので、読者は間違いの多い方で分析を進めていることになる。冨山房漢文大系本は、鮑本系統の和刻本である。江戸時代独特の読みぐせに気をつけて対処した上、この本を利用されるのがよい。

『史記』も、「蘇子」を「蘇秦」としてしまった結果として、誤った部分ができた。それが、上記の錐をももに突き立てた説話だったわけである。これを蘇秦のものだとすると、次頁図に示したように、蘇秦は実に長生きの人になってしまうのである。そして、蘇秦が死去して蘇代が活躍したなどの記事との矛盾に悩むことになる。矛盾に悩まないですむ方法は一つしかない。上記の判断で蘇秦と蘇代の記事を整理することである。

## 『戦国縦横家書』の「蘇秦」

さて、関連する話題を付け加えておこう。

「蘇秦」と「蘇代」に関する史料上の混乱は、出土史料『戦国縦横家書』の整理にも影響を与えている。この出土史料は、いまはなき『戦国策』の原史料と似よりのものらしい。

この書物を整理する際、誤って高い評価が与えられていた姚本が多く参照されてしまった。その結果、「蘇秦」が兄、「蘇代」が弟なのではなく、「蘇代」が兄、「蘇秦」が弟だとい

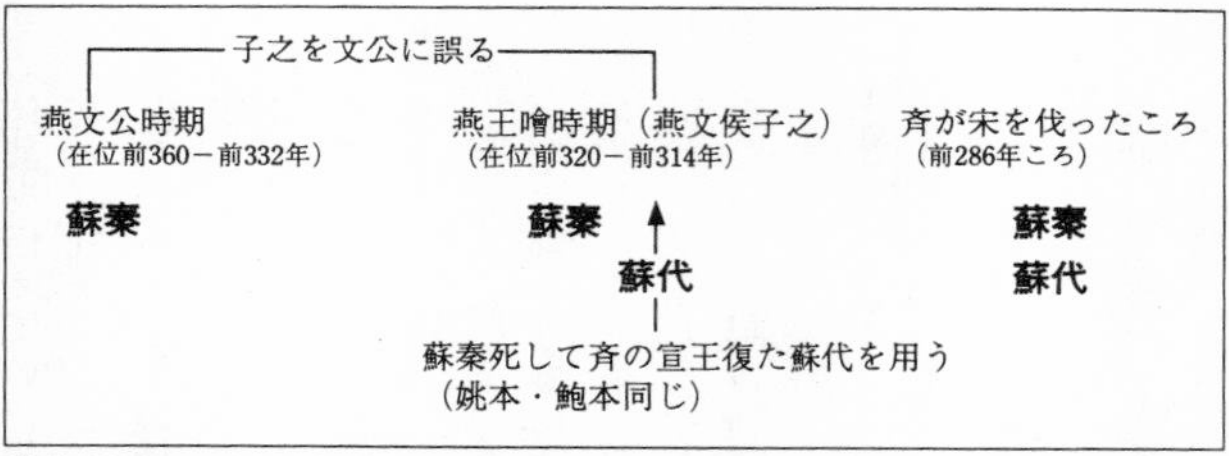


**蘇秦長生きの怪**　蘇秦は図に示した燕王噲の時期の人物で、死後に活躍しはじめるのが弟の蘇代である。当時の宰相は文侯子之であった。この文侯を、公・侯まじえて燕の文公と誤解し補入した記事があり、蘇秦はその時期の人物とされた。また、蘇秦・蘇代ともに「蘇子」と記されたのを一律蘇秦にした記事があり、蘇代の時期にも蘇秦がいることになった。前後長い時期、蘇秦は活躍したことになってしまった

う仮説が暗黙の前提となった。『戦国縦横家書』が出土すると、この書物に上記の仮説を裏付ける記述が記されていた、という学説が出された。

ところが、実際は、年代矛盾は、いっこうになくなっていなかったし、その裏付ける記述というのが、誤解に基づくものだったのである。

問題になる篇は、内容から見て、遅い方の時期の材料であることが判断できた。その記事の中に、「臣秦拝辞事」（わたくし秦は任務を拝して〜）と読める部分があった。「臣」はわたくしという自称の字である。だから、おそい方の時期の人物は蘇秦であることが確定した、というわけである。

ところが、次頁を見ていただけば、すぐわかるように、「秦」と釈された字は、実は「捧」と釈すべき字であった。「捧」は「拝」の意味である。誤解の連鎖は、字数も誤っている。「捧」と釈すべきことに気づいた（②）後も、本来書かれ

ている字が（　）内においやられたりしている。

実際は、「臣捧拝辞事」（わたくしは任務を拝して〜）という意味であり、蘇秦の名の「秦」がここに記されているわけではなかった。

この記事も、年代矛盾解消の実際からして、内容から「蘇秦」の時期のものなのか「蘇代」の時期のものなのかを判断すればよい。結果「蘇代」の時期のものだと判断できる。思いこみはおそろしい。私もやりかねない類の誤りであるから、よけいにその思いを強くする。

### 蘇秦の「合従」

蘇秦の合従は歴代人口に膾炙《かいしゃ》するほど有名になった。しかし、「蘇代」の記事との関わりなど、年代矛盾にからんだ齟齬《そご》が目立ち、蘇秦合従にいかなる事件が関わっていたかは、必

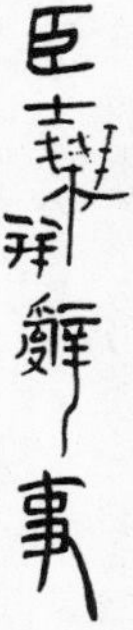

| | | | | | |
|---|---|---|---|---|---|
| 従来の代表的字釈例 | 臣 | 秦 | 拝 | 辞 | 事 |
| | 臣 | 秦①捧② | （拝） | 辞 | 事 |
| 補正後 | 臣 | 捧 | 拝 | 辞 | 事 |

『戦国縦横家書』「臣捧拝辞事」　従来の字釈は、まず「捧」を「秦」に誤り、後に気づいて「捧」を挿入する際にも、誤って「秦」を残してしまった。馬王堆帛書については、帛書（絹織物の書）を折りたたんだ際に合わせられた面の文字が薄く反転して残されている。それはあちこちにあるが、本図の部分は無縁である。「秦」は「捧」なのだから、この部分について「蘇秦の自称」とし、蘇秦を蘇代の時期に比定する見解は根拠を失った

ずしも明らかではなかった。

ところが、年代矛盾を丹念に解消してみると、その合従が前三一八年の秦の恵文王による式典に関わることがわかった。この式典の存在とその年代が特定され、それが蘇秦合従に関わることがわかったのである。

その式典は、周王朝からの権威の継承を「形」にしたものであった。すでに、夏王朝・殷王朝・周王朝の三代のことを述べて、戦国時代の王国には夏王朝の復興、周王朝の継承、始祖伝説ないし下克上の「形」（下克上に反対する「形」を含めて）が共通してあることを述べた。秦におけるその種の「形」の一環として、秦の恵文王は「逢沢《ほうたく》の会」をもよおした。

逢沢の会とは、逢沢で会合するということだが、この逢沢は、かつて周の武王が殷を討伐する途次にあって黄河を渡った由緒ある場所（「盟津」という渡し場がある所）である。「伐殷」を象徴する場所であった。そこで会合を開くというのは、殷周革命にならって革命を行うという「形」を示すことになる。

この象徴的式典は、秦がはじめたものではない。すでに魏の恵成王が前三五一年に挙行していた。その式典は「逢沢の遇」という表現で記録に残されている。この式典に続き前三四三年には、恵成王は「文武の胙《そ》」を周に求め、周の文王・武王以来の権威が自らに移ることを「形」にしようとした。このもくろみが公になると、周囲の諸国家が反発して連合を組んだ。斉侯（後の威宣王）らの連合軍が魏を攻め、魏の王太子が殺されるにいたる。魏のもくろみはこの進軍でつぶされた。

すると、今度は斉も同じような式典を組もうとした。これも諸国家の反発を誘う。今度は楚の威王がこれをつぶした（前三二九年）。

そして、今度は秦である。蘇秦が外交的に活躍し、各国にはたらきかけて連合を組んだ。これが、「蘇秦合従」の中身である。

すでに述べたように、まだ「合従」にはなっていない時期の国家連合である。後になって、この連合を「合従」として紹介し、それが人口に膾炙したのである。

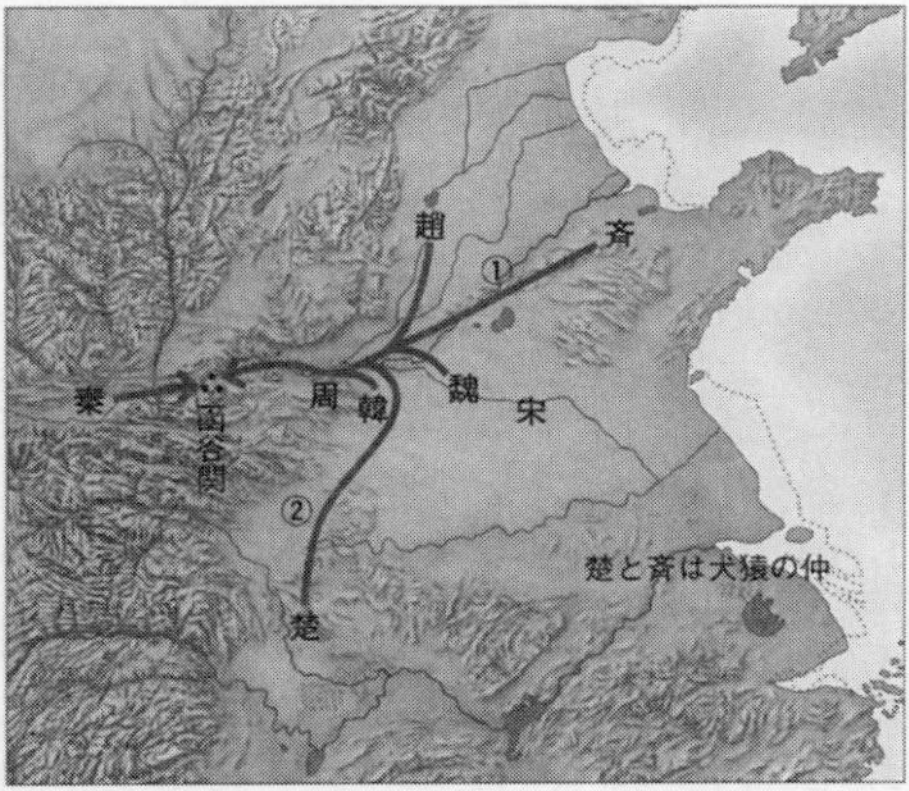


**蘇秦の「合従」**　まだ秦が一強ではない時期の連合が蘇秦の「合従」として議論されている。秦が斉や魏におくれて周王からの正統継承の儀式を行う。前318年のことである。これに反発した諸国が連合して秦を攻めた。これには②の楚が入っていない。そのころ楚と斉は犬猿の関係にあったからである。翌年①の斉が連合を抜けると、楚が加入した

## 蘇代の「合従」と斉の浮沈

蘇秦の「合従」は以上のようなことだが、これに対する蘇代の「合従」は、やや遅れて、前二八九年（秦では前二八八年）に成立した。

まだ通常話題にされる意味をもたない時期の「合従」であったが、東の斉、西の秦を念頭において南北が連合する、という意味では、「従」を使う用例が出てきた時期のものである。

この「合従」には、孟嘗君《もうしょうくん》も

関わる。古くから興味を引いた話題である。この蘇代の合従から始め、関連する記事を順を追って配列することができる。得られた説話に複数の事件が記されており、それらの事件を時系列に沿って並べていくと、事件の前後関係がわかるからである。

そうした説話をたくさん集めて相互に比較し、得られたのが以下に示す一覧である。少し説明を加えながら並べてみたので、順を追って事件の推移をながめていただきたいと思う。

ちなみに当時の記事は年代だけを言うのがほとんどである。日付などは望むべくもない。そこで困ったことが起こる。国家ごとに、正月がずれていたからである。ちょうど新暦で元旦を迎えても、旧暦では、まだ年内だというのと同じ現象が頻繁におこった。ある国家では、すでに新年を迎えているが、別の国家では旧年の年末だ、という事例がたくさんあった。年代だけしか記されていないと、一方は新年、他方は旧年になり、一年のずれができる。

下記の一覧には、この種のずれも示してある。やや煩雑だが、事件の前後を決めるには、役立つので、ご了解ねがえれば幸いである。

なお、わかりにくくなるのを避けて、ここまで言わないでおいたが、「蘇子」とされる人物は蘇秦・蘇代以外にもう一人いる。一族の蘇厲《それい》である。この場合、くだんの誤りによって「蘇子」が一律「蘇秦」にされた結果、本来は蘇厲の記事が蘇秦の記事に化けている。下記では、それも蘇厲になおしてある。

少し後に示した三一五頁の図を参照されたい。

（紀元前）

二九八　斉の孟嘗君が秦より斉に帰り、対秦連合を結成し、魏・韓に趙を加えて秦を攻め、函谷関《かんこくかん》に至った。

秦二八八　魏二八九　A：秦の穰侯が魏を攻め、魏は河東の東、方四〇〇里を献じた。秦の白起《はくき》が大良造《だいりょうぞう》となり、魏を攻めて大小六一の都市を取った。

秦二八八　趙二八九　B：蘇代が秦に出向き、帝を称して天下を併呑することを恵文王に勧めるが、時期がいたっていないと答える（この後、帝を称した）。

秦二八八　趙燕二八九　C：蘇代は燕から斉に出向いた。斉王は「そちが来たのはうれしいことだ。先に秦の魏冉《ぎぜん》めがやってきて帝を称したらどうかと言いおった。そちはどう思うか」とたずねる。「秦に先んじられております（Bの後、秦は蘇代以外の意見を聞いて帝を称している）が、帝を称するのに後先は関係ございません。秦の称帝が天下に認められず、斉の称帝が天下に認められれば、斉にとって大きな元手となります」と答える。

秦楚二八八　趙魏二八九　D：秦と斉が帝を称した（後に秦を西帝、斉を東帝と称して区別する）。斉は薛公《せつこう》（孟嘗君）の政策をすてた。蘇代が斉に説

秦二八八　趙二八九

秦二八八　趙二八九

秦二八八　趙斉二八九

き、斉と秦で趙を伐つことを約束させようとした（が、事態は別の方向に進み始めた）。

（以上Cまでをまとめなおす）

E：薛公（孟嘗君）は魏のために魏冉に言った。「秦王は呂礼を使って斉を味方にし、天下を秩序だてようとしているそうですね。そういうことになるとあなたは軽んじられることになりましょう。斉と秦が三晋に臨むなら、呂礼がこれに宰相となるからです」。

F：秦が魏を伐とうとしたので、魏王は孟嘗君に相談した。孟嘗君は趙に行き、趙王に意見を述べた。趙王は許諾し一〇万の兵、車三〇〇乗の軍を準備した。孟嘗君は燕王にも魏を救うよう意見を述べた。

G：奉陽君（下記の李兌《りたい》とは別人）がすでに死去し、蘇代は趙王に意見を述べた。「いま魏が弱いので黄河の東側を割譲し、韓が弱いので宜陽を献上し、そのため上郡は孤立して道も通じなくなり、楚は弱いので援軍をよこさない状況です。……六国が「合従」して秦をのけものにすれば、秦の軍は函谷関を出て東方を害することはありません」。趙はこれに従った。蘇代は燕から趙にいたったのであり、ここに「合従」が成立した（た

秦二八八　趙二八九

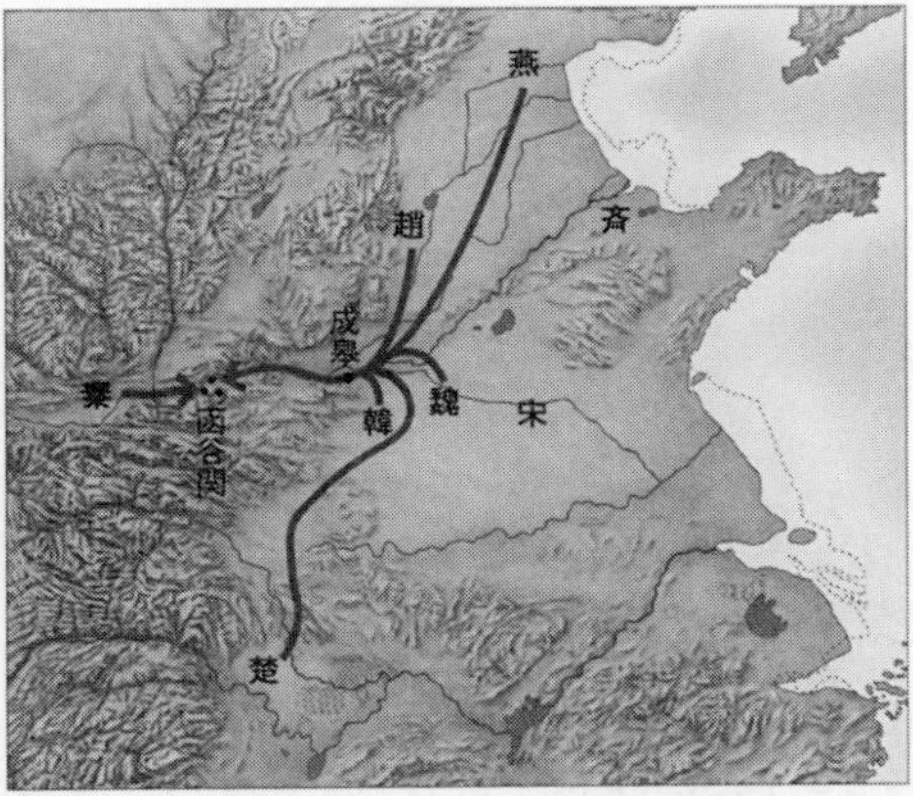


蘇代の「合従」　秦と斉という二強に挟まれた国家（趙・魏・韓）が北の燕、南の楚と連合して秦を攻めた。その時の連合が蘇代の「合従」として議論されている。国家が縦（従）に並んでいるが、秦が一強にはなっていない

だし、「合従」したのは斉をのぞいた五国になる。だから「合従」になる）。

H：（斉をのぞく）五国（燕・趙・楚・魏・韓）が連合して秦を伐ったが戦果が挙がらず、成皐《せいこう》の地にきて足踏みした。趙が和睦をいいだし、楚・魏・韓がこれに応じようとしたが、秦ははねつけた。秦は魏・韓の宰相として成陽君を推薦したが、両国ともはねつけた。

秦二八八　趙二八九　　I：蘇代は斉王に意見を述べた。「斉と秦はすでに帝を称していますが、王は天下が斉と秦といずれを尊ぶとお考えか」。斉王が答える。「秦であろう」。「王が帝をおやめになったとして、結果はどう変わるでしょう」。「斉を大切にして秦を憎むであろう」。「両帝が立って趙を伐つというのは、宋を伐つの利に比べていか

がなものであろう」。「そもそも約して秦とともに帝を称し、天下が秦を大事にして斉を軽んじている（斉をほったらかして秦を攻めている）ということであれば、趙を伐つのは宋を伐つの利に及びません。ゆえに私は申し上げているのです。どうか王には帝をやめて天下に付き、秦を孤立させて大事にするのをやめさせ、そして、現状を利用して宋を平定なさいませ。そもそも宋を領有すれば衛の陽城は危うく、淮北を領有すれば楚の東域が危うく、済《せい》水の西を領有すれば趙の黄河の東側が危うく、陰と平陸があれば魏の東門は開きません。ゆえに帝をやめるということにして宋をお伐ちなさいませと申し上げております。このことが成った暁には、燕・楚は服する形を示し、天下は斉の意見を聞かざるを得なくなります。これは殷の湯《とう》王、周の武王の慶事をなすことになります」。

秦二八八　趙斉二八九

J：呂礼がやってきて秦と斉が帝をやめることを条件の画策を始めた。そのころ魏冉が秦の宰相に復帰した。孟嘗君は事態をおそれ、秦の宰相魏冉に、斉を伐って呂礼を亡命させることを進言した。

秦二八八　趙二八九

K：秦から亡命した呂礼は斉に宰相となって蘇代をこまらせようとした。蘇代は孟嘗君に言った。「周最は斉にあって厚遇されております。斉王が周最を追放して親族の意見を聞き、呂礼を宰相にしないのは秦を取りこもうとの考えがあるからです。斉と秦が合すれば、呂礼とともにあなたも重んじられないでしょうし、斉が呂礼を用いでもすれば、斉秦ともにあなたを軽んじます」。孟嘗君はこの計画にのり、呂礼はこのことを恨んだ。

二八八　L以前：湣《びん》王は孟嘗君を復帰させた。孟嘗君は病と称して薛《せつ》に引退した。

二八八　L：斉の湣宣《びんせん》王は驕慢《きょうまん》となり、孟嘗君を去ろうとしたので、孟嘗君は魏に行き、魏も孟嘗君を宰相にとりたてた（この記事は、Fの前の可能性もある）。

二八八　M：斉が宋を攻めようとした。秦楚はこれをやめさせようとした。斉はそのため趙と組もうとしたが趙は了承しなかった。斉は公孫衍《こうそんえん》に命じて趙の李兌《たい》に説き、宋を攻めて李兌を封建しようともちかけた。斉は宋を伐って五城を抜いた。

二八八　N：秦が趙の桂陽《けいよう》を抜いた。

二八七　O：韓が宋を攻めようとしたので、秦は安邑《あんゆう》を与えてなだめようとし、魏を攻めて安邑を取り、韓に与えた。秦の白起がすぐにこれを奪取した。

二八七　P：趙と魏は斉を攻めようとした。

二八六　Q：斉が宋を破った。宋王偃は殺された。

二八六　R：秦が韓を夏山《かざん》に破った。

二八五　S：秦が趙を攻め、趙は楼緩《ろうかん》を遣わして五城を与えて和睦した。そして秦とともに斉を攻めた。斉王は人を遣わして一〇城をもって秦に和睦した。楼緩は恐れ、上党二四県をもって秦に与える約束をする。一方趙足が斉に行った。趙・斉相互の不信感は強く、趙は斉と国交を断絶して燕と結び、斉を攻めて破った。

二八五　T：秦は楚王と宛に会し、趙王と中陽に会した。

秦二八四　趙二八五　U：（会話中の述懐）秦は斉・趙のために函谷関の外に一五年出てこられなかった（前二九八年に孟嘗君が秦より斉に帰り、対秦連合を結成し、魏・斉・韓で秦を函谷関に破った時以来、前二八四年が一五年目）。

秦二八四　趙二八五　V：趙は天下を味方につけ、斉を伐とうとした。蘇厲は斉のために上書して趙王に説いた。「燕は斉を破った余勢をかって韓の河南を制圧し、砂丘を越えて鉅鹿《きょろく》の界三〇〇里にいたり、さらに楡中《ゆちゅう》一五〇〇里にいたっています。一方秦は、韓魏の上党を七〇〇里にわたって制圧しました。秦はさらに三軍の兵力をもって羊唐の上に座し、地は邯鄲を去ること二〇里のところにまでております。……そもそも韓は趙に従うのを上策としている国です。いま、王は天下を味方におつけください。そうすれば、韓は国家の危難をもって王に仕え、天下も王を重んじましょう」。

秦楚二八四　趙魏燕二八五

W：（Vに先行ないし並行する事件を述べれば）燕の宰相楽毅《がっき》は趙・秦・韓・魏・燕の軍を率いて、斉を攻めた（楽毅が斉を攻めたという記事として紹介されることが多い）。芒卯《ぼうぼう》は秦・魏の軍を率いて斉を伐った。尉斯離《うつしり》は趙・魏・韓と斉を済水の西に破った。楚は莒《きょ》を制圧するにおよんだ。

秦二八四　趙二八五

X：斉の滑宣王は衛に亡命した。不遜だったので衛に攻められ、魯《ろ》にいたったが、そこでも不遜だったため入れてもらえなかった。そこで莒に逃げ込んだ。後の襄王は即墨《そくぼく》に逃げ込んだ。

二八四

Y：楚の淖歯《とうし》は莒を制圧した後、斉の滑宣王を殺した。

二八〇

斉の田単《でんたん》は即墨から反撃して斉を復興させ、襄王を（滑宣王が殺された）莒に迎えて即位させた。襄王は、滑宣王の死去（前二八四年）に即位を遡らせた。

『戦国策』楚策一に数ヵ月で宋を平定できる、との記載がある。

二七七

『戦国策』秦策四に楚が東に遷都するにあたり、宋を平定することを議論。

蘇代の「合従」以来の経緯は以上のようになる。複数の国家とたくさんの人が同時に様々な活動をくりひろげている。蘇代にすれば、秦との話をつけたのに、活動しているうちに秦にうらぎられ、秦に対抗する連合をつくることになっている。これに孟嘗君らの活動もからんでいる。孟嘗君は、斉の宰相として、前二九八年には魏・韓とともに対秦連合を組織し、秦を函谷関の西に封《ふう》じ込めた立役者だが、その後も、このように活躍の場を得ていた。

そうこうするうちに、斉が宋を攻めることになる。そして泥沼にはまる。はまったのは斉だけではない。諸国みなそれにはまっていく。斉は、その泥沼から抜けきれぬまま、燕の攻撃を受けて滅亡の淵に立たされることになる。

### 「帝」を名のる

斉は宋に攻め込むきっかけを待っていた。斉の田氏は、威宣王の母方が宋の出であることを根拠に、宋にまつわる殷の故地の領有を主張していたからである。

『史記』の記載を読んでいると、斉が東帝、秦が西帝となり、ほどなく「帝」をやめたことが記されている。ところが、蘇代の「合従」以来の諸国の動きを追ってみると、ことはさほど簡単なものではなかったことがわかってくる。

斉が宋に攻め込む前について、『戦国策』燕策一や『戦国縦横家書』には、秦を西帝とし、燕を北帝とし、趙を中帝としようなどという議論も見える。問題は東帝・西帝だけのことではない。また、秦と斉が「帝」をやめた時期も、実のところよくわからない。いつやめたのか。

上記の事件の流れの中で、重要な位置をしめているのが宋である。そのころ宋王であった偃は、「天を射、地にむち打ち、諸侯の像をつくってならばせ、その尻をあらわにしたり、その鼻をはじいたりして楽しんでいる」（『戦国策』燕策一）と記されている。この国は殷の末裔である。周の諸侯だった諸国からは、ただでさえ蔑視の対象とされる運命にあった。それが王を名のったのだから、反発は相当なものである。

ここで問題になるのが、字面で知ることができる事実を超えた状況である。

宋は王を名のっただけだったのかが問題になる。宋をめぐる一連の動きの中で「帝」が唐突に出てくる。この「帝」は殷の王が用いてきた表現である。殷の王は生前は「王」であり、死後は「帝」となった。それが甲骨文《こうこつぶん》を通してわかる殷のやり方である。宋は当然そのやり方を継承している。

とすれば、宋が独自な正統主張を企図するに当たっては、自然にこの「帝」をあらたな正統者の称号として使い始めたことが考えられる。そして、宋が最初に「帝」を名のったとすると、その後の「帝」をめぐる諸国の騒動がよく理解できる。秦や斉が対抗上まず「帝」を名のって宋をつぶしにかかり、他の国々も同様の動きを示した、ということである。

では、そんな特別の称号である「帝」を、なぜ諸国家はやめたのか。一つ考えられる理由は、木星の「異変」である。木星は約一二年で天の星の間を一周する。やや詳しくいうと、正確に一二年一周天ではなく、八三年七周天である。一二年一周天なら八四年七周天だから、七周天で一年分ずれることになる。

木星は約一二年で一周天なので、天をスイカよろしく分割した場合、一年にそのひとつずつを移動していくことになる。この一二分割したそれぞれに十二支を配当し、これを用いた占いも発達する。前三五三―前二七一年の八三年間の半ば以前に木星の周期、約一二年が知られるようになった。だから、上記の諸事件がおこっているころには（問題の八三年間の終わりに近づくにつれ）、木星の毎年の位置を知る基準、すなわち冬至における木星位置が年を追ってずれ、「木星周期の発見」当時のものではなくなってきたのである。これは実に不吉である。また、「帝」を最初に名のった宋は滅び、それを滅ぼしにかかった斉も滅亡の淵に立たされ、加えて諸国は大混乱に陥った。そこで、誰となしにやめようという話がもちあがったのではないだろうか。

史料には、早い時期に秦と斉が「帝」をやめたように一見読めるものもあるが、事件の推移からすれば、実際にやめた時期はかなり遅れそうである。早い時期に秦と斉が「帝」をやめたように書いてある記事は、「後に」やめた、という注記として読めばよい。その注記を、その時にやめたと読むと、あちこちに齟齬ができる。

おそらく、滅亡の淵に陥った斉が、田単らの尽力で復興するころまでに、「帝」を称するのをやめた、というのが実際のところであろう。

なお、宋王偃は前二八六年に殺され、これをもって宋は滅ぼされたわけだが、宋の地が平定されるには、なお時間が必要であった。前二七七年の時点で、宋を平定することがまだ議論されている。

先に、領域国家が別の国家に支配される場合の抵抗を述べたが、その抵抗運動がしつこくくりかえされていたのである。この種の抵抗は、新石器時代以来の文化伝統を異にするものどうしの間でくりひろげられたものである。かつての都市どうしの連合による間接支配ではなく、都市に官僚や軍隊を派遣しての直接支配を進めようとしたことが、それも、文化伝統の異なる地域に支配を及ぼそうとしたことが、かつてない抵抗運動を呼び起こしているのである。

このことに加え、宋と領土が接していない秦や燕などが、同じく接している国家の背後をつく姿勢を示して、宋の抵抗運動を支えていたようである。

## 「合従」を成功させたもう一人の立役者――孟嘗君

### 孟嘗君の出自

蘇秦と蘇代のことに関連づけて、戦国時代を特徴づける「合従」のことを述べてみた。その蘇秦と蘇代の「合従」に挟まれて、同じく「合従」を成功させた人物がいる。孟嘗君である（三二九頁）。孟嘗君は、先に述べた蘇代の「合従」にも関わった人物である。『史記』孟嘗君列伝は、孟嘗君の父靖郭君田嬰《せいかくくんでんえい》から説き起こす。田嬰は斉の威王の末子だと述べる。ところが、実際のところ、田嬰は威王と同じ世代の人のようである。

孟嘗君のことを述べる前に、蘇秦「合従」と蘇代「合従」の間を埋める諸々の事件を述べ、孟嘗君の出自を歴史的に位置づけておこう。

従来問題にされてきた威王・宣王・湣王の記事は、若干の入れ替えをして、威宣王が王を称する前の時期、威宣王が王を称した後、湣宣王の時期に配列しなおすことができる。威宣王は威王にして宣王、湣宣王は湣王にして宣王であり、威宣王には、王を称する前と後の時期があったのを、従来誤解して配列していたのである。そのためとんでもない年代矛盾が生じていたが、厖大な年代矛盾解消作業に沿って手直しすれば、矛盾はきれいになくなる。

この年代矛盾解消作業の結果からすると、田嬰は威宣王の時期に重なり、田嬰の子の孟嘗君は、威宣王の子の湣宣王の時期に重なる。

『史記』孟嘗君列伝が靖郭君を斉の威王の子としたのは、威王が王を名のった時期を宣王の時期と誤認したことによる。歴代の議論にあっても、靖郭君を威王の子とするのはおかしいという意見も出ていた。直接的には、『史記』の問題の記事が、『戦国策』、よりくわしく言えば、後に『戦国策』としてまとめられたいくつかの書物の一つから採用されているのに、その材料の記事に威王の子だという記述がなかったことが理由だった。従来の（矛盾だらけの）年代整理であっても、その整理を進めてみた結果、やはりおかしいという話になっていたわけである。

靖郭君の封地となった薛《せつ》は、泰山《たいざん》の南にあって、宋や越や楚など西南や南ににらみをきかす拠点都市であった。それをまかされたということである。単に田氏一族だからだというだけでなく、才覚ありと認められたゆえの任用である。

仮に、靖郭君が威宣王の兄弟であったとすると、威宣王の子の湣宣王（いわゆる湣王）と靖郭君の子の孟嘗君は、いとこ同士ということになる。

靖郭君のときには、魏の恵成王が王を称して逢沢《ほうたく》の遇《ぐう》をなし（前三五一年）、「文武の胙《そ》」を要求して周王に権威の委譲を迫り踰年称元法を始めようとしたので（前三四三年）、斉の威宣王（称王前）がこれを馬陵《ばりょう》に大破して（前三四二年）、そのもくろみを頓挫させている。前三三八年に威宣王は踰年称元法による王の元年を始めた。その改元後九年（前三三〇）、靖郭君は斉の宰相となった。

当時の宰相は封地をもっていたが、封地をもつ諸侯は一般に「君」と称し、みずからの在位紀年をもっていた。前三三〇年は靖郭君相斉元年である（「相斉」は斉に〈あって〉宰相となる意味）。威宣王の改元後一九年、つまり靖郭君相斉（斉の宰相となって）一一年、威宣王が死去し、湣宣王が即位した。

湣宣王の下で前三一八年に成立したのが、上述した蘇秦の対秦連合（「合従」）である。蘇秦はその翌年に死去し、蘇代がとりたてられている。

このころ、燕でも新しい動きが表面化していた。燕王噲《かい》が他にない独自な王であることを式典化しようとして、まずは臣下である子之《しし》を宰相として王の政務に当たらせ、王はいったん政治の座をはなれ、その宰相から太子に政権がうつるという「形」を作ろうとした。子之は文侯（公）と名のり、周の文侯（文公）つまり周公旦の再来を自任し、ゆくゆくは成王に当たる人物を王にする、という筋書きである。

ところが、次代の王をだれにするかで、政権内部は二手に分かれて争うこととなり、太子であった王子平と燕文侯子之は争うことになった。前三一四年に燕王噲と燕文侯子之が殺されると、趙が王子職を送りつけて即位させた。これが燕王職（易王）である。

この動きを見ていた斉の威宣王は、軍をくりだして燕を攻めた。易王は殺されたが、燕では斉の勢力を追い出し、太子平を即位させた（前三一三年）。これが昭王である。

燕の昭王は、すぐさま国家再建にのりだした。臣下の一人郭隗《かくかい》が「自分（隗）のようなつまらぬ人間を用いれば、あいつよりは優秀だと有能の士が集まる」として「まずは隗よりはじめよ」と述べた説話が有名となった。

蘇秦は燕の子之と縁続きであったという。斉において進めようとした何らかの政策が滑宣王の怒りを買い、殺されている。

蘇秦の宿敵とされる人物として張儀《ちょうぎ》がいる。秦の恵文王の称王改元後一一年（前三二八）に秦の宰相となり（相秦元年）、前三二二年（相秦七）に秦の宰相を免じられて魏に赴き、魏の宰相となって（相魏元年）、秦の恵文王による逢沢の会（前三二八年）をお膳立てした。逢沢の会直後の対秦連合の成立を受けて、前三一七年（相魏六）に秦に復帰し（相秦八年。あらためて八年から相秦の年代をはじめる）、対秦連合の切り崩しに奔走した。

靖郭君の子として生まれた孟嘗君は、以上の経緯の中で斉の政界に地歩を築いていくのである。

## 孟嘗君と斉の副都

戦国時代の領域国家は、新石器時代以来の文化地域を母体として成立する。その文化地域は広大なもので、大小あるとはいえ、韓国や日本など現在の国家領域なみの規模をもっている。

日本に東西二つの中心が歴史的に形成されたように、それぞれの文化地域にも、二、三の中心が形成されている。それらは王都・副都として領域国家の下でも中心的役割をはたした。

この意味における王都・副都とは別に、周が殷の故地を経営するために作った拠点都市雒《らく》邑《ゆう》のような存在もある。新石器時代以来の文化地域としては、周の場合の王都・副都は、それぞれ別の文化地域を支配するための拠点になっている。周の場合はさらに、山東方面ににらみをきかすために魯を封建している。

同じ副都といっても、相手にする伝統的地域が異なっているわけだが、周の文化的影響下で漢字圏ができあがったせいで、周のやり方は理想的「形」だとされた。王都鎬京《こうけい》と副都雒邑により、支配地を経営するという考えは、戦国時代の領域国家にあっても継承された。

領域国家それぞれに拠点都市は複数あるから、その一つを王都とし、別に一つ副都を置く。史料上よくわからないのだが、おそらく、王都に王がおり、副都には宰相が封建され、副都の経営は代理を派遣して宰相は王都で自らの役目を果たす、というのが通常のやり方だったであろう。

斉では、王都は臨淄《りんし》に置かれた。副都は史料上不明なままであるが、莒《きょ》や即墨《そくぼく》や薛《せつ》などのどれかということになろう。『孟子』に「滕《とう》の文公」が出てくる。おそらく宰相であろう。この滕は薛に近い。私はこの人物は靖郭君なのではないかと考えている。

孟嘗君は薛公を世襲している。おそらく靖郭君の時代に滕公であった支配地の一つとして薛を整備し、この薛に本拠を移したのであろう。それを孟嘗君が受け継いだのである。

すでに、蘇秦は斉の湣宣王に何らかの政策を疑われたことを述べた。燕文公子之と姻戚関係にある蘇秦である。似たような式典を湣宣王にもちかけたかもしれない。斉の宰相は、靖郭君である。その子は孟嘗君である。蘇秦が計画をもちかけたとき、靖郭君がすでに引退していたかどうかは微妙だが、靖郭君・孟嘗君のいずれかが式典に関わる宰相として議論された。

諸書に記された内容から推すと、斉の湣宣王はとても猜疑心の強い人物だったようである。そのような人物に政務を離れることをもちかけるのは、自殺行為である。当然の結果として蘇秦は湣宣王によって殺された。

前二九八年、三晋つまり魏・韓と趙は斉と連合を組んで秦を伐ち、函谷関の西に秦を押し込めることに成功する（三二五頁参照）。翌々年には、これに宋と中山《ちゅうざん》が合流した。その「合従」の立役者が孟嘗君であった。すでに一覧にした記事にも示しておいたが、前二八四年の記事の中で、秦はこの三晋「合従」以来を念頭におき、一五年もの間、函谷関の外に出られなかったという恨み言を述べている。

『戦国策』斉策一に次のような内容の話がある。

靖郭君は斉貌弁《せいぼうべん》という人物を大事にしていた。周囲はこれをいさめた。孟嘗君もいさめたが、靖郭君は聞かなかった。斉の威王（威宣王）が亡くなり、宣王（湣宣王）が即位すると、靖郭君はそりがあわず領地の薛にひきこもった。斉貌弁は王都にのぼって湣宣王に説く。「私は日頃靖郭君に大事にしてもらっておりますが、意見は聞いてもらえません。あなたが太子だったころ、人相がよくないから太子を別の王子にせよと申し出たのですが、一向に聞いてもらえませんでした。楚から薛と楚の数倍の地をもって交換しようとの申し出があった時、私はそうせよと熱心に勧めたのですが、先王にすまぬし、先王を祭った廟がある、といって聞いてもらえませんでした」。滑宣王はこのことを聞くと、改心して靖郭君を呼び寄せ宰相にしようとした。靖郭君は再三辞退したが最後には受けた。

孟嘗君が靖郭君とともに威宣王に仕えていたことを教えてくれる史料でもあり、また、王の廟が複数の場所に置かれていることを示す史料でもある。

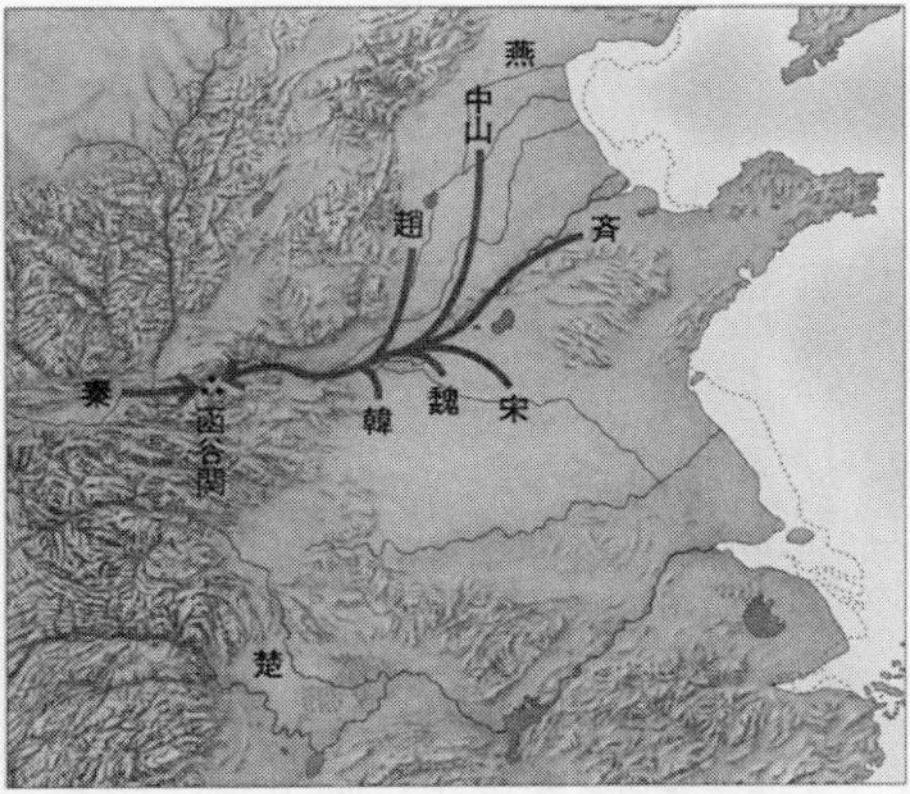


孟嘗君の「合従」　秦と斉という二強に挟まれた国家（魏・韓そして趙）が前298年、斉とともに秦を函谷関の西に押し込めることに成功する。翌々年、これに宋・中山が合流した。なお、この図の函谷関は、よく知られるものと位置がずれている。状況証拠からこう示せる、というものであったが、最近の調査で、確かにここに春秋戦国時代の函（関所）があったことが確認された

王廟が複数の場所にあるのは、王の神霊をもって国家領域の鎮護を期待するものであろう。この種の廟は漢のときにも作られている。漢王朝は、各地に郡国廟、つまり高祖を祭るための廟を作った。この廟の性格を考えるにも、興味ある事実である。靖郭君は、滑宣王の即位とともに、一度は政界を去ったものの、

すぐに宰相の地位に返り咲いた。

## 孟嘗君の「合従」と蘇代の「合従」

孟嘗君が三晋「合従」を成功させたのは前二九八年である。この年は、孟嘗君が秦に使者として出向き、逃げるように帰国した年でもある。帰国後に「合従」を成功させた。

でかけるに当たっては、周囲は猛反対した。一度はやめたようだが、結局出発する。『史記』孟嘗君列伝によると、案の定、帰国は難しくなった。ところが孟嘗君の下にはいろいろな人物が仕えていた。泥棒（狗盗《くとう》）もいた。その泥棒が狐の白毛の皮衣を盗んでくれて、これを秦の昭襄王の愛姫に献上し、謀殺をまぬかれ、出国できるようにしてもらえた。秦の昭襄王はすぐに後悔し孟嘗君を追わせた。函谷関にいたると、今度は配下の者がまた役立った。ちょうど夜半である。配下には鶏の鳴き声（鶏鳴《けいめい》）のうまい者が含まれていた。その者が鳴く。門番は朝と勘違いして門をあけた。出られて無事に帰国することができたという。その年の内に対秦「合従」が成立するのである。「鶏鳴」も「狗盗」も通常は役立たずだが、そんな者すらやしなっていた、という話である。そして、それを連れて秦に出向いたというところが、孟嘗君の人を見る目の非凡さを示す話になっている。

前二八九年（秦では前二八八年）には蘇代が「合従」を成立させた（三二一頁参照）。この蘇代「合従」では、孟嘗君は脇役になっている。滑宣王の猜疑心が孟嘗君に向いてしまい、孟嘗君は、のがれて外にある。蘇代は、そもそも秦の意を汲んで斉と秦の連合をくもうとしたのだが、秦の方が別の人間を使って自分をないがしろにしようとしていることを聞きつけ、孟嘗君の意見も聞いて、斉ぬきの五国連合をくみ上げた。孟嘗君もこれに協力する。

斉が宋に攻め入ったとき、孟嘗君は斉を出国していた。斉の滑宣王による宋攻撃は、孟嘗君不在、というより、宋攻撃を非難する諸国に孟嘗君が亡命している状況の下でなされた。

これが、後々大きく影響したようだ。人を見る目があった孟嘗君、見る目がなかった滑宣王ということである。人を見る目がないということは、状況判断がまちがっているということでもある。国をあずかる身でありながら人を見る目がないと、自らが破滅するだけでなく、国をも滅ぼすことになる。皮肉な言い方をすれば、孟嘗君を危険視したということ自体は、自らの身の安泰をはかる上ではまちがっていなかったのかもしれない。しかし、孟嘗君の非凡さを臣として用いる力量に欠けていたことが、国家を滅亡に導いてしまったわけである。

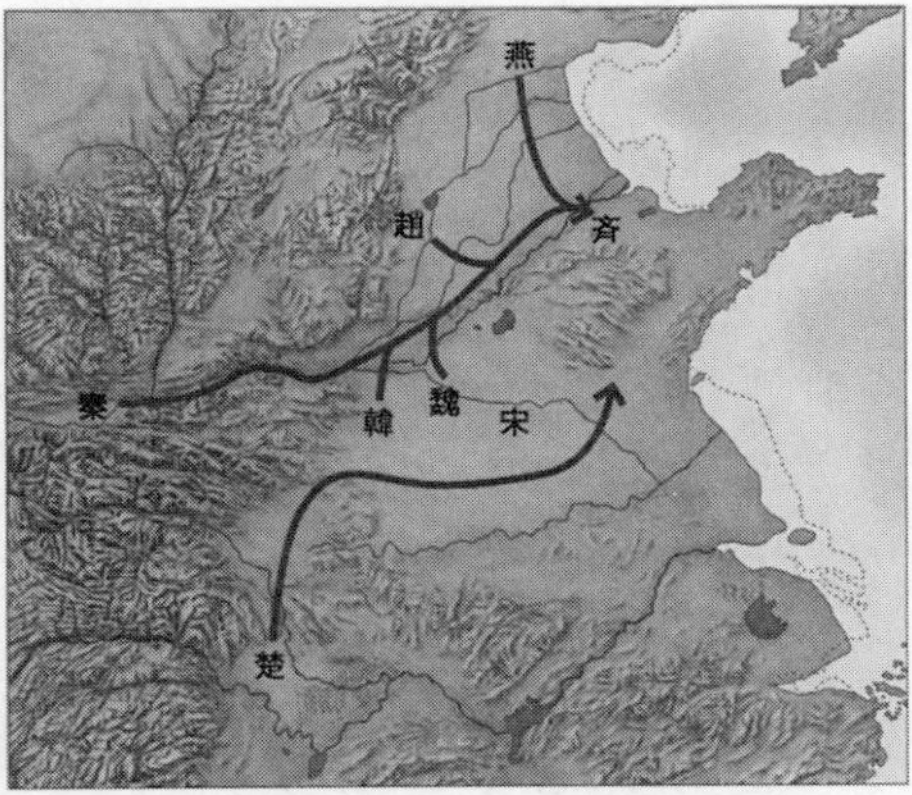


**斉の滑宣王を攻める**　国家連合の矛先が秦ではなく斉に向くこともある。斉の滑宣王が宋に攻め込むと、諸国は連合して斉を攻めた。この戦いで、斉は滅亡の淵に立たされる。斉に攻め込まれた宋も大混乱となったが、宋の平定はどの国家にとっても難事中の難事であった。熾烈な抵抗運動がくりひろげられたからである

## 屈原の死

秦の昭襄王は、斉の滅亡の危機という絶好の機会をとらえて、強力に対外拡張を進めた。そもそも、孝公の時代に商鞅《しょうおう》の変法（制度改革）を用いて国力を充実させ、それをもとでに恵文王の時代に対外拡張を進めた。それが、蘇秦の「合従」をまねいた。その後も孟嘗君の「合従」と蘇代の「合従」があった。そうした「合従」で「失った」領地をすばやく回復していく。最大の敵であった斉は衰え、趙も対抗しきれない。

秦にとって最大の敵は、楚になった。

楚は上記の「合従」では主役をつとめていない。つとめていないのにはわけがあった。楚は楚なりに領土の拡張に成功したのだが、その拡張の結果新たに得た領土の支配に手をやいていたのである。

そもそも楚は湖北の西よりの一角から発展を始めたらしく、春秋時代には長江中流域を睥《へい》睨《げい》する大国となり、戦国時代には、呉起《ごき》の変法などをすすめて富国強兵をはかった。前三二九年には、楚の威王が長江下流域の大国越を大破する。この後、越の本拠は楚の支配下に入ったが、反乱は絶えなかったようである。越王は斉をたよって山東半島の南のつけねにある瑯邪《ろうや》に遷った。そこを新たな根拠地として失地の回復をはかっていた。『戦国策』楚策一には、張儀が楚の頃襄王《けいじょうおう》に語った言葉が記されているが、それには「大王は呉人《ごひと》（呉の地の越人）と五回戦って三回勝利を収め、これを滅ぼすことができました」とある。

楚は西の秦、北の韓、東北の斉と軍事的緊張状態にあり、その上で越の地の支配に乗り出した。地は広く人は少ない。だから、思うように越の地の鎮圧ができていないのである。そもそも文化伝統が異なる地域の支配であるから、最初から困難がつきまとっている。だから、対秦連合においても、主役をつとめられるような状況ではなかった。

秦は、この状況をうまく利用することにした。楚の守りの手薄なところを突いていっきに攻め立てる。楚に攻め込む準備として、長江上流域の巴蜀《はしょく》を制圧する。この地は、「巴蜀文字」あるいは「巴蜀符号」と称される符号を用いる地域であった（四七頁図参照）。春秋時代以来、楚の文化的影響が長江沿いに入ってきているものの、基本的に漢字圏には入っていなかった地域である。殷代・周代に並行する時期に、三星堆《さんせいたい》文化・十二橋《じゅうにきょう》文化と称される青銅器文化をほこり、以後も独自の文化を継承してきた。大国が小国を睥睨する段階にいたっていたようである。そこに侵入して蜀国を滅ぼしたのは前三一七年のことである。前年にできあがった蘇秦「合従」で、秦は兵力を東に展開することはできなくなった。その兵力を南にむけて蜀国を滅ぼしたのである。

その後も秦は東に兵力を展開できない時期が続いた。その間、秦は蜀の地の経営を安定させる。文化伝統が異なる地域の支配であるから、楚の越支配と同じく困難が大きかった。反乱の記事も見える。しかし、他の戦国諸国の侵攻をさほど気にする必要のない状況下で、兵力を南に集中して展開できたことは、秦の蜀支配という観点からすると、むしろ好都合であった。

東方の国々が秦を封じ込めている間に、秦の蜀支配は軌道に乗っていく。

そして起こったのが斉による宋攻撃である（前二八八年）。前二八六年に宋王偃は殺されて、宋は滅んだ。しかし、その後は宋地をめぐる諸国の争奪戦が始まる。直接宋と領土を接していたのは、攻め込んだ斉の他、魏と楚である。斉の独走をくいとめるべく、各国は斉を攻める。秦・趙・韓の軍も当地にやってきた。そして、泥沼状態から抜けられなくなった。

特に楚はただでさえ越の故地に手をやいている。その上に今度は宋であった。すでに述べたように、前二七七年の時点で、なお宋の平定が議論されている。

そうこうしているうちに秦の軍は前二八〇年、蜀から南下し、司馬錯《しばさく》が湖南の西から侵入する。同じ年、秦の白起は趙を攻めて光狼城《こうろうじょう》を奪取する。白起は前二七九年、南下して楚の北西を攻め、鄢《えん》・鄧《とう》の五城を抜いた（次頁）。趙からは趙王の意を受けた蘇厲《それい》が楚の頃襄王のところに合従をすすめにやってくる。しかし、白起はさらに南下し、前二七八年（魯の暦では前二七九年）、楚の都の郢《えい》を陥落させた。楚王は東方に逃亡した。そして陳を都にする。前二七七年、湖南の地も秦に平定された。

ここに楚の本拠たる湖北・湖南の地は、秦の支配下に入ることになった。秦の軍事的優位は、これ以後ゆるぎないものとなっていく。

この楚都陥落の折、楚のために奮戦して失意のうちに湖（近くの大河とも）に身を投げた人物がいる。その名を屈原《くつげん》という。

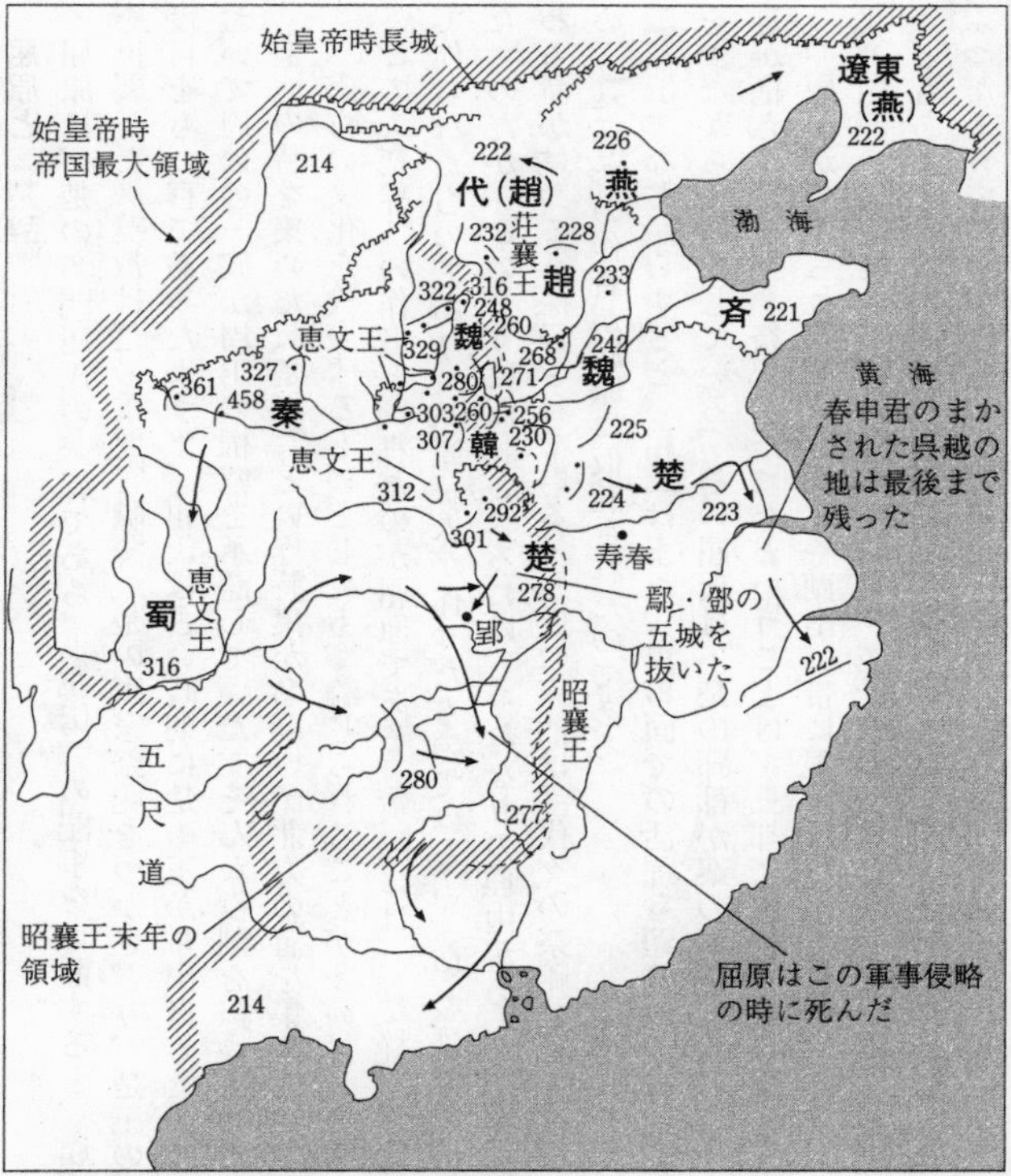


**秦の国家領域の拡大**　秦は孝公（在位前361―前338年）のときに商鞅の変法を行って成功し、以後領域を東に拡大していった。昭襄王（在位前307―前251年）のとき、湖北・湖南の地を手中におさめ、天下の半ばを制するにいたった。楚はこの後、淮水流域やかつての呉・越の地を拠点とすることになる

## 屈原と『楚辞』

屈原は、楚の名門屈氏の一族である。『左伝《さでん》』の記事を参照すると、屈氏は代々莫敖《ばくごう》の職を世襲した。莫敖は楚の重要官職で、楚の国家祭祀をつかさどり、楚王の正統性を確認する役目をもつ官であったようだ。屈氏は古い時期に楚の王から出自した名族で、ちょうど周において周公の一族が周王の権威を承認していた、そんな役割を担っていたのだろう。

楚地の詩を集めた『楚辞《そじ》』という詩集が名高い。北方の詩を集めたとされる『詩経《しきょう》』に対し、南方の文化を代表するものとしても、論じられることが多い。

この『楚辞』の作者とされたのが屈原である。実際には、『楚辞』は多数の人の手によって作られたものであり、屈原一人が作ったものではない。いわば彼が「作ったことにされた」のだが、このように仮託されるには、それなりの理由があった。『楚辞』には祭祀に関わる詩がけっこう採録されている。屈氏の家柄は、代々の祭祀のまとめ役であった。そのため、『楚辞』の作者が屈原に仮託されたのである。

『左伝』などからすると、屈氏はまた、軍事面での活躍も顕著で、戦国時代になっても将軍を少なからず輩出している。その屈氏は、楚の郢都が秦の軍事侵攻によって陥落した後、消息が絶えてしまう。祭祀官だったということは、王都に居住する一族だったということであり、屈氏が与えられた都市も湖北や湖南一帯に限られていたのであろう。王都が陥落し、湖北・湖南の地が秦の軍門に降った結果、屈氏の勢力も衰えたということである。

ともあれ、名門屈氏が楚の王都と命運をともにしたことは、楚地の人々の心を相当にゆさぶったようである。屈原の伝説は以後ながく語り継がれることになった。

その伝説の一つが、端午《たんご》の節句に食する粽《ちまき》にかかわるものである。屈原は失意のうちに洞《どう》庭《てい》湖のほとり汨羅《べきら》の淵に身を投げた。洞庭湖には大魚がすむ。人々は、そのなきがらが大魚に食べられるのを避けるため、食物を投じた。それが粽の原形だという。古来の習俗が屈原に結びついたのだとされるが、屈原に対する人々の思いをかいま見ることができる。

屈原は、楚王に意見したが聞いてもらえなかったという話もできあがった。その意見は制度改革に関わるのではないかとの見解もある。屈氏は祭祀官のもとじめであり、伝統的秩序を重んじる立場にあったから、その彼が改革をせまったというのは、事実ならそれはそれで興味深いことである。しかし、この話には、屈原の意見を聞き入れなかった点に楚の凋落《ちょうらく》の原因を求めようとした人々の思いが投影されているようだ。そこに制度改革の目を持ち込むのは、近代以後の見解である。

屈原が楚の懐《かい》王を諫めた記事が『史記』屈原列伝に記されている。その諫言は楚世家では昭雎《しょうしょ》の言葉になっている。注釈は同じことを二人が述べたとするが、この諫めた相手である懐王は、楚にとっては屈原と並んで「反秦」の象徴的人物である。問題になっている説話が、象徴的な位置におかれるのである。

懐王は秦の計略にまんまとひっかかって、秦王に会いにいき、生け捕りにされて抑留されてしまう。前二九七年のことである。このことだけを見ていると、ひっかかった楚の懐王の愚鈍さが強調される話だが、その前後の経緯を見ていくと、事はそう簡単ではない。

すでに説明した孟嘗君の「合従」が前二九八年にできあがっている。秦は函谷関の外に出られない状況ができあがったのである。この「合従」は三晋（韓・魏・趙）によるもので楚はかやの外にある。そこで秦では楚に地を与えることを条件に楚王との会見を申し入れてきた。懐王はのこのこと出かけてつかまった。愚か者の王ということになる。ただ、実は君主どうしが会見するという前例はあった。あったから、秦は申し入れをしてきたのだし、懐王ものこのこ出かけていったわけである。しかし、秦は突然懐王を虜にしてしまった。

楚の懐王は逃亡を企てる。趙に出国したが、趙は秦に送り返した。前二九六年、「合従」には斉と宋と中山が加わっていたが、楚は不参加のままである。懐王は幽閉されたまま死去し、その亡骸が帰国した。太子は斉にいた。今度は斉が楚に申し込む。土地を割譲すれば太子を帰国させてやるという条件を楚につきつけた。したたかである。このことが尾を引いて、斉と楚は以後同盟関係を結べなくなる。

楚は楚でしたたかであった。地をさいてやると屈署なる人物を斉につかわし、太子は帰国の途についた。楚は、宿敵秦にも人をつかわして援軍を依頼する。援軍がくるとの情報を得て、斉は地の割譲をあきらめた。このとき帰国した太子が頃襄王である。

その頃襄王と屈原が不仲だったと屈原列伝は記し、頃襄王やその側近が秦の張儀に寛大な処置をほどこしたりするのを批判したと述べる。しかし、同じ経緯を記す『戦国策』の記事中には、屈原の名は記されていない。不仲説は、後にできあがったもののようである。

前二七八年に楚王が東の陳（陳郢と称されるようになる）に遷都しようというときの記事として、湖南の地（黔中《けんちゅう》・巫郡《ふぐん》の地）と東方がまだ残されている、という発言が紹介されたものがある。屈原は、洞庭湖の汨羅《べきら》の淵に身を投げており、その湖南の地をまかされた人物の一人だった可能性が濃い。その湖南を任され、そのまま征服されたとなると、屈氏が東へ逃げだすのはきわめて困難であるだけでなく、その拠点も失ってしまったことを意味する。屈氏はかくして、秦の征服戦争の中に埋没した。

楚の故地を回復するというスローガンの下、屈原は英雄となった。宿敵は秦である。その秦の「きたない」計略によって客死したのが懐王である。懐王も反秦の旗印となった。そして、その懐王に意見をした人物が書き換えられた。実はその人物は屈原だったという話に作り替えられた。これが頃襄王・屈原不仲説ができあがる発端となる。

## 春中君・平原君・信陵君

### 春中君・平原君・信陵君の合従

楚・秦・斉・宋・越、それぞれをめぐる話題を述べてきたわけだが、それぞれ相互に相手との信義を守らねばならぬという常識に欠けている。相互不信の連鎖がある。ときおり脳天気な人物も出てくるが、例外的である。支配されるとなると、それに対する反抗も激烈を極める。それが、本書で再々話題にしている新石器時代以来の文化地域の伝統的まとまりである。そのまとまりの背後に、他に対する強烈な敵愾心《てきがいしん》がある。

人どうしの信義も一方にはある。あるから国家連合が成立する。しかし、その連合はほどなく瓦解していく。

そういう状況にあって、個人どうしの絆が効果をあげ、時の流れにストップをかけたとなると、これは人の信義を語る上から、賞賛の的となる。

前二六二年、秦が韓を攻め、野王《やおう》を奪取したことから、その北にあった韓の上党《じょうとう》と韓の本拠とは不通になってしまった。上党の守であった馮亭《ふうてい》は、趙に援軍を求めたので、趙は彼を自国の封君として封建し（華陽君）、領土に編入した。趙は将軍廉頗《れんぱ》に軍を率いて救援に向かわせた。趙と秦は長平《ちょうへい》でにらみ合うことになった。前二六一年、楚では頃襄王が死去して考烈《こうれつ》王が即位し、州を秦に献じて和睦した。前二六〇年、それまで持ちこたえていた老将廉破に代わって若い趙括《ちょうかつ》が軍を率いることになり、にわかに形勢が変わった。彼は秦の白起の計略にかかって戦死した。趙兵数十万が投降したものの、白起によって全て穴埋めに処せられ、趙は前後して四五万人を失うことになった。

秦の暦で前二五九年、趙の暦で前二六〇年、ついに秦は趙都の邯鄲《かんたん》を包囲した。この時、斉・魏は秦を助けて趙を攻め、斉は臨鼠を、また魏は伊是《いし》を取っている。ところが、邯鄲が降伏することなく持ちこたえているのを見て、魏・楚が趙に援軍を送る。趙の平原君《へいげんくん》の意を魏の信陵君《しんりょうくん》と楚の春申君《しゅんしんくん》が受け、合従を成立させたからである。

このころになると、すでに秦は楚の故地たる湖北・湖南の地を支配しており、その領土は天下の半ばをしめるまでになっている（三三五頁図参照）。文字どおり秦に対抗して合従するか、これと結んで連衡するかが問題にされている。

このとき、魏王の意向を無視して合従を成功させるべく奔走したのが魏の信陵君である。本来なら、魏王を補佐する立場にある彼が合従を成功させた。

魏王としては援軍の約束だけしておいて、途中に軍を留め置いてすませる算段をしていた。秦から圧力がかかったからである。信陵君は、この命令を無視して援軍を合従軍に合流させた。この一連の行動によって、信陵君は趙王の信任を得た。しかし、魏王との関係は途絶したのである。

趙魏の暦で前二五八年の年末三ヵ月、秦楚の暦で前二五七年の年初の三ヵ月となる三ヵ月のいずれかの月に、秦の軍はこの連合軍に敗れ、多数の兵を失うことになった。援軍には、斉・韓も合流した。秦軍の形勢が不利な中、白起は罪を得て殺された。秦は邯鄲の囲みを解かざるを得なくなった。

この時、趙を救うことをスローガンとして合従が成立したことは、秦にとって一時的にせよ大きな痛手となり、戦略上の困難をもたらした。それ以来一〇年、魏の信陵君は趙で重んじられ、前二四七年には五国を合従させて秦を防いでいる。

以上に述べた春申君・平原君・信陵君に斉の孟嘗君を加え、戦国四君と称する。孟嘗君の時代はまだ秦のみが強大だったわけではなく、他の三君と異なる状況下にあったが、いずれも秦に対抗する国家連合を作り出した功労者だという共通点がある。賢人を尊び士を養ったと評価されている。

### 春申君と呉越の地

前三二九年の大破以来、越の本拠は楚の支配下に入ったが、反乱は絶えなかった。この点はすでに述べたとおりである。そして越王は斉をたよって山東半島の南のつけねにある瑯邪《ろうや》に遷った。そこを新たな根拠地として失地の回復をはかっていた。このことも述べた。

その越地の支配が軌道に乗り始めるのは、皮肉なことに、前二七九年に楚が東に遷都した後のことである。楚は宋や越の治安維持に足をとられ、湖北に攻め込まれた。同時に湖南に攻撃をしかけられ、東方の陳に遷都した。ほどなく湖北・湖南の地をすべて秦に奪われる。本拠をうしなった結果、兵力を東方に集中して投入することになり、やっと呉地の平定に成功するのである。

呉越の地の支配をまかされたのが春申君であった（一六一頁図参照）。

春申君は、前二六三年、楚の頃襄王の下で宰相となった（春申君相楚元年）。その相楚三年（前二六一年、頃襄王三六年）に頃襄王が死去し、考烈王が即位して元年を称した。古くからのやり方では、前君主が死去すると即位してすぐに元年とした（立年称元《りつねんしょうげん》。立とは即位のこと）が、中原の諸国では、新しい方法が始まり、前君主死去の翌年年頭から元年を称するようになっていた（踰年称元《ゆねん》。踰は越える意味。即位し踰年してから称元する）。楚では伝統的立年称元法をなお堅持していた。前君主の最後の年と新君主の元年は理念上区別されるので、考烈王元年は春申君相楚四年となる。

合従が成立して楚が趙を救ったのは春申君相楚八年（秦楚の暦で前二五七年、趙魏の暦で前二五八年）のことであり、抜け目がないことに、このときに楚は魯を滅ぼしている。湖北・湖南の地が本拠であった時代には、多方面に軍を展開する必要が足かせとなってできなかったことが、このときには、容易に行われた。皮肉な結果である。

同じころ、山東の瑯邪にあった越も、楚に滅ぼされたようである。呉越の地、すなわち越の故地は、山東の越という反乱の象徴を失った。以後は、越地の経営は軌道に乗ったようである。

前二五〇年（楚の考烈王一二年、春申君相楚一五年）、春申君は、与えられていた淮水の北の一二県を返上し、呉越の地の支配をまかされた（春申君治呉元年）。自らは宰相の地位にとどまったので、子を封地に派遣する。これが仮君《かくん》である。前二四一年（春申君相楚二四年、治呉一〇年）、宰相の地位を退いて封地の呉に赴く。その翌年、すでに陳から巨陽《きよう》にうつされていた都は、さらに寿春《じゅしゅん》にうつされた。

後々のことであるが、項羽《こうう》と劉邦《りゅうほう》らが楚の義帝をかついだ際（前二〇八年）、項羽が西楚の覇王として都を彭城《ほうじょう》に定め（西楚）、呉越の地（東楚と称する）を義帝の本拠とすることになる。湖北・湖南の地は、西楚からにらみをきかす。考烈王が支配していた一帯を項羽が支配して湖北・湖南におよび、春申君が支配をまかされた一帯を義帝の畿内とした、ということである。

それだけ春申君の治呉（呉地とされる越地の経営）政策は順調だった。

ところが、楚の都寿春《じゅしゅん》（三三五頁図）では、春申君に反対する勢力が力をつけつつあった。その勢力を秦が後押ししていたようである。考烈王の后を妹にもつ李園《りえん》は、考烈王の死を利用して春申君と仮君を謀殺した。前二三七年（春申君は相に復帰。相楚二五年、楚考烈王二五年）のことである。李園は尊敬されず、春申君は惜しまれた。

こんな話もできあがった。李園はその妹を最初春申君に近づけた。そのとき春申君の子をみごもった。みごもったまま妹は考烈王の后となった。生まれた子は幽《ゆう》王となった。実は春申君の子であった。この話が事実かどうかはわからない。

この話は、読みようによっては、この幽王以来、越の王（春申君）が楚王にとってかわったととれなくもない。漢代の「南越《なんえつ》」（と漢王朝によって呼ばれた。自称は「越」）が「帝」を称し（越帝）、その「帝」の制度が楚の制度を継承する部分が多いことが知られている。しかし、国号は「越」である。説明上のつじつまは、春申君を越王に読み替えることで合うようになる。司馬遷は、上記の話をどこで仕入れたのだろうか。

始皇帝《しこうてい》は前二二四年に楚を滅ぼした。そうすると楚王の一族である昌平君《しょうへいくん》が即位する。記録が秦から漢に継承されたものだからであろうか。昌平君は「昌平君」であって「昌平王」とは記されていない。「君」は封君（戦国時代の各領域国家の下の諸侯身分）を意味する。その昌平君が前二二三年に項燕《こうえん》（項羽のおじ）とともに戦死すると、越の故地では「越君」が即位した。これも「越王」とは記されていない。この越君は前二二二年に秦に降伏している。

漢の時代の越諸国が越王句践《こうせん》の子孫を自任していると述べた。上記の「越君」も自任して「王」を称したと見た方がよい。

### 始皇帝の出生

実は、父王の子ではない、という話は、秦にも伝えられている。こちらは有名である。始皇帝の実の父は宰相呂不韋《りょふい》だったという話である。

始皇帝は荘襄《そうじょう》王の子として生まれた。『史記』呂不韋列伝によれば、その荘襄王（名は子楚《しそ》）は母を夏姫《かき》といい、愛情にめぐまれなかったという。子楚は、趙に人質として出された。後に秦の宰相となる呂不韋は子楚に近づいた。子楚の父は安国《あんこく》君といい、昭襄《しょうじょう》王の子であった。安国君は太子であったが、その華陽《かよう》夫人には子がなく、一族から誰かを世継ぎにしなければならない。そこで呂不韋は華陽夫人にとりいり、財力を活用して子楚を太子の世継ぎの地位に押し上げた。昭襄王が死去すると安国君が即位する。孝王である。子楚が太子となった。ところが、この孝王は即位して三日で死去してしまう。かくして、子楚が王として即位した。これが荘襄王である。

『史記』呂不韋列伝は、呂不韋が子楚の存在を知ったとき、「奇貨《きか》おくべし」（貴重な財貨のような人物だから大切にしよう）と述べたと伝える。

子楚は呂不韋の愛姫をみそめて夫人とした。呂不韋列伝には、そのときすでに呂不韋の子がやどっていたと記す。子楚は王として即位し（前二五一年）、踰年して元年を称し、四年（前二四七年）に死去する。そして太子が即位した。それが始皇帝である。始皇帝は、だから呂不韋の子だという話になる。

呂不韋列伝によれば、子楚の夫人は趙の豪家の出であった。趙では秦による攻撃の責任をとらせて子楚と妻子を殺そうとした。ところが、夫人が趙人なので、うまくとりなして事なきを得たという。ここに、夫人が趙にあって由緒ある家柄であることがほのめかされている。

仮に夫人が趙の王族だったという話になると、始皇帝は、趙の王族の血を受け継ぐということになる。ところが、趙の王族と秦の王族は、同じ先祖から出自したことになっている。これは同姓不婚の原則からするとゆゆしきことである。

よく似た論理で誹謗されているのが、『公羊伝《くようでん》』に記された春秋時代の魯の荘公である。

荘公の父は桓公《かんこう》である。しかし、魯の桓公の夫人は斉の出であり、しかも父である斉の襄公と密会を重ねて子をもうけてしまう。それが魯の荘公だという話になっている。『公羊伝』は、このことをもって、魯の君主は滅び、斉の君主も滅びることを「形」にしている。

そして、類例をいくつか示すのだが、その一つが、「夏姫」である。『公羊伝』は斉の田氏を称揚する一方で、斉の君主、魯の君主を誹謗する「形」を作り出す。斉の君主は田氏が滅ぼす相手であり、魯の君主は孔子が仕えたが心はそこになかったことを示す相手である。そしてみずからが出自した陳の君主のうち、みずからの祖先からははずれる部分に誹謗の「形」を作り出す。田氏の祖先である陳の厲《れい》公（在位前七〇六―前七〇〇年）の父が桓公であり、その桓公の弟が陳佗《ちんた》である。その陳佗は蔡の地で姦淫し、蔡人に殺される（『春秋』桓公六年）。厲公の弟は宣公で田氏とは関わりがない。この宣公の曾孫が霊公であり、霊公は夏姫と情交があり、夏姫は他にも複数の人物が情を交わしていた。その子の夏徴舒《かちょうじょ》が霊公を殺した（『春秋』宣公一一年）。『公羊伝』は霊公の子が夏徴舒だという文脈でものを述べている。つまり、『公羊伝』の中で、陳の滅亡をほのめかすための「形」として問題にされた象徴的人物が「夏姫」なのである。

その人物と同じ名前の夫人が荘襄王の母だということになっている。

「形」の上では主たるか副たるかの別はあるが、似たような話が二重にも三重にもからまり、『公羊伝』に類似する不吉な予兆の「形」が、始皇帝について作り出されている。

すでに、孔子の伝説や劉累の伝説を通して、『史記』が漢王朝、とりわけ武帝を至上の存在にしたてあげる「形」を作り出していることを述べておいた。ここでも、その「形」の一端が示されている。漢王朝では、皇帝の位は始皇帝以来だとの認識があり、かつ秦を脇役にしたてる「形」を作り出している。ここでも、秦は始皇帝のために滅びることを「形」にしているのである。

なお、趙と秦が同じ先祖から出ているという話は、『史記』趙世家と秦本紀、それぞれの冒頭に示されている。その真偽のほどは、わからないと言えばわからないのだが、その話が、ここでは秦を誹謗するために利用されている。

その話を少し詳しく説明すると、殷末に殷王紂《ちゅう》に仕えた人物として蜚廉《ひれん》がおり、蜚廉には悪来《あくらい》と季勝《きしょう》の兄弟がいた。悪来から秦の君主が出自し、季勝から趙氏が出自したという。ところが、『史記』始皇本紀の最後の部分には、秦の先君の墓地が示されているのに、そこにはいっさい登場しない人物たちである。だから、秦と趙が同じ祖先をいただくという話は、後から付加された話のようだ。とはいえ、先祖が同じなのに、こともあろうにその趙からやってきた母から秦の始皇帝が生まれたという話になっている。

荘襄王の子であれば、同じ先祖をもつ荘襄王と夏姫の子ということになり、幸いにもそうでなかったという場合は、父は呂不韋だということにしなければならない。こまかく読めば母は趙の豪商の娘なのだが、詮索好きには堪《こた》えられない話題だろう。

この話には、さらに次の話が続いている。始皇帝の死後は、長子の扶蘇《ふそ》が殺され、弟の胡《こ》亥《がい》が皇帝に即位する。その後ろだてが趙高《ちょうこう》であった。二世胡亥は、なにかにつけ趙高に遠慮する。まるで父のように。ということで、ここにも、趙のかげがある。その二世も殺されて、即位したのが三世であった。その三世のときに秦は滅亡する。

## 東方諸国の滅亡

右に述べてきたように、始皇帝の出生にまつわる話題は、誹謗のための誇張や創作の介在が濃厚である。それゆえ、この種の話は、分けて論じる必要がある。

始皇帝の時代は、昭襄王のときに確立された領土的遺産を基礎に、統一への道を突き進んだ時代である（三三五頁参照）。

前二三一年に、趙から秦にかけての一帯で大きな地震がおこった。趙の被害が甚大だったようである。趙の態勢が整わないと見るや、秦は軍を繰り出して韓を滅ぼしてしまう。前二三〇年に韓は滅亡した。

そして後顧の憂いがなくなった秦は、軍を北に向けて趙を攻撃する。前二二九年趙の都邯鄲は陥落し、趙の幽繆王《ゆうぼくおう》を虜にした。王子嘉が代の地で自立した。これを代王と称する。

前二二六年、燕都は陥落し、王喜は遼東《りょうとう》に逃れた。

前二二五年、秦は魏を滅ぼし王仮を虜にした。

前二二四年、秦は楚王負芻《ふすう》を虜にした。王族の昌平君が自立して楚王となる。これも前二二三年に滅ぼされた。呉越の地では、さらに「越君」が自立した。これも前二二二年に滅ぼされた。

前二二二年、秦は代王嘉と遼東の燕王喜を滅ぼす。

前二二一年、秦は斉を滅ぼし、天下は統一された。このとき、衛も滅ぼされている。

かくして秦の統一が成ったのである。

しかし、統一の過程では、多くの血が流された。恨みの念も深く刻まれた。始皇帝をなきものにしたい。これが少なからざる人々の願いだったかもしれない。そんな中から、語り継がれたのが、刺客《しかく》（刺客《せきかく》）荊軻《けいか》の物語である。

荊軻は燕太子丹《たん》の意向をくんで秦に出かけた。手みやげは秦からの亡命者樊於期《はんおき》の首である。勇士秦舞陽がつきしたがう。秦舞陽が地図の箱を差し出す。緊張で顔色は変わり、ふるえた。これを制して荊軻みずからが差し出し役となる。許された。始皇帝が図をひらく。図をひらきおわるや、匕首が現れた。天下一の鋭利な刃先に、毒がしみこませてある。荊軻は左手で秦王のそでをとり、右手で匕首をつき出した。とどかない。秦王はにげた。その剣は抜けない。鞘《さや》がかたい。そして長すぎる。法律によって群臣は武器をもっては参内できない。皆度を失った。その時侍医が荊軻めがけて薬袋をなげつけた。ひるんだ。始皇帝は柱をまわった。左右がやっと気づく。「王よ（まだ皇帝になっていない）、剣を背負いたまえ」。背負うと抜けた。討ちかかった。荊軻の左またがさけた。倒れた。荊軻は始皇帝に匕首を投げつけた。はずれた。始皇帝はさらに斬りつける。荊軻が最後にののしる。左右の者はとどめをさした。

荊軻一行は死を覚悟しての旅であった。燕の国境には易水《えきすい》が水をたたえる。その時に詠んだ歌、「壮士ひとたび去ってまた還《かえ》らず」。

# 第八章　戦国時代の学術

## 諸子の虚実

### 諸子の出現

先に（本書六六頁）、「戦国時代」という名称を問題にし、われわれは必要以上にこの言葉にふりまわされていることを述べた。

実のところは、新石器時代以来戦争は絶え間なく引き起こされている。平和な世だと理想化されてきた夏・殷・周三代の世も、その実、理想とはかけはなれた時代であり、戦乱の時代だったのである。

しかし、そうした架空の説明とは別に、やはり、戦国時代は特徴的な時代であることを論じなければならない。

それはまず、この時代が春秋時代中期以後に始まった鉄器の普及によって、未曾有《みぞう》の社会変動を経験していることによる。

鉄器の普及は、農地を急増させ、都市を増加させ、その都市の人々の秩序を激変させた。周から伝播《でんぱ》してきた文字は、「史」という文字書きが扱い、都市国家相互のとりきめの確認などに使用していたのだが、大国中央とのやりとりの道具としての使用が始まる。都市国家は滅ぼされて、派遣された官僚の統治下にはいり、「史」は再編されて中央や地方の属吏となっていく。文書行政は官僚がとりしきるようになり、それをささえる法整備（律令の編纂）が進んだ。

春秋時代は「史」の時代であった。「史」は祭祀を司る官で文字書きを担当する者であった。それが、戦国時代には、官僚の時代になる。「史」はその職能をかわれて文書行政を支える官吏や属吏となった。その官僚の中から、国家を動かす議論をまとめる者たちが出現する。それが諸子《しょし》である。

**諸子百家の虚像**

諸子百家《ひゃっか》という言葉がある。諸子が様々な思想を説いたという理解をもって語られる言葉である。

官僚による地方統治が始まってから、諸子が出現することを述べたばかりだが、この種の統治が始まることで、各国にいた「史」は再編され、祭祀官としての「史」の時代は終焉する。

だから、諸子の議論は、祭祀官としての「史」の時代には遡らない。諸子が「天下」を語る議論は、官僚統治を基礎とし、戦国時代にできあがった理論を縦横に駆使する。九・六・八、天・地・人、陰陽五行《いんようごぎょう》、周易《しゅうえき》、いずれを論じても、戦国時代にまとまった議論である。淵源はそれぞれ遡ることができるが、諸書に議論されるような「形」ができあがったのは戦国時代である。だから、これら諸書の議論を、戦国時代の諸子の議論として検討するのはいいが、そのまま遡って春秋時代の議論だとするわけにはいかない。

諸子の議論には、漢代に現在の体裁を整えたものもある。だから、さらに降った時代の議論として扱う必要が出てくる場合もある。

ところが、実にやっかいなことに、諸子の議論は、歴史にからめて語られる場合が多い。当然夏王朝・殷王朝・周王朝の三代や春秋時代の話題が関わってくる。それらの記事内容には戦国時代の認識が色濃く刻まれてしまっている。だから、それを歴史的事実だと鵜呑みにしてかかると、諸子認識もだいぶあやしいものになってくる。

簡単な記事にまじって会話がさしはさまれるのが、戦国時代当時の記事の常態である。会話は、書物が作られた戦国時代の雰囲気をダイレクトにもちこむ。映画やテレビでみる時代劇を思い起こしていただけばよい。どんなに史実に忠実に作られた番組でも、会話は現代語である。そして、多くの場合、時代考証はあまり厳密ではない。うけねらいの番組ともなると、作る側も時代考証に多大の時間をついやすほど暇ではなかろう。

だから、記事内容で明らかに後代性が指摘されるものは用いてはならないし、後代の議論がダイレクトに持ち込まれる会話部分は、分析なしに使ってはならない。

では、戦国時代にたくさんの書物ができあがったということを前提に、諸子の議論を進めていいのかというと、これも相当に問題がある。

たとえば、諸子百家について、われわれは、特徴ある思想を述べた様々な人々がいた、と理解しているはずである。

ところが、こうした理解は、大きくは宋明理学《そうみんりがく》と称される学問体系の下でなされたものである。科挙《かきょ》官僚たる天下の士大夫《したいふ》が、みずからの先駆として論じた諸子理解である。それが、朝鮮李朝や我が国江戸時代の諸子理解に大きな影響を及ぼした。ところが、それとは異なる理解が、時代をはるかに遡った後漢時代に示されていたのである。

後漢の王充《おうじゅう》によれば、孟子《もうし》は中人以上を述べ、荀子《じゅんし》は中人以下を述べたという（『論衡』本性篇）。後漢時代の認識が『漢書《かんじょ》』（後漢時代に前漢時代をまとめた史書）の古今人表に示されているが、古今の人を上上聖人・上中仁人・上下智人・中上・中中・中下・下上・下中・下下愚人の九等に分かつ。これらを三つにまとめなおせば、上人・中人・下人となる。この中人以上について性善をとなえたのが孟子、中人以下について性悪をとなえたのが荀子だというのが王充の説明であった。これに沿って述べれば、道家《どうか》は上人のみを語り、法家《ほうか》は中人以下を管理しようとした（徹底すれば上人までいく）、ということになる。眼目とする階層が異なれば、諸子の言説は、互いを補完しつつ共存することができる。

王充の上人・中人・下人に関するまとめは、従来の理解が的を射たものでないことを教えてくれる。孟子の性善説と荀子の性悪説が同じ人の性の理解として対立していたのではない。孟子は中人以上を論じ、荀子は中人以下を論じていて、どの階層に焦点を当てるかが異なっている。同じ国家に両者の議論が混在することも可能であり、いわば「棲み分け」の議論をしていたのである。

## 劉向・劉歆の諸子理解

前漢末の劉向《りゅうきょう》・劉歆《りゅうきん》父子の諸子理解は、「棲み分け」を官僚制度の中で論じたものということができる。議論する対象が重ならないから、諸子は共存できるわけである。

劉向・劉歆の理解は、宮中の蔵書目録『七略《しちりゃく》』に示された後、それが『漢書』芸文志《げいもんし》に継承された。芸文志は、漢代までの諸子を「十家者流」、それらがさらに分けられて合計「諸子百八十九家」とまとめている。「十家者流」は、儒家《じゅか》（司徒の官）・道家《どうか》（史官）・陰陽家（羲和《ぎか》の官）・法家《ほうか》（理官）・名家《めいか》（礼官）・墨家《ぼくか》（清廟《せいびょう》の守）・縦横家《しょうこうか》（行人《こうじん》の官）・雑家《ざつか》（議官）・農家《のうか》（農稷《のうしょく》の官）・小説家《しょうせつか》（稗《はい》官）となっている。

儒家を司徒の官というのは、司徒が相国・丞相（宰相）の別名であり、官吏を統《す》べる官であったことに基づく。官僚のことを論じるという意味である。道家を史官というのは、史官が天文をこととし、天地自然の理に習熟することに基づく。道家は天地自然の理を説いた。陰陽家を羲和の官というのは、羲和が太陽の御者だという伝説に基づく。太陽に代表される天の秩序を体現するという意味である。陰陽五行をもって天地の理を知らんとした彼らをこれで表現した。法家を理官というのは、理とはすじみちで、正す、裁くという意味があることに基づく。裁きを司るということである。名家を礼官というのは、礼を司るには文章を考慮する必要があることに基づく。名目と実際との関係を論じた彼らをこれで表現した。墨家を清廟の守というのは、清廟が清明な徳のある者を祭祀することに基づく。（架空の議論ではあったが、それを信じつつ）周代が虚偽虚飾に満ちているのを憤ったことにちなむ。清明な徳のある者とは周の始祖文王をいい、虚偽虚飾はこの時はまだなかったという認識を示す。縦横家を行人の官というのは、行人が賓客《ひんかく》の礼を司ることに基づく。みずからが遊説し、かつそうした説客《ぜいかく》を操った彼らをこれで表現する。雑家を議官というのは、議官が諫議《かんぎ》（いさめ議する）の官であることにちなむ。諸々の説を取捨してまとめあげた彼らをこれで表現する。農家を農稷の官というのは、農稷が農業を司ることに基づく（稷は穀物の神）。小説家を稗官というのは、稗官が正史にもれた物語を司ったことによる。稗は細米、巷間《こうかん》のことをいやしんで言う。巷間の雑事を伝えた彼らをこれで表現した。

以上に含まれぬ兵家について、『漢書』芸文志は兵を司った司馬の職から出たといい、また数術者について「明堂《めいどう》（儀式の場）羲和（上述）史卜《しぼく》（儀礼の官）の職」から出たという。

いずれも簡潔な表現ながら、官僚制度を前提として、諸子の別を語る。諸子の言説は、結局のところ官僚を統べる王や天子がいかなる存在であるかを論じるものだ、ということを前提にしている。その上で「棲み分け」を語っている。

くりかえすようだが、諸子は様々な説を述べた、とのみ紹介される今日の諸子百家像とは異なる理解が、前漢末の劉向・劉歆父子や後漢の王充らによって示されている。これに対し、諸子が様々な説を述べたという理解は、科挙が本格化した宋《そう》代以後、より直接的には明《みん》代以後の諸子理解である。

科挙官僚が、政治を語った時、すでに政治思想は儒家が主流になって久しかった。「棲み分け」を論じるのではなく、総合的な議論を進める。その目で過去に遡ると、自分たちの先駆として議論をたたかわした儒家・道家と、それ以外の思想家という分類ができる。儒家・

道家の説以外は、様々な説として興味はあるが、みずからが拠って立つ思想ではなくなっている。すでに滅んで過去のものとなった思想群である。儒家を論じるにも、「棲み分け」の議論は念頭にないので、孟子と荀子は、等しく人の性が善か悪かを論じたのだとされた。

この明代以後の理解をもって、諸子を語り、戦国時代に遡っても、各国における諸子の活動や、その後の衰亡はうまく説明できない。「棲み分け」があるから、様々な議論が共存しえたのであり、後には、「棲み分け」ではなく、総合的議論に力点がおかれるようになったから、多くの議論は衰えたのである。

「棲み分け」とはあまり関係なしに衰えたものもある。それは、論じる対象が、都市なのか、領域国家なのか、天下なのかに関わる。都市に関するものは、領域国家の時代である諸子の議論としてもすでに衰えている。その領域国家にからむ議論も、天下を語る統一帝国の時代には衰えた。

諸子の思想の多くは、帝国秩序が確立する過程で次第に衰え、儒家と道家が生き残ることとなった。

帝国秩序が確立する前、複数の正統が相争う時代にあって、その各正統が、みずからの権威づけをねらって学問を保護した。その時代に、様々な思想が芽吹き、「棲み分け」を行って国家秩序を支える議論を展開した。国家ごとに支える正統が異なる。

ここに、あらためて問題にしたいのは、孔子の位置づけである。たとえば、『論語』は孔子の言行録だとされているが、その内容は、都市国家の時代の雰囲気を伝える一部を除けば、領域国家の時代において作り出された秩序が前提の議論になっている。前者は孔子の時代を伝えるが、後者は何代か後の時代の弟子たちの時代を伝えるものになる。

その弟子たちは、各国でどう活躍したのか。活躍した国家とそうでない国家がある。孔子は賢人とみなされたため、これを歴史的賢人としてどう利用するか、そしてどうくさすかも問題になった。

先に孟子と荀子について、漢代の「棲み分け」の認識を紹介した。これはあくまで、漢代の認識である。孟子が活躍した国は斉であり魏にも赴いたことがある。荀子は趙人で斉で学び楚で用いられたという。活躍した国家が異なる。活躍した時代も異なる。だから、彼らが同じ時に同じ国家で「棲み分け」を論じていたのではない。しかし、それぞれにそれぞれが活躍した場で、「棲み分け」の議論をしていたはずである。

## 戦国時代の宇宙観

### 埋もれていた天地創造の神話

すでに述べたように、戦国時代は諸子の時代である。それら諸子は戦国時代の各国に存在した。そして、国家ごとに論じられた内容には差があった。

各国の独自主張は新石器時代以来のものである。簡単にはなくならない。始皇帝の統一の後も残った。始皇帝が死去すると、すぐに反乱が起こり、旧王国が復活していく。担い手は必ずしも王族ではなかったが、王国の復活を旗印にした。項羽と劉邦の争いが収束しても、その地域主義は残された（地域といっても日本や韓国なみだが）。

独自主張とは別に天下に共通する理念がある。どれが独自でどれが共通するのかは、個々に検討しなければわかりにくい。

近年出土遺物が増加の一途をたどり、戦国時代の書物も多数発見されている。いま世間の注目を集めているものの一つに湖北省荆門郭店《けいもんかくてん》一号墓出土竹簡《ちくかん》（郭店楚簡《そかん》）がある。その郭店楚簡の中の一篇が「大一生水」である。

大一は「太一」とも書かれる。その内容は以下のように始まる。

大一より水が生じる。水は大一をたすける。それゆえ天ができる。天は大一をたすける。それゆえ地ができる。天地は……（欠文。「相たすける」が入るようだ）……。それゆえ神明ができる。神明は相たすける。それゆえ陰陽ができる。陰陽は相たすける。それゆえ四時ができる。四時は相たすける。それゆえ滄熱（冷と熱）ができる。滄熱は相たすける。それゆえ湿燥ができる。湿燥は相たすける。それゆえ歳ができて止む。ゆえに歳は湿燥が生んだものであり、湿燥は滄熱の生んだものであり、滄熱は四時……（欠文。「の生んだものであり、四時は」が入るようだ）……陰陽の生んだものであり、陰陽は神明の生んだものであり、神明は天地の生んだものであり、天地は大一の生んだものである。ゆえに大一は水に蔵せられて時に行く。……

ここに示されたのは天地創造の神話である。宇宙の根元は大一であり、これから天地ができるわけだが、この神話の特徴は、大一からまず水が生じ、水が大一をたすけて天ができ、天が大一をたすけて地ができる、という説明である。この種の説明は、これまで知られていなかった。絶えて滅びた説明である。

私は、この最初の部分は、卵の黄身と白身と殻の関係を念頭において説明すればいいと思っている（三六四頁参照）。大一が黄身である。この黄身たる大一から水ができて大一を包むというのは、白身が水の性質をもって黄身を包んで保護することをいう。つぎに黄身たる大一を白身たる水が助けて殻としての天ができ、殻としての天が黄身たる大一をたすけて白身の中央に地を作り出すことを述べる。最後にできあがる地は、黄身と白身と殻の関係でいえば見えない部分だから、最後にできるように説明された。殻としての天だが、天は昼夜を通して回転する。だから殻が天になる。

こうした説明はとてもおもしろいものだが、天下共通の議論とはならなかった。楚地独特の神話として生まれ、それが楚の滅亡と命運をともにして消滅していったということのようである。

ただし、「大一」自体は、関連する別の説明として残った。天地の創造とは切り離されてである。

**大地は水に浮かぶ**

郭店楚簡を出土した一帯は、戦国時代の楚都の郢《えい》の北に位置する。この地は秦の領有するところとなった。秦の文字はややかどばった書体、楚の文字はややまるまった書体が通行していた。その楚の書体で郭店楚簡は書かれているから、楚の官僚あるいはその末裔たちによ

## 【曾侯乙墓の出土品】（いずれも湖北省博物館蔵）

曾侯乙《そうこういつ》は曾国の君主、名は乙、前五世紀半ばから後半にかけての人物である。湖北省随州市の墓は、その名を記した銘文入りの青銅器から被葬者が特定され、楚の恵王五六年（前四三四）の年代を示す青銅器から時代が特定された。曾は楚の属国だったようだが、副葬品は点数も多く、作りも壮麗であった。墓の作りも極めてしっかりしていた。楚・曾関係をめぐる謎は深まった。

①

②

③

④

⑤

①②漆絵衣装箱　②は①を上面から見たところ。長さ六九・〇センチ　幅四九・〇センチ　高さ三七・〇センチ
③雲文金盞・透彫金匙（盞）高さ一一・〇センチ　口径一五・七センチ（匙長）一三・〇センチ
④「曾侯乙」編鐘　短架（左）高さ二七三・〇センチ　長さ三三五・〇センチ　長架—高さ二六五・〇センチ　長さ七四八・〇センチ
⑤「楚王熊章（ゆうしょう）」鎛鐘（はくしょう）「曾侯乙」編鐘の長架下段中央に架けられた鎛鐘。高さ九二・五センチ

って書かれたものである。

郭店楚簡は前三〇〇年ころとする説が有力だが、まだ論戦が続いている。

これに先立つ前五世紀後半の遺物として、曾侯乙《そうこういつ》墓出土のものがある。同じ湖北省だが、この墓の被葬者は曾侯、つまり曾国君主である。ただ、楚の属国なので、楚の影響を強くうけている。楚からもたらされた文物も多い。この墓からは、前四三四年であることを示す銘文を記した青銅鐘（三六一頁写真）が出土し、それがおおよその年代を決めている。この鐘も楚からもたらされている。

この墓からは、漆塗りの衣装ケース（三六〇頁写真）が出土し、その一つに一〇個の太陽が扶桑《ふそう》の木で休むさまや、伝説上の人物羿《げい》が弓をつがえるさまが描かれている。『淮南子《えなんじ》』本経訓《ほんけいくん》や『山海経《せんがいきょう》』海外東経《かいがいとうきょう》に記された記事などから見て、これは、堯《ぎょう》の時のこととして語られた戦国時代の伝説を描いたものである。

その伝説を簡単に紹介すれば、太陽は合計一〇個あった。一〇個の太陽は毎日一つずつ東から出て西にしずみ、地の下を通って東にもどり、浴して扶桑の木で休む。ある時、まちがって一〇個の太陽は全部いちどきにのぼってきてしまった。地上はやけただれる。帝は羿《げい》をつかわし、九個を射落とした。一〇個の太陽を信奉する部族が、一個の太陽を信奉する部族に敗れ、上記のような神話ができあがったのだと考えられている。一〇個の太陽を信奉する部族とは殷のことであり、一個の太陽を信奉する部族とは周のことである。ただ、ここで注意しておきたいことは、一〇個の太陽神話の中で、地の下を通って東に向かうという点である。

この太陽と地上と地の下の話を伝える原始的な伝承に、天を生じ、地を生じるという説明を加え、天地を作ったのはだれかを説明すると、すでに述べた「大一生水」冒頭の説明の基本形ができあがる。

大地が水に浮かんでいるという発想は、地下水を汲み上げるために井戸を掘ることから生まれたものであろう。地下には水がたたえられている、とされたのである。

**大鵬の話**

『荘子《そうじ》』逍遥游《しょうようゆう》は次のように始まる。

北冥《ほくめい》に魚がすんでいる。名を鯤《こん》という。鯤の大きいことと言ったら、幾千里あるかわからない。化して鳥となる。その名を鵬《ほう》という。鵬の背たけは、幾千里あるかわからない。はげんで飛ぶときは、その翼は垂天の雲のようである。この鳥は海がうごくときは南冥《なんめい》にうつろうとする。南冥は天の池である。斉のことわざに怪異を記すものがある。それによると、鵬が南冥にうつるには、水をうってすすむこと三千里、つむじ風のように空にのぼっていくこと九万里、去って六ヵ月憩うことになる。かげろうや塵は生物の息をもって相吹くものである。蒼天の蒼々たる色は、正色なのだろうか。遠くして極めがたいためにそう見えるだけなのか。極上から下を見ても同じように見えるに違いない。かつ水を積むこと厚からずということになると、大きな舟を浮かべることができない。水を堂のくぼみにまけば、芥は舟のように浮かぶが、杯をおけば浮かばない。水が浅く舟が大きいからである。風を積むにしても同じである。厚くないと大きな翼を浮かばすことはできない。ゆえに九万里をいくとなれば、翼の下に風がある。しかるのち、風をあつめて背に青天を負う。もはや止めるものなく南に行こうとする。……

北冥に魚がすみ、南冥が天池だというのは、大地が水に浮かんでいるという発想に通じるものである。

それにしても、とても壮大な話である。極上の視点から地上を見るということが書かれている。「地球は青かった」によく似た発想も見える。一方でよく見ると、「風は翼の下、青天は翼の上」ということも書いてある。

ところが、漢代の占星盤（式盤）を見ると、「青天」を見おろす視点が表現されている。方形の地の中に円形の天が据え付けられている。その円形の天は天を外側から見たものになっている。天の星座が、地上から見上げた位置関係ではなく、極上から見下ろしたものが描かれている。極上からの視点が示されているのである。

## 蒼天を見下ろす

卵の黄身を大地とし、白身を空および大地を浮かべる水とし、殻を天蓋としてみると、殻を外から見る視点と内から見る視点があることに気づく。

天は軸の周りに回転し、その軸は地軸として大地の中央を突き抜けている。北から見れば、天の殻は右まわりに回転する。その殻の中ほどには太陽がはりついている。その殻には満天の星がちりばめられている。太陽は一年をかけて、その殻の上を移動していく（ように人間には見えている）。太陽の移動の道筋を黄道という。殻全体が回転し、太陽が同じ位置にくるまでが一日である。

殻が回転すると地の真東から真西にいたる線が書ける。この線が天の赤道である。赤道付近には代表的な星座が決められた。

その殻（天蓋）を地上の方位と比較するため、殻自体を天極のまわりに分割することが始まった。それが戦国中期前四世紀半ばごろである。その分割した一つ一つを殻の外側から観察し、地上の方位に合わせて天の方位を定めるにいたったのが同じころのことである。

上記の鵬の話は、天を背にしているから、前五—前四世紀ごろの成立と言うことができる。

天も地も方位が配当されたわけだが、地を十二の方位にわけたとき、それに十二支を割り当てた。真北が子で真南が午になる。これは右まわりに配当されている。天の殻をこの地の方位と比較するには、殻にも十二支を配当する。比較の関係上、地の方位に合わせて右まわりに方位を配当した。

基準の方位は、冬至のころ、夜明け前の東の空に見える代表的星座を利用した。右まわりというのは、地上に立って右まわりという意味である。これは天の殻を北極の極上から見て右まわり、と言い換えてもいい。

恒星は天の殻にはりついて見えるが、惑星は殻の上を少しずつずれていくように見える（だから「惑」星）。木星も殻の上を少しずつずれていく。殻を分割した十二の方位を一年に一つずつずれていき、約一二年でもとにもどる。そのため歳を知る星、ということで木星は「歳星《さいせい》」とも呼ばれる。ところが、天の殻を移動するのは、北極の極上から見下ろして左まわりである。方位配当は右まわりだから、方位を逆まわりにうごいていく。これでは面倒だということで、前三世紀半ばごろに木星と逆向きにうごいていく架空の惑星を作り出した。この星を太歳《たいさい》という。太歳の別名は太一《たいいつ》、天一《てんいつ》などがあり、上述した大一が、時期を降った結果この星に化けている。大一は舟にのって天を移動するという説明があり、それが太歳と結びついたわけである。この太歳の観念は漢代以後も継承された。

上記の滅んだ「大一生水」の神話が成立したのは、この太歳との関係から、それより前、という年代的位置づけがなされる。

## 周易の方位配当

以上、問題にしてきたのは十二方位であるが、周易では、十二方位ならぬ八方位が問題になる。次のようなものである。

この八方位は、上記の宇宙を卵の黄身と白身と殻にたとえたその卵を輪切りにした図を重ねてできあがる。

一つは、卵を北と地軸と南を含む面を出すため輪切りにし、西から見た図である。もう一つは同じように輪切りにして南から見た図である。次頁のようになる。

そもそも、八方位は十二方位よりも自然にできあがるものである。人はその身体の有り様から前後左右をまず区別する。これが四方位になる。それを二分割したのが八方位であり、

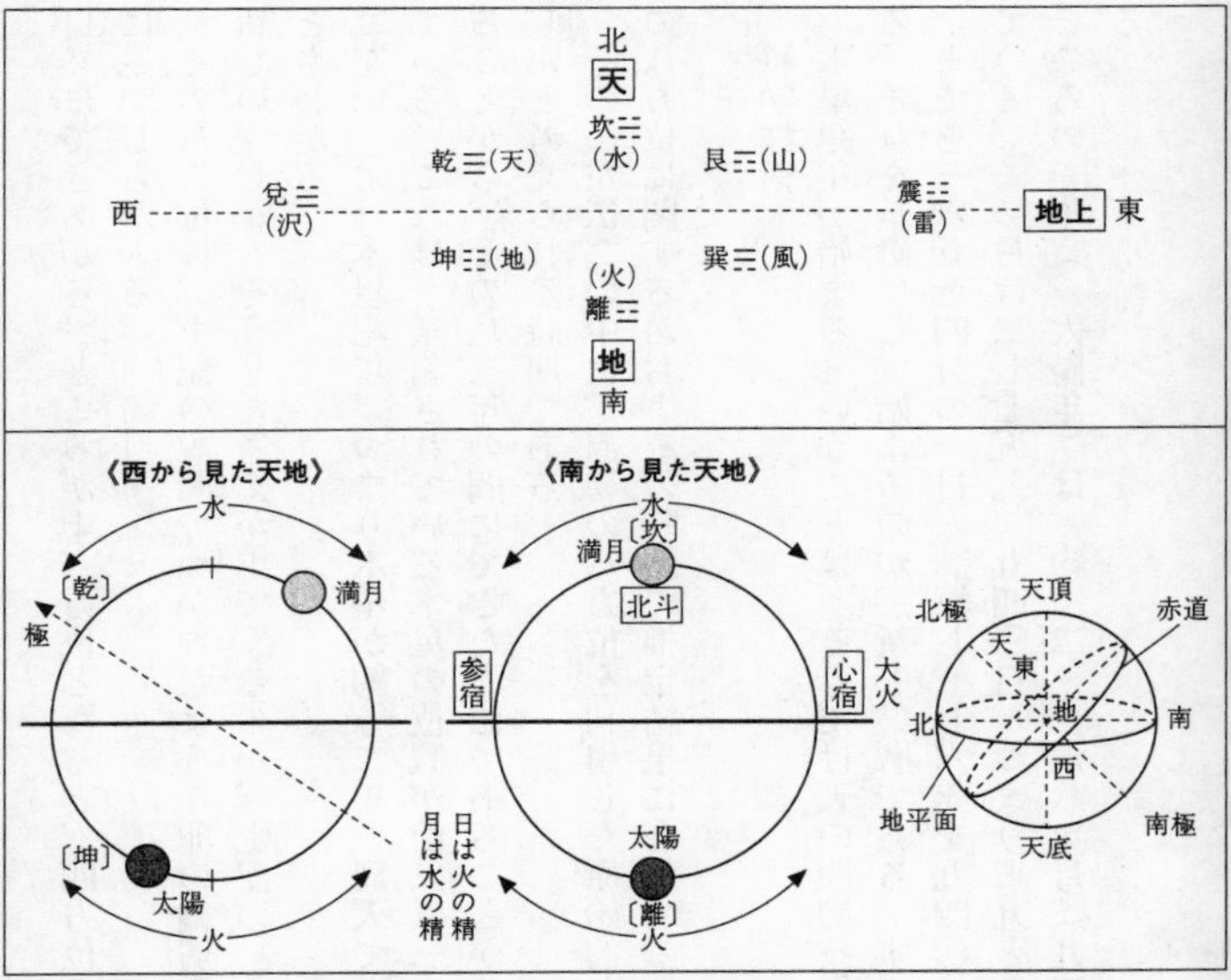


周易に見える八方位　周易は、陰・陽を組み合わせて八卦をつくり、八卦を二つ組み合わせて六十四卦を論じる。八卦を八方位に割り振るには、卵の黄身を大地、殻を天球にみたてた宇宙にあって、それを南北に輪切りにして西から見た図（下左）、同じく東西に輪切りにして南から見た図（下中）を参照したようだ。下左図の極の位置に乾（天）、太陽がもっとも下になる位置に坤（地）を位置づける。下中図の月（水の精）をもって水、太陽（火の精）をもって火を配当し、他を適宜位置づける

自然にできあがる。ところが十二方位となると、四方位を三分割しなければならない。そこにさかしらが入る。

その八方位に、上記の説明でつかったような卵の輪切りを用いるところが、発想としては新しい。しかもそうした考えが出てくるのが、上記の「大一生水」が成立したころであることもわかる。

『左伝』には木星紀年、つまり木星が約一二年一周天であることを利用した紀年法が使われている。これは、議論されている木星の位置が前三五三—前二七一年の八三年間のものであることから、その八三年の間にできた方法であることがわかる。まさに「大一生水」が成立したと考えられる時期である。

その『左伝』の中に、周易の八方位を利用した原始的な議論が見える。このことも、上記の八方位に関するおおよその時期の推定結果に合致するのである。

**科学技術**

木星紀年が始まるということは、それだけ天の観測技術が精緻になったことを意味している。それを基礎にして始まるのが、新しい暦である。すでに説明したことだが、冬至から冬至までを三六五と四分の一日と計算し、七六年を九四〇ヵ月、総日数二七七五九日と計算している。一ヵ月は二七七五九／九四〇日、つまり二九と四九九／九四〇日となる。現在いうところの一年（一太陽年）は、約一二・三六八ヵ月（九四〇ヵ月／七六年）という勘定である。

計算したと述べたが、細かな計算が始まるのもこの時期である。

何度も言及したように、春秋後期から戦国前期にかけては鉄器が次第に普及した時代である。鉄器は、西アジアでは鍛鉄《たんてつ》としてできあがる。比較的低い温度で得られる柔らかな鉄のかたまりを鍛えて鉄器にするものである。中国でも似たような技術から鉄器生産が始まったようだが、すぐに炭素をしみこませて比較的低い温度で鉄を溶かすことに成功した。このことで、鋳造鉄器が主流になる。

鍛鉄は展延性に富むがやわらかい。鋳鉄《ちゅうてつ》は硬いがもろい。この中間の性質をもつのが鋼《こう》であり、鋼の生産もほどなく始まる。

比較的低い温度だとはいえ、鋳鉄を作り出すのは大変であった。そのための道具として鞴《ふいご》が開発されている。鞴が太鼓状なので、鞴で作り出した鉄を「鼓鉄」と表現したものがある。

戦国時代は青銅器が脇役になっていく時代でもある。かつては、丁寧に型を作って生産していたのだが、春秋後期から、文様を表現するに当たり、型を使って大量に同じ文様を作り出すなどの方法が始まり、戦国中期には、蠟《ろう》で模型をつくってこの型を青銅に置き換える方法も始まった。見た目の精緻さとは裏腹に、作業工程は簡略化の一途をたどる。大量生産が軌道にのると、作りそのものがぞんざいな器も増えた。

青銅や鉄で針が作られ、それを使った医療も整えられていく。ツボに関する知識も精緻になり、それを刺激する導引《どういん》(現在の太極拳《たいきょくけん》の祖先のようなもの)や鍼灸《しんきゅう》も発展した。

## 戦国時代の学術を支えた文字

### 『説文解字』に述べる書体

以下、戦国時代の学術を支えた文字について、簡単に述べていくことにしよう。漢字の書体には、篆書《てんしょ》・隷《れい》書・楷《かい》書（今隷・真書）・行《ぎょう》書・草《そう》書などがある。これらのうち、隷書以下は、漢代以後できあがった書体である。木簡《もっかん》に記された後、漢代には紙が発明、改良され、やがてその紙に字を書くことが一般化した。

後漢の時に許慎《きょしん》の『説文解字《せつもんかいじ》』が作られ、見出し語として使われたのが篆書である。秦の始皇帝がそれまであった書体を省くなり改めるなりしてできた書体だと説明され、それまでの書体を大篆《だいてん》、始皇帝のときに作られた書体を小篆《しょうてん》と称している。

隷書とその発展形である楷書は、筆画の撥ね具合などをのぞけば、基本的に同じである。いずれも角張った書体である。これに対し、篆書は丸い筆画を特徴としている。その篆書をかどばらせても、隷書になるわけではない。

行書は楷書を若干くずした書体、草書はさらに筆画をも大胆に省略した早書きのための書体である。

人々は、長い間『説文解字』によって篆書を論じ、それを後代の書体と比較して論じてきたので、小篆と隷書の筆画の差が甚だしいと考えてきた。ところが、近年、出土文字として秦以前の文字が出土し、また漢代の隷書も出土数が増えた結果、かどばった隷書をそのまま

いわゆる始皇帝の文字統一図
これらの字は一見各国の字を統一したように示してあるが、字の来源は印（ハンコ）と竹簡と青銅器のようだ。国ごとに材料が異なる。しかも、その来源の字をどこの国のものとするかは、基準がはっきりしていない。実際に、戦国各国の材料を精査すると、国ごとに青銅器・印・貨幣・竹簡・帛書に用いられる字は多様であり、この図に示したような字は、どの国にもあると言ってもよい。だから、この図に示すような統一はあり得ない。実際の統一は、場の多様性を含みつつ、竹簡文字を秦国の隷書で統一したということのようだ。
＊を付した字は別字（聿）であることが議論されている

丸い字にしたような篆書が数多く存在することもわかってきた。だから、かどばっているか丸いか以外の筆画の差異を問題にしていると、篆書と隷書は区別できないことがある。下記三七五頁に、このかどばっているか丸いかという特徴を使って説明するのは、このためである。

『説文解字』は、大篆を周の宣王のときの史籀《しちゅう》が作ったものだとし、籀文と称して紹介している。また経書《けいしょ》などの書体を古文とし、籀文とは分けて紹介している。経書を孔子の作、『春秋』伝を左丘明《さきゅうめい》の作とするなど、歴史認識は戦国時代以来の説明を踏襲しつつ展開しているが、その説明の元は戦国時代に作られたものであって、時代を遡ることはできない。

注意しておかなければならないのは、時代を遡るにあたって、戦国時代の領域国家のことには全く関心がなく、周を天下の王朝よろしく記述していることである。

この『説文解字』に示された書体観が、歴代の書体観の基礎をなしている。しかし、われわれが実物をもって議論する書体観は全くこれと異なるものである。

殷の文字として甲骨文《こうこつぶん》と金文があり、周の文字として金文などがあり、春秋時代に金文に地方色が現れ、戦国時代に文書行政が始まって行政用の書体ができあがった。このことを以下に論じることにしよう。

## 戦国時代の文字

『史記』始皇本紀に、始皇帝が統一政策を進める中で、文字の統一を行ったことが記されている。文字は統一されたのだから、当然それまではばらばらだったということになる。

この記事を事実として示したのが前頁の文字統一図である。

ところが、この図には大きな間違いがある。それぞれの国家ごとに紹介された字をずっと使ったということでないと、この図は意味をもたない。おまけに、様々な材料を集めてみると、使われる場が違うと書風もずいぶんと異なっている。同じ場で作られていても、モノごとに書風が違う。

斉の文字だとされる字は、別の字だというのが今は主流な説になっている。

いま書風と述べたが、やや厳密に言えば、部首構成を問題にする言葉が「字形」、篆書・隷書などの違いを問題にする言葉が「書体」であり、同じ書体の中で個々人の差異などを問題にする言葉が「書風」である。

話をもとにもどせば、上記の図は天下の中の字が様々にまとめてあるが、実は一国の中でも同じようなものが作れる。

それが石に刻まれた字なのか、青銅器に鋳込まれた字なのか、刻された字なのか（戦国時代には青銅に字を刻すための鉄器があった）、貨幣に鋳込まれた字なのか、竹簡に書かれた字なのか、それぞれの場が相違すると、そして、時や工人構成などに違いがあると、大いに異なった書風となる。

上記の図は、それぞれの国家の代表として選ばれた字が、それぞれ場や時期や人を違えているために違った書風になっていることを示すものにすぎない。これでは、文字の統一図にはならない。

では、実際は、文字はどんな状況下にあったのだろうか。そしてどのようにして統一されたのだろうか。

すでに、漢字が殷王朝で使われ、周王朝に継承され、春秋時代に天下の各国に伝播したことを述べた。殷から周にいたるまでは、殷や周の王朝工房が漢字を独占していたから、国ごとの違いはできなかった。その殷や周の工房で作られた字にも、様々な書風が見られる。

春秋時代も、周から漢字を受け入れた直後は国ごとの独自な書風はできなかった。例外は、越などで作られた鳥篆《ちょうてん》という書体である。これは、西周から受け入れた金文書体の筆画の末端を延長し、鳥の文様をつなげてできあがっている。だから、一見とても違った書体に見えるが、鳥の文様を取り去ってみると、受け入れたばかりの金文書体に出会うことになる。

もう一つの例外は、国ごとの伝統重視から、言葉を周と同じにできず、新たに漢字を作り出す場合である。もっとも、この種の文字は、作り出した国独自のもので他の国にはないから、国ごとに差異が生じるというものではない。

それから、漢字を受け入れたばかりのころの書風も、表現する上での不慣れが原因でやや異様である。しかし、この種の字は、いつまでも使われたものではない。

漢字は、師から弟子へと教育により伝えられる。そこに個人的差異が生じる。同じ工房では、個人の差異は生じにくいだろうが、殷や周には複数の工房があった。不慣れな文字もあるようだ。都市や工房が異なると、同じような意味の違う字が、それぞれ流行することもあるようだ。同じ意味の相異なる表現もできあがるようだ。そのため、そうした都市や工房が、戦国時代にあらためて中央の直接的管轄下に入ると、それぞれ流行した違いが、中央に集められる。こうなると、戦国時代の中央の場では、前代よりさまざまな書風や表現が混在する状況が生まれる。

## 秦が特別であることを示すための書体

文書行政を推し進めたのは、天下の小国を滅ぼして県にしていった大国、つまり領域国家である。この文書行政用の文字は、それまでの祭祀用の文字と使い方が大きく違った。

祭祀用の文字は、丁寧に時間をかけて銘文とする。呪術的な色彩も強いから、字画は複雑なものが増える。これに対し、文書行政用の文字は、伝達の機能が重視される。大量に書く必要も増えたので、自然と筆画の省略が進んだ。

この文書行政用の文字が出現した後、漢字は、比較的筆画の複雑な祭祀用書体と、筆画省略が進んだ文書行政用書体が、それぞれ場を違えて使われるようになった。字の省略の進み具合は、時期ごとに異なっている。だから、同じ国でも、時期が異なると省略の進み具合が違う字が使われている。

略字は、天下の交通網を通じて各国で共有された。祭祀用の文字は、金文書体として、伝統的書体を保持したので、これも国ごとの差は出にくかった。祭祀用の伝統書体に、略字が影響を与える場合もあったが、それが国ごとの特徴を作り出すことはなかった。

ところが、ある国家では、本書でもたびたび問題にした制度の独自性が、文字に反映された。その国家とは秦である。秦は、自らが特別であることを示す制度の一つとして、特異な文字を作り出すのである。それが、隷書である。

西周金文以来、文字は丸い筆画を特徴とした。篆書の系統である。戦国時代の各国でも、祭祀用のみならず行政用の文字も丸い筆画を特徴とする篆書の一種であった。ところ

**秦始皇帝統一の詔勅**　始皇帝がその26年に天下を統一したことを示す分銅銘文の拓本（『小校経閣金文拓本』東京大学東洋文化研究所蔵）。始めの２行に「26年に皇帝が天下をことごとく併兼した」とある。青銅器の文字は、通常筆画が丸い篆書で表現されるが、この分銅は筆画が四角い隷書で記されている

が、秦で使用がはじまった文書行政用書体は、筆画がかどばった特異なものだったのである。

このかどばった文字が定着するには、墨と筆の改良が一役かったようである。他の国家でつかわれた墨は濃く、筆にはこしが欠けていた。これに対し比較的うすい墨を使い、こしのある筆で字を書く。その結果として隷書が根付いていった。

隷書は、秦国の文書行政用書体であった。

秦の始皇帝が文字を統一したというのは、したがって、ばらばらであったものを一つにしたのではない。秦国の文書行政用書体だけが突出していたのだが、その隷書を天下共通の文字にした、ということである。祭祀用の文字は国家ごとの違いが出にくかったわけだが、それでも、微細な差異はあったようだ。だから、統一の意味はないわけではない。しかし、統一の前後で何が変わったのか。こと祭祀用文字だけに限定して言えば、工人の個性による差異も加わって、実にわかりにくい統一であったことは事実である。

秦の文字統一の中身は、文書行政用の文字たる隷書の普及である。このことは、出土遺物を見ればすぐわかる。それがどうしてわからなかったのか。

その原因は、近代以後の国民教育と出版文化との関係にありそうだ。始皇帝の統一以来、文字の規範化(『康熙字典』もこれに含まれる)と多様化は併存する関係にあった。規範化がなされても、多様性に対する目はおおらかだった。ところが、国民教育の下で、印刷体が常に念頭におかれ、「、」やハネ方さえ、漢字の本質であるかのように議論された。その厳格な規範化の目で、始皇帝の文字統一を夢想するとどうなるか。——結論はおわかりであろう。くだんの文字統一図ができあがるのである。

**戦国文字のその後**

始皇帝の統一によって、否定されたはずの文字は、着実に継承されていた。それが具体的モノの形で世に現れる。三国時代の魏では、三体石経《さんたいせっけい》を作った。これは石に経典を刻したものだが、三体というのは、古文（戦国時代の文字）・篆書・隷書を言い、経典本文の一字一字をこれら三体で表現している。現存するのは、ごく一部にすぎないが、その一部によっても、失われた文字が復原され、研究に寄与している。

多くの経典について、戦国時代の文字が問題にできるほど、その知識は継承されていたわけである。

この知識を使って、読まれたのが、三世紀半ばに出土した戦国魏国の年代記『竹書紀年《ちくしょきねん》』である。この年代記は統一戦争の過程で失われたらしく、漢代人は存在を知らなかった。しかし、出土後には、上記の知識を使ってすみやかに釈読が進んだのである。後、北宋・南宋の間に失われるまで、『竹書紀年』が世に与えた影響は大きかった。

その後、戦国文字の知識の継承関係はわからなくなる。多様性の世界でも、世の人の脳裏からその知識が消え失せた。しかし、その後も、細い糸でその知識が継承されていたことが近年明らかになった。

宋の郭忠恕《かくちゅうじょ》撰『汗簡《かんかん》』と同じく宋の夏竦《かしょう》撰『古文四声韻《こぶんしせいいん》』は、通常知られる書体とは異なる書体を紹介する書物として知られていたが、その種の異体字は、好事家が話題づくりに利用したり仏教や道教の護符などで使われたりしていた。ところが、異体字は中華人民共和国建国後になってにわかに脚光をあびた。文字改革（これも厳格な規範化の一つである）の中で、略字のネタ本として使われたのである。

竹簡が多く出土する中で、悩みの種だったのが、読めない字の多さである。戦国時代の書体に関する知識が途絶えていた。ところが、かつて文字改革にたずさわった人たちの中から、上記の二書の意義に気づく人が現れたようだ。上記二書が扱う異体字は、戦国時代の書体を多く残していたのである。結果として、竹簡の釈読作業は飛躍的に進んだ。『汗簡』と『古文四声韻』は一種のタイムカプセルだった。

なお、竹簡は、最近『老子』など現代のテキストと比較できるものが多く出土したおかげで、より直接的に戦国時代の書体を検討することができるようになった。

# 第九章　戦国時代を変革した人々

## 尺度整備が意味するもの

### 未曾有の社会変動と変革者

人が時代と無縁ではなく、その時代の申し子として生きていかねばならないことは言うまでもない。しかし、一方では、異能の人材が世を動かし、時代を変革していくのも事実である。

すでに何度も述べたように、春秋戦国時代は未曾有《みぞう》の社会変動を経験した時代である。とりわけ、春秋後期から戦国時代中期にかけての変動が顕著であった。この変動の結果として諸子《しょし》（諸学者、諸子百家《ひゃっか》）が出現した。その諸子の中に、国家の制度を変革しようとした人々がいる。その制度変革を「変法」と称する。「変法」とは法を変えることであり、法とはのっとるべき制度を言う。

新しい制度を作る意味あいが強かったから、本来の趣旨から言って、「法を変える」というよりは、「法を作る」と言うべきかもしれない。それを「法を変える」と言った意識が、戦国時代から漢代の歴史観を象徴する。本来王道の下の「法」があったのだが、それが廃れたので、新たな「法」に「変」えるということである。

魏《ぎ》に呉起《ごき》がおり、呉起は楚《そ》に移り、韓《かん》に申不害《しんふがい》がおり、魏に商鞅《しょうおう》がいて秦《しん》に移ったことが知られている。これらが変法家の代表格である。

彼らがめざしたのは、いわゆる富国強兵である。富国のためには、土地の制度を整える。そして強兵のためには法制度を整える。それぞれに伝えられる変法の内容は、零細さがつきまとっているが、おおよその内容が復元され議論されている。

以下に商鞅の変法を紹介しておこう。この人物の変法内容が、記事として比較的多く残されているからである。

検討を始めるについては、尺度の整備から概観しておきたい。この整備が、土地制度の整備に密接に関わるからである。

## 尺度の整備と度量衡

さて、やぶからぼうな言い方になるが、新石器時代にも家をたてている。ということは、それなりの釣り合いを考えて木材を組み合わせていることを意味する。この釣り合いを考える上での基準が、尺度として整備される。

「尺」という字は、シャクトリムシの名が示すように、手巾で尺度をはかる象形から来ていると言われている。手のひら（掌）のどこを使って巾をはかるかにもよるが、この巾一つ一つが「尺」となったようである。考古遺物としてはものさしが出土しており、殷代のものさしが一尺一五～一七センチメートル前後、戦国から後漢にかけてのものさしが一尺二二～二三センチメートル前後であることが知られている。前者がシャクトリムシよろしく手のひら

| 環鈞制 | （中原）受锊制 | （中原）鎰釿制 | （斉）鋝鍰制 | 秦権 | 漢両銖制 | gの目安 |
|---|---|---|---|---|---|---|
| | | | | | 1鼓（4石） | 120kg |
| | | | | 1石 | 1石（4鈞） | 30kg |
| 72環 | | 20鎰 | | 30斤 | 1鈞（30斤） | 7.5kg |
| | | | | 24斤 | 24斤 | 6kg |
| | | | | 20斤 | 20斤 | 5kg |
| | | | | 16斤 | 16斤 | 4kg |
| | | | | 12斤 | 12斤 | 3kg |
| | | | | 8斤 | 8斤 | 2kg |
| 12環 | 1受（50锊） | | | | 5斤 | 1.25kg |
| | | | | 4斤 | 4斤 | 1kg |
| 6環 | | | | 2斤 | 2斤 | 0.5kg |
| | | 1鎰（32釿） | | | 1.5斤（24両） | 384g |
| 3環 | | | | | 1.25斤（20両） | 320g |
| | | | | 1斤 | 1斤（16両） | 256g |
| | | 16釿 | | | 12両 | 192g |
| 1環2鈞 | | | | | 8両 | 128g |
| 1環（10鈞） | | | | | | 106.6g |
| 9鈞 | | 8釿 | 12埒（1鍰?） | | 6両 | 96g |
| 6鈞 | | | 8埒 | | 4両 | 64g |
| | | 4釿 | 6埒 | | 3両 | 48g |
| 4鈞 | | | | | | 42.6g |
| | | | 5埒 | | | 40g |
| 3鈞6銖 | | | | | | 36g |
| 3鈞 | | | 4埒 | | 2両 | 32g |
| 2鈞4銖 | 1锊 | 2釿 | 3埒 | | 1.5両 | 24g |
| 1鈞半 | | | 2埒 | | 1両（24銖） | 16g |
| 1鈞2銖 | | 1釿 | | | 18銖 | 12g |
| 1鈞（16銖） | | | | | 16銖 | 10.6g |
| | | | 1埒 | | 12銖 | 8g |
| | | 半釿 | | | 9銖 | 6g |
| 8銖 | | | | | 8銖 | 5.3g |
| | | | | | 6銖 | 4g |
| | | 4分 | | | 4.5銖 | 3g |
| | | | | | 3銖 | 2g |
| 2銖 | | | | | 2銖 | 1.33g |
| 1銖 | | | | | 1銖 | 0.66g |

**戦国時代の重量単位**

地域ごとに単位の繰り上がりが違っている。繰り上がりの数値や各地の単位間の換算値をみると、9・6・8の倍数が使われている。9・6・8は、それぞれ天・地・人をあらわす数値で、『漢書』律暦志にいたると、宇宙の秩序をすべてこの数値から説き起こしている。戦国時代の中原の制度のうち、十進法のものが起源が古く、殷・周時代に遡る。その単位が細分されて貨幣になるころ、9・6・8による整理が地域ごとに進んだということのようだ。399頁金属貨幣（林・松丸）参照

で巾をはかった際の一巾であろう。後者は両手のひらを横に並べて得られる長さのようである。

前者と後者の違いがあるのは、前者から後者に制度が変化したからではなく、地域によりやり方が違った結果である。

この尺度が他の基準との関わりから有機的に議論されるようになるのは、戦国時代のことである。

文書行政が始まり、中央から派遣された官僚が地方を統治するようになると、基準がばらばらであっては何かと不便であり、マスや分銅の重さが領域国家ごとに整備された。

興味深いのは、その整理の際の基準づくりが、王の権威に関わるものとして進んだことである。音楽理論に関することだが、音名と階名は春秋戦国の間に緻密に整理され、それがもとになって、天を九、地を六、人を八として説明することが始まった。楽器の基準として注目されたのは編鐘《へんしょう》（三六一頁写真参照）であるが、その設計上の基準が尺の正数になっている。九・六・八の説明が始まると、十二方位を方位円上に表現することも始まるので、基準となる方位に尺の正数を定め、三分損益法（音をつぎつぎに作り出す方法）で、その尺を設計上の基準にすることも始まった。大本の基準は、尺の正数にあった。

その尺が上述した一尺二二～二三センチメートルのものになっている。この尺を使って青銅楽器の要をなす編鐘が作られたため、漢字の伝播《でんぱ》とともに、さらに言えば漢字銘文入りの青銅器の普及とともに、各地でこの尺と楽器との関係が定着していくのだと考えられる。

そして音楽理論をもとに度量衡《どりようこう》が整備されていく中で、一尺二二～二三センチメートルの尺が各国共通の尺となっていく。

同じように、マスや重量単位もこの尺と絡めた理論として、各国共通のものができあがった。ただ、尺は一足早く各国に根づいた。そして十進法で整理されている。しかし、マスと重量単位は、やや遅れ、戦国中期に始まったばかりの九・六・八を基礎として説明され根づいていく。その結果、重量単位の繰り上がりは、九や六や八の倍数を使ったものになり、マスについても、これらの倍数を使った説明がなされた。

繰り上がりの数は、領域国家ごとに異なっていた。しかし、基礎となる数値と考え方が共通していたから、互いに換算しやすいように整理されていた。

## 『漢書』律暦志以後の度量衡

度量衡相互の関係は、漢代のものが『漢書《かんじょ》』律暦《りつれき》（歴）志《し》に記されている。

この『漢書』の説明は、宇宙の秩序を説明しつくすことを目的になされている。その説明が皇帝の権威を具体的に示すのであり、その権威についての説明は、さらに遡れば戦国時代の各国の王についてもなされていたはずである。全容は明らかではないが、部分的にそうであることを示す数値などが確認できる。

さて、『漢書』律暦志に示された度量衡の説明であるが、六朝《りくちょう》時代以後は、度（ものさし・尺）・量（升）・衡（衡権。重量単位と分銅）が別々に変化してしまう。結果として、それぞれの相互の関係はばらばらとなり、『漢書』律暦志の説明ができなくなってしまう。そこで、何度か「制度の復古」が計画されたのだが、そのつど計画は放棄された。度量衡が生活に根づいた形で変化しているので、それに手を加えるのは難事中の難事だったからである。

唐代には、『漢書』律暦志が説明できる基準を別に定め、生活に根づいた基準と二本立てにする。尺は大尺《たいしゃく》（生活に根づいた尺）と小尺《しょうしゃく》（理念的尺）ができあがる。歴史的に問題になる高麗尺《こまじゃく》は、めもりが小尺のルート二倍に伸びたものである。正方形の一辺と対角線の関係である。

話を戦国時代にもどそう。

度量衡が整備された時、土地の面積単位も説明されるようになる。これは、春秋戦国時代の社会変動の基礎と関わる。鉄器が普及し、土地が面的に広がり、畜力を用いた農法が発展し、土地区画が各地でできあがっていく。すでに一尺二二～二三センチメートルの尺を共通の基準としていた各国では、面積単位もこの尺を基礎に説明するにいたった。

この土地区画の整備は、縦横に伸びた細長い道や水田の畔の画定に一役買った。一度できあがってしまうと、尺度が伸びたとしてもなかなか変わらない。そのため、六尺が一歩だった説明が唐代では五尺（のびた尺）で一歩ということになっている。

始皇帝は、度量衡の統一を宣言したわけだが、「換算」の手間や名称の問題をのぞいてみると、実質上は統一はできあがっていたようなものである。鉄器の普及による制度改革が各国共通の基盤の上に進められたことを意味する。それでいて、「統一」を宣言しなければならなかったのはどうしてだろうか。それは、国家ごとの差異を必要以上に目立たせて、それらを淘汰《とうた》した唯一の正統を際だたせるためである。中身の共通性よりは相違が問題にされたということである。始皇帝は、同じレベルで相違を問題にしていた戦国時代の意識をそのまま引きずっていたのである。

ちなみに、戦国時代の貨幣は秤量《しょうりょう》貨幣であった。分銅で重さを量って価値をきめた。貨幣の統一はだから鋳《い》つぶして形態を変えることになるが、始皇帝は、この貨幣の統一には手をつけていない。手をつけたのは二世皇帝である。始皇帝の統一は度量衡の統一にとどまっている。度量衡を統一することで、重量単位は一つになる。それでよい、というのが始皇帝の判断であった。この点は誤解が広く存在する。

## 商鞅の変法

### 商鞅変法と阡陌

秦国の変法を進めた人として孝公（在位前三六一—前三三八年）時期の商鞅が知られている。その変法内容の一つとして、畑（田地）をつくり、「阡陌《せんぱく》」を開いたというものがある。孝公一二年（前三五〇）、咸陽《かんよう》に都を遷した際、都市や農村をまとめなおして四一県（三一県とする史料もある）にし、畑（田地）をつくって「阡陌」を開いたという。この阡陌は、畑を区画する縦横に伸びた細長い道（あぜ道）を議論したものである。条里の先駆を問題にするものと言ってよい。鉄器普及の産物であった。鉄器普及による土地の増加をいかに秩序あらしめるかが、変法の中で問題にされたのである。同じ基準による土地区画は、そのころの天下にひろがっているところであった。

この種の整然とした土地区画を、国家の主導で行う。しかし、戦国時代の領域国家が手を出す前に、土地の造成は始まっている。しかも、従来大きな誤解があったのは、田地の様態であった。

話を水田から始めよう。我が国の藤原宏志らが進めた日中共同調査で、草鞋山《そうあいざん》の馬家浜《ばかほう》文化の遺跡から水田址が発見された。この発見は、驚きをもって迎えられた。なぜなら、その水田の形状が、これまで知られていたものとはおよそ異なっていたからである。

その形状は、自然地形の微妙な高低差が作り出すくぼみを利用したものであった。これが新石器時代の水田の一般的形状であることは、長江中流域の城頭山《じょうとうざん》遺跡で同様の発見があり、ほぼ確かなものとなった（ただし、小規模の区画をほどこす程度の畦はある）。

青銅器時代になっても、一般工具は石器のままであったから、このくぼみ水田は、形状を基本的に変えなかったものと考えられる。ところが、この状況に大きな変化をもたらしたのが、鉄器の普及である。

鉄器は、その鋭利さから木材の大量伐採に向いている。しかも、原料からして希少な青銅と違って、その原料を大量に確保することができたため、普及が始まるといっきに広まった。木材と鉄が鉄の道具を大量に供給する。結果として、森林の伐採は格段に進み、これまで手をつけることのなかった土地に、人々は開墾の手を伸ばしていったのである。

同時に、車も大量に作り出されるようになり、畜力の利用度も高まった。牛を使っての水田耕作が軌道にのり、耕地は方形に整備されていく。

同じ変化は、畑作地帯でも進んだ。

こうしてそれまでとはうってかわって、鉄器と畜力による農業が一般化すると、農業に従事する人々が耕作できる田畑の面積は劇的に広がり、都市の多くの人口を養えるようになり、都市も劇的に増えていく。

このように増加した耕作地は、成長しつつあった国家の管理をうけることになった。その基礎の上に官僚制度が整備されていく。いかにして、耕作地を管理するか、いかにして耕作地を増やすか、戦争状態が続いていく中で、いかにして耕作民を確保するか。こうした点が、議論された。変法を進めた者たちは、この難題に手をつけることになる。

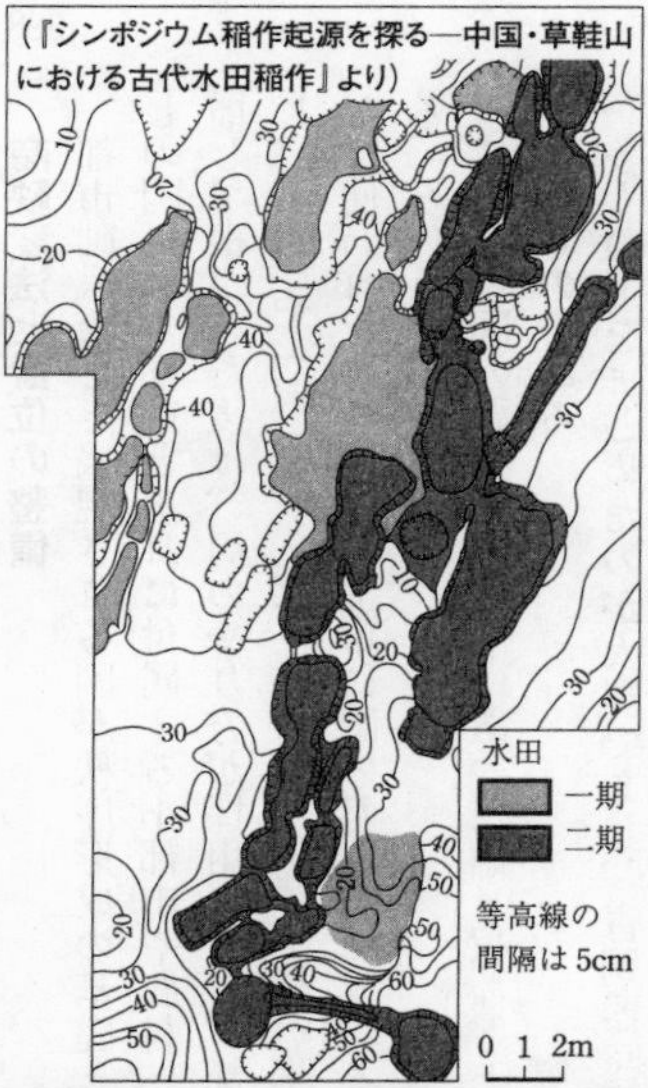

(『シンポジウム稲作起源を探る—中国・草鞋山における古代水田稲作』より)

江蘇省草鞋山の馬家浜文化遺跡で発見されたくぼみ形水田　長江下流の馬家浜文化遺跡でくぼみ形水田が見つかった。日本の藤原宏志らが加わる日中共同調査による。同様のくぼみ形水田は、長江中流域の城頭山遺跡でも見つかった。183頁参照

## 商鞅変法と爵位の整備

都市国家などと表現される国が秩序形成の基礎となっていた時代は、それら都市国家どうしの関係や、都市とそれに付属する小都市や農村との関係が問題にされた。漢字が周から伝播して根づいた後は、周のやり方が採用されて、都市国家の下の小都市や農村の指導者に対し、「伯《はく》」や「叔《しゅく》」などの家族関係を意味する言葉が用いられた。擬制的関係を示すものとして使われたのである。都市に国の君主がおり、その君主のもとに「伯」や「叔」などがいる、という関係である。

こうした国の君主とその下にあった伯・叔などとの関係は、漢字があろうとなかろうと存在したものである。

多くの国をまとめたのが大国であり、青銅器時代が始まると、あちこちに大国が出現した。

周で使われていた漢字が、まずは周の諸侯に伝播し、ほどなくして楚や呉・越などにも伝播した。その過程で、伝統的に形成されていた都市と都市、都市と小都市や農村との関係が漢字で示されるようになった。楚や呉・越などは新石器時代以来の文化地域における大国であったので、漢字が伝播してほどなく、みずからが「王」と称するようになる。周の「王」に服属する諸侯ではないことを自覚したからである。

自覚しただけで漢字が根づいていないと、漢字の表現に気を配ることもない。漢字が根づいて自覚したから、「王」という表現に気をくばりだしたのである。

長江中流域の楚王、下流域の呉王と越王、楚と呉・越の間の地域の徐王が、それぞれみず

身分のある者はここからはじめる ▼（五大夫）

五等爵を意識（漢代）

四等爵を意識（戦国）

| 漢二十等爵 | 戦国秦の十七等爵 | [賜与] | [対応軍隊] |
|---|---|---|---|
| 列侯 | ― | | |
| 関内侯 | ― | | |
| 大庶長 | ― | | |
| 駟車庶長 | ― | | |
| 大上造 | 大良造 | 税邑六百家 | 大将 |
| 少上造 | 少良造 | 〃 | 〃 |
| 右更 | 右更 | 〃 | 〃 |
| 中更 | ― | | |
| 左更 | 左更 | 〃 | 〃 |
| 右庶長 | 右庶長 | 〃 | 〃 |
| 左庶長 | 左庶長 | 〃 | 〃 |
| ― | 正卿 | 〃 | 〃 |
| ― | 客卿 | 〃 | 〃 |
| 五大夫 | 五大夫 | 税邑三百家 | 〃 |
| 公乗 | 公乗 | 田八項宅四〇畝 | 二千五百主 |
| 公大夫 | 公大夫 | 田七項宅三五畝 | 五百主 |
| 官大夫 | 官大夫 | 田六項宅三〇畝 | 将 |
| 大夫 | 大夫 | 田五項宅二五畝 | 屯長 |
| 不更 | 不更 | 田四項宅二〇畝 | 卒 |
| 簪裹 | 簪裹 | 田三項宅一五畝 | 〃 |
| 上造 | 上造 | 田二項宅一〇畝 | 〃 |
| 公士 | 公士 | 田一項宅　五畝 | 〃 |

**戦国秦の商鞅変法十七等爵**　爵位は官爵（上表右）と民爵（上表左）に分かれ、官爵最下位の五大夫は見習い官の意味をもつ。それ以上は、八等あり、二等ずつ名称上の類似がある。戦国時代の四等爵（いわゆる五等爵のうち、子・男を同等とみる見解）を意識した構造になっている。後、領域が拡大すると、爵位も増え、二十等になった。漢の二十等爵を参照すると、五等爵を意識していることがわかる

から王を名のった。

　こうした秩序が形成されていたところに、国を滅ぼして県にし官僚を派遣する動きが始まる。その動きを支えていたのは鉄器の普及である。鉄器の普及によって土地が激増し、結果として都市も増えていったので、滅国が県になったのをはるかに上回る数の県が設置された。

　こうなると、それぞれの文化地域の中で、中央と県とをあらたに秩序だてる必要が生じた。

　秩序構造の場は、あいかわらず新石器時代以来の文化地域を母体としてできあがっている。日本なみの国家領域が問題になるということである。しかし、都市国家どうしの関係を表示するのではな

く、中央による官僚統治の有り様を表示する必要が生じた。

この時代的要請によってできあがるのが爵位《しゃくい》の秩序である。

前頁の一覧で注目していただきたいのは、十七等の爵位が下位八等の民爵と上位九等の官爵に分けられるということである。官爵は、県に派遣された官僚までを含めて、その序列を規定するものであり、民爵は、その官僚に支配される人々を序列化するものである。

爵位は、下位から数え始める。官爵の始まりたる第九等を除けば、同じような名称が対になっていることにお気づきになろう。客卿《きゃくけい》・正卿《せいけい》は、まだ都市国家の君主を補佐する人物を問題にしていたころのなごりで、都市の中での卿・大夫・士が問題とされた、その卿という表現を起源とする。左庶長《さしょちょう》・右《う》庶長は付き従ってきた部族の長を取り込んだ結果としてできた名称であろう。左更《さこう》・右《う》更は下位の、そして小《しょう》（少）良造《りょうぞう》・大《だい》良造は上位の身分で、複数の都市のまとめ役に与えられるものである。

官爵最初の五大夫《ごたいふ》は、いわば見習いであろう。官僚の子弟などが、最初から位ある者として処遇されたことを示すものである。

客卿・正卿、左庶長・右庶長、左更・右更、小良造・大良造を、それぞれの名称の類似性からまとめると四等になる。これが、いわゆる周代の五等爵が議論された理由である。上記のように、周代は都市と都市との間の関係、都市と農村との関係を示す言葉が存在しただけで、領域的支配を構築した中央と地方の関係を示す爵位は存在しない。その存在しない爵位が必要になったとき、いにしえ以来、その爵位があったのだという架空の説明を始めることになる。いにしえに範をとるためである。

『孟子』では、公・侯・伯の三等の爵の下に、子・男の二爵があり、子爵と男爵は同じだという説明をつけている。これは、国家ごとの整理の過程で、四、五等の爵位が問題となったものの、現実に必要だったのが四等だったことに根ざしている。すでに見てきた商鞅の爵位において、官爵が実質四等で、それを上下二つに分け、見習いの爵位一つを加えたものであったことを想起していただきたい。

その四等に合わせて四等爵を考えるか、見習いの爵位を加えて五等爵を考えるかが問題になったのである。

かくして、都市と都市、都市と農村の関係を示す言葉は、西周時代や春秋時代の五等爵として経典類に顔を出すことになった。そして、後世の人々は、それが現実に存在したものだと誤解することになったのである。

## 領域国家の拡大と爵位の変質

商鞅の爵位は、彼が魏から持ち込んだものである。秦の伝統に沿って手直ししているが、基本は踏襲しているようだ。実のところ、魏の爵位は詳しいことがわからない。しかし、秦の律の中に、魏の律がそのまま用いられている事実があることも知られている。

魏も秦も、そして他の国家も、その国家領域は新石器時代以来の文化領域を母体にして成立している。文化地域の中に複数の国家が成立したりしているが、領域支配の正当性を主張する段になると、前面に出されるのが文化地域に根ざした領域である。

その国家領域の中を、それまでの都市を間接的に支配する方式でなく、都市に官僚を送り込んで統治する方式に変えていった結果、秩序再編が急務となり、その目的に沿って爵位が整備された。商鞅の爵位もそんな経緯でできあがった。

ところが、すでに概観したように、秦の国家領域は、官僚による領域支配が始まった後、昭襄王の時代にじわじわと拡大した。楚の本拠であった湖北・湖南の地も秦によって領有されるにいたる（前二七八年）。占領地は分割統治された。この分割区を郡という。こうなると、伝統的につちかわれてきた文化地域を越えて、官僚支配を及ぼす現実が、爵位の問題にも関わってくることになる。

領域が拡大された結果として、爵位も、やがては十七等ではすまなくなってくる。途中のことはわからないことが多いのだが、秦の制度を継承した漢の場合、爵位は二十等になっている。そして、この二十等爵が及ぼされる領域（官僚により直接統治する領域）は帝国のすべてではなく、かなり広い領域が諸侯王国となっている。その諸侯王の領域を除いた領域は、昭襄王が拡大した秦の国家領域とほぼ同じになっている。だから、秦の昭襄王の時代に遡っても、十七等爵が二十等爵に変わった理由を詮索することができる。

商鞅の十七等爵と二十等爵を比較すれば、変わった理由はおのずと明らかになる。先に示した三八九頁の表をもう一度ごらんいただきたい。二十等爵では、客卿・正卿が省かれ、新たに駟《し》車《しゃ》庶長・大庶長、そして関内侯《かんだいこう》・列《れっ》侯が付け加えられている。

駟車庶長・大庶長は、本来は漢字に関わりのなかった地域を領域に組み込んだ結果できあがった爵位である。また、列侯は、本来は他国の国家領域、つまりすでにその他国の爵位が機能している地域を支配するために作り出された爵位である。

伝統的支配域の外が念頭にあるから、官僚として派遣するにしても、派遣地の支配の責任を重くする。封建に近い処遇をほどこす。

秦国の官僚を派遣して支配するだけでなく、征服地の有力者を秦国内に移して身分を安堵しつつ、実質的支配権から切り離す方策も必要になる。伝統的に秦に従ってきたものにも、同じような身分を与える必要がある。こうした必要が、関内侯という身分を生む。

こうした説明は、作られてしばらく実効性をもっていたはずだが、後には名目化し、単なる序列として機能するようになる。

上記の説明で言及したことだが、伝統的支配域とあらたな征服地は区別される。このことを律で定めたのが「夏子《かし》」に関する規定である。夏子とは、秦の女《むすめ》が生んだ子のことをいう。もともとの秦国の男子は、まず夏子だということになる。そして新たな征服地の人間は夏子ではない。しかし、征服地に派遣された秦国官僚は夏子であり、現地の女との間に生まれた子供は夏子となる。そして、秦国の女が征服地の人間に嫁すると、その子も夏子となる。生まれた夏子の子が女であれば、当然その子がどこに嫁しても子は夏子となる。

征服地の支配は、こうした意味における血の原理をもって進められた。

始皇帝が即位した後、「逐客令《ちくかくれい》」という法令が出たことがある。客を追放するというものである。それに反対する大演説をぶったのが李斯《りし》である。その演説によって、この法令は施行されずに終わるが、この時に問題となった客とは、夏子でない人々である。李斯もこれに含まれる。

この「夏子」に関する規定も、もともと魏のものに違いない。魏・趙・韓それぞれ、自らの伝統的支配域を「夏」と規定しているからである。その規定を秦国に持ち込み、秦こそが「夏」なのだという意識を打ち出して、自らの規定として作り換えた。

以上の規定の制定や、その後の経緯からも、新石器時代以来の伝統的文化地域が、いかに特別に位置づけられ、かつその特別な位置づけがいかに現実の要請に基づくものであったかを知ることができる。

改革を進めた商鞅は、作った政敵も多数にのぼったようだ。商鞅を用いた秦の孝公が死去すると、すぐに捕らえられ、車裂きの刑に処せられている。

## 楚における変法

### 楚の爵位

秦の爵位は、上記のように比較的よくわかっている。史料もけっこう残されている。これに対し、秦に滅ぼされた他の諸国家の爵位は、よくはわかっていない。

秦を除く諸国家の爵位が、よくわからない中で、やや例外的に多少の材料を得ることができるのは、楚の爵位である。

ただし、この爵位は、戦国時代の楚国のものではなく、その戦国楚国の復興を旗印にした項羽《こうう》時期のものがほとんどである。

秦の始皇帝が死去した後、多くの武将が反乱を起こした。彼らはかつての戦国時代の国家の再興を旗印にした。その一人が楚の義帝（懐王）であり、その下の中心人物が項羽と劉邦であった。

この義帝・項羽に関わる記事の中に、少なからず楚の爵位の名が見える。五大夫・七大夫・国大夫・列大夫・執帛《しっぱく》・上聞《じょうぶん》・執圭《しっけい》（珪）・卿などが知られる（先に三八九頁に示した商鞅爵位と比較されたい）。

上下関係などはほとんどが不明であるが、上執圭が最上位に近い爵位であったことがわかっている。『戦国策《せんごくさく》』斉策二に昭陽が質問に答え、宰相たる令尹《れいいん》に次ぐのが上柱国《じょうちゅうこく》であり、軍をくつがえし将軍を殺せば官は上柱国、爵は上執圭になると述べている。

上執圭とは別に執圭があったようで、『戦国策』東周策には、景翠《けいすい》は爵が執圭、官が柱国になったとある。同楚策四には陽陵君が執圭になったとある。

この執圭であるが、『戦国策』楚策一に、上述した前二七八年の秦による楚攻撃を述べて、楚が秦と漢中に戦ってこれを失った際、通侯・執圭で死んだ者が七十余人いると記す。この数からすると、執圭は県レベルを支配する者に与えられた爵位のようである。ということであれば、上記の楚爵以外にも知られる事例には、少なからず民爵が含まれている可能性がある。

楚爵は、項羽が復活させただけでなく、「漢の武帝に滅ぼされた南越《なんえつ》でも用いられたことがわかっている。南越は、始皇帝の死後にできあがった。現在の広東《カントン》省広州《こうしゅう》市に本拠をおき、ベトナム北部や福建《ふっけん》にも勢力を及ぼしていたようだ。そのベトナムや海南島《かいなんとう》から、執圭の名を記した印が見つかっている。

南越の君主は「帝」を称していた。その「帝」の下の制度は、戦国時代の楚の制度を継承していたのだろう。

## 呉起の変法

楚では、呉起が楚の悼《とう》王に仕え、変法を行ったことが知られている。前三八七年から前三八五年のことである。当時、魏では文侯（在位前四四二―前三九五年）の改革が終わり、武侯の時代になっていた。魏の文侯の下では、簡単な法令整備が行われたようで、呉起もその文侯に仕えている。そのときの法令が魏の律令の基礎となり、その律令が秦に導入されたわけである。魏の文侯の時期に、呉起は魏に仕え、武侯のときに楚にわたった。

簡単な記載しかなくて具体性にかけるところがあるが、呉起は法令をきびしくし、爵位の世襲を制限したという。

世襲を制限したのだから、それまでは世襲されていたのである。この法令の存在を前提としない爵位は、楚王と各地に存在した都市の支配者や都市に送り込んだ官僚たちを、簡単に秩序づけるものに違いない。王と諸侯の関係を規定するものであろう。そうした爵位に加え、やがて諸侯以下に相当する官僚を秩序づけるようになるのが、上述した商鞅変法に示されたような爵位である。

呉起変法に見える旧来の爵位は、諸侯身分だけを問題にする原始的なものである。

ただし、この旧来の爵位にも、あらたな変化の波がおとずれていたことがわかっている。都市を特定してその支配をまかすという意味の爵位ではなく、都市はどこでもいいが、とにかく都市を支配することが約束された身分としての爵位が問題になっていたのである。つまり、支配をまかされる都市が次々に変更されても身分は安堵される爵位である。楚国の重臣たちは、楚王との身分序列を安堵されつつ、みずからの自由になる都市を世襲することはなくなっていた。これは、秦の場合に問題になった関内侯に相当する爵位である。

大国と小国との関係が主だった時代が、中央と地方（県）との関係が主となる時代に変化した。その結果として、こうした県レベルの長官としての身分を安堵するような爵位が出現したわけである。

楚の場合も、秦の場合と同様、旧来の支配地域を越えてさらなる支配域を獲得していく。淮水《わいすい》方面を直接的に支配するようになり、やがて呉越の地も支配下に組み込む。そして、南方では、湖南の地を掌握する。それぞれに、有力者を派遣して支配の貫徹をはかる。

呉起の変法は、楚の支配域が、伝統的文化地域の枠をさほど踏み出していない段階でなされている。つまり、湖北を拠点とし、湖南や河南《かなん》に直接的支配をおよぼしたにとどまる段階での改革である。商鞅変法が陝西《せんせい》一帯の支配を前提として組み上げられたのと同じようなものである。

世襲的爵位を否定すると、楚国の重臣たちが禄をはむための基礎が否定される。血縁によらぬよそものの登用原理をうちたてようとしたわけである。

呉起の場合も、商鞅と同じく多くの敵を作り出すことになった。呉起を用いた悼王が前三八五年に死去すると、反徒が呉起を攻めた。呉起は悼王のなきがらに身をふせたが、反徒は王のなきがらごと矢で射抜いたという。

反徒は、王のなきがらを傷つけたかどで処刑された。七十余家にのぼったという。結果として、呉起の反対勢力は大幅に粛清されることになった。
楚のその後の変法の進展具合は、不明になってしまう。商鞅変法に見えるような爵位のうち、民爵に相当する爵位は、すでに述べたようにあったらしいが、それが具体的にどう秩序づけられたのかは、よくわかっていない。

## 王の巡行から皇帝巡行へ

### 天下の物資流通と金属貨幣の出現

変法家たちは、各領域国家の富国強兵を第一に考えて政策を実行に移した。だから、その視点は天下の中の特別地域に向けられている。ところが、彼らは天下の中を行き来して、自らが仕える君主を捜した。彼らが行き交うのを支える交通網が整備されている。そして、そうした交通網を使って物資が流通する。個々の領域国家の経済を成り立たせているのは、天下における物資の流通である。そして、その流通を支えていたのが、金属貨幣であった。

そもそも物の流れは、新石器時代以来広範囲に展開されている。物と物との交換の結果として、海のものが内陸部にもたらされたりする。殷式の青銅器が、直接支配する地域からは非常に離れた地域である広東省から出土するのも、この交換の連鎖による。時代が降って、漢の鏡が我が国から出土するのも同様の状況下でおこっている。こうした物と物との交換には、貨幣は介在していない。

ところが、貨幣を仲立ちとする物資の流通では、やりとりされる物資の量は飛躍的に増加する。

金属貨幣の出現は、天下を舞台とした物資の流通が本格化したことを意味する。出現するのは、前五世紀ごろである。最初は物と物との交換を反映して貨幣も大型である。それまで青銅器の固まりをやりとりしていたのを、細分して貨幣にしたことがわかる重さになっている。前四世紀に入ると、次第に小型化し貨幣量も増える。

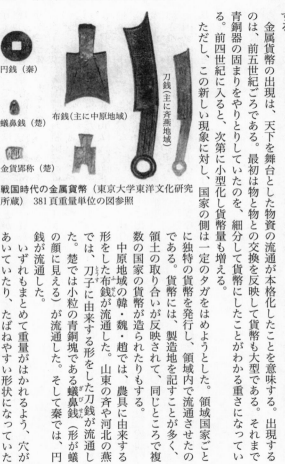

ただし、この新しい現象に対し、国家の側は一定のタガをはめようとした。領域国家ごとに独特の貨幣を発行し、領域内で流通させたのである。貨幣には、製造地を記すことが多く、領土の取り合いが反映されて、同じところで複数の国家の貨幣が造られたりもする。

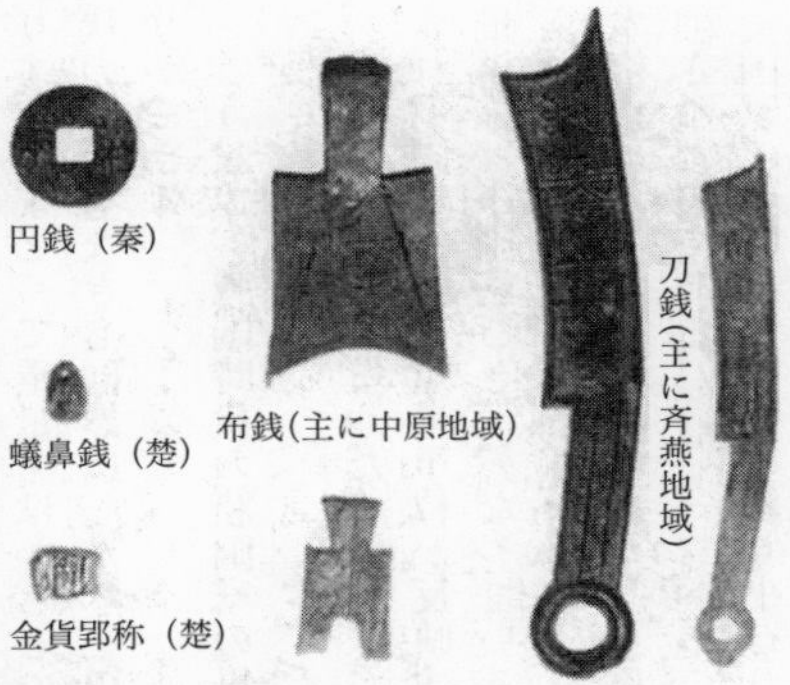

戦国時代の金属貨幣（東京大学東洋文化研究所蔵）　381頁重量単位の図参照

中原地域の韓・魏・趙では、農具に由来する形をした布銭《ふせん》が流通した。山東の斉や河北の燕では、刀子《とうす》に由来する形をした刀銭が流通した。楚では小粒の青銅塊である蟻鼻銭《ぎびせん》（形が蟻の顔に見える）が流通した。そして秦では、円銭が流通した。

いずれもまとめて重量がはかれるよう、穴があいていたり、たばねやすい形状になっていたりする。まとめて重量をはかるということが、国家のタガをはずす役割を演じ、貨幣間の形状の差異をなきも同然にした。どの国家の貨幣をつかっても、結局は貨幣の総重量でやりとりができる。

こうして、戦国時代の諸国家の思惑とはうらはらに、実質貨幣の統一が進行することになった。

貨幣の大きさがまったく無意味ではなかったようで、国家ごとにそれなりの大きさが決められ、国家ごとの重量単位が反映する。この点はすでに度量衡のところでも述べた。その重量単位は、国家ごとに異なっているのに、繰り上がりの数値は、国家ごとに換算しやすいような関係になっている。貨幣は国家ごとに出現したのではなく、天下における物資の流通の本格化にともなうものであった。その結果、国家ごとの重量単位が、換算しやすいように整理されたのである。

国家ごとに重量単位の繰り上がり方が異なるのは、国家の独自性を表現しようとの意図に基づく。その国家の思惑とはうらはらに、換算しやすい関係の存在が、実質貨幣の統一の効果を生み出していた。

秦の始皇帝は、統一の後、その統一を「形」とする制度の整備を繰り広げている。しかし、彼の下で貨幣の統一だけはなされなかった。貨幣は実質上統一が進行していたから、あらためて統一に手をつける必要はなかったのである。ところが、「形」にこだわって貨幣をすべて秦のものにしようとしたのが二世皇帝である。この政策は、経済上の問題から発して天下の混乱をひきおこす。帝国瓦解の一因になっている。

なお、殷代や周代に貨幣のように見られている宝貝がある。遠方から物々交換の連鎖を経て殷や周にはこびこまれてきた貴重品である。そもそも物々交換されて移動してきたものだから、貨幣の先駆としての意味をもたせることはできる。しかし、上述したような貨幣の発生状況からして、これら宝貝が広域的物資流通を支える貨幣として、機能を発揮する場はまだ作られていない。日本において貨幣が根付いたのも、天下の貨幣としての宋銭を使うようになってからである。宝貝は装飾品としての機能の方が主であろう。

## 殷王の田猟から始皇帝の巡行へ

先に（二〇七頁）禹《う》の伝説を述べ、漢代に治水伝説が一般化する際に用いられた説話が、実は禹が天下各地を経巡ったことを内容とするにすぎないことを述べた。その内容に治水の色合いをつけたのは、冒頭などに付された「治水をした」という簡単な付記にすぎなかった。また、付記として見えるその内容は、実はノアの箱船をも彷彿《ほうふつ》とさせる洪水を語るものであった。

この天下を経巡る禹の姿は、『日書』という書物に記された行神（旅の神）としての禹に通じるものであった。この種の禹を語る『日書』は戦国時代末の遺物として出土したものである。

上述したように、戦国時代に広域的経済圏ができあがり、金属貨幣が交換の仲立ちをした。こうした広域的経済圏ができあがる過程で、人々の頻繁な往来を守護する神が出現する。それが行神としての禹であった。禹は、当時できあがったばかりの交易路を行き来する人々の守護神となった。自然に禹があちこちに出現することとなる。それがまとめられると、天下を経巡る禹ができあがる。

これとは別に、鉄器の普及を背景として大土木工事をなしとげた治水の神もできあがる。本書一〇七頁でも、『左伝《さでん》』昭公元年の治水神話を紹介した。台駘《だいたい》はその官の仕事をよくこなし、汾水《ふんすい》と洮水《とうすい》を通じさせ、大沢をせきとめ、大原（高平）の地に住んだことが書いてあった。同様の治水神話はあちこちにできあがった。ノアの箱船を彷彿とさせる治水ではなく、治水工事をやってのけたという意味での治水である。それが漢代に行神の禹と合体した。そして、別に成立していた大洪水の神話とも合体した。

経巡る行神とは別に、各国の王も領域内を経巡る存在であった。聖なる山は各地に存在する。たとえば山東の泰山《たいざん》もその一つである。泰山は、斉王が正統者として儀式を行う聖山であったようだ。

時代を遡ると、都市国家の時代になる。その時代、各国君主は領内を経巡って儀式を行った。殷王も例外ではない。すでに述べた殷王の田猟《でんりょう》は、そうした儀式を行うための巡行である。行動範囲は一日で行って帰ってこられる範囲内、つまり都市国家の領内であった。このときに再々なされた儀式は、「大国」としての殷が、従う「小国」に霊的な威圧をかけるものであった。「小国」は貢納の義務を果たすためと、殷王朝への挨拶のために、殷の郊外に出先の村を作っていた。殷王は、そうした村に霊的な威圧をかけたのである。

戦国時代になると、それまでと変わって君主の巡行範囲が拡大した。領域国家ができあがった関係で、特別地域を巡行するにも、都市だけではすまなくなったからである。各領域国家の領土は、新石器時代以来の文化地域を母体としつつも、その一部として成立していることがままあった。そのため、本来君主が経巡るべし、とされた領域は、往々各領域国家の領土を越えて議論された（二三八頁のコラム参照）。その議論の中で、斉では、歴史を遡って、斉の田氏と魯《ろ》の孔子を称揚する「形」を作り上げた。孔子は賢人としての役回りが期待された。その孔子が経巡ったという説話が作られた。その経巡った範囲は、斉がのどから手が出るほどほしい殷の故地であった（二四七頁参照）。

すでにあちこちで紹介したように、ある国家の正統主張が展開されると、それをくさす話題が必ず作られる。『史記』孔子世家は、戦国時代の孔子に関わる話題を、いくつかまとめてできあがったらしく、褒貶《ほうへん》あい交えて紹介している。その貶《おとし》める話題の中に、孔子の流浪伝説があり、それがいわゆる殷の故地に限定されていたため、天下を経巡った禹ほどではない、という判断が示されるにいたった。孔子世家では、殷の故地を経巡った孔子について、「腰から下は禹に三寸およばない」と言ったわけである。

こうした説話を歴史的な「事実」としてうまく利用しながら、戦国時代の各国家君主は領内を巡行し、かつ領土を拡大しようとした。

『尚書《しょうしょ》』禹貢には、禹が新石器時代以来の文化地域を念頭におきつつ天下を経巡ったことが書いてある。そこには「高山大川」を定めたという付記があった。この「高山大川」を定めることは、つまり、山川の神をおさめることを言う。霊的威圧の儀礼が前提になっての話に違いない。ただし、九州の田や賦税のことを具体的に述べる部分では、魏の領土を念頭において述べた冀《き》州の記述をのぞいて、威圧儀礼を思わせる記述はない。そして、五服の制を述べた部分は、特別地域とその他を分けて論じる。したがって、この禹貢に示された治水は、天下の中をいくつかの領域に分けてそれぞれ論じるものであり、その一つ一つは、『左伝』において台駘の治水を紹介して問題にする領域と大同小異である。

禹は、そうした個々の領域の治水を進めながら、天下の交通網を使って、隣の領域に移動する、という話になっている。

秦の始皇帝の巡行は、この禹貢の記事から治水の内容を取り去ったものである。始皇帝は、戦国各国が行っていた霊的威圧儀礼の象徴的場所を選んでおとずれ、そこでみずからが霊的威圧の儀礼を行った。最初におとずれたのは、みずからの祖先霊が眠る墓域であった。始皇帝がおとずれた各地の霊所のうち、後世もっとも有名になったのは泰山である。始皇帝が各地をおとずれるについても、もっとも気を遣った場所であり、それは、この霊所が斉のものだったことに由来する。斉は始皇帝の統一事業の最後まで、敵対する正統として残り、遡っては天下を二分する「帝」として勢威をほこった（三二三頁参照）。そのため、斉の霊所を制圧することをもって、統一の象徴にしたのである。

交易路は、経済の動脈であるとともに情報の動脈でもある。戦国時代には、貨幣の仲立ちを得ながら、交易路における人の往来は飛躍的に活発となった。その動脈を通って、論客もあちこちに出向き、雇われて才能を開花させた。彼らは、各地の情報をまとめ、各国で論陣をはったから、天下の情報は短時日のうちに天下にひろく行き渡った。

この交通網を使って、漢の司馬遷《しばせん》も調査のための旅行をしている。

# 第一〇章　新たに比較検討される春秋時代像、そして夏殷周三代像

## 文書行政が始まるまで

### 大和の大国と殷・周

以上、夏王朝・殷王朝・周王朝の三代に関わる戦国時代の歴史認識をたどり、殷、西周、春秋、戦国の各時代を語ってきた。

歴史的記述が、まがりなりにも使えるようになるのは、戦国時代、つまり文書行政が始まった後である。その戦国時代を語るのに、漢代に作られた『史記』を使ったのでは、漢代の天下認識が関わりすぎて具合が悪くなることが少なくなかった。それを具体的にご紹介してきた。

春秋時代は、さらに遡る。天下を語った漢代の『史記』だけでなく、領域国家の論理を展開した戦国時代の諸書でも、都市国家ではない領域国家の論理が関わりすぎて具合が悪くなるところが少なくなかった。それも具体的にご紹介してきた。

では、春秋時代とはいかなる時代だったのであろうか。天下の論理でもなく、領域国家の論理でもなく、都市国家の論理を問題にする時代、それはいかなる時代なのか。

すでにこの点に関わる話題は、本書のあちこちでご紹介してきたが、以下、それらに加え

て、なお気になる点を補足しておくことにしよう。

一般に理解されている春秋時代像には、この時代に「五等爵」があったというものがあるはずである。すでに述べたように、それは、戦国時代の思想家たちが作り上げた虚構の産物であった。

このことを理解する上で、ぜひともご参照ねがいたいのが、我が国の古墳時代と飛鳥白鳳《あすかはくほう》時代、そして律令《りつりょう》時代である。

古墳時代は、大和《やまと》に大国があり、各地に小国があって、大和政権は小国に威令を及ぼしていた。これは、春秋時代において、新石器時代以来の文化地域ごとに大国が存在し、地域内の小国に威令を及ぼしていたのとよく似ている。

その古墳時代に、中国に使節を送ったことが記されているのが、倭《わ》の五王である。これらの王が、韓半島をまきこんで、「都督諸州諸軍事《ととくしょしょしゅうしょぐんじ》」（日本と韓半島の一部の軍事権を掌握する官）を要求（あくまで要求だが）していたことが知られている。これは、春秋時代に先行する西周の時代にあって、周王朝が新石器時代以来の文化地域の中原区の西部・東部を掌握し、威令を及ぼしていたことを念頭におけば、状況が類似していることがわかる。

飛鳥白鳳時代は、律令時代への準備期間であるが、飛鳥時代に小国の君主が国造《くにのみやつこ》に任命されている。そして、中央豪族には臣《おみ》や連《むらじ》、地方豪族には君《きみ》や直《あたい》などが与えられていた。日本という領域の中が、中央と地方に分けられ、それぞれ氏族の長に称号が与えられている。

中国の西周時代や春秋時代も似たような国どうしの関係を作り上げていたようだ。この国どうしの関係を説明すると以下のようになる。

西周の都には、王がおり、雒邑《らくゆう》の副都には周公がいた。王の下には、伯や叔など家族呼称をもって称される氏族の長がおり、その外には、小国の君主が「諸侯」として従っていた。「侯」たちの下にも、周の伯・叔などに相当する人々がおり、それらは、春秋時代に漢字が伝わると、伯・叔などと称されることになった。

注目していただきたいのは、「五等爵」のような、官僚的序列を問題にする爵位が、日本なみの領域における「大国」の時代にあって、存在することはなかったということである。「大国」と「小国」の関係が第一の社会では、「五等爵」はいらないのである。しかし、飛鳥白鳳時代の「中央」において、地方の君や直に相当する臣や連以外に、大臣《おおおみ》や大連《おおむらじ》が問題になる程度の区別は、必要になった。特別の諸侯格である。

同じような特別の諸侯格が西周時代や春秋時代においてもあった、と述べたのが本書である。諸侯の特別な存在としての「公」（戦国時代諸国家が、過去を整理して貼りつけたレッテルとしての「公」ではなく）であった。

**春秋時代までの畿内**

西周時代や春秋時代の「大国」が、飛鳥時代の「中央」に相当する程度の「中央」すなわち畿内をもっていたことは、当然のことである。

この畿内は、都市国家が直接統治する規模の領域を問題にする。

これに対し、戦国時代の秦において、国家領域が天下の半ばをしめてから後は、新石器時代以来の文化地域を母体として成立したばかりの領域国家秦の領域（陝西渭水《いすい》一帯）が、内史（畿内）とされた。これは、漢代になると、京兆尹《けいちょういん》・左馮翊《さふうよく》・右扶風《うふふう》に分けられているが、畿内に位置づけられていることに変わりはない。

日本や韓半島やベトナムでは、こうした広い領域を畿内とした歴史はない。だから、この彼我の相違を常に念頭におきつつ検討を進める必要がある。

都市国家の時代の「大国」の畿内と、領域国家の時代の畿内には差ができる。都市国家の時代の、つまり春秋時代の大国である秦の状況を考えるのであれば、領域国家の時代の内史よりは、もっと限定された広さの畿内を想定しておく必要がある。

当然ながら、西周や殷の時代に遡る場合も、事情は同じである。

西周時代の場合、王都鎬京《こうけい》の周囲と副都雒邑《らくゆう》の周囲で、我が国の古墳時代の畿内に相当する規模の地域が、畿内として特別に扱われたと考えてよい。

その畿内の外を間接統治していたのが西周時代や春秋時代であり、その間接統治していた地域を官僚で統治し、文書行政をしくにいたったのが戦国時代である。文書行政をしくにいたった当初にいたるまで、畿内は、都市国家が直接支配した地域を問題にしていたのであり、その畿内は、戦国時代にいたるまでの歴史を反映して、新石器時代の文化地域の一角にそれぞれ作られたのである。

### 首都と副都

首都にせよ副都にせよ、ある領域の一角に作られる点では共通している。大国が小国を支配する場合にせよ、中央が地方を官僚統治する場合にせよ、その支配が及ぼされる領域が大きいと、首都と副都の距離は長くなり、それが小さいと、首都と副都の距離は短くなる。いわずもがなのことである。

周の場合は、陝西一帯だけでなく、河南一帯をも支配下においた関係で、王都鎬京と副都雒邑の距離は、だいぶ長くなった。日本の京都と東京ほどの距離がある。時代も地域も異なるが、鎌倉時代に関東の鎌倉幕府と京都の所司代とがあり、足利時代に京都の足利幕府と関東管領がいたのと似た状況がある。

こうした関係が認められるということだけでなく、周の領域については、殷を滅ぼしてその領域をあらたに支配下においた歴史が関わっている。

殷は、新石器時代以来の文化地域（八―九頁地図参照）でいえば、中原区の東側を主な支配域とし、周囲に影響を及ぼした。周はその中原区の西の陝西一帯を支配域とし、東に軍をすすめて殷の支配域をみずからのものとした。周の王都鎬京は、中原区の西端に位置し甘青区をにらむ位置にあり、また副都雒邑は中原区の中央に位置し、もとの殷の主な支配域をにらむ位置にある。周公の一族が代々雒邑を統治したようであり、その初代周公の子が封建された魯《ろ》は、海岱《かいたい》区の一角に置かれ、同じ海岱区の北にある斉をにらむ位置にあった。

中原区は、おおよそだが、東西二つの地域に分けることができる。雒邑は、その西区から東区へ進軍する際の出口に位置している。

副都雒邑の地理的位置は、このようである。

ちなみに、殷王朝を遡ってあったとされた夏王朝については、戦国時代の国家ごとに解釈が違った。

戦国時代の秦では、中原の西区を夏の故地とし、陝西の地を直接支配する現実を強調して、みずからを「夏」と位置づけた。

同じく魏では、山西から河南に夏の故地を設定し、河南における夏都を歴史的に問題にした。

同じく韓では、山西にあった春秋時代の晋の都一帯を夏の故地として強調した。

以上のような夏王朝の歴史的位置づけを考慮しても、周王朝が陝西から河南にかけての地に支配を及ぼしたのは、大国が小国を支配した時代にあって、図抜けて広い領域を問題にしていたことがわかる。それが、漢代の「天下」よりはかなり限られたものだったとはいえ、である。

## 西周時代の世界認識

### 西周金文に見える文王称揚、武王称揚の表現

戦国時代にいたるまでの王都と副都の問題を検討するのに、とても興味深い内容が、西周《せいしゅう》金文《きんぶん》の中に記されている。それをいくつか紹介しておこう。

西周金文の中に、文王と武王を挙げて周王朝の創建を述べたものがある。文王の功績として「茲《こ》の大令《たいれい》（命）を受く」（天命を受けた）、「天有《てんゆう》の大令を受く（天の大命を受けた）」、「上下を匍有《ほゆう》す（天界と地上の呼応を知る力を得た）」が問題となり、武王の功績として「大《たい》

邑《ゆう》商に克つ」（大都市の殷に勝利をおさめた）、またはその結果として「四方を匍有す」（「四方」を鎮定した）が問題にされる。

　西周後期になると、文王・武王の功績は一緒にされて「丕顕《ひけん》なる文武（文王と武王）、大令を膺受《ようじゅ》し、四方を匍有す」（師克盨と名づけられた青銅器）などと表現される。これは文王の「大令を膺受す」と武王の「四方を匍有す」を並べたものである。その「四方を匍有す」の部分は、別の青銅器では、「殷民を亦則す」（師詢殷という青銅器。殷の民を従えた）と表現されたり、「不廷の方を率褱《そっかい》す」（毛公鼎《もうこうてい》という青銅器。朝貢してこない「方」国〈諸侯〉を従えた）と表現されたりしているので、「四方を匍有す」とは、周が殷を打ち破った「克殷」を表現していることがわかる。

史墻盤（陝西省扶風県荘白村出土　周原文物管理所蔵）

　西周初期にあって「四方」とは、周の「四方」ではなく殷の「四方」であったわけである。そして、この「四方」は東西南北のことではない。代表される四つの「方」国（諸侯国）である。殷では諸侯国のことを「方」と称しており、それが甲骨文《こうこつぶん》に刻されている。

　すでに、『逸周書《いつしゅうしょ》』世俘《せいふ》解《かい》を紹介した（六九頁参

照)。その中に見える表現は、上記の青銅器銘文(金文)に見える表現が、後にどう表現されたかを見る上で、注目できる。この篇は、周の武王が殷を滅ぼす過程を詳細に述べている。そこに「武王が遂に〝四方〟を征した。凡そ悪国は九十有九国、馘磿《かくれき》は億有十万七千七百七十九、俘人は三億万有二百三十、凡そ服する国は六百五十有二であった」とある。これは、文王の功績を受ける武王の現実的戦果ということである。

数値を見ればわかるように、かなり大げさな表現である。大げさではあるが、ここに見える「国」が問題の「四方」(四つの方国)によって規定される一定の領域に存在した都市や農村であったことを教えてくれる。

史墻盤《しようばん》という青銅器に周の文王の功績をのべて、最後に「上下を匍有し(天界と地上の呼応を知る力を得て)、万邦を迨受《ごうじゅ》した(多くの邦を授けられた)」と表現した部分がある。上記の「大令を膺受す」の部分を詳しく述べたものだろうと考えられている。これに見える「万邦」も大げさな表現である。上記の「国」に相当する都市や農村であろうと思われる。ただし、この盤に見える「万邦」は上記の殷の「四方」を含むより広い周の支配域を問題にするようだ。これについては、下記において再び問題にすることにし、話を続けよう。

殷に従っていた方国を念頭において話題にされた「四方」は、河南を中心とする一帯が想定できる。

**陝西省眉県青銅器に見える「四方」「四域」と「狄」**

最近出土した陝西省眉《び》県出土の青銅器逨《こつ》盤(逨《らい》盤)に、類似の表現が見えている。この青

逨盤とその銘文（陝西省宝鶏市眉県楊家村出土　宝鶏青銅器博物館蔵）

銅器は周の宣王のときのものである。
「丕顕なる高祖単公《ぜんこう》は、威厳をもって、その（周に）与えられた『徳』（という呪力。後代の徳と違って征伐により各地にもたらされる）をまことにし、文王・武王を補佐して殷を征伐した。（周の文王が）天のたまわりものたる令（天命）を受け、（周の武王が）四方を匍有しその疆土《きょうど》に宅を定め、上帝に配した（のである。そして、それを補佐したのである）」とある。

ここに言う「四方」も、周初と同じく殷の「四方」である。

上記の逨盤の銘文には、続けて「我が高祖公叔におよぶや、成王を補佐した。成王は軍をもって（文王以来の）大令を確認し、周に従わぬ狄（という外族）を伐ち、四域の万邦を定めた」とある。

この部分は、周の武王が死去した後に起こった反乱のことを述べている。

具体的には、『史記』管蔡《かんさい》世家や宋世家に記事があり、周の一族たる管叔・蔡叔が殷の余民を治めるために封建されている。ところが、武王が死去すると、彼らは殷の余民とともに周公に対して反乱を起こした。この反乱は鎮定され、あらためて衛に殷虚を監督させ、殷の一族を宋に封建し、蔡を許している。西周末になるが、管の近くに鄭が陝西方面から進出してくることになる。

すでに紹介したところだが、『左伝』の中に、韓氏の祖先伝承を述べたくだりがある（昭公元年）。そこでは成王が唐（山西中部の晋の本拠となったところ）を滅ぼしたことが記されている。この事件は、『史記』晋世家にも記され、反乱をおこしたために平定されたことになっている。

周の武王は、河南方面に進軍し、殷の軍を牧野に破って殷を滅ぼしている。その際、山東の斉と殷をはさみうちにしていることが知られている。

殷についていた山西の方国は、殷が滅ぼされても、周に帰順の意思を示さなかったし、それどころか、殷の余民の反乱と呼応することが懸念された。それゆえ、ここで周に伐たれることになった。だから、問題の銘文に記された「狄」は、山西の唐について言うものだろう。

周の王都がある陝西の地からは、黄河の屈曲部に出て北上すれば山西、東進すれば河南という大きくわけて二つの道筋がある。このため、北上しては山西の方国を滅ぼし、東進しては殷の反乱をおさえたのである。

山西の「狄」と殷の余民が平定されたことを、「四域の万邦を定めた」と表現した。史墻盤に、周の文王の功績をのべて、「上下を匍有し（天界と地上の呼応を知る力を得て）、万邦を迨受した（多くの邦を授けられた）」と表現していた。だから、「四域」は、「狄」と殷の余民を含む周の支配が及ぶ地域全体を述べている。この「四域」の一部として殷の「四方」があるわけである。

ちなみに、「狄」という字面を見ただけでは、具体的にどこの外族なのかはわからない。いわゆる書物が最初に作られた戦国時代にあって、それら書物ごとに「狄」など外族呼称が示す内容が異なっているからである。例えば、一般に後代性の強い史料から「狄」は北方の

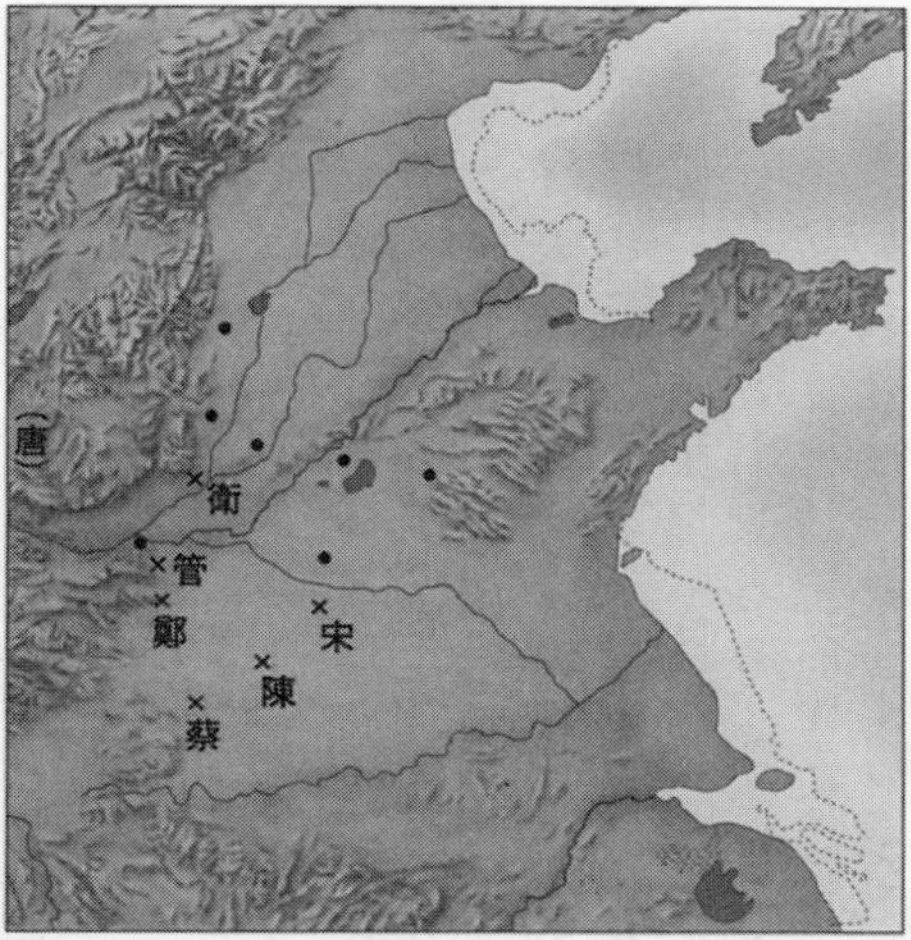


殷の故都　図の●は殷の故都とされるもの。位置は譚其驤主編『中国歴史地図集』第一冊による。比定の是非は、考古学的に検証される。これらの都市は、周の初めに管叔と蔡叔にゆだねられたが、武王の死後、管叔・蔡叔が殷の民とともに反乱を起こしたため、反乱鎮圧後、あらためて衛・宋・蔡の手にゆだねられた（×）。管の地には、西周末に王都方面から鄭が進出する。●が殷の故地として問題になる「四方」とどう関わるか、また『左伝』にいう宋・衛・陳・鄭の「四国」がどう関わるかも、厳密には、今後の考古学的課題となる

外族だと考えられているはずだが、『春秋』の記事では、「狄」は山東から河北にかけて分布することが知られている。西周で作られた遳盤と斉で作られた『春秋』とでは、「狄」が指し示す対象が異なっているのである。

周代にあっては、成王の時期にくみこんだ山西を加えても、「四域」は限られた地域を問題にする。その「四域」の中に「万邦」がある。そして「四域」の一部として殷の「四方」がある。

その「四方」は、「天下」のことだと誤解されやすい。支配が及ぶ範囲を「天下」というということなら、殷の「四方」は、殷の「天下」だと言い換えてもいいかもしれない。しかし、この「天下」の領域は、戦国以後の「天下」とは雲泥の差がある。「天下」というより、戦国時代に問題にされたそれぞれの国家領域、つまり特別地域だと言ったほうがよい。殷は一時的にせよ、山東の斉や陝西の周を従えたようなので、それを「天下」というなら、「四方」はその限られた「天下」の一部をいうことになる。

同様に、「四域」は周について問題になる特別な領域である。これを「天下」だと言うこともできるが、その場合も、戦国時代の「天下」とは比較にならないほど狭い。

もっとも、我が国の「天下」は、我が国だけを問題にしている。殷や周の「天下」が狭いとは言っても、日本の「天下」に相当するものだといっておくことはできる。

燹公盨《しこうしゅ》という青銅器がある。西周のものとも、また戦国時代のものとも、いずれとも決めがたい状況下にある。出土状況が全く不明だからである。その青銅器に「天下」という言葉が記されているとされる（…天、下…と切って読むこともできる）。この器が西周のものなら、西周時代の他の青銅器銘文と比較しての説明ができる。また、戦国時代のものなら、戦国時代に成立した諸書をも参照した説明ができる。

そして、これもすでに述べたことであるが、戦国時代の天下には、複数の中央が文書行政の網をかぶせている。これに対し、西周時代について問題にされる限定された領域としての「天下」は、「大国」と「小国」の間の関係を基礎にし、文書行政はまだ行われていない。

## 秦公𣪘・秦公鎛に見える「下域」「四方」と「蛮夏」

西周時代の「四域」を考える上で、示唆的な材料を提供してくれるのが、戦国時代に作られた秦公𣪘《しんこうき》である。この青銅器の銘文には、「秦公曰く、丕顕なる朕《わ》が皇祖は、天命を受けて禹の跡に宅をかまえた（皇祖の神秘的な力）。十二の公が帝のもとにあり、威厳をもって天命をうやうやしくし、秦をやすんじ、蛮夏を従えた（やすんじた現実と従える将来を確認した。十二の公の神秘的な力）。余は小子（ともいうべき身）であるとはいえ、つつしんで明徳（というもの）をまもり、威厳をもって万民をただし、戦士をやしなった。かつて盭々《こう》たる文公・武公は、不廷を鎮定した（秦の文公・武公の現実的戦果。このとき現実に秦をやすんじた）。ここに、朕が祭祀をうやうやしくし、宗廟の祭器を作り、皇祖を称揚する。厳として□各し、多くの賜り物をもって、呪力は限りなく、永遠に位をたもち、高くひろく慶賀するところあり、四方を匍有せしめよ（秦公が、現実にやすんじている秦の領土に加え、殷の四方すなわち蛮夏を現実に支配することを祈願）」とある。

また、秦公鎛《はく》（秦公鎛には、旧来から知られていたものと、別に出土した新出のものがある。ここにまず問題にするのは旧来から知られていた秦公鎛で、すでに一三七頁に言及した。新出のものは、下記において新出秦公鎛と称して検討する）にも似た文面がある。冒頭部分は「秦公曰く、丕顕なる朕が皇祖は、天命を受け、下国を竈有《そうゆう》（掌握）することになった（竈有することを約束された）」となっている。十二公について、（ ）内に「やすんじた現実と従える将来を確認した」と述べたのは、ここに皇祖の功績について述べて、「下国」の竈有が明言されているからである。

つまり、皇祖の神秘的力によって約束されたのが「下国」であり、その下には、現実に支配する「秦」の地と、これから支配しようとする「蛮夏」すなわち「四方」があると述べているわけである。

すでに言及したように（三四七頁）、秦には、趙と祖先を同じくするという伝承もあった。趙がおさえたのが山西北部であり、これもすでに紹介したように（一一五頁）、『左伝』には、山西南部にからめて夏王朝の跡を語る部分があった。秦律には、秦の女が生んだ子を「夏子」とするという規定があったこともわかっている。上記の秦公𣪘にも禹のあとに宅をかまえたとあった。おそらく夏王朝の跡を秦の領域の東よりに設定し、その領有を祖先伝承によって正当化する論理があったのであろう。蛮夏というのは、同じく夏王朝の子孫を自任する中原一帯の民を指し、本来の夏の民ではない、という意味をもっている。

ここで注目すべきなのは、文中において、「天下」ではなく「下国（域）」を問題にしていることである。まだ「天下」という言葉が熟していないか、まだ存在しないための現象にちがいないと、私は考えている。

ちなみに、秦公鎛では、銘文中の字として「或」や「域」ではなく、「國」（国）を使っている。すでに述べたことをくりかえせば、この「國（国）」は戦国時代になってできた字である。西周時代以来都市を「邦」といい、「邦」を囲む一定の領域を西周以来「域（或）」といっていたのだが、領域国家の出現で、その領域を囲む境界が意識され、結果として「國（或を囲む）」（国）という字ができた。

### 新出秦公鎛に見える「蛮方」「域」「百蛮」「四方」

先に述べた秦公鎛とは別に、新出の秦公鎛がある。その銘文には次のようにある。「秦公曰く、我が先祖は天令（命）を受け、宅を定め域を受け（以上先祖の功績。神秘的な力）、威厳ある卲《しょう》文公・静公・憲公は天上に感応して、皇天に卲合し、もって蛮方を仕えさせた（以上三君主の功績。神秘的な力の利用と現実的戦果）。公（秦公）は王姫とともに言った。余は小子（ともいうべき身）であるとはいえ、朝に夕に朕《わ》が祭祀をうやうやしくし、もって多福を受け、まことの心あるを明らかにし、軍士を教化し、左右を養い、つつしんで義をまことにした。そこで徳の明らかなるを授けられ、朕《わ》が域を安らぎ定めて教化した（秦公のこれまでの功績。現実的成果）。そこで百蛮をしたがえて服属せしめることをこいねがって（約束された地について現実戦果を祈願）、このたえなる鐘を作ったのである。霊なる音は鉠々雝々《おうおうようよう》として、もって皇公を楽しませ、もって大福を授けられ、賜り物は多く、呪力は永遠である。秦公はながく位にとどまり、大令（命）を膺受し、永遠に限りなく、四方を匍有する（ことを願う。約束された地について現実戦果を祈願）。それ永く宝とせよ」

文章構造は、秦公𣪘・秦公鎛（旧）とよくにている。

百蛮を従えることは、四方を匍有することのようである。百蛮は人、四方は土地である。蛮方はいちはやくなびいてきた方国だろう。なびかないでいる百蛮と合わせ、四方に属するのであろう。

この器の時期については、大きく分けて二つの見解があり得る。一つは、銘文に見える卲文公・静公・憲公が、『史記』秦本紀に見える文公・竫公《せいこう》（始皇本紀「静公」）・寧公（始皇本紀「憲公」）にあたり、寧公の子の武公がこの器を作ったと考える。もう一つは、この器の銘文が、先に紹介した秦公𣪘・秦公鎛と字がとてもよく似ていることから、これらの銘文に見える「十二公」を経た後のものとする。従来は、この「十二公」を経た後を春秋末としていたわけであるが、私は関連器を再検討して、「十二公を経た後」を戦国中期に下げている。

実のところ、私は、この器については、なお春秋前期の武公のときとするか、後のものとするかを決めかねている。

新出鎛の銘文は、宅に言及しても、禹のことを語らない。禹は伝説の夏王朝の始祖である。秦公𣪘・秦公鎛（旧）では「蛮夏」を問題にするわけだが、この「蛮夏」の「夏」も夏王朝を意識している。夏王朝の復興を各国家がとなえたのは戦国時代のことであった。その戦国的用語「夏」が見えないというのは、この器の銘文が古い体裁をもっていることを具体的に示している。

ところが銘文中には、一般に戦国的用語と理解されている「義」という言葉が見えている。気になることである。ただし、言葉は同じでも時代によって意味が違うことがある。例えば「徳」という言葉は、西周時代（徳は呪力・霊力の意味）と戦国時代（いわゆる徳に近くなった）とで意味が違っている。この文章の「徳」はどちらの意味にもとれる。「義」にも意味の違いがあって不思議ではない。それゆえ、「義」という言葉だけで時期を決めるわけにはいかないのである。

## ⿰犭可尊に見える「中域」

すでに述べたように、周は首都鎬京（宗周）と副都雒邑（成周）の二大都市を有し、前者が周の本拠陝西一帯をおさめ、後者で殷の故地ににらみをきかせた。本拠には周王がおり、雒邑には周公がいて、王朝を支える構造をつくりあげていた。

すでに紹介した青銅器は、宗周一帯から成周一帯に支配の手を及ぼすという認識を、共通して示していた。

この陝西一帯を主、雒邑一帯を副とみなす考えが、一時変化した時期がある。それは、武王死去の後、幼くして即位したのが成王であり、これを雒邑の周公旦《しゅうこうたん》が補佐するという体制ができあがったときである。

周王朝を構成する族組織の要請として王に即位したのが成王であった。同じく、族組織の要請として、補佐側にまわったのが周公旦である。周公が王になることは、要請されていなかったということである。

⿰犭可《か》尊《そん》という青銅器がある。西周初期の器である。この青銅器に、武王なき後、周公旦が幼い成王を補佐することになり、しばらく雒邑の地で養育することになった時期のことが記されている。

「ここに王（成王）は初めて宅を成周（雒邑）にうつした。（以下二字分不鮮明だが）（宗周に）かえって武王をまつり、天よりの豊福を祈った。四月丙戌の日、王は宗小子に京室において言った。むかし□［釈不能］の地にいたとき、考公氏は文王をたすけた。そのため文王が（欠字、その欠字は『大令』と考えられている）を受けることになったのである。そもそも武王が大邑商（殷）にうちかつや、（首都鎬京の）廷において、天につげて、余は（これまでどおり）この中域（鎬京一帯）に宅をかまえながら、（新しく得た地域の）殷の民を用いよう、と述べた」とある。

ここには、成王が宅を雒邑に遷したことと、武王時期の回顧が述べられている。その武王時期の回顧内容の中に「中域」がある。

すでに述べたように西周青銅器では、代々文王の受命と、武王が殷の故地たる「四方」を掌握したことをくりかえし述べた。

文王が「上下を匍有した」（天界と地上が呼応する法則を体得した）ことも強調されたが、それは、文王が陝西の地を掌握したことを述べるものであった。だから、周王朝は陝西を本拠（中域）とすることを前提として、河南の地に支配を及ぼすことを代々確認していたのである。

さきに、『左伝』昭公九年の「中国」（中域）のことに言及した（一三二頁）。この「中国」は、上記の㺇尊の銘文中に見える「中域」を意識して述べたものとなっているわけである。

## 各文化地域における王朝交替

### 天下の視点から論じられた覇者の交替

さて、以上、西周の世界観を述べ、それが基本的認識としては戦国時代の秦まで継承されたことを確かめた。

その秦であるが、そもそもは甘粛《かんしゅく》方面から進出して陝西渭水《いすい》一帯の西半を掌握し、ついで東半を制圧していった（一〇—一一頁）。これで西周王朝の王都の一帯は秦のものとなった。だから、新石器時代の文化地域を、例えば中原区を東西二つに分けたりして論じるのであれば、陝西一帯の「大国」の交替を問題にすることができる。この一帯において、「大国」は周から秦へと交替したわけである。

山西汾水《ふんすい》一帯からは、晋が勢力を伸ばして山西から河南にかけての第一の大国にのしあがる。勢力をはるという意味で、王朝交替の状況を作り上げている。

山東方面では、ひきつづき斉が第一の大国であった。ここでは王朝交替の状況は作り出されていない。ただ、斉は周の諸侯に威令を及ぼし、周も無視できない存在であった。その諸侯にあらたに影響力を及ぼしていったのが、晋である。晋の台頭は、斉が河南一帯で王朝交替の状況を作り出すのを阻止したわけである。

湖北方面では、弱小部族にすぎなかった楚が勢力を伸ばして一帯を掌握するにいたった。西周時代の状況がよくわかっていないが、ここでも王朝交替の状況が作り出されている。

江蘇《こうそ》方面では、春秋の半ばすぎに呉が勢力を伸ばしている。その前の状況がよくわかっていないが、この場合も王朝交替の状況を作り出している。この呉は、隣接地域にも手を伸ばし、楚の都を陥落させたり（前五〇六年）、中原の諸侯に圧力をかけたりしている。

この呉を滅ぼしたのが越である（前四七三年）。越は浙江《せっこう》を本拠に北進して呉を支配下においた。そして、呉の勢力圏を継承する。これも、長江下流域においてひきおこされた王朝交替のひとこまとして理解することができる。

従来、覇者の交替として理解されてきたのが、斉・晋・楚・呉・越をめぐる状況である。しかし、以上に述べてきた状況認識は、その理解とは異なっている。

覇者の交替という理解は、天下を語る視点から出てきたものである。そして、問題になるのは、周王朝にとって、いかなる地域の大国が関わりをもったかである。周を中心に諸国の関係を整理し、各地の大国を周より一等下に位置づけ、覇者の交替を論じた。

戦国時代の覇者観は、この覇者の交替という理解とは異なっていた。すでに天下の議論もおこっているわけだが、それぞれの覇者を論じる場合、「王者としての資質に欠けるところがある」ことを共通して論じている。それぞれの領域国家ではじめて王を称した者こそが、王者としての資質をそなえていた、と言いたかったため、覇者は王者よりおとると評価したのである。自らの領域を過去に支配した者であれ、敵対する正統の祖先であれ、一様におとる、というのが言いたかったことである。自らの特別領域を天下の中でいかに特別に位置づけるかが議論の根幹にあった。天下の周王朝を支えるために、天下の覇者が交替したと考えたわけではない。

## 春秋時代の周王朝の王都

天下の周王朝という理解からすると、西周時代の王都は陝西の鎬京にあり、春秋時代になると中原の雒邑にうつったということになる。これを歴代、東遷すなわち周の王都が東に遷ったと表現してきた。

ところが、実際は、周王朝を支える諸侯に争いがおこり、鎬京の周王すなわち携《けい》王を奉る勢力と雒邑の周王すなわち平《へい》王を奉る勢力ができあがり、平王勢力が勝利をおさめたということであった。

西周時代には、雒邑は周が中原一帯を勢力圏におくための副都の役割を果たしていた。それが、平王即位の後は、雒邑が首都になり、西周時代の王都がおかれた陝西の地は、放棄されたのであった。

その時代に、諸国に漢字が根付いていく。

周王朝は雒邑を首都とする王朝だという前提で、ものを語る考えも出てくる。そのとき、遠い昔の記録が、注目された。すでに本書六九頁に紹介した『逸周書《いつしゅうしょ》』などである。そこに周の武王が東に遠征し、結果として「(殷の)四方」を征服したことが書いてあった。この「四方」をおさめたのは周王朝だが、「四方」という言い方は、殷王朝が用いていた言い方である。

周は、殷の下にある間、漢字をみずからのものとはしていなかった。殷を滅ぼす過程で、漢字を殷から継承している。だから、殷の表現をまずは丸呑みすることになった。「四方」

も殷の言い方をそのまま継承した。

だから、西周初期の金文にも、この「四方」のことが出てくる。意味するところは、武王による殷の四方の制圧なのである。

この「四方」は、西周が王都一帯を囲むものとして述べたものではない。しかし、記録として残され、春秋時代にいたると、周王は、「四方」の近くに居住することになった。周王朝の周囲に四方があるという錯覚が生まれる条件が整った。

この状況の変化が、戦国時代に継承される。

戦国時代の中原にあった韓などでは、この「四方」の再利用をはかることになる。みずからは中原に居を構えているから、とても都合がよかった。すでに述べたように（一二九頁・一三二頁）、『左伝』は陝西の地を「中国（域）」と述べつつ、「西土」とも記した。この認識は、『史記』周本紀に継承されている（八〇頁）。殷以来の「四方」を「四表」と言い換え、さらに文王が陝西の地をもって「上下を餉有した」と述べた「上下」を、河南一帯をもって語るべきものだと印象づける文献（『尚書』堯典）もできた。

前漢の都は長安（西安）にあったが、後漢の都は洛陽に置かれた。その後漢の時に諸々の古典の注釈が作られ始める。結果自然のなりゆきとして、古典の中に出てくる「四方」は東西南北だと理解されるようになった。読者は、本書で「四方」の本来の意味を理解された。だから、古典に出てくる「四方」も東西南北ではなく「四つの国」の意味になる可能性を考慮して検討することができる。ところが、伝統的解釈には、「東西南北」であることを説明するものが多く存在する。この伝統的解釈の背景には、統一帝国の論理がある。殷を天下の王朝とみなすためには、「四方」を本来の意味にしておいては具合がわるい。だから、広域的イメージをもつ東西南北だと解釈する。その解釈の定着に一役買ってしまったのが、周王朝の遷都だったわけである。周王朝の都がずっと鎬京にあり、四方との関係がわかりやすい史料が多く存在していれば、事情は多少違ったはずである。ところが、周の都が雒邑に遷ったことが、「四方」の解釈を誤らせ、ひいては、周王朝の支配した地域に関する後代の理解をも誤らせてしまったのである。

## 漢字の魔力

### 周王朝を頂点とする青銅器銘文

漢字は殷王朝で使われていたことがわかっている。そしてそれが周王朝に継承されたこともわかっている。

周王朝は、青銅器に銘文を鋳込む技術を殷王朝から継承すると、その技術を他にもらさなかった。その上で、諸侯に銘文入りの青銅器を賜与する。賜与された方は、漢字の意味がわかるわけではない。しかし、代々賜与されていると、だんだんと漢字になじんでくる。しかし、なじんでも、それを青銅器に鋳込む技術は会得していない。会得していないから作れない。青銅器は作れるが、銘文は鋳込めない。

銘文内容は周王朝を頂点とするものであった。その内容を記した青銅器が、代々諸侯に配付された。

西周の終わりに、周王朝の王都一帯は混乱に陥り、王の工房の技術者たちは各地に離散した。こうして、青銅器に銘文を鋳込む技術は、いっきに各地に伝播した。

すでに漢字になじんでいた各国では、漢字をわがものとして使い始めた。広域的漢字圏ができあがったわけだが、各国の側からみれば、漢字が理解できない時代から代々賜与された青銅器が残されている。かなりの数が墓に埋められてしまったが、それでも残されている。自分のものとなった漢字力をもってそれらを整理すると、周王朝がえらいという内容を代々確認してきてしまったわけで、理解すればするほど、周王朝の権威は高まった。

軍事力という意味からすれば、周王朝の勢力は衰えたのである。しかし、漢字の理解力を背景とする権威という意味では、周王朝の権威はかえって高まったのである。それが春秋時代である。

代々青銅器を賜与されていた諸侯は、主として河南一帯から山東にかけての諸国である。これらの間では、周王朝を第一とする認識はなかなか払拭することができなくなった。漢字の魔力に支配されたわけである。

これに対し、青銅器に自己と周王朝の関係が書かれていないか、書かれていても零細このうえないものしかない国々、さらにいえば、そのような青銅器が存在しない国々では、周王朝を第一に位置づけようという考えはおこらなかった。漢字の魔力に支配されることはなかった。

長江中流域の楚や下流域の呉・越は、いずれも周王朝の権威に冷淡だった。だから、いちはやく王を称した。それだけでなく、自己の勢力下にはいってきたかつての周の諸侯たちにも、自らを頂点とする関係を青銅器に表現させることになった。周王朝に対抗し、自らを第一とする権威を誇示したのである。

上記において、春秋時代を日本の古墳時代を例にあげて共通点を述べておいた。古墳時代にさきがけて我が国には漢字がやってきた。代表例が「漢委奴国王《かんのいとこくおう》」と記された金印《きんいん》である。しかし、この「漢委奴国王」は中国側が表現した漢字である。

邪馬台国《やまたいこく》の時代に、大和の政権が、鏡を各地に賜与したことが議論されている。これは、西周が青銅器を賜与したのと似ている。鏡を与えられた国々で、漢字がよめたわけではないのも同じである。

しだいに漢字に慣れ親しんでくるという点も同じである。

古墳時代には、銘文入りの鏡が我が国でも作られた。しかし、中国の鏡を模して作ったもので、必ずしも漢字を理解していない。鉄剣に銘文を表現することも始まったが、大和朝廷を中心とする理解が示されているようである。系譜など簡単な内容を記している点は、西周時代の金文の内容の一部に類似する。

飛鳥時代には、漢字の理解力はかなり深まる。こうなると春秋時代と比較して共通した社会を論じることができる。さらには仏典がやってきたから、その理解を通してぐっと高度な文字社会に突入していく。

白鳳時代を経て、律令制定の議論が煮詰まる。これは戦国時代と比較して共通した社会を論じることができる。

ただし、以上の議論において、注意しなければならないことがある。同じ漢字だといっても、戦国時代の諸国の言語は、やがて漢語に同化する言葉である。これに対し、日本の言葉は、漢語とは大いに異なる言語である。言葉の障壁が比較にならないほど大きかった。単純な比較ができるわけではないことは言うまでもない。

言葉の障壁を越えて、漢字が我が国や韓半島に根付くには、同じ文書行政の開始を比較しても、中国の戦国時代以来、一〇〇〇年の時を要したのである。

漢字使用が確認できる殷代後期から戦国時代に文書行政が始まるまでが、約一〇〇〇年、戦国時代の文書行政開始から日本や韓半島で文書行政が始まるまでが約一〇〇〇年ということである。

### 広域的に根付いた漢字

春秋時代は、漢字が広域的に根付いた時代である。だから、各地の記録が残されている。これに対し、西周時代は、周が青銅器に銘文を鋳込む技術を独占的に用いたせいで、各地の記録がほとんど残されていない。

しかし、西周時代と春秋時代が、社会構造からして異なっていたわけではない。文字が根付いているかどうかだけが異なるだけで、社会構造は同じだといってよい。都市国家が基礎になっている社会である。大国と小国の関係も基本的に変わらない。

このことから帰納できるのは、春秋時代を研究すれば、西周時代がわかるということである。西周時代の地方に関する記録はほとんど残されていないが、春秋時代のそれは比較的残されている。だから、「ある」時代について検討を進めれば、「ない」時代のことも想像できるわけである。

戦国時代の史料から、戦国時代に付加された内容を削り取り、春秋時代の実態を再構成することができれば、それは春秋時代の社会を復元するだけでなく、西周時代の社会を復元することにもなる。

春秋時代の位置づけは、かつて理想の王道がすたれた時代だとされていたわけだが、漢字の定着を通じて、周王の権威が不動のものになった時代であることがわかった。

春秋時代の意義はこれにとどまらなかった。いまや、偽作された「王道」の時代を本来の姿に復元するため、欠くことができない材料を提供する時代となったわけである。

## 理想化された周公旦と太公望

### 周公旦

周公旦《しゅうこうたん》は、西周時代の初めの人である。春秋時代末の孔子《こうし》の先駆として、理想の王道政治を行った賢人とされている。ところが理想の王道政治などは存在しない。戦国時代の王たちが、過去に理想をもとめ、自分たちが正統なる王者であることを証明するための材料にしたものである。

では、周公旦は、いかなる存在だったのか。周公旦は、周が殷を滅ぼした後、雒邑の統治をゆだねられた人物である。当時の族組織は、いくつかの血縁集団から構成されている。その中から君主を選出しなければならない。甲骨文《こうこつぶん》の研究によれば、殷王朝では、そうしたいくつかの血縁集団から、代わる代わる王を選出していた。これに対し、西周では、特定の血縁集団から、代々王が選出されたようである。その血縁集団はしかし、周という国を構成する族組織の一部にすぎない。その血縁集団から王が選出されるに当たっては、別の血縁集団の長が確認のための儀礼を行ったようだ。周においてその種の儀礼を行った族長こそ周公旦である。

周公旦は、このように周における族組織を構成する重要な一族の長であった。この一族は、その重要性を担いつつ、副都雒邑を支配した。代々の長は周公と称している。

ところが、西周の末に周王朝が分裂し（前七七〇年）、平王をいただく東の周と、携王をいただく西の周が並立すると、状況が一変する。平王は雒邑の地に即位したからである。西の周は東の周に滅ぼされた（前七五九年）が、陝西一帯は混乱が続き、周の支配下からははなれてしまう。雒邑には、周王と周公が並立することになった。こうなると、雒邑の地をもってその周囲一帯を支配するのは周王となり、周公は身近にいる補佐役という位置づけになった。周公の生活を支える都市が近郊に定められたが、それは、他の春秋時代の大国において、補佐役の者が約束される処遇と比較して、とりたてて変わっていたのではない。

周公の位置づけは、西周時代に殷の故地を支配する拠点だった雒邑の主から、その雒邑の主を補佐する者へと変化した。

周は、新石器時代以来の文化地域のうち、中原区の東区と西区の二つを掌握する体制が維持できなくなった。

こうして役割がかわった周公であったが、戦国時代になると周公旦以来の血統は途絶え、あらたに周王の一族が周公に据えられた。周王の都が滅ぼされた後、しばらくそのあたらしくできた周公の一族が周の伝統を継承する。西周が滅ぼされたのは前二六四年、周公の国が滅ぼされたのが前二五五年である。

『史記』魯世家によれば、周公旦の子が魯に封建されている。すでに述べた本書の文章でも、そのように紹介した。ただ、これも実際の子というよりは、その支族の長が封建されたというのが実情であろう。魯は、山東の斉を牽制するために封建された。

**太公望**

周公旦の人物像が、通常理解されているのとは異なるように、これも通常とは異なる人物として理解すべきなのが太公望《たいこうぼう》である。太公望も西周時代の初めの人である。

実は、『史記』斉世家には、太公望呂尚《りよしよう》と周の文王との出会いについての説が三つ紹介されている。そのうちの一つがとりわけ有名になり、人口に膾炙《かいしや》してしまった。有名な説話は次のようである。

呂尚は困窮し、年も老いて、魚釣りをしていて周の西伯《せいはく》（文王）に出会った。西伯はまさに猟にでかける時であったが、占ってみると、得るところは、螭龍《ちりよう》や虎やひぐまではなく、覇主の補佐だと出た。そこで西伯は猟に出たわけだが、はたして渭水《いすい》の北岸で太公（呂尚）に出会ったのであった。ともに語って大いによろこび、西伯は言った。「かつて、わが先君太公（季歴《きれき》）は、聖人が周に来て周が興隆しようとしている、とおっしゃったことがある。それはまさにあなたのことか。わが太公は久しくあなたのような人物を望んでいたのだ」。ゆえに、（太公が望んでいたということで）呂尚を「太公望」と呼び、連れて帰って師範とした。

この説話で奇妙なのは、太公望呂尚が、ひとりでのこのこ旅に出ていることである。当時は都市国家が社会の基礎をなしている時代である。なんのつてもない個人が、無防備な旅を続けられた時代ではない。呂尚は族長である。その族長が困窮して旅に出たという説明がそもそもおかしいのである（テレビの水戸《みと》黄門《こうもん》が実際の徳川光圀《とくがわみつくに》と違うのに似ている）。まだ貨幣経済などはない時代である。

二つ目の説話は、次のようにある。

太公は博識であり、かつて殷王紂《ちゅう》に仕えていた。紂が無道であったので、そのもとを去った。諸侯に遊説したが、用いられるところがなかった。しかしついに、西伯のもとに帰したのである。

この説話にも、おかしなところがある。諸侯に遊説した、というくだりである。これは、遊説家が諸国の王に説いてまわった戦国時代を彷彿《ほうふつ》とさせる話である。ただ、注目できるのは、先に紹介した第一の説話とちがって、「殷王紂に仕えていた」と述べていることである。

その意味で述べれば、次の第三の説話はもっとおもしろい。

呂尚は処士であり、海浜に隠遁《いんとん》していた。周の西伯が殷王紂に羑里《ゆうり》で捕らえられると、散宜生《さんぎせい》・閎夭《こうよう》の二人は、知り合いだということで呂尚を呼び寄せた。呂尚もまた言った。「きくところでは西伯は賢人にして、よく老人を養うとか。行ってみよう」。三人は、西伯のために美女や財宝を求めて殷王紂に献上し、西伯の釈放を願い出た。西伯は出ることができ、国に帰った。そして、呂尚が周に仕えた理由は通常のあり方ではないが、文武の師範になってもらいたいと述べた。

隠遁していた、というのも、おかしな表現である。呂尚は族長であり、隠れるいわれはない。隠れてしまえば、生活の糧を失う。一族を追放されたというのならあり得るが、そのような人物を呼び寄せるという筋書きも奇妙である。ただ、注目できるのは、呂尚が海浜にいた、とされていることである。海浜とは、山東のことに違いない。呂尚は山東の族長であり、周と呼応して殷を攻めた、ということに違いない。

先に、『逸周書』世俘解《せいふかい》を紹介したが、その中に太公望の記述があった。武王が殷に従っていた（殷の）四方の諸地域に対して、「成辟《せいへき》」（即位）を宣言した後、商（殷）と接するところに軍を進め、その後に至ったのが太公望であった。その太公望が山東におり、周とともに殷を挟み撃ちにしたということである。

このように考えると、すでに述べたように、周が魯を封建した理由が、大国斉を牽制する点にあったことを確認することができる。

また、説話の中には、太公望が、西伯（文王）を殷王から解放したという内容が見えている。これも、文王の時代から山東の斉と周との関係ができあがりつつあり、その危険を察知した殷が文王を勾留したと考えればつじつまが合う。

また、勾留した、ということと、その勾留を太公望が解かせたということから、周と斉が、いずれも殷の朝廷に出向いていたことがわかる。殷王紂のときには、殷の威令は東は山東から西は陝西の地にまで及んでいた、ということになる。そして、その威令は、東西の挟み撃ちにあって、あえなく瓦解したのである。

## 領域国家化していく大国の有力者と小国の有力者の違い

### 孔子と魯の有力者

都市国家の時代であった春秋時代に、鉄器が次第に普及し始めると、農地が整理され、さらに飛躍的に増加して、多くの都市を出現させた。都市の中には、出身を異にする人々が、集うようになり、新しい人間関係もできあがってくる。

孔子とは、そんな時代に生きた人物である。

すでに孔子のことに関して説明したように、孔子の教えは魯という都市で始まり、賛同者を得てまずは近隣に広まった。しかし、広まる過程で、孔子の弟子たちが展開した主張は、都市の議論ではなくなっていった。彼らが立脚したのは、領域国家の官僚統治であった。

孔子の下には、多くの異才が集まり、それらがさらに弟子を養育して、原始的儒教を広めていった。だから、孔子には、新たな時代に対処するための出発点となる思想がある。しかし、一方では、孔子が生きていた時代は、まだ文書行政の下で官僚が地方を統治するには至っていない。文書行政の進展にともなって諸事を処理するための法体系が必要になるが、この法体系たる律（律令）もできあがっていない。

多くの研究者が明らかにした内容からすると、現行『論語《ろんご》』には、比較的古い部分と後に付け加えられていった部分とがある。比較的古い部分に、孔子のころの時代的雰囲気がくみとれ、また新しい部分には、弟子たちの付加が読み取れる。

都市国家に生きた孔子を、領域国家の下で生きた賢人であるかのように考える。こんな筋書きの中で語られたのが、魯の有力者たちである。

戦国時代の領域国家の一部で、孔子を評価し、利用しようという動きが起こった。代表は斉である。斉の田氏は、春秋時代には、斉の有力大夫の一つにすぎなかったが、斉の君主になりかわってみずからが君主となり、戦国時代には王を称するにいたる。その称王の権威づけに孔子の名声を利用しようとした。

斉は山東の大国であった。西の周と連携して殷を挟み撃ちにし、これを滅ぼした立役者でもある。春秋時代はまた、強国が周囲の小国を滅ぼして県とし、次第に官僚制をととのえるその先がけをなした時代でもある。斉は多くの小国を滅ぼしたので、その下の有力大夫が抱える県も多くなった。へたな小国より振るえる権力は大きかったのである。

田氏はそういう大きな権力をもった大夫であった。だから、春秋時代の田氏は、ゆくゆくは領域国家の主になる存在として論じることができる。

これに対し、魯はそもそもは斉を牽制すべく封建された有力な国ではあったが、周囲の国を滅ぼして県にするという意味では、大きくなれなかった国であった。だから、その魯の有力者は、かかえる県もなきに等しく、田氏に比較すれば、振るえた権力もしれたものであった。

とはいえ、国の中では、君主と大夫の関係がある。魯と有力大夫の関係は、伝統的に都市の内部に存在した君主と有力者とのそれになる。だから、魯の中の状況がある程度わかるという場合、それをうまく利用すれば、都市の中の人間関係をさぐる糸口が得られる。歴史的意味を問題にした場合、斉の田氏がもつ意味と、魯の有力大夫がもつ意味は、おのずと違っていることになる。

ところが、一般に魯の有力大夫を見る目と斉の田氏を見る目は、目線が同じなのである。どのように同じなのかというと、斉の田氏も魯の有力大夫も、等しく官僚だと見る目線になっている点である。この目線からは、春秋時代の田氏がもっていた権力の大きさ、ゆくゆくは領域国家の主として成長していく過程にある権力者の実態を見通すことが困難になるだけでなく、春秋時代の魯の有力大夫と君主との関係が、伝統的都市国家内部の抗争として理解できる点もわかりにくくなる。

我が国で言えば、律令国家の権力者に成長していった藤原氏や、そうした存在になりはぐった蘇我氏などと、地方の「国」の有力者は、分けて論じておいた方がいいのではないかという問いかけに連なる。

問題の目線を提供したのが、上述の孔子を利用しようとした動きである。都市国家に生きた孔子を、領域国家の下で生きた賢人であるかのように考える筋書きの中で、与えられた目線である。

戦国時代の斉の朝廷では、田氏にからめて孔子を利用しようとした。魯では、孔子が仕えた季《き》氏がもっとも有力であり、魯の君主も一目おく存在であったと説明した。目下の者が目上の者を殺害することを「弑」という字で表現する。斉で作られた『公羊伝』では、理由が正当である場合、大夫が君主を「弑」するのは当然だとする革命論を喧伝し、その論に沿って魯の君主が季氏を「弑」せんとした、と説明する。この言い方だと、本来下にいる季氏が君主に相当する地位にあり、本来上にいるべき魯の君主が大夫扱いされていることになる。こうした言い方で、魯の君主がすでに君主たる資格を失っていることを示し、それを孔子の名の下になされた予兆であることをイメージさせようとしたのである。

この「弑」の用例は、すでに二五四頁に述べた「獲麟《かくりん》」の話題といっしょにして語ることができる。孔子を魯の賢人とし、斉の賢人たる田成子の正統性を支える役回りを演じさせるその一環としてである。

だから、この種の説明には裏があることを理解しておく必要がある。

**魯の三桓**

同じく孔子にからめて前代を語るにしても、斉とは異なる正統をいただく他の国家では、同じ説明を展開するわけにはいかなかった。それぞれの正統に合わせて、説明はねじ曲げられることになる。

同じく戦国時代になりあがった大夫たちではあっても、晋の有力者たちは、斉の田氏とは異なる説明を用意した。晋の有力者は、斉の田氏と同じく複数の県を有することとなり、ゆくゆくは領域国家の主となる存在であった。晋の君主になりかわって諸侯となり、やがては王を称したのが魏氏・趙氏・韓氏であった。この三氏が晋を三分し、「三晋」と称された。魏氏・趙氏・韓氏の戦国時代の王国は、中原区の東部を三分することになる。中原区西部の戦国王国たる秦を含め、他の地域正統はおおむね一つの文化地域を領域国家化することに成功した。だから、三分を言えば、他の地域の正統にはまねのできない「形」が作れることにもなった。魏氏・趙氏・韓氏にあっては、「三分」を強調することが、みずからの正統主張に欠かせぬものとなった。

田氏をたたえるための孔子の位置づけは否定される。孔子は斉の田氏などには目もくれなかったのだと説明し、その孔子に関わる魯の有力大夫も、実は「三」が問題になっていたことを説明した。『左伝』は韓で作られ、問題の「三」を論じて韓氏の正統性を「形」にしている。

魯には桓公《かんこう》(前七一二—前六九四年)から分かれた三つの一族があり、それらは三桓《さんかん》と称された。三つの一族とは、季氏(季孫《きそん》氏)・孟《もう》氏(仲孫《ちゅうそん》氏)・叔孫《しゅくそん》氏を言う。これら三つの一族が中心となって、魯の哀公《あいこう》を追放してしまう。孔子は、そのうちの季氏に仕えていた。

これら三桓が「三」という数字をもって話題にされるわけだが、実は、魯には他にも君主の子孫が有力者として存在した。たとえば孝公《こうこう》(前七九五—前七六八年)の子孫である臧《ぞう》氏(臧孫氏)などである。これに宋からやってきた孔氏など外来の一族も加わる。にもかかわらず三桓だけが問題にされたわけである。

これが問題にされる本音の部分は、『左伝』哀公二七年に記された。この部分は『左伝』の最後をしめくくるものである。そこで、三晋《さんしん》（魏氏・趙氏・韓氏）が問題にされ、晋を三分するにいたった次第が説明されたのである。

魯の三桓は魯の君主哀公を追放する。それが孔子にからんでひきおこされた政治的事件である。これに対し、晋の三晋は、晋国を三分した。魯と晋のよく似た政治的事件を比較する場合、鍵をにぎるのは孔子である。

『左伝』には、孔子の予言があちこちに示されている。ところが、『左伝』のこの予言の紹介では、必ず別の人間が補足の予言を加える。そして、孔子の予言は訂正されて別の予言が的中することになる。つまり、『左伝』の記事では、孔子の予言は当たらないのである。

その孔子がかかわったのが三桓による魯君主の追放である。この構図には、あの予言のあたらぬ、つまり先が読めない孔子がからんだもの、という含意があり、同じく「三」を問題にしているが、魯の「三」は本物ではない、とほのめかしているわけである。

こうした「形」の中で提示された「三桓」は、したがって裏にかくされた事情を考慮する必要があったわけであるが、歴代の注釈は、こぞって歴史的事実として扱ってきた。そして、すでに斉の田氏に関連して説明したのと同様で、三桓も三晋も、ひとしく国家の有力大夫だと考えてきたのである。三晋は大国の下にあって複数の県を有し、ゆくゆくは戦国時代の領域国家の主となる存在であった。これに対し、魯の三桓は、三晋とは比較にならないほど限られた権力しか行使しえていなかった。こうした歴史的意味づけも（孔子の位置づけに気づかぬまま)、『左伝』に示された「形」を鵜呑みにした結果わからなくなっていた。

## 有力な一族はどの国にもいる

魯の有力者は、孔子とともに語られることが多いという現実があることから、上記のような説明が必要だという点を再確認してみた。ところが、魯に有力者がいたということ自体は、時代を遡った都市国家の中の人々どうしの関わりを推測する手がかりを与えてくれるものでもある。

すでに殷王朝・周王朝の族的構成を述べて、複数の血縁集団が問題になることを述べた。そして、王から派生した一族が問題になっていくことも述べた。同じことは、他の国でもおこっていた、と考えるのが自然である。というよりも、おこっていないことを説明するほうが不可能だと言ったほうがよい。

だから、有力な一族がいた、という事実は、そのまま西周時代の諸侯や殷代の諸侯、さらにその前の時代の都市国家においてもあったことである。その事実が、春秋時代の魯の記事を通して、具体的にたどれるわけである。

繰り返すようだが、孔子との関わりから論じられる有力者には、戦国時代や漢代以後の孔子に対する思いが反映される。都市に有力者がいるということ以上の内容、例えば、後代性の強い個人の発言内容などを、時代を遡って論じてはならない。テレビの水戸黄門の発言を水戸光圀の歴史的発言だとしないように、である。

## 『春秋』の材料

『春秋』の記事は踰年称元法《ゆねんしょうげんほう》による年代をもって並んでいる。この『春秋』から各国君主の死去の記事を抜き出すと、それぞれの国の君主の年代が算出できる。そうして作り出された年代の中に、『史記』の編者は『春秋』の記事を転写した。

『春秋』の年代と同じく、そのとき算出された年代は踰年称元法によるものである。

こうした『春秋』由来の年代記事にまじって、『史記』には、多数の「『春秋』に由来しない年代記事」が存在する。それらは、立年《りつねん》称元法による年代記事として記されているので、踰年称元法による年代記事との間で、年代のずれをひきおこしている。

こうした「『春秋』に由来しない年代記事」は、その記事を残した国々において、年代記が作り出されていたことを証明する材料である。

かくいう『春秋』も、同種の年代記事を材料としてできあがっている。主たる材料は斉と魯の年代記であろうと考えられる。

戦国時代に作られた『公羊伝』の中には、同じときに作られた『春秋』について、その材料があることが語られている。たとえば、『春秋』荘公七年の「夏四月、辛卯《しんぼう》の日の夜、恒星が見えないほどになった。夜中、星がおちること雨ふるようであった」とあるのについて、『公羊伝』はこう述べる。

『不脩春秋《ふしゅうしゅんじゅう》』に「雨のごとく降った星も地に一尺ほどとどかずしてもとに復した」とあった。君子がこれを修めて（書き直して）「星がおちること雨のようであった」と記したのである。どうして記したのか。「異」だから記したのである。

この記事の前後には、すでに紹介した魯の夫人姜氏《きよう》が斉侯と密会したことを示す記事が並んでおり、その夫人姜氏は斉侯の妹である。夫人姜氏には、兄の斉侯以外に、これもすでに言及したことだが、父の斉侯と密会したことも記されている。田氏の朝廷で作り出された書物には、春秋時代の姜姓君主を貶《おとし》める内容の記事が目立つ。その貶めるための記事にはさまれて『不脩春秋』のことが記されているので、『不脩春秋』が話題にされているからといって、字義どおりに『春秋』が編纂される以前の年代記そのものだということはできないが、ここで『不脩春秋』を話題にしていること自体は、とても興味深いことである。

『春秋』のもとになるような年代記があった。そのことが前提にされているからである。

本書では、『春秋』は孔子が作ったものではない、と述べてきたわけであるが、その材料にあたる年代記事は、孔子のころには、すでに存在していた。孔子が関わったかどうかはわからないが、存在していた。魯だけでなく、各国においても存在していた。そうした背景があって、『不脩春秋』が議論されたのである。

## 聖徳太子の時代

ここで参照しておきたいのが、我が国の聖徳太子《しようとくたいし》である。聖徳太子の時代は、漢字の伝播《でんぱ》の観点からは、春秋時代から律令《りつりよう》時代への過渡期に相当する。その時代に、史書が作られたことが『日本書紀《にほんしよき》』に記されている（推古《すいこ》二八年〈六二〇〉）。その記録によれば、このとき聖徳太子（皇太子）と蘇我馬子《そがのうまこ》（嶋大臣）が議論し、『天皇記《すめらみことのふみ》及《および》国記《くにつふみ》臣《おみ》連《むらじ》伴造《とものみやつこ》国《くにの》造《みやつこ》百八十部《ももあまりやそとも》并《ならびに》公民《おおみたからども》等《の》本記《もとつふみ》』を録したという。『史記』を彷彿とさせる構成であり、『日本書紀』の先駆としての位置づけがなされる。しかし、その具体的内容は、わからない。様々に議論されているようだ。はたしていかなる実態が、当時の史書に備わっていたのか。

日本は、実際につきあう相手が時の中国王朝であり、聖徳太子の場合もつきあった相手は隋《ずい》であった。隋には、すでに『史記』以来歴代の天下の書物が保管されていた。春秋時代の末、孔子の時代には、そのように天下の書物を保管した国との政治関係はなかった。だから、春秋時代末の孔子のころの中国と聖徳太子のころの日本を比較するのは、結構難しい点がある。こうした点は常に念頭においておく必要はある。しかし、史書・年代記の出現という点にしぼって言えば、孔子のころの中国と聖徳太子のころの日本を比較することには意味がある。

このテーマは、日本の律令政治において、なにゆえ科挙《かきょ》が採用されなかったかにも一定の示唆を与える。科挙官僚が政治を動かすにいたるのは、唐宋《とうそう》変革をまたねばならない。文書行政が根付いた後の中国でも、一〇〇〇年以上の長い間、科挙官僚は輩出していない。科挙の定着には、天下を相手にしての出版事業の伸展（これも一朝一夕にして出現展開というわけにはいかなかったようである）が不可欠であった。

こうした点を検討する上でも、本書が扱った時代は無視できないものとなろう。

## ステレオタイプと多様なまなざし

### 「事実」の先にある事実の探究

ステレオタイプという言葉がある。決まり切った型や、ありふれたやり方を意味するが、多くの人が確たる根拠もないまま抱いてしまう幻想的常識になりがちなところがある。この常識は、人々が共有する思いを吸い寄せているから、多くの場合、それが常識であることが疑われないという性質がある。

だから、仮に「事実」がこのステレオタイプを破壊する役割を担っていたりすると、その「事実」はなかなか「事実」として認めてもらえない運命をたどる。ここちよき幻想を守ろうと無意識に反発するからである。

それでいながら「事実は神聖である」ことを内容とするステレオタイプもある。「事実」の分析は二の次になるのがステレオタイプたるゆえんである。

上記の二つのステレオタイプは、奇妙に混在していておもしろい。

本書は、「事実は神聖である」という心地よきステレオタイプを持ち出し、それをもって読者にうったえかけながら、中国の戦国時代にいたるまでの歴史について、現代のステレオタイプが「事実」とは異なっていることをご紹介してきた。

現代のステレオタイプのうち、戦国時代にいたるまでの歴史に関するものは、おおむね『史記』や後漢以後の経典注釈でできあがっている。注釈や解釈もいろいろあり、現代にとくに影響を与えているのは、宋明理学《そうみんりがく》と一括される学問である。清朝《しんちょう》考証学や我が国江戸時代の学問も、その影響を深く受けている。

清朝考証学は、宋明理学からの脱脚と古への回帰をめざしたが、後漢の注釈まで遡ってとどまってしまった。このことは、一見彼らが後漢時代の天下観を三代に遡らせたかの感を抱かせる。しかし、天下観についていえば、彼らの理解では、後漢時代と明代とで差はなかったはずである（五八—五九頁参照）。

これらの注釈や解釈の特徴は、漢代以来の漢族居住地を中国とみなしつつ、その一体性を強調するところにある。これに対し、戦国時代までの中国は、新石器時代以来の文化地域が独自の主張を展開する場として機能していた。そうした場を通して作り出されるステレオタイプが、戦国時代の史書に反映されている。

本書は、その戦国時代における各地のステレオタイプをご紹介し、それぞれに夏・殷・周三代の説明を異にしていることを述べてみたわけである。

「事実」という「　」つきの表現を用いているのは、それがステレオタイプであることに注意を喚起するためである。

本書は「事実」の先にある事実の探究にも意を注いでいる。「事実」は書いてある。確認は容易である。しかし、その「事実」の確認すら、うまく進まない。これでは、事実への道のりは困難の極みにあるとしか言いようがない。

同じステレオタイプでも、漢代のものより戦国時代のものに意を注いだ方が、新石器時代以来の文化地域の共通する認識が追える分だけ事実に近い。その「事実」を確認しようというのが、本書の大きな目的となった。否定しようのない「事実」が存在することの確認である。

本書はさらに「事実」の先にある事実にも言及した。これは、今後様々な詰めを要する部分である。

## 皇帝の「天下」と周辺国家の領域

今から半世紀ほど前、鈴木俊・西嶋定生《にしじまさだお》共編『中国史の時代区分』(東京大学出版会、一九五七年)が出版され、その中に前田直典「東アジアに於ける古代の終末」が採録された。前田直典は、戦後まもなく、若くして他界した俊秀である。上記前田の文章は、さほど世にしられないままになっていた。それが上記の書に採録されたのである。

前田は、以下のように述べる。中国の古代統一国家形成は、戦国時代を経て前三世紀の秦の統一をもって完成した。これに対して日本や朝鮮の古代統一国家は、これよりも七〜八世紀以上も遅れた。完成されたのは紀元後四世紀である。東北アジアでは、二世紀の鮮卑《せんぴ》、三世紀末ごろの高句麗《こうくり》が、統一国家形成として問題になる。

前田は続ける。中国では、古代が九世紀前後に終末をむかえ、朝鮮・日本では一二—一三世紀に同様なことがおこった。中国と朝鮮・日本の差は三〜四世紀に縮まった。さらに近世の日本と中国はほとんど並行のレベルになった。

当時の学界の興味関心は社会構造の把握と、その発展の層を探ることにあった。前田の指摘は、東アジアにおいて中国が発展のトップを切り、遅れて東アジアの各国が同じような発展過程をたどる、そして周囲の各国が追いつくスピードが次第に増していくという点にあった。

そこでは、最初の画期を語る中で、官僚制度（官僚による地方統治）をモノサシにして、「国家」（領域国家）の成立を比較する視点が示されている。本書でも、この点を継承して述べたところがある。本書では、文書行政による地方統治と自前の律令の保持を東アジアにおける冊封《さくほう》体制の先駆、冊封体制の出現、冊封体制の転換の中で位置づけ、説明を付してみた。東アジア冊封体制の議論を最初に提起したのは、前田の業績を世に紹介した西嶋定生である。

しかし、前田以来、強固に継承されたのは、中国と韓半島・日本の領域の差を考慮しない観点である。本書はこれに異議をとなえた。新石器時代以来の文化地域が問題なのであり、その文化地域を念頭において、戦国時代までの歴史は語ることができる。文化地域は日本なみに広い。日本における弥生文化と続縄文文化の並行を考えてもわかるように、文化地域は、人間の移動範囲の限定性がもたらすものである。

東アジア冊封体制は、前田を継承した西嶋定生が述べたように、統一国家としての中国と周辺国の間の関係として始まる。しかし、その西嶋が着目した儒教経典は、さらに遡って戦国時代にできあがった。その戦国時代にあっては、新石器時代以来の文化地域を念頭においた領土国家の正統主張がくりひろげられていた。夏・殷・周三代の歴史も、その枠組みの中で、国家ごとの論理を基礎に展開されたのであった。それらの主張や論理が、儒教の経典に反映されている。

誤解をさけるために贅言《ぜいげん》しておけば、文化地域をこえた領域が問題にならないと述べているのではない。戦国時代の漢字圏は「天下」という領域として認識されていたし、漢字圏ができあがる以前から物々交換の結果モノがひろがる範囲は、相当に広域的であった。日本や東北アジアが文書行政を行うという意味で漢字圏に参入する前にあっても、東アジアという広大な領域を舞台としてモノは移動していった。広大な領域は、それなりに検討の価値がある。しかし、その中に新石器時代以来の文化地域を埋没させてすますわけにはいかない。

本書は、前田以来の基本を踏襲しつつも、「天下」という大領域と、新石器時代以来の文化地域という伝統領域の差を念頭におくという点で、一部ながらささやかな、しかしとても重要とおぼしき異議をとなえてできあがった。

本書はまた、いわゆる王朝史観に基づく説明や、それだと誤解される説明を故意に避けてきた。

この王朝史観では、伝説の三代は、いずれも天下を治めた理想の王朝として始まる。その王朝像では、戦国時代から漢代にかけて作り出された諸制度が、はるか昔に遡って議論される一面がある。しかし、それとひきかえに、いにしえ以来ずっと社会は停滞してきたというわゆる停滞史観とセットとして論じられやすい。

いわゆる王朝史観も、そしてそれと表裏の関係にあるいわゆる停滞史観も、歴史の実相をさぐる作業とは縁遠い。本書は、このことを明らかにする意味もあって、関連する「事実」を随所で紹介した。

停滞史観を停滞史観たらしめない有効な方法として、われわれは、鉄器の普及など様々な指標を用い、歴史の展開をさぐる。その指標は、国家の相違をこえて比較を進める場合にも、有効ではないか、という大胆な提言をおこなったのが、前田の研究であった。ところが、この提言には、大きな落とし穴があった。中国皇帝の国家では、天下という大領域がまず問題になるのに対し、その大領域形成の前史にあっては新石器時代以来の文化地域の独自性がまず問題になっていた。この点が、すっぽり抜け落ちていた。本書は、その点にあらためて注意を喚起した次第である。

中国の正史に反映されるのは、中国皇帝の統治が及ぶ地域を特別とし、周囲を野蛮の地とみなす体制観である。それとは異なる体制観が周辺国家で「形」をともなって、そして後発部隊として作り出されている。中国の正史をもって国家関係を論じれば、中国皇帝中心の体制観のみが見え、他の体制観は見えなくなる。同時代の韓半島や日本の体制観がとても見にくくなる。同じように、中国の正史をもって歴史を遡れば、中国皇帝中心の体制観を遡って考えることとなり、戦国時代の各領域国家の下で作り出された体制観は見にくくなってしまう。

注意しておきたいのは、遡って見にくくなる戦国時代の国家領域も、同時代の周辺国家の領域も、新石器時代以来の文化地域一つないし二つ分にすぎない（戦国時代の三晋のようにさらに分裂している場合もあったが、特別領域の設定においては、似たりよったりの認識を示していた）という点が共通することである。

本書はこのこともあって、前田を念頭におきつつ、鉄器の普及、官僚制による地方統治、文書行政開始などの基準を考慮した上で、本文中に、時代の異なる中国の戦国時代と我が国の律令時代を比較する視点を提示し、律令時代の準備期にあたる孔子の時代や我が国の聖徳太子の時代にも言及してみたわけである。史書・神話・爵位、いずれをとっても、比較の結果は興味深い。

## 江戸時代の儒学者の中国古代史認識

さて、日本の律令体制は、やがて形骸化したことが知られている。しかし、その「形」は残され、江戸時代には幕藩体制を支える理念として活用された。藩は大小あるが、問題になる面積は、中国古代の都市国家と大同小異である。そうした藩に生活の糧を得た儒学者たちの中には、日本を日本と呼ぶのではなく、「中国」と呼んだ者もいた。律令時代にできあがった日本特有の中国・夷狄観を復活させて言う。山鹿素行《やまがそこう》・浅見絅斎《あさみけいさい》・佐藤一斎《いっさい》ら藩や幕府から糧を得る儒学者が日本を「中国」と表現した。律令施行域の伝統が依然として「形」をなしていたからである。結果的に、江戸時代の儒学者たちは、中国皇帝の大領域を考える学者たちよりは、いにしえの戦国時代の領域国家の実態に近い環境下に生活していたことになる。

京都の学者伊藤仁斎《じんさい》は、『論語』子罕《しかん》の「子、九夷に居らんと欲す。或人曰く、陋《いや》し、之を如何《いかん》と。子曰く、君子、之《これ》に居らば、何の陋しきことか之《これ》あらんと」(「孔子が道の行われないことを歎じて、去って東方の九夷の地方に居ろうとする意をもらした。ある人が曰《い》うのに『九夷は風俗の陋しい所ですから、どうしておられましょう』。孔子がこれに答えて曰われるには『有徳の君子がそこに居るならば、これを化して礼義の行われる邦《くに》にしてしまいます。なんの陋しいことがありましょう』」〈宇野哲人〉などと解釈されている）について、夷狄も礼義をおさめれば華となり、華も礼義がなくなれば夷と化すとし、舜も文王ももとは夷の人であるとして、孔子の心は九夷に寄せられているのであり、その九夷はよくわからないが、わが日本の如きを指すようだと述べている。これも日本を中心に考える発想である。この意見を是認する人はまずいないようだが（穂積《ほづみ》重遠《しげとお》）、本書に述べた点を思い起こすと、その「冗談」のような発想がけっして的はずれでなかったことがわかる。

この『論語』子罕の文章は、孔子が中原に愛想をつかして、東方の斉に行こうとしたと、戦国時代の正統主張をもって読むことができるからである。斉が孔子を使って正統の「形」を作り上げた点は、本書において、少なからざる材料を提供した。仁斎は、子罕の「九夷」を日本に置き換えただけのことで、置き換えがもたらす結果は、領域国家の正統主張に繋がったわけである。

江戸時代の学者たちは、中国皇帝の下ではぐくまれた宋明理学の多大な影響を受けていたわけだが、自らが置かれた場が藩や日本だった結果として、中国皇帝の大領域ではなく、日本という領域国家の視点でものを見ていたのである。

**中国古代史認識と都市国家の目**

日本や韓半島・ベトナムと中国皇帝の国家との相違を際だたせていたのは、領域の大きさであった。それに関わる話題として、本書では、金属貨幣の出現をあげた。戦国時代に天下規模の交易網ができあがったことが、貨幣の流通をうながした。

場を日本にうつしてみると、そのことのもつ意味がよくわかる。唐の貨幣制度を我が国においても根付かせようとして、独自の貨幣を鋳造したことが知られている。しかし、うまく流通したとはいえないようだ。日本において、貨幣が根付いたのは、宋銭の流通がはじまってからである。宋銭は中国皇帝の国家を含む広域的経済圏で使用される貨幣であった。

この貨幣に印刷技術がリンクして、出版文化の華が開くことになる。この出版文化の基礎の上に、科挙《かきょ》制度が定着する。我が国には、科挙が根付かなかった。同じ基礎がなかったからである。

ただし、出版文化を支える購買力は、次第に向上する。江戸時代には、多くの出版物が日本でも発刊された。それを藩の儒学者たちが学んだ。日本独自の貨幣も造られた。だから、日本・韓半島・ベトナムと中国皇帝の国家の学者の間には、共通する土台も形成されていたことになる。にもかかわらず、国家制度も社会も、そして国家規模もずいぶんと異なった環境下にあって、勉学を進めるということになると、例えば中国古代史に関する認識にも、相違するところができあがるのだろう。

戦後、増淵龍夫は、春秋戦国時代の山林藪沢を塩鉄など鉱物資源をふくむものとして論じ、戦国時代の貨幣経済の発展にともない、君主権力を支える経済的基礎となったことを述べた。議論の出発点は『塩鉄論』にある。遡って、日本の江戸時代の学者大田錦城《きんじょう》の研究にも、山林藪沢を述べたところがある（『梧窓漫筆《ごそうまんぴつ》』「商鞅《しょうおう》ノ言ニ云々」）。ところが、大田は、自分が糧を得ていた藩の視点が影響して、古く都市国家の時代に遡るはずの山林の利用を論じている。これを認識の相違と嗤《わら》うことは容易《たやす》い。しかし、本書でもなかなかに論じにくかった史書以前の歴史を語る上で、無視できない視点がそこにある。都市の周辺というきわめて限られた空間を念頭におく視点である。今後都市国家の時代の研究を進める上で、あらためて活用が求められるものになる。

日本や韓国など大小様々な現代の国家の中にも、我が国の藩のような独自主張の場がある。日本では、その場に関連して、お国ぶりという表現を用いる。日本史の中では、このお国ぶりが比較的見やすい形で示されるようだ。ところが、中国史の中では、それがなかなか見えてこない。見えてくるのは、我が国なみの領域をほこる、つまり新石器時代以来の文化地域の伝統を継承する監察区や軍区の独自主張である。例えば、満州族の清《しん》王朝の下にあった関係で、漢族が地方分権に力をそそいだとき、独自性は文化地域ごとに発揮され、獅子など具体的造形にそれが現れた（台湾の宜蘭県に河東堂獅子博物館がある）。我が国の藩なみの独自主張が見えないのは、見ようとしないだけなのか、あるいは本当にないのか。こうした点を考えていくにも、春秋時代の都市国家、つまり本書で述べたように初めて漢字を自己のものとした諸々の都市国家の具体的検討は、大きな意味をもつに違いない。その検討に当たって、我が国のお国ぶりは、多少なりとも参照する価値がありそうだ。

そもそも、繰り返すようだが、人々が歴史的に関わった社会には、村があり、村や小都市をまとめる大都市（いわゆる都市国家）があり、大都市をまとめる「大国」があり、大国が地方を官僚統治した領域国家（現代の日本や韓国なみ）があり、さらにその領域国家を複数束ねた国家（現代の中国やヨーロッパなみ）がある。現代を語る上でも、以上の場は存在する。存在するだけでなく、世界的に勃発する紛争の根もそうした社会が様々に作り出すゆがみにありそうである。

本書が扱った時代のうち、戦国時代をのぞいた部分は、都市や農村に人々が主として関わった時代である。都市や農村は、人々が関わる社会の最小単位である。だからこそ、我々が抱く認識のゆがみを是正する上で有効な情報を提供してくれる。その最小単位の場を歴史的にたどりなおし、人類のたどった経験を通して、社会のゆがみを冷静に見つめる目をはぐくむことは、世界の様々な場において存在する様々な誤解を解消する上で、大いに寄与するところがあろう。

とはいえ、言うは易く行うは難《かた》しである。文字が祭祀の道具であった時代は、祭祀のことはわかりやすいが、個々人の思索はわかりにくい。文書行政の時代になっても、領域国家のたてまえはわかりやすいが、個々人の本音はなおわかりにくい。本書も、歴史記録を用いる際の慎重さを強調したこともあって、肝腎の都市や農村についてさえ、オブラートにくるんだような表現が増えた。具体的実態に近づくには地道で気の長い作業が要求される。様々な誤解を解消するために、われわれがなし得る地道な営みの中に、伊藤仁斎の「冗談」的発想(言い方は謙虚だった)や大田錦城の研究を位置づけることができないか、などと考えている今日この頃である。

# 学術文庫版のあとがき

この度、拙著が文庫化されることになった。それだけ多くの方々にお読みいただけるということで、とても感謝している。

あらためて本書の内容を見直してみて、ありがたいことに、とりあえず修正しなくてよさそうなことがわかった。すでに一五年ほどたっているわけだが、新鮮さも残されていた。ありがたい、ありがたいと繰り返すしかないのだが、新出土史料が相ついだにもかかわらず、その波に呑まれることもなかった。

本書を執筆するにあたっては、筆者の進めてきた研究を基礎としている。とりわけ事実提供という点で申し上げると、平勢隆郎『新編史記東周年表――中国古代紀年の研究序章』（東京大学東洋文化研究所・東京大学出版会、一九九五年）がある（以下平勢『年表』）。ここにいう東周は時代名称として述べている。いわゆる春秋戦国時代である。『史記』では春秋時代を「十二諸侯年表」、戦国時代を「六国年表」が扱う。両者を合わせて述べる言葉として、「東周」を選んだ。この平勢『年表』が正しいことを実証すべき新出遺物が得られている。厳密には、骨董市場から得られたものだが、贋物ではないとして研究されてきている。『繫年』がそれであり、『史記』年表とは合わないことが指摘された。しかし、平勢『年表』とは実に相性がよかった。相性という言い方も気になろう。『年表』作成の過程で、二つの可能性があった場合、いずれかを選んで示さねばならなかった。その分岐点まで遡《さかのぼ》ると、完全に一致するという意味である。平勢『年表』は個々の事実そのものというより、紀年配列の構造的誤りを問題にした。かくかくしかじかの構造的誤りがあるから、それを補正するとこうなる。結果として紀年矛盾がなくなる、というものになっている。補正はいくつかの柱からなる。個々の事実に向き合う場合、そのうちのどの柱を使って説明するかの選択があった。

平勢『年表』は、司馬遷《しばせん》たちが『史記』を編纂した時点の配列の誤りをさぐった。始皇帝統一以前に限ってみても、約二九〇〇ヵ所について年代が議論できるのに、そのうち約八三〇ヵ所以上について、年代矛盾（西暦になおした時に異なる年代が得られる）が生じてしまう。その原因が紀年（王・諸侯の在位年など）配列の構造的誤りにあることを述べ、それを補正して配列しなおし、結果としてすべての年代矛盾を解消した。だから、個々の事実は、従来の『史記』年表や部分的補正年表と多々相違している。したがって、反論には、個々の事実がどうであるかを述べるだけでは不足していて、全体の年代矛盾をどう解消するかの方策が求められた。ありがたいことに、そうした方策はこれまで提示されることはなく、また、上記の『繫年』のように、私の新しい配列に沿った紀年配列をもつ新史料が出土してくれたりしたのである。

平勢『年表』の作成と表裏一体の作業として進められたのが、暦日一覧の作成である。暦は、農業を行うのに必要な太陽の高低と季節の関係を知るためのもので、基準はあまたある国ごとに違っていた。年ごとに基準もずれたりする。しかも、残された記録は極めて限られている。だから、代表的国を挙げて一覧を作ることすら事実上不可能である。ところが、戦国時代中期の前五世紀になると、計算に基づく暦が出現したので、それから後は計算という法則性に基づく一覧作成が可能である。それまでの国ごとの違いがあるという現実は、戦国中期以後の法則性ある暦にも影響を与えている。七六年で一巡する基本的法則が見出され共通のものとされた。しかし、どの日を起点とするか、冬至月《とうじ》（冬至を含む月）を何月にするか、閏月《うるう》と冬至月の関係をどうするかは国ごとに違った。以上を推定復元した一覧は平勢隆郎『中国古代紀年の研究――天文と暦の検討から』（東京大学東洋文化研究所・汲古書院、一九九六年）に提示し、より詳しい暦日一覧も別に示した（以下平勢『暦表』）。この一覧以後多くの新出土遺物が公表されたが、すべて平勢『暦表』に合致して今にいたる。

この平勢『暦表』は、平勢『年表』が扱う時代をさかのぼって議論できる。殷王朝の時代と西周王朝の時代も、出土史料（考古史料）である甲骨文・西周金文を使って再構成できる部分があるからである（西周金文の配列は、近年中国で翻訳された林巳奈夫《はやしみなお》の考古編年とも適合的である。林巳奈夫『殷周時代青銅器の研究』京都大学人文科学研究所・吉川弘文館、一九八四年）。多くの国の暦はほぼ不明のままだが、殷王朝の帝乙・帝辛については、周期性ある祭祀と関連づけられ例外的に連続して明らかにすることができた。また、西周時代も、一部の暦日と周王の在位年一覧を復元することができた。これらによって明らかになる殷王・周王の在位年を活用すると、『史記』に欠けた事実を記した『竹書紀年』という年代記が矛盾なく重ねられていた。上記『繫年』は平勢『年表』に統合されたこの『竹書紀年』にも合致していることがわかった。

以上、本書が書かれた時点で世に出ていなかった考古史料が加わったにもかかわらず、マイナスの影響を被ることがなかった。逆に、言わば新出土史料は偶然の恵みになってくれた。本書はその自然に与えられた恵みに支えられつつ、読み進められる。

世の中には悉皆《しっかい》調査という言い方がある。手当たり次第に調べていく。上記に述べてみたのは、春秋戦国時代の歴史史料について悉皆調査をしてみた、という話である。そして、紀年について膨大に存在する矛盾を解決するために、配列しなおしの理論をたてた。司馬遷のところに系統的に間違ったという想定をたてて、間違わなければどうなったかを追い、結果的に矛盾が解決された。これに関わるものとして、暦日史料についても悉皆調査をしてみた。同じように解決の道筋をたて、結果として従来配列不能であった暦日をもれなく配列できた。暦日を配列しなおすための道筋は、紀年問題の解決策の一つにもなった。そして、この紀年・暦日についての悉皆調査にもとづく再配列と、近年出土したらしい骨董簡の『繫年』が実に相性よかった、ということであった。

『竹書紀年』も従来紀年矛盾の前に利用が制限されていたが、その心配も必要なくなった。『戦国策』と『史記』との間には、多くの相性の悪さがあったが、それもなくなった。西周金文はうまく配列され、西周王の在位年も復原され、新出土の眉県青銅器銘文との相性もよかった。『竹書紀年』との相性だけでなく、『繫年』との相性もいいことがあらためて確認できた。年代補正後記事の日食も確かに存在した（日食を選び年代を論じるのと順序が真逆）。

以上、紀年と暦日という古来の難物に関する悉皆調査と近年の出土遺物（骨董簡を含む）

との相性がいいという有り難い結果を述べてみた。

以下には、私がこのところ進めてきた別の悉皆調査について述べてみたい。というのは、今回の文庫化前の出版時点では、上記の紀年・暦日に関する悉皆調査を前提に述べていただけの内容が、この別の悉皆調査によって、より確かめられたからである。

専門書で恐縮だが、私には『「仁」の原義と古代の数理――二十四史の「仁」評価「天理」観を基礎として』（東京大学東洋文化研究所・雄山閣、二〇一六年）がある。ここで進めた悉皆調査は、二十四史に見える「仁」と「天理」に関する史料の再確認である。結果わかったのは、「仁」の具体的用例は、世に考えられている「仁」とは異なる意味を教えてくれたということである。「天理」はその「仁」の基本義を支えている。「天理」は戦国時代には存在しない言葉であった。その戦国時代について「仁」の用例を再確認すると、二十四史の用例のプロトタイプになることがわかった。さらに言えば、戦国中期の編纂である『左伝』には春秋以来の古い史料が引用されていて、そこに古い時代の「仁」の原義が読み取れたのである。

この「仁」や「天理」に的をしぼった二十四史の悉皆調査によって、何がわかったか。政治的・軍事的に活躍の場をしめる諸子百家は存在しないということである。本書でも、この存在しなかった諸子百家は述べていない。紀年と暦日に関する悉皆調査だけでも、述べてはならないことがわかっていたからである。だから、なにがしかの違和感を抱く読者がいらっしゃるとすれば、それは違和感の元がまちがっているのである。

『漢書』が諸子を書物ごとに分類し「家」扱いしている。これは、書物を解釈するのにそれぞれの流儀があることを述べている。世に存在した論者はどのようにふるまったのか。諸子の書物を読んで（諸子から説明を聞いて）、現実に存在する政治・軍事の要請に答えていたのである。本書では諸子百家の国家内での「すみわけ」を論じた。国家内のどこに焦点をあてて論じるかがさまざまにあるので、議論のたてつけに役立つよう、材料をさまざまに議論した。論じる焦点が政治軍事の必要に直接近かったのが、儒家と道家（直接的には法律で対処する法家）であった。だから、二十四史の時代も、政治・軍事の場で活躍した人々は、儒家または道家（そして法家）の路線をしいたのである。仏教や道教は、これらと融合的に検討される。『漢書』において、兵家がいわゆる諸子と別立てであることも知っておいてよい。

戦国時代に諸子百家がさまざまな思想を説いた、というのは、素材提供の場である。それが政治的軍事的場で活躍する者たちに統合され反映された。素材提供の場が身近にあった戦国時代から、図書分類の場に移行してしまった『漢書』の時代（後漢時代）へという変化がある。春秋時代までの都市国家の時代には職として議論される場があり、政治・軍事と関わった。それが戦国時代に素材提供の場に変わった。本書でもこのことを述べておいた方がよかった。

上記のような諸子論からすると、新出土の竹簡史料がおびただしく公表され研究されている今日であるが、研究の結果注目されるのは、「仁」を優先してその下に「道」をのべる史料なのか、逆に「道」を優先してその下に「仁」をのべる史料なのかの判別である。そして、「道」を述べるための宇宙論である。

「仁」の常識はどこから出てくるか。春秋時代の輿論《よろん》は、大国と小国の間を移動する人々によって作られた。彼らは「行人」と呼ばれる。この行人の中に、輿論を指導する者が出てくる。輿論形成の場は、行人が移動する際にお世話になる大国・小国の祭祀の場である。祭祀は一つの都市国家だけでなく関わる他国の行人が参加する。だから、そうした祭祀の場（宗廟が代表）に配慮する必要が出てくる。大国の意思も、そうした配慮で各小国にもたらされる。その配慮できる能力を「仁」と言っている。孔子はこの意味の「仁」に関わった。戦国時代には、多くの小国が滅ぼされ官僚が派遣される。宗廟も支配下の家の廟に格下げになる。戦国王国の意思は王の宗廟祭祀に参加する人々の輿論に左右され、それが王の「徳」の名の下に各地にくだされる。「仁」は王の徳として王と各地とを結びつける。いくつかの王国が統一されると、皇帝の徳たる「仁」が天下にもたらされるという話になった。春秋時代の大国小国の作り出す領域が戦国時代の王国領域に継承されたのと違って、二十四史の時代の領域は拡大されて天下になった。未曾有の規模拡大の現実を前に、皇帝を支える人々はタガをはめることにした。このタガは千年続いた。「八紘」（天は傘のようになっていて、八本のつな＝紘が傘の骨のようになっている）という言葉が生まれた。天の傘は規則正しく回転する。その規則正しさは法則である。「八紘」に対応させて「天理」という言葉を作った（戦国以来の宇宙論と合体）。『旧唐書』と『新唐書』の間で概念の大転換があった。征服王朝がそれまでの「八紘」天下の外から支配に乗り出した。王朝の要請により、「天理」は八紘のタガから自由になった。この時代も千年続いた。

天下の民からすると、皇帝の徳たる「仁」は刑の執行される獄で発揮される。末端官僚は、厳格に法を執行するか、皇帝の「仁」の名の下に法を曲げて減刑するかの選択をせまられた。後者は「仁」がある、ということになり、実質官僚の情けということになった。これが世に理解される「仁」の意味である。一般論だが、利得行為にはしる官僚でなく、民の側に配慮する場合に「仁徳」が語られる。

世には医療の世界で使用される「仁」もある。これは人体について用いられる。上記の八紘世界を人体にみたてる。この人体にはくまなく「仁」がもたらされる。だから「医は仁術」ということになる（そもそもは金儲けに関わる話ではない。ここに「仁徳」評価が重なってくる）。

世に理解される「仁」の意味は、派生義である。それは欧州に理解者を生んだが、近代以来の日本人による東洋学の展開が大きな影響を与えているようだ。近代以後、中国では科挙が廃止され、日本でも漢文を読む層に深みがなくなった。二十四史に見える事実（そして儒教経典）を知らない知識人が世界を席巻して現代にいたり「仁」を語る。派生義だという意識は、おそらく死に絶えているだろう。

世にひろまっている春秋戦国時代の誤解は、実に多岐にわたっている。紀年矛盾があって理解がさまたげられた状況下でも、丹念に『史記』や『戦国策』を読めば、「そうはならないですよ」だった。史料に書かれた内容が確認されていない。

そこで本書に関わる話題をひとつ二つ。

左頁の地図は、略図で恐縮である。

近年発掘によって古くからあった東の函谷関《かんこくかん》が確認された（中国文物報二〇一三年一〇月二五日、その他）。この関所は、『漢書』に記され、図の西の函谷関から前漢武帝が東にうつ

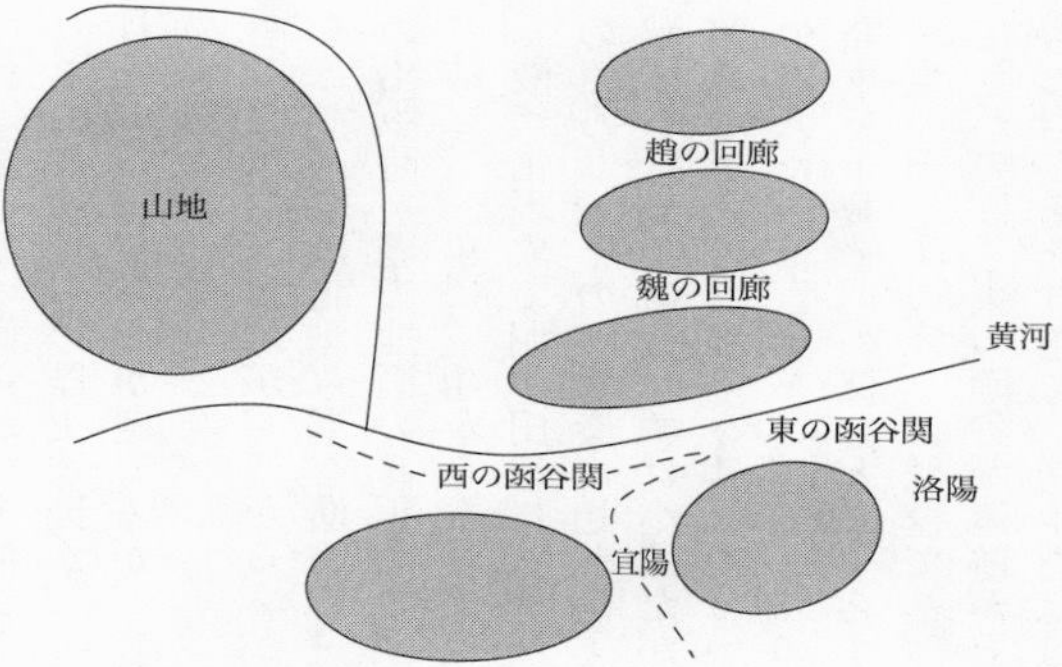


したとされていた。ところが、『史記』・『戦国策』などの記述からすると、戦国時代にあって、この東の函谷関を通過しているはずだった。それを文庫本前の図として示しておいた（本書三二一・三二五頁）。実はその谷に予想外の事実が隠されていた。その東の函谷関の遺跡が、文庫化を前に確認されたのである（ちなみに、歴代整備の函谷関は他にもある。塩沢裕仁「函谷関遺跡考証——四つの函谷関遺跡について」『東洋文化研究所紀要』一六九、二〇一六年を参照）。

さて、この略図だが（アミかけ部は山地）、一般読者（あるいは研究者でも）が目にする歴史地図では、魏の回廊がなかったかの扱いを受けている（趙の回廊がなぜか魏の回廊に化け、さらにもう一つ北に趙の回廊が設定されている〈略図の一番上〉。文庫化前の本書も訂正していなかった）。しかし、戦前の東方文化学院（東京研究所）関係者が作成した歴史地図では、馬車の通れる道が示されており、清朝末期において、交通路として魏の回廊は生きた存在だった。だから、よく目にする歴史地図がこれを無視しているのは、不思議なことであり、その歴史地図を作成する段階で、机上の想定を誤って地図に組み入れなければならない何らかの事情があったようだ。

この問題含みの歴史地図が、一般によく参照されていて、誤解を生みやすい。ご注意めされたい（紀年矛盾が関わるが、宜陽をめぐる問題、もう一つの楚へのルート、相関連して秦の版図を誤っている）。

その魏の回廊だが、西から秦が軍をすすめ、魏の回廊をどんどん攻めて、東にいたった。そこで、趙は北から軍を進める。このとき起きたのが、有名な長平の戦いである。文庫化前の出版時、歴史地図の修正まで手が回らなかった。

前二三一年に、趙から秦にかけて大きな地震が発生した。翌年趙は飢えたという。おそらく液状化現象で泥が田地に吹き出したり、せき止め湖が決壊したりして作物ができなかったのだろう。そのとき秦は趙が南下できないと判断した。そして趙からの攻撃を気にせず韓を滅ぼしたのである。韓は小国だから、赤子の手をひねるように秦が滅ぼしたようなイメージがあるが、現実はそうはなっていない。秦の軍事的優位は動かしようがない状況でも、秦国の軍人たちは盲動をさけていたのであり、始皇帝もそれを理解していた。そして、大地震の発生を千載一遇の機会ととらえて、韓を滅ぼしたということである。

東の函谷関の守りは鉄壁であった。私自身は、上掲の塩沢氏と現地を調査した。春秋以前にさかのぼる東の函谷関遺跡が発見される少し前である。関の東を通る河には崖からさけおちた岩がそそりたち、進軍をはばんでいた。ここを掌握すると、西からの進軍は不可能であり、西の函谷関を掌握すると東からの進軍は不可能である。かくして、秦が西から軍を進めるには、宜陽を抜いて南に向かわないと、洛陽は攻略できなかった。宜陽の南は、一般に早くから秦の領土だったと誤解されている（上記）。実際は、宜陽を抜いた先に韓の守りがあり、その背後に楚がひかえる。秦は外交的に楚をだましぬいて宜陽を抜いたが長続きしない。前二七八年に秦は楚の都を攻略する。はるか南から四川の地を迂回して湖南方面を攻略し南北から挟み撃ちにした。この時秦はまだ宜陽の南を手中にしていない。楚への軍事行動はさらに南の谷すじを使っている。広い意味での洛陽の地には、周王の西周、韓王の王宮所在地、周公の東周があった。秦は前二六四年に西周を滅ぼし、前二五五年に東周を滅ぼし、前二三一年に韓の都（鄭州の鄭韓故城）を陥落させた。膨大な時間がかかった。

近年人骨のDNA分析が進んで、縄文文化・弥生文化の理解がだいぶ変わってきた。その結果、本書に扱う時代は、弥生文化により直接的に関わることがわかってきた。長江流域から日本への渡来人が波状的に発生していたことが想定できる。

その長江流域の稲作は、原始的な「くぼみ形水田」から始まり、鉄器の発生普及と森林伐採を通して農耕具の急激な変化があり、「田の字形水田」に変化することが想定された（この変化が社会を劇的に変化させ官僚制を本格化させた。殷王朝はまだそうなっていない時期の王朝である）。日本でも、縄文農耕においてすでに稲作が行われている（焼き畑耕作）。農具の関係からすると、それが「くぼみ形水田」に変わるのは自然である。しかし、さらに「田の字形水田」に変化するには、農具の変化を説明に組み込む必要があろう。日本では官僚制を本格化させるにはいたっていないから、鉄器の発生による木材活用の変化に注目すればよい。本書の記述は、増淵龍夫の山林藪沢研究を継承しつつ新たに道具の差違に言及している。比較検討していただけるとありがたい。

さらに述べれば、本書文庫化前の出版時点で知られていなかった史料として『楚居』がある（『繫年』と同じく出土史料扱いの骨董簡）。この『楚居』には、天孫降臨を思わせる記述がある。比較の方法においては、より近接した関係にあるものどうしの比較が意味があることが知られているので、比較の材料として、わが国の伝承が『楚居』検討に有用かどうか、検討してよい。

その『楚居』だが、これを検討する場合に、鍵をにぎる字の字釈（現代字化）がまちがっていることは意外に知られていない（専門論文で中国語だが「平勢隆郎春秋戦国年表与其後出土的文献」『東洋文化研究所紀要』一七六、二〇二〇年をご参照くださると有り難い）。

現代字「遷=遷」

現代字「=遷」

古文字研究者の間では、上記の相異なる二つの字が議論されており、誤っていずれも「遷」だとされたことで、話が混乱している（混乱しない議論の一端をついでに述べておくと、本書二四一頁以下に述べた侯馬盟書の鍵をにぎる字の字釈も、上記上の字釈を知っていると混乱しない。侯馬盟書の名指しする主敵が「趙稷」と現代字化され、『左伝』の述べる「趙稷」であることがわかる。侯馬盟書で引き起こされた混乱が、同じレベルで再度引き起こされているので、ここにご紹介した）。ここでは述べないが、字形だけでなく古代の漢字音に関する検討も加味されている。本書で述べたように、漢字とその音は殷王朝や周王朝という限られた場で継承された後、春秋時代に天下にひろがった。部族が異なる場に伝わって

「なまり」が問題になり、伝播の過程で、さまざまな字形解釈の相違ができあがった。そうしたさまざまな動きを見据えて古文字研究は展開される。『楚居』では上字の遷が問題になる。これは祭祀名であり、屈氏が関わった。屈氏は、日本古代における中臣氏や卜部氏（延喜式に見える）のように特別の祭祀に関わった。比較の意味がここにもありそうだ。

屈氏は春秋以来の楚国にあって代々活躍し、戦国時代には屈原を世に出している。屈原は『楚辞』の作者としても議論される有名人である。王にたびたび意見したが聞き入れられず、国都滅亡の憂き目にあって湖南省の汨羅の淵に身を投げた。大魚がその死体をのみこんで洞庭湖から長江中流を溯りはきだしたという伝承もあり、その吐き出したとされるところに屈原の墓がある。屈原は戦前は高潔の人の代名詞であった。いまは知らぬ向きも多かろう。近代日本人が聞いたら胸躍らせた人物だと述べただけである。他意はない。その屈原の出自した屈氏が乱世の楚にあってなぜ代々活躍できたのかは、研究者の多くが一度は向き合った話題であり、若き日の私もその一人であった。特別の祭祀に関わったからだと説明できる（特別祭祀の類例は『史記』封禅書に秦国の記事がある。祭祀場を「時」と表現している。後代この字が仏「寺」に使われた。ただし秦に屈氏のような氏族はいないようだ。上記に洛陽について言及した周には周公の一族がいた）。文庫化前の出版段階でも、状況証拠を見て、屈氏に「楚の国家祭祀をつかさどり、楚王の正統性を確認する役目」（本書三三六頁）があったと述べておいた。『楚居』の具体的記述によってその想定が裏打ちされることとなった。

さて、上記では、私の悉皆調査に言及した。昔の学者には、パソコンはなかった（司馬遷は多くの使用人を使い大広間で作業しただろう)。パソコンはデータ整理を極度に省力化する。だから、昔の学者ができなかったのをいいことに、非才の身をかえりみず、私的な大整理をやってみた。そのパソコンも、日々発展してきている。私が関わったパソコンは、省力化を手伝ってくれたにすぎない。随所で私という言わば泥くさい人間の判断が必要になった。だから、世のすぐれた人々がやりなおせば、より良い結果が得られるはずである。そしてパソコンも、今後ますます高機能を提供してくれるようになるだろう。

史料のほんの一部から想像をたくましくするのも人間である。本書はそれを極力いましめ、近代以来の学者の多くがそうだったように、想像のたくましさの危険に配慮した。

文庫化前の原本において、慎重な言い回しで説明したのが、孔子の実像であった。上記に述べた悉皆調査と、その後の出土遺物の相性のよさなどを援軍にして、ここに説明を補っておく。孔子の時代の「仁」概念は、官僚制が本格化する前の時代、都市国家が大国を中心にいくつかのまとまりをもった時代(鉄器の普及がすでに始まっていたが)の産物であった。詩経の先駆が青銅器を主体とする楽の音にのせて歌われた。その場は各国の宗廟など祭祀場であった。官僚制が本格化すると、祭祀の場は家のものに化して国家祭祀から離れる。詩経も楽を離れて継承されるようになる。古い文体の文章が中央の王の正統を説明するものとして書経になった。その他の儒教経典もまとまってくる。ということで、孔子は儒家の祖と位置づけられているが、儒教経典で孔子に関わるのは、詩経だけである(青銅器銘文の内容が継承され書経の祖先ができつつあったようだ)。孔子のころにその詩経の先祖とむすびついていた楽は、活用の場がせばまって儒教経典にはならなかった。他の儒教経典は、戦国時代の儒家の下でできあがった。ということで、孔子の実情を語るには、皇帝制やその先駆としての戦国王制に関わる内容、つまり儒教経典として議論されるほとんどの内容をはずす必要がある。祭祀の場の楽と、その場になじむ詩経の先駆を使って議論する必要がある。日本人には、意外になじみ深い孔子像ができあがるかもしれない（近代官僚の模範となる孔子ではないし、宇宙一をことほぐものではないが）。現行『論語』には、古くからの内容と新しい時期の内容が混在する。これは古くからの研究が明らかにしてきた。いま一度、近代以来（現在？）の思い込みから自由になって、『論語』を再検討してみてはいかがだろう。

孔子のころの「仁」は、祭祀の場に関わっている。先に述べたように、他国の祭祀の場に思いやる力を「仁」と言っている。『左伝』はくりかえし述べている。「君子は遠き慮りがある」と。「仁」の原義が生きているから理解が深まる。「仁」の意味が変わると、理解不充分になる。宗教的場に対する畏敬の念は、欧州におけるアジール（宗教的聖域）の例がある。戦前、平泉澄が世界的視野から日本のアジールを研究し（『中世における社寺と社会の関係』至文堂、一九二六年）、大正八年（一九一九年）に対馬を調査している。戦後は網野善彦らの研究が名高い。一般に中国史においては、この種の宗教的聖域は、議論されることがない。しかし、孔子を語るのであれば、その聖域をこそ検討する必要がある。

二三六頁のコラムのように、本書の体裁上字数をととのえ、文意を温存しつつ表現を変えた部分もある（史料の確認には文庫化前の原本の方が役立つ）。本書が今後の諸々の問題を考えていく上で、何等かのきっかけになるとすれば、望外の幸せである。

（二〇二〇年九月　著者）

# 主要人物略伝

**夏《か》禹《う》と殷《いん》の湯王《とうおう》**　禹は行神《こうしん》、つまり旅行の神であった。戦国時代に天下の物資流通が盛んとなり、人の移動も頻繁になって、道路も整備された。その道路網を旅する人々の守護神が禹であった。だから、禹は天下をまたにかけて活動する。禹が天下を経巡ったという話ができあがる。これとは別に、新石器時代以来の文化地域を念頭におき、その地域ごとの治水神話ができあがった。戦国時代の鉄器の普及にともなうものである。治水神は地域ごとに特色があったが、その中に行神禹を治水に結びつけるものがでてきた。この地域性ある治水神の禹が天下の行神であった禹に重なり、やがて天下の治水神禹の伝説ができあがる。天下の下でも地域性ある禹はまた、文化地域を念頭において作り出された夏王朝の始祖ともなった。天下の治水神禹の伝説の下、漢代に夏王朝は天下の王朝となった。こうして意味づけが地域的にも、また時代的にもさまざまに変わった伝説のひと禹に対し、殷の湯王は、理想化されたとはいえ、実在した人物である。甲骨文《こうこつぶん》では大《だい》乙《いつ》と称され、戦国時代の金文《きんぶん》には成湯と称されている。

**周《しゅう》の文王《ぶんのう》と武王《ぶおう》**　殷王朝を滅ぼしたときの周王が武王、その武王にさきがけて王朝の基礎固めをしたのが文王。武王のときに殷の漢字文化を継承し、武王という王号を定め、父に文王という追号をおくった。それまでは周王は殷から周侯と称されていた。周の文王は天の命（大命）を受け、天界と地上の呼応を知る力を得て、徳という呪力・霊力を宿した。徳を継承した武王はその天の命により殷の「四方《しほう》」と称される領域を征服した。文王が天命を受け武王が殷の「四方」を支配したことは、以後代々顕彰された。このことが基礎になり、戦国時代以後も周王朝の権威を継承する「形」を作り出す上で、文王と武王は象徴的人物となった。武王以後代々の西周《せいしゅう》王に継承されたのは、徳という呪力・霊力と「四方」の統治であった。徳の意味が一般化し天命があらたまる（革命）ことに人の注意が集まるようになると、天命を受けたことが顕彰されてきた文王が突出して顕彰されることになった。

**周公旦《しゅうこうたん》と周の成王《せいおう》**　前一〇二二年に周の武王が死去すると、殷の余民などが各地で反乱を起こした。この危機をのりきり、周一族をまとめあげたのが周公旦であった。周公は周一族の中にあって、王を出す一族を支える別の一族の長であったようだ。そのため自ら王となることはなく、雒邑《らくゆう》（洛陽《らくよう》）の地にあって周王を補佐することになった。幼い成王は、一時周公のもとに身をよせ雒邑に居を定めている。武王が征伐して支配するにいたった殷の「四方」について、その支配の要となったのが雒邑であり、その雒邑を治めたのが周公の一族であった。いわゆる東遷の混乱以後、雒邑は周王の王都となったので、かつての殷の「四方」は周王自らが治めることになった。周公の都城は近くに別に作られ、儀礼として王を補佐することになる。周公旦は周王にならなかったので、戦国時代以後、王の徳の有無を判断する賢人だったという役回りを演じることになった。この解釈としての役回りが理想的「事実」と化し、革命の象徴として議論されることになる。

**共伯和《きょうはくか》と周の宣王《せんのう》**　前八四一年、周王朝内部の争いから厲王《れいおう》が追放された。その後、政務をとったのが共伯和である。雒邑には周公の一族がいたから、それとの折り合いもつけられ、幼い宣王が正式に即位するまでの政治を共伯和がとりしきった。厲王が追放された年はあらためて「元年」とされたが、すぐに厲王の紀年が復活する。幽閉状況での在位が認められたためである。前八二六年には、厲王が死去して宣王が即位し、元年を称する。それまでの経緯が周公旦と成王の関係に酷似することから、この共伯和の時代を賢人の時代として位置づけることが、戦国時代に始まった。成王にあやかる議論では戦国時代の王が「成王」と名のり、宣王にあやかる議論では「宣王」と名のった。「成王」にあやかる国では、宣王は正月元旦から元年を称したのではないよう議論して、宣王を貶《おとし》め、「宣王」にあやかる国では、逆に成王を貶める「形」を作った。漢代には共伯和が人名であることすらわからなくなり、「共和」が賢人周公と賢人召公《しょうこう》の両者が交互に政務についた理想の時代だとされるようになった。「共和国」という訳語は、この「共和」の意味からとって作られた。

**周の幽王《ゆうおう》と平王《へいおう》**　王朝を創始した者が理想化される

のに対し、その理想化された君主に滅ぼされた王は悪く言われる。殷の紂王《ちゅうおう》や伝説の夏の桀王《けつおう》がこれに当たる。周王朝が諸侯どうしの対立から鎬京《こうけい》（西安《せいあん》付近）と雒邑（洛陽）に分裂し、やがて鎬京の王朝が滅亡した後も、その分裂の芽を作った幽王が悪く言われた。殷の紂王が妲己《だっき》という美女にうつつをぬかしたとされるように、周の幽王も褒姒《ほうじ》という美女にうつつをぬかしたとされるようになった。褒姒には妖婦のイメージも作り出されるようになる。一方の平王は、雒邑の地において周王朝を立て直した君主として一定の評価が与えられた。副都雒邑が王都となった東遷は、革命的なできごとだったと評価する話も作られた。『史記《しき》』孔子世家《こうしせいか》に、魯《ろ》の反乱者公山不狃《こうざんふじゅう》が孔子を用いようとした話があり、この話にのろうとした孔子が「自分を採用しようとするのなら、それは東周（東遷の大事）をなそうとするものだ」と述べている。

**五覇**《ごは》　新石器時代以来、文化地域ごとに「大国」が現れ、隣接する文化地域に進出することもあった。殷や周という都市の文字であった漢字が春秋時代に広域的に用いられるようになると、周が睥睨《へいげい》していた地域の「大国」君主は周王に対する「侯」としての地位を漢字で確認し、その外の地域の「大国」君主は「王」として周王に対抗した。こうした歴史におかまいなく、戦国時代になって各地域で文書行政を始めた領域国家では、過去を遡って敵対する領域国家の王を誹謗《ひぼう》するため、春秋時代の有名な君主に独自のレッテルを貼った。斉《せい》の孟子《もうし》は、自らが仕える田《でん》氏に君主としての地位を追われた姜《きょう》姓君主や、敵対する諸国の祖先らを誹謗するため、斉（姜姓）の桓公《かんこう》・晋《しん》の文公・秦の穆公《ぼくこう》・宋《そう》の襄公《じょうこう》・楚《そ》の荘王《そうおう》を夏殷周三代（三王）の罪人だと述べた。楚の荀子《じゅんし》は、仕える楚王のみを褒めるため、楚王の祖先荘王とすでに滅亡した国について、斉（姜姓）の桓公・晋の文公・呉《ご》王闔閭《こうりょ》・越《えつ》王句践《こうせん》を挙げ、「信が立てば覇者となる」（そのうち楚王だけが残っている）と述べた。

**孔子**《こうし》　孔子は前五五二年に魯で生まれ、前四七九年に魯で死去した。亡命生活をおくったりしながら多くの弟子を育て、それら弟子やさらにその弟子たちが戦国時代の政界で活躍していった。春秋末の時代、都市はすでに増加の一途をたどり、都市間の人の移動も頻繁で、伝統的につちかわれてきた人のきずなでは都市の政治を運営することが難しくなった。その世にあって、新しい人間関係を都市運営の基礎とするためには、いかなる点に注意すべきかを説いた。弟子たちは次第に成長する領域国家の官僚の代弁者となっていったので、弟子たちの編纂した孔子の言行録には、比較的古い時期のものと弟子たちの時代の内容が混在する。言行録の一つとして残された『論語《ろんご》』も例外ではなく、智者・仁者・勇者を並べたたえたり勇を強調したりするような、都市に出現したばかりの游侠《ゆうきょう》を代弁する古い内容と、仁を突出させて強調するような戦国時代の大国中央の立場を代弁する新しい内容が混在する。後代の官僚たちは、自分たちの立場から『論語』を解釈して議論している。

**老子《ろうし》と墨子《ぼくし》**　春秋時代に都市が増加して都市を場とする議論が始まった。戦国時代に文書行政が進展し、領域国家ごとの中央が地方都市を官僚統治するようになると、中央の議論が都市を規制し、国家中央ごとに正統君主を頂点に位置づけた独自性の強い議論ができあがった。各国家の正統君主は、大夫《たいふ》層から成り上がった者もいれば、春秋時代の各地域の大国君主の末裔《まつえい》もいた。前者では、成り上がりの論理を背景に賢人政治をたたえ、革命を論じた。後者では、成り上がりを否定する立場から賢人政治を揶揄《やゆ》した。領域が小さな国家では、都市を場とする議論を継承し小国の立場を強めようとした。上人の宇宙観を説いた『老子』の思想は、賢人政治を揶揄する。楚などで流行し、上人層が君主を凌駕《りょうが》する立場をとらぬよう政治とは無縁の世界を語らせた。中人以下は法を厳格に運用したから、国家は安泰であった。天地をはるか彼方から観察したりする内容は、戦国中期以後のものである。老子は春秋時代の人に仮託されているが、存在した人物かどうかも定かではない。小国の立場を説いたのが『墨子』で、大国による侵略から国家を防衛するための平和主義を論じた。その説の中核をなす思想に兼愛があり、自他をとわぬ愛を述べているが、それは小国が同族意識のもとに古くからつちかってきた考えである。しかし一方『墨子』の法の運用を厳格にする内容は戦国時代のものである。天下の議論が主流になると、『墨子』の学は衰えた。天下中央の官僚が儒家の学によって政治を論じる中、『老子』の学は、官僚世界から一定の距離を置く立場の思想として、代々尊重された。

**孟子《もうし》・荀子《じゅんし》と韓非子《かんぴし》**　孟子は陬《すう》の生まれで斉の威宣《いせん》王《のう》（在位前三五六―前三二〇年）に仕えた。魏の恵成《けいせい》王（在位前三七〇―前三一九年）に、前三四二年の馬《ば》陵《りょう》の戦いの後に論を説いたこともある。孔子の孫の子《し》思《し》に学んだという。利よりも仁義が大事だと説き、また人の性は善だと説いて、人心の掌握に君主の心得があることを強調した。言行録『孟子』では、魏の恵成王は王の器ではなく斉の威宣王はその器であることを事実をもって示している。『孟子』冒頭に魏の恵成王をやりこめた話があり、「五十歩百歩」（五十歩逃げた者が百歩逃げた者を笑えない）の比喩《ひゆ》を使って、恵成王の治績はたいして上がっていないことをさとらせようとしている。性が善なのは、上人・中人・下人の中人以上を問題にするからで、やや遅れて楚に仕えた荀子では、中人以下に重心を置いて性は悪だとし、刑の重要性を述べた。この視点を発展させたのが荀子の弟子の韓非子で、韓に生まれ秦に仕えて法による秩序の確立を説いた。

**戦国四君《しくん》**　官僚による文書行政が進展し、成り上がりの家系を含めて王統が定まってくると、王位の継承には、王としての徳の有無が要請されるようになり、単なる血縁による王位の継承ではないことが強調されるようになった。そうなると、微妙な立場におかれたのが、王の近親者でかつ一族や臣下たちの尊崇を集めた人々である。王になる資格はあるが、即位した王を奉る立場にある。そんな人々の中には、国家を滅亡させないための同盟を作り上げた人々も出てきた。漢代以後、始皇帝の評価が下落する中でとくに注目を集めたのが、秦に対抗した国家の賢人たちである。『史記』に紹介された斉の孟嘗君《もうしょうくん》・趙《ちょう》の平原君《へいげんくん》・魏の信陵《しんりょう》君《くん》・楚の春申君《しゅんしんくん》はいずれも国家の宰相《さいしょう》であり、戦国四君としてとくに顕彰される。斉の孟嘗君は、斉のために秦に対抗する同盟を作り上げたが、斉の湣宣《びんせん》王にうとまれて国外に追われた。このことが裏目に出て湣宣王は国家を滅亡の淵に追いやることになる。他の三人は、秦の軍事的脅威が決定的となった後、魏王の意に逆らいながら対秦同盟を完成させ、秦の東進を一時頓挫させている。この同盟の完成で信陵君は魏に帰れなくなった。

**魏の恵成王《けいせいおう》と孫子《そんし》**　戦国時代には、鉄器の普及を基礎として都市が増加し、官僚層に厚みができて文書行政が進展した。中央が地方を統治するための律令も整備され、中央集権的官僚組織が整っていった。この新しい官僚組織の上に君臨する王として、はじめて世に出たのが魏の恵成王である。魏は『史記』が国名として紹介するものだが、そもそもは氏の名である。魏氏は春秋時代には晋国の有力な大夫となった。そして趙氏・韓氏とともに晋国を三分し、前四〇三年には、魏の文侯が周王から諸侯としての地位を認められた。文侯（文）の子が武侯（武）、さらにその子が恵成王（恵王にして成王）である。文侯から武侯、そして成王へという文→武→成の君位継承は、いにしえの周の文王・武王・成王にあやかる。魏の恵成王は夏王と称した。夏王朝を殷王朝が滅ぼし、その殷を周王朝が滅ぼした歴史をたどって、自らは夏王朝を復興することを「形」にした。使用暦も夏正で、これもそのころ夏王朝にちなんで作られたものであった。周からの権威委譲を求める式典が、諸国の反発を買い、斉をはじめとする連合軍に大敗を喫した。この戦いを馬陵の戦いという。これを斉の勝利に導いたのは斉の孫臏《そんぴん》（田朌）である。田氏一族たる彼の名を冠した『孫臏兵法』と、やはりその一族とされる孫武《そんぶ》の名を冠した『孫武兵法』（いわゆる『孫子』）がある。

**斉の威《い》宣王《せんのう》・湣宣王《びんせんのう》と宋王偃《えん》**　周の宣王を周王朝再興の名君とたたえ、これにあやかって宣王と名のった戦国君主は何人かいる。そのうち最初に宣王を名のったのが斉の威宣王（威王にして宣王）である。魏の恵成王を馬陵に破って、その踰年称元法《ゆねんしょうげんほう》開始の野望を打ち砕き、自らが前三三八年に踰年称元法を採用して天下の王を宣言した。その子の湣宣王（湣王にして宣王）も宣王である。一族の孟嘗君を使い、斉を天下で一、二を争う強国にしたが、その孟嘗君をうまく使いこなせず、宋に攻め込む戦略が失敗して、他の国家の介入をまねき、斉を滅亡の淵に陥れた。宋は殷の末裔であり、宋王偃は殷の古来の制度を利用して、地上の帝を名のった。斉の湣宣王は、この帝の問題を利用し、宋に攻め込んだのである。宋王偃は斉に殺されたが、殷の末裔たちの抵抗ははげしく、殷の故地の領有を企図した他の国家も、泥沼化した戦争に足をとられた。漁父の利を得たのが、遠方より軍を進めた秦であり、楚の背後をついて湖北・湖南の地を占領し、天下一の強国としての足場を築いた。斉の威宣王（威王にして宣王）、湣宣王（湣王にして宣王）の記事は『史記』では威王・宣王・湣王の三人のものとなっている。これは威宣王称王前、同称王後を誤ったのが最大の原因である。威宣王には称王前の在位年（A）、称王後の在位年（B）、それらの通年（C）があった。

『史記』は（C）を威王の年代（これ自体正しい）、（B）を宣王の年代（これ自体正しい）とし、それぞれ独立させて二人にしてしまい、とんでもない年代のずれを持ちこんでしまった。だから湣宣王もまた宣王であることを勘案しつつ、元にもどして整理すると、年代矛盾はきれいに解消されるのである。

**秦の昭襄王《しょうじょうおう》と屈原《くつげん》**　秦の孝公《こうこう》時代の商鞅《しょうおう》変法の遺産を引き継ぎ、将軍白起《はくき》などをうまく使いこなして、秦の領土を天下の半ばまで拡大したのが秦の昭襄王（在位前三〇七―前二五一年）である。始皇帝《しこうてい》は、この大領土という遺産を使って天下を統一した。周王朝を滅ぼしたのは昭襄王のときである（前二六四年。東周公の国も前二五五年に滅ぼす）。各国の連合結成により、昭襄王は函谷関《かんこくかん》の内にとじこめられたが、恵文王の時前三一六年に征服した四川の経営に意を注ぎ、当地を穀倉地帯にかえて兵糧を潤沢にし、湖南の西から楚に攻め込んで、楚の本拠たる湖北・湖南の地をおさえた。このとき、楚の名族屈氏のひとり、屈原が洞《どう》庭《てい》湖（近くの大河とも）に身を投げている。楚の人々の秦に対する抵抗運動と屈原礼賛が結びつき、以後長く屈原は尊崇の的となった。楚地で作られた詩歌を集めてできあがった『楚辞《そじ》』も、屈原の作とされたものが多い。

**伯夷《はくい》・叔斉《しゅくせい》の伝説**　戦国時代の諸国家の王たちは、夏殷周三代の歴史を利用して、自らの国家領域の支配の正当性を説明しようとした。三代いずれも、新石器時代以来の文化地域を念頭におき、限られた領域を論じる。その際王としての正統性を併せ主張したが、血統を誇って革命を否定したりする場合もあれば、大夫層からの上昇を権威づけつつ下克上《げこくじょう》を論じる場合もあった。周からの継承を論じる場合、文王だけを問題にし武王以下を否定する場合と、文王・武王以来を長く問題にする場合がある。また、周が殷を滅ぼしたこと自体を否定する論理もあった。最後に挙げた否定の論理に使われたのが伯夷・叔斉の伝説である。伯夷・叔斉の兄弟は孤《こ》竹《ちく》君《くん》の子で、兄の伯夷は父が弟を君位につけたいと願っているのをさとり、父の没後叔斉に位を譲って逃れ、叔斉も兄の伯夷に譲って逃れた。後、武王が殷を征伐しようとしたおり、兄弟は臣の道に反することを諫めたがきかれなかった。周の世となると、周の禄をはむのを恥じて首陽《しゅよう》山に隠れて餓死したという。この話は、革命否定の考えから出ている。後代、内容の荒唐無稽さを指摘する者もいたが、二つの王朝に仕えなかった節操の高潔さを褒めたたえる者が数多く出た。

**呉太伯《ごたいはく》の伝説**　戦国時代には、自らが属する新石器時代以来の文化地域を特別に位置づけ、漢字圏を天下としてその特別地域と他を区別する考えが幅をきかせた。自己を除いた地域は野蛮の地だとみなす一方、漢字圏をそれなりに特別視して説明しようという気運もりあがる。他の国家君主の祖先となる神々を、自己の神々より低く位置づける神話を作り上げるのも、そうした気運のたまものである。例えば中原地域では、楚の祖先神祝融《しゆくゆう》などを堯の下に位置づけたりしている。同様の意識で、長江下流域の呉の祖先は周の一族から出たという伝説ができあがった。伯夷・叔斉の伝説にやや似ていて、太伯・虞仲《ぐちゆう》が弟の季歴《きれき》に周の君主の位を譲って野蛮の地たる荊蛮の地に逃れたという。『史記』では、世家の筆頭に、この呉太伯の話題を位置づけている。宜侯矢《そくき》殷のように、殷の故地から東の地域を念頭において封建を論じる青銅器が江蘇省から出土するなど、周初の封建活動の余波が遺物流入の形で長江下流域にも及んでいたようだ。呉が周室の長の地位にいると主張した話が『左伝』哀公一三年に見えている。呉の本当の主張なのか（呉が主体的に伝説を作って利用したのが始まりなのか）、『左伝』が採用した話題にすぎないのか（呉を貶めるために作り出された話題なのか）はよくわからない。この話題は、後に漢字圏に入った日本にも飛び火し、天皇が呉の太伯の子孫だという説も出てきた。しかし、そもそもが漢字圏を特別に位置づける意識と自分より他を低く位置づける意識が混在して出現した話題なので、日本でも、後者のにおいをかぎつけた人々の反発を買っている。始皇帝のときの人、徐福《じよふく》が日本に渡ったという伝説も、同様の背景が想定できるようだが、この場合、帰化人・渡来人の話題として処理され、さほど問題視されてはいない。

# 歴史キーワード解説

**甲骨文《こうこつぶん》と金文《きんぶん》**　甲骨文は亀甲獣骨《きこうじゅうこつ》文字の略称である。殷《いん》王朝では、亀甲や獣骨を成形し、それに火を入れるためのくぼみを作り、火を入れて裂け目を作り、その裂け目の様子で吉凶を占った。占った後に刻したのが甲骨文である。祭祀に使われる人名や種々の用語を整理分析することで、殷の祭祀のみならず国家構造を復元するのに大いに役立った。金文は、青銅器銘文《せいどうきめいぶん》を言う。青銅器は内范《ないはん》と外范を合わせ、中空に湯（溶銅）を流し込んで作る。その内范もしくは外范に凸字を作り出し、できあがった青銅器にまるで刻したような字を表現する。凸字作りには、皮型を使い、字を書き、字の部分だけをくりぬいて凹版を作る。外范・内范の一部をくりぬいてやわらかい粘土を充塡し、そこに凹版をおしあてて凸字を作る。この方法は言われれば簡単だが、殷王朝から周《しゅう》王朝へと継承され、ながらく外部にもれることがなかった。周王朝は、甲骨文には関心が薄く、金文だけを熱心に継承した。周の諸侯や長江《ちょうこう》流域など他の文化地域の大国も、青銅器には大いなる関心をよせ、周王朝の混乱から前八世紀に金文作りの技術が流出すると、各国はきそってその技術をわがものとした。かくして、春秋時代には、広域的漢字圏ができあがったが、その時、漢字はなお祭祀の場で使われるものでしかなかった。

**天命《てんめい》と徳**　天は命（＝令）を降す。天命を降された王には徳という呪力・霊力があった。徳は代々継承され、天命が確認された。周王朝では、文王《ぶんのう》に天命が降り、天界と地上の呼応を知る力を得て、備わった徳は武《ぶ》王《おう》に継承され、その力をもって殷の「四方《しほう》」が平定された。その力は、臣下の武勲を霊的に支えた。成王《せいおう》は天命を確認しつつ、反乱を起こした殷の余民と山西を平定した。天命は大命とも表現され、文王に降された天命を特に「天からのたまわりもの」として強調する（逨《こつ》盤）。春秋時代に王を名のった楚《そ》でも、楚の成王に天命が降ったと説明したようだ。周の徳が次第に衰え、新たに天命が降ると説明しはじめたのが戦国時代である。この論理が一般化すると、徳をもつ者があちこちに出現し、それぞれの天命を論じる。その結果、徳は王を名のるための基礎資格（やがてはより広い意味の人格）を意味するようになった。本来の意味の徳は、王としての徳が問題になった。徳をもって殷の「四方」を征したという説明も変わり、天下の内、王の領土の外の野蛮の地に王の徳のめぐみが及ぶことが論じられた。征伐によって域内にもたらされた徳は官僚制の下、自ずから征伐なしでもたらされ、勢力均衡の下、他の国家領域にも征伐なしで及ぼされるものとなった。始皇帝《しこうてい》の統一で、王あらため皇帝の領土がそれまでの天下に等しくなった後、やがて徳は野蛮の地の説明にひきずられてそれまでの天下の外に及ぶことが論じられることになった。ただし、戦国時代の説明が書かれた典籍を使い、天下の皇帝の領土をかつての天下の一部の王の領土と同じように論じるには、王《おう》莽《もう》にいたるまでの長い時間を要することになった。

**文武《ぶんぶ》の胙《そ》**　周王朝が殷王朝を滅ぼすと、文王に天命が降り、天界と地上の呼応を知る力を得て、徳（という呪力・霊力）がやどり、武王がその徳をもって殷の「四方」を征服したことを顕彰するようになった。そして、代々文武の継承をうたいあげた。その継承儀礼として受け継がれたのが、文王・武王の胙《そ》（祭肉）、つまり文武の胙を践《ふ》むという儀礼である。胙を祭ること自体は、祖先の霊力をやどす儀礼として広く行われていたようだ。胙階《そかい》はその胙を践むためにのぼる階段であった。現行『論語《ろんご》』郷党《きょうとう》に、「郷人は儺《だ》（悪鬼を払う）には朝服して阼階に立つ」とあるのは、この一般的意味の胙を紹介したものである。魏《ぎ》の恵成王や秦《しん》の恵文王は、周王朝の権威を自らが継承する上で、この文武の胙を利用した。文武の胙（祚）を践む儀礼は践祚という言葉とともに、王位の継承さらには皇帝位の継承儀礼として後代に受け継がれた。魏や秦に遅れをとった諸国家では、文武の胙など、王朝権威の継承には役立たぬものだという言説を展開し、一般的意味の胙を話題にしたりした。上記の『論語』の一節は、その一般的意味を扱ったところに意味がありそうである。

**桀紂《けっちゅう》**　中原《ちゅうげん》の大国殷を陝西《せんせい》の大国周が滅ぼした後、殷王朝最後の王帝辛《ていしん》（紂王）を誹謗《ひぼう》することは熱心にはなされなかった。大いに喧伝《けんでん》されたのは、周の文王が天命を受け、天界と地上の呼応を知る力を得て、武王が殷の「四方」を制圧したことである。ところが、戦国時代に革命の説が活発になると、周が殷を滅ぼしたのは革命によるとの言説ができあがった。天命は周にこそ降ったものだったのに、かつては殷の湯王《とうおう》に降ったとされ、その王徳が衰えて、あらためて周王に天命が降った（命が革《あらた》められた）とされた。王徳が衰えた象徴的人物が紂王であった。この革命説ができあがると、殷も革命によって王朝をたてたことが説明される。殷に先行する王朝として夏《か》王朝の伝説ができあがり、天命は禹《う》に降り、夏の桀王《けつおう》のときに王徳が衰えたとされた。その桀王を殷の湯王が滅ぼしたとされた。殷鑑《いんかん》遠からずという言い方がある。殷人の戒めとすべきは、近く前代の夏の滅亡にあることを述べる。この言い方も、革命説を背景にできあがっている。

**周易《しゅうえき》**　易は起こるか起こらぬかを複数回占うことから始まった占いの方法である。甲骨文に混じって、起こることを意味する記号、起こらぬことを意味する記号、起こる結果から起こらぬ結果への変化を示す記号、起こらぬ結果から起こる結果への変化を示す記号が複数回連ねて刻されたものがある。それがこの占いの原始的あり方を示す。戦国時代になると、占うのは三回を原則とし、変化を示す記号は次第に衰え、変化の内容を三回のまとまりごとに文言で説明するようになった。起こるか（⚊）起こらぬか（∧、のち⚋）の二者択一を三回繰り返すと八通りの形ができる。この八つの形を総称して「八卦《はっけ》」と言った。この八卦を基礎とする説明の体系が周易である。周易の説明は次第に複雑さを加え、漢代には、八卦のまとまりよりも、八卦を二つ重ねた六十四卦《ろくじゅうしか》のまとまりを重視するようになった。八卦を方位に配当する方法も、戦国時代以来のやり方（後天方位）と三国時代ごろに始まったやり方（先天方位）の二つがある。

**陰陽五行《いんようごぎょう》**　殷代の占いは起こるか起こらぬかの二者択一を基礎とする。それが戦国時代に抽象的概念となり、陰（⚋）・陽（⚊）という言葉ができた。一方殷代には一〇個の太陽神話（太陽は一〇個あり毎日一個ずつ出てくる）を基礎とする一〇の記号があった。後の十干《じっかん》の先祖である。戦国時代には、その十干を二つずつに分けて陰陽を割り当て、五つの陰陽にそれぞれ五つの元素を割り当てて説明するようになった。この元素とは、木・火・土・金《ごん》・水の五行である。後代の和訓で陽を「え（兄）」、陰を「と（弟）」と言い、木のえ、木のと、火のえ、火のと、土のえ、土のと、金《か》のえ、金のと、水のえ、水のとを十干に配当している。甲を和訓で「きのえ」、癸を和訓で「みずのと」などと言うのは、このためである。五行には、五行を四方位に配当し十二方位の生成をもって順番に並べた五行生成《せいせい》説（水→火→木→金→土）、順ぐりに生じる（例えば木が燃えて火になる）関係を並べた五行相生《そうしょう》説（木→火→土→金→水）、順ぐりに打ち勝つ（例えば土が水をせきとめる）関係を並べた五行相勝説（木↓土↓水↓火↓金）がある。

**十二支**《じゅうにし》　十二支の起源は不明である。十二支とセットで語られることが多い十干は、一〇個の太陽神話に基づき作られた一〇個の記号（一〇個の太陽を示す）なので、月が一年に一二回盈《み》ち虧《か》けするのにちなんで作られた記号（一二個の月を示す）とする説がある。殷代には、十干とセットになり、一二と一〇の公倍数である合計六〇個の組み合わせができた。その六十干支が一日一日の日に配当された。殷代以来間断なく続いて現代にいたる。毎年に十二支を配当するやり方は戦国時代に始まり、漢代には毎年に六十干支を配当するようになって現在にいたる。この方法から、六〇年をひとくぎりとするようになり、六〇歳を還暦という呼び方もできた。いにしえの伝説国家の記録として年に六十干支が配当されているものは、はるか後代に作られた記事である。漢代以後、動物（ね・うし・とら……いぬ・い）を十二支に配当するようになる。これが現在に継承された。

**春秋列国**《しゅんじゅうれっこく》　新石器時代に広く存在した村に城壁ができあがり、都市になる。都市にはいくつかの村が付随するようになる。こうした都市は個々の浮き沈みや外族による征服はあったものの、基本的に春秋時代まで続いていた。春秋時代の中期以後次第に鉄器が普及すると、都市は急増したが、都市の住民の移動も頻繁になり、大国を中央とする地方として官僚が派遣されるようになる。こうして大国中央の直接的支配を受けるにいたるまでの都市は、それぞれ君主を戴く国であった。それらの国を代表する存在が春秋列国である。漢字が殷で使用され、周に継承された。銘文入り青銅器が周から諸侯に配付され、その銘文入り青銅器を作る技術は周に独占された。西周の終わりになって、その技術とともに、漢字は各地に根付いていった。そのため、漢字が根付いた国々で残された記録と周王朝に残された記録によってしか、都市国家の歴史はたどれない。漢代に残された零細な記録から、『史記』十二諸侯年表は周と魯《ろ》以外に一二の諸侯国を特別に扱って記事をまとめている。この『史記』が扱った国々を春秋列国と称している。記録の残り方が特別視の背後にあり、必ずしも国の大小とは関係がない。

**王者と覇者**　村を付随させた都市が各地に国として存在するようになった後、新石器時代以来の文化地域に、そうした国をさらにまとめる大国が出現した。大国の一つである殷は漢字を用い、自らの君主を王と呼び、他の国を方（諸侯）や羌《きょう》（という外族）と表現した。殷を滅ぼして漢字を継承した周も自らの君主を王と呼び、他の国を諸侯とした。春秋時代になって漢字が各地で根付いた後も、黄河流域諸国の間では、周を王として頂点におく体制が維持されたが、長江流域では、新たに得た漢字で、自らの君主を王と呼ぶ国も出てきた。戦国時代には、新石器時代以来の文化地域に一つないし三つの領域国家が形成され、君主を王と称するにいたる。戦国時代の王たちは、それぞれに自らこそが至上の存在だと自任したので、春秋時代にいたるまでの大国を貶める必要と、漢字を継承した殷と周を特別に位置づけて自らにその権威が継承されたことを強調する必要があった。殷や周の開国の祖を理想化して王者を語り、春秋時代の大国に覇者のレッテルを貼った。そして覇者は王道でなく覇道で他を従えたという説明を付して、王者たる自分と違うことを述べたのである。

**盟書**《めいしょ》　盟誓《めいせい》は太古の昔から存在する。しかし、文字が根づく前には、当然盟書は存在しない。春秋時代には、漢字が各地に根づいたので、盟書が作られるようになった。盟誓は神の前で誓いをたてる一種の祭祀である。盟書は載書《さいしょ》とも言うが、この載書の「載」は遡ると祭祀の一つであることがわかっている。「盟」は器（皿）に明（祖先霊などの霊）が降ることを意味する。盟誓の内容は盟書に残され、参加者が国に帰った後に祭祀の場で確認される。確認するのは祭祀官である。祭祀官のうち文字書きを「史《し》」と言った。戦国時代になると、「史」は再編され、中央の官僚と地方の下吏《かり》となった。その中央と地方は文書行政で結ばれた。この文書行政を支えたのが法体系としての律令《りつりょう》である。盟誓や盟書が不要になった戦国時代の国家中央では、盟誓や盟書が蔑視され、盟誓を主催した覇者がおとった存在であることを説明するために用いられた。盟書が作られなかった殷や周の時代は、王者の時代として理想化された。牛耳《ぎゅうじ》をとるという言い方がある。盟誓のやり方の地域差から、それを主盟者の役割としたり卑者の役割としたりする。前者から「牛耳る」という言い方ができた。

**律令**　西周では、令（命）とは天が降すものであった。この天命とは別に、都市において機能していたのは慣習法である。人々の約束ごとは祭祀の場で決められ確認された。春秋中期以来鉄器が次第に普及し、田地が増えて都市が増加すると、都市の間を人々が頻繁に移動するようになり、来歴を異にする人々を文書行政によってまとめるための新しい決まりが求められた。そうした決まりが律として体系性をもつにいたるのが、戦国中期のことである。このころには令は天子たる王の裁断を言うようになり、律とともに「律令」として機能するようになった。刑も、かつては慣習（法）によって行われていたが、律令が機能するようになると、その決まりに沿って執行されるようになる。刑執行にいたるまでの裁判制度も次第に整備された。かつては祭祀の場で罪が決定されていた（法の原義はこの決定にあるようだ）のが、律令の規定によって罪が決められるようになった。こうした法体系が、中央と地方を結んだ。こうして律令法体系がつくり上げられたわけだが、たてまえ上は、命は天命以来の伝統を継承して、天の声を具体化するものであり、律は、宇宙の秩序（音律は宇宙の秩序を体現する）を具体化するものだとされたようだ。

**爵位《しゃくい》**　国としての都市には君主が存在した。その国を運営する者には、君主の補佐役ととりまきがいる。国は大都市と中小の都市、そして農村からなる。大都市に君主が居住し、中小の都市や農村にも有力者がいた。そうした有力者と君主との間には、擬制的な親族関係が作られた。大国として周囲を睥睨《へいげい》した殷では、方（諸侯）国の君主に「伯《はく》」の称号を用いている。周では、王の補佐役を「公《こう》」と呼び、従う中小の都市の有力者を「伯」と呼んだ。一般成員は「子《し》」であり、「男《だん》」と称される人々もいた。文化地域を異にするところから使節がやってくると「子」としての扱いをうけた。漢字が諸国に伝播《でんぱ》すると、周の用法が各地で根付くことになる。周の「伯」や「男」の中には、東遷の混乱の中で東方に植民して諸侯となる者も出てきた。戦国時代になると、中央が地方をまとめあげる必要から爵位が整備され、領域国家の立場から、過去の記録に残された「公」「伯」「男」「子」と諸侯の「侯」を再編して等級づけを行うようになった。そうしてできあがったのが、いわゆる五等爵（公・侯・伯・子・男）である。これを理念的基礎にすえ、戦国時代に実際に整備されたのが秦の十七等爵（帝国になると天下を治める二十等爵）などである。

**郡県制**　県を置くことは、春秋時代中期に始まる。設置当初の県は、諸侯国と同様中央からの独立度が高かったが、次第に中央の統制下に管理されるようになる。大国の下で県が設置され、その県は君主や大夫が自己の権力基盤としていった。大夫が県の掌握に成功した場合は、その大夫の子孫がやがて戦国時代の領域国家の君主となり、君主が成功した場合には、その子孫が戦国時代の領域国家の君主となった。文字による情報という点からすると、西周時代には青銅器の賜与が情報伝達の場を作りだし、春秋時代には広域的漢字圏ができあがった関係で、盟書による盟誓内容を確認する各国の祭祀の場が情報伝達の場を作り出した。県すなわち滅ぼされた国の祭祀の場に官僚が派遣され、中央との文書のやりとりが始まる。この文書行政を支える法体系が律令であり、律令の出現が文書行政の整備を具体的にしめす。かつての祭祀の場の文字書き（史）は中央と地方の官僚となった。小国を安堵するやり方にかわり、臣下に身分を与えて恩賞とするやり方が整備される。これが爵位である。爵位により安堵される身分の中には、県の長に匹敵するものができた。辺境防備や国替えなどをうまく使って、独立させないよう配慮した。新石器時代以来の文化地域を母体とする、いわば伝統的支配域を越えて領域が広がると、新しい支配域を分割統治して郡を置くようになった。侵略された国家では、郡とはそもそも辺地にあって身分の低いものに与えられる、などと揶揄している。このころには、臣下に与えられる爵位にも、郡規模の統治を前提とするものができ、爵位の体系は拡大された。始皇帝が天下を統一すると、その領域を三六の郡に分けた。漢帝国では、爵位の体系に加え、天下の一部の郡を独立させて諸侯王国とし、天下の安泰をはかっている。

**鉄器と牛耕**　畜力を使う方法がどこまで遡るかは判然としないが、耕作地に畜力を効果的に使うには、耕作地は方形に整備される必要がある。近年水田遺跡が相次いで発見される中で、中国の古い時代の水田が注目を集めている。長江下流域、草鞋山《そうあいざん》の馬家浜《ばかほう》文化遺跡と、長江中流域の城頭山《じょうとうざん》遺跡の水田である。いずれも、自然地形が形成するくぼみに水田をいとなむ原始的なものであった。こうした水田が方形に整備されるのには、鉄器の普及が関わるようだ。春秋中期以後、鉄器が普及すると、自然地形を改変して広大な土地を区画し、耕作するようになり、その耕作地には畜力が投入された。この土地区画が、面積単位として、以後長く継承されることになる。度量衡《どりょうこう》の方は六朝《りくちょう》以後変化していくので、面積単位の数値の方が変わり、変わらぬ面積単位を表示することにもなっている。農法が進展し、水利技術が上がると、水田耕作地では、苗代を作って田植えを行うようになる。

**諸子《しょし》百家《ひゃっか》**　都市国家が滅ぼされて官僚が派遣され、中央による官僚統治が進展すると、上級官僚と下級官僚、そして支配される民の三つの階層ができあがった。相互に流動性をもつが、それら三つの階層を念頭において、上人・中人・下人を論じるようになるのが戦国時代のことである。領域国家ごとに、統治の必要から上人のみ、中人以上、中人以下、下人のみが、それぞれ論じられた。儒家は政治を論じたが、孟子は中人以上を念頭において性は善だと述べ、荀子は中人以下を念頭において性は悪だと述べている。法家は中人以下を統制するための法令を論じ、道家は上人のみを念頭において哲学的思惟《しい》を論じた。無為自然を強調するが、これを強調しても、中人以下が法令で統制されるから国家は安泰である。国家間の戦争や外交をとりしきる人々は、縦横家《しょうこうか》と呼ばれ、兵法を研究した人々は兵家《へいか》と呼ばれ、詭弁《きべん》を論じた人々は名家《めいか》と呼ばれた。それぞれに独自の持ち場があるため、同じ国家で「棲み分け」により併存することができた。墨家《ぼくか》のように、小国や都市の立場を述べた人々もいる。帝国支配が進展する中で、墨家は衰亡していった。後に科挙《かきょ》官僚が古典に範をとって議論するようになると、複数の思想を個人が論じるようになり、どれを強調するかが問題となった。そのため、戦国時代の諸子は、さまざまな思想を説いたと説明されるようになる。「棲み分け」た諸子像とは大いに異なるものとなっている。戦国時代の諸子は、各国の都に集められ、王の諮問に答えた。後世とくに有名になったのが、斉の城内の居住区であった稷下《しょっか》である。稷下の名も、後世の理想を背負って議論された。

**鍼灸《しんきゅう》と導引《どういん》**　原始的な医術の中から、なにがどのように生まれて医学の発展に寄与したのかは、判断に苦しむ問題である。ただ、新石器時代には、医術に使う道具が石器や木器・骨角器などに限られている。青銅器ができあがっても、青銅がやわらかいため、細い針にするわけにはいかなかった。細い針は鉄器の普及によってもたらされた。戦国時代には、経絡《けいらく》に関する知識も豊かになり、ツボを針で刺激する治療が行われた。これとは別に、漢代前期の出土遺物によって、漢代にはすでに体系的知識となっていたことがわかったのが導引である。導引は戦国時代まで遡るようだ。導引は呼吸法を用いつつ体を動かし、体内を流れる気の調和をはかる。それにより病気を治癒させる方法である。

**鋳造《ちゅうぞう》貨幣**　殷や周では、溶けた銅を柄杓《ひしゃく》様のもので餅状の地金にし、各地に運搬した。その運搬が量的に激増し、天下の流通網の中で多くの物資を相手にするようになると、銅餅を細分した重さの貨幣が出現し、流通網における利潤づくりの手助けをするようになる。中原《ちゅうげん》地域の布銭《ふせん》が最初に出現するようであり、その出現したてのものは、比較的大型である。物資流通の活発化と広域化により、より小型の貨幣が造られるようになり、他の地域においても同様の重さをもつ貨幣が出現する。中原の布銭は青銅農具をかたどったもの、山東《さんとう》・河北《かほく》の刀《とう》銭は刀子をかたどったものである。長江中下流域の楚では銅を粒状にした蟻鼻《ぎび》銭が使われ、秦では円銭が使われた。ばらつきはあるが、おおよその目安となる重さがあり、それは各国で使われていた重量単位に沿って定められている。楚では金も使われ、板状のものを適宜割って細分し重さで価値を判断していた。国家ごとの重量単位は、上記の銅餅を細分した重さがもとになっており、かつ繰り上がりの数には法則性があったので、相互に換算が容易であった。そのためみかけの上では国家ごとの特徴が顕著であるにもかかわらず、実質的にはそれぞれの国家貨幣が天下の貨幣として機能していた。秦二世皇帝の貨幣統一は、貨幣の形のみにこだわって経済を混乱させたが、以後戦国各国の貨幣は姿を消していった。

**季節と暦**　農業を行うには、季節を知る必要がある。だから農業が始まると原始的な暦が存在した。季節を知るには、基準が必要である。文字のない時代に身近な基準となったのは月の盈《み》ち虧《か》けであった。月の盈ち虧け一二回が約一年であるが、その一二回分が正確に一太陽年にはならないので、季節の移り変わりと月の盈ち虧けの関係をどう知るかが、古今東西の人々の関心事となった。さて、原始的段階では、春の始まりから数えて一〇ヵ月が、暦として相手にすべき期間であった。漢字を使うにいたった周王朝でも、一一月を「十月又一」などと表記している。これも、一〇ヵ月とその他を分けるものである。新石器時代以来、季節と月の盈ち虧けの関係は、冬至がすぎて正月にする、という程度のおおまかな基準しかなかった。だから、一年が一二ヵ月であったり一三ヵ月であったりの法則性も厳密ではなく、ときには一年一四ヵ月のこともあった。殷代には、三六〇日周期の祖先祭祀を暦に組み合わせ、周代には月の盈ち虧けを四分して暦に組み合わせたので、季節を知る目安がより厳密になったが、ときおり一四月ができた。前四世紀には、冬至から冬至までが三六五・二五日になることを計算し、二十四節気を作って季節の目安にした。そして、未来におよぶ暦を作り出した。太陽・月の運行だけでなく、木星の運行なども暦に関わる。こうした高度な暦は広域的漢字圏で作られ、共通の知識を基礎としたが、新石器時代以来の文化地域の独自性主張が反映され、それぞれ自らの暦こそが至上の地位をしめるものだと考えようとした。記録を整理した結果として、一ヵ月が約二九・五三日になることを知り、三〇日の大月と二九日の小月を交互にくりかえし、ときおり大月を続ければいいことに気づいた。その大月の入れ方をパターン化して七六年周期の大小月配列を作ることに成功する。その配列を共通のものとして、七六年周期の起点を紀元前何年何月何日におくか、月の盈ち虧けと季節との関わりから二、三年に一度挿入する閏月をどう挿入するか。国家ごとに他と違う点ができるよう工夫された。違いを強調することで、各国の暦は、いわば唯一無二のものとなった。暦は正統の証になった。秦の始皇帝は天下を統一して秦の暦を天下の暦にした。以後計算定数や閏月の入れ方などがより厳密になっていったが、前漢武帝の暦では、理念が勝ちすぎてかえって定数の誤差を広げる結果をまねいている。

**合従連衡《がっしょうれんこう》**　合従とは縦（従）に連合すること、連衡とは横（衡）に連合することを言う。いずれも強大な秦に対し縦（南北）に連合して対抗するか、秦と横（東西）に連合して安泰をはかるかが問題にされる。ところが、こうした状況が生まれるのは、秦が楚《そ》の本拠たる湖北・湖南の地を制圧した前二七八—前二七七年以後のことである。それまで問題になるのは、魏《ぎ》・斉《せい》・楚《そ》・秦などが交互に天下第一の正統を自任し周王朝を巻き込む挙に出た結果として、対抗上作り出された国家連合であった。それらについて、上記とは異なる意味の「従」や「合」の字を使うだけでなく、後に前二七八—前二七七年以後の秦の強大さを前提に前二七八—前二七七年以前に遡って述べた用例として「従」を使って説明する場合がある。それらをすべて前二七八年以後の用例で理解すると、国家の対抗関係が正確には理解できなくなる。

**戦国七雄《しちゆう》**　新石器時代以来の文化地域を母体として、戦国時代に領域国家が育ってきた。中原では、趙《ちょう》・魏・韓《かん》の三国、山東では斉、河北《かほく》では燕《えん》、陝西では秦、湖南・湖北から淮水《わいすい》にかけては楚が、それぞれ王を戴く領域国家となった。これら七国は、『史記《しき》』六国年表に扱われている。この六国とは、上記七国から秦をのぞいた六つの国を言う。一覧には、この六国に西周時代以来の王国である周、天下統一をなしとげた秦が加わって、合計八国の表になっている。漢代以来、この『史記』の体裁に沿って、戦国時代を六国の世と称していた。これとは別に、後漢《ごかん》以後、秦の始皇帝の評価が地に落ちると、戦国時代の秦を周と同列ではなく他の六国と同列におくべきだという議論ができあがり、戦国七雄が議論されるようになった。周と戦国七雄以外に、戦国時代の王国としては、中山《ちゅうざん》・越《えつ》・宋《そう》がある。

**革命と禅譲《ぜんじょう》**　周王朝が殷王朝を滅ぼすと、「文王《ぶんのう》に天の命が降り、天界と地上の呼応を知る力を得て、そこで王にやどった徳（という呪力・霊力）が武王に継承され、殷の四方《しほう》（四つの諸侯国に代表される地域）を制圧した」と説明するようになった。徳は祖先霊の祭祀を通して代々継承された。戦国時代には、新たに王を称した者たちが、天の命が自らに降ったとし、「かつて周に降った命は革《あらた》まった」と説明し始める。徳は王のみでなく賢人（君子）が一般にもつものとなった。その上で徳が周囲を化すると説明する。どんな人物を賢人と見なすかは、官僚の質が変化するにつれて変わっていった。王朝の交替は、革命と説明されるようになった。その革命が起こった際、最後の皇帝は形式的には自らが帝位を降り、新たに興った王朝の創始者に帝位を譲る。古に範をとり、帝位が子ではなく有徳者に譲られる。天命が革まりその有徳者の徳が新たな王の徳となる。後になると、この有徳者への帝位継承を禅譲という言葉で表現するようになった。これに対し、武力で討ち滅ぼすことを放伐《ほうばつ》という。革命の際には、理想の折衷《せっちゅう》が求められ、形式にせよ禅譲がなされることになった。近代以後、revolution の訳語として革命の語が一般化すると、歴代議論してきた革命は、王朝の姓がかわる（易姓《えきせい》）ということで、易姓革命と称されるようになった。

# 参考文献

まずは、本書を読み進める上で、その内容に沿って参照すべき材料をご紹介しておこう。ご紹介した本や論文の内容が、そのまま本書の内容になるわけではないが、関連はあるので、本書と読み比べてくだされば幸いである。キーワードをかかげつつ一覧にしたので、それらの言葉を手がかりに理解を深めてくだされば と願う次第である。

## はじめに


松丸道雄「殷周国家の構造」岩波講座『世界歴史』四、岩波書店、一九七〇年
松丸道雄「殷」『世界歴史大系　中国史1』、山川出版社、二〇〇三年
平勢隆郎『「春秋」と「左伝」——戦国の史書が語る「史実」、「正統」、国家領域観——』、中央公論新社、二〇〇三年


## 第一章

### 東アジア冊封体制


西嶋定生「皇帝支配の成立」岩波講座『世界歴史』四、岩波書店、一九七〇年。『西嶋定生東アジア史論集一　中国古代帝国の秩序構造と農業』、岩波書店、二〇〇二年
西嶋定生『秦漢帝国——中国古代帝国の興亡——』「中国の歴史」二、講談社、一九七四年、改訂　講談社学術文庫、一九九七年
平勢隆郎『「春秋」と「左伝」』（前掲はじめに）
平勢隆郎『亀の碑と正統——領域国家の正統主張と複数の東アジア冊封体制観——』、白帝社アジア史選書、二〇〇四年

### 天下と中国

安部健夫『中国人の天下観念――政治思想史的試論――』、ハーバード・燕京・同志社東方文化講座委員会、一九五六年。後『元代史の研究』採録、創文社、一九七二年

渡辺信一郎『中国古代の王権と天下秩序――日中比較史の視点から――』、校倉書房、二〇〇三年

平勢隆郎「中国古代正統的系譜」『第一回中国史学国際会議研究報告集・中国の歴史世界・統合のシステムと多元的発展』、東京都立大学出版会、二〇〇二年。特に注35

平勢隆郎『中国古代の予言書』、講談社現代新書、二〇〇〇年

平勢隆郎『よみがえる文字と呪術の帝国――古代殷周王朝の素顔――』、中公新書、二〇〇一年

平勢隆郎『「春秋」と「左伝」』（前掲はじめに）

平勢隆郎『亀の碑と正統』（前掲東アジア冊封体制）

### 漢代の封印作業

平勢隆郎『中国古代の予言書』（前掲天下と中国）

## 第二章

### 『逸周書』

『逸周書』（晉）孔晁注「百部叢書集成」、抱經堂叢書

黃懷信・張懋鎔・田旭東撰『逸周書彙校集注』、上海古籍出版社、一九九五年

高智群「献俘礼研究（上・下）」『文史』三五―三六、一九九二年

### 褒姒の伝説・西周の滅亡

貝塚茂樹『貝塚茂樹著作集』一、中央公論社、一九七六年

**摂政時期の象徴**
平勢隆郎『左伝の史料批判的研究』「東京大学東洋文化研究所報告」、汲古書院、一九九八年
**西周金文の月相**　↓第五章天文暦法
**東遷の推移**
貝塚茂樹・伊藤道治『原始から春秋戦国』「中国の歴史」一、講談社、一九七四年
貝塚茂樹『貝塚茂樹著作集』一（前掲）
尾形勇・平勢隆郎『中華文明の誕生』「世界の歴史」二、中央公論社、一九九八年

**第三章**
**韓の神話等**
平勢隆郎『「春秋」と「左伝」』（前掲はじめに）

**第四章**
**秦の領土主張**
白川静『白鶴美術館誌（金文通釈）』一九九、補一六、白鶴美術館、一九七一、七九年▼秦公𣪘（旧）・秦公鎛は、一般に春秋後期とされているが、𣪘など「新鄭銅器」の誤った編年観をひきつぐ。関連器も戦国のものが目につく。
**斉の領土主張**
白川静『白鶴美術館誌（金文通釈）』二一五、白鶴美術館、一九八二年▼叔尸鎛（叔夷鎛）は、一般に春秋

後期とされているが、「新鄭銅器」の影響下でできあがった誤った編年観をひきつぐ。その関連器の「庚壺」は鋪首〈とっての部分の飾り〉の獣面を見ても、戦国のもの。

**魏の『竹書紀年』**

方詩銘・王修齢『古本竹書紀年輯証』、上海古籍出版社、一九八一年
平勢隆郎『新編史記東周年表――中国古代紀年の研究序章――』東京大学東洋文化研究所、東京大学出版会、一九九五年 ▼とりわけ「索隠解釈表」。注釈に見える諸国諸君主の年代は、注釈家のどのような操作で得られたかの一覧。

**今本『竹書紀年』**

王国維『今本竹書紀年疏証』、（前掲方詩銘・王修齢書所収）
平勢隆郎「今本『竹書紀年』の性格」『九州大学東洋史論集』二〇、一九九二年

**楚の領域**

平勢隆郎『左伝の史料批判的研究』（前掲第二章）
谷口満「霊王弑逆事件前後――古代楚国の分解（その2）――」『史流』二三、北海道教育大学史学会、一九八二年

**加上説**

内藤湖南「大阪の町人学者富永仲基」『内藤湖南全集』九、筑摩書房、一九六九年

**中山の領土主張**

平勢隆郎『中国古代の予言書』（前掲第一章）

**漢が三代を継承する「形」**
平勢隆郎『「史記」二二〇〇年の虚実――年代矛盾の謎と隠された正統観――』、講談社、二〇〇〇年（以下も本書を参照）
平勢隆郎『「春秋」と「左伝」』（前掲はじめに）（以下も本書を参照）

**『続漢書』（現行『後漢書』の一部）**
長澤規矩也編『後漢書』二「和刻本正史」、古典研究会・汲古書院、一九七一―七二年
渡邉義浩他訳『後漢書』四「全譯後漢書」四、汲古書院、二〇〇二年

**文武の胙**
豊田久「周天子と文・武の胙の賜与について――成周王朝とその儀礼その意味――」『史観』一二七、早稲田大学史学会、一九九二年

## 第五章

**『尚書』**
星野恒校訂『毛詩・尚書』「漢文大系」一二、冨山房、一九一一―一二年、増補一九七五年
赤塚忠訳『書経・易経（抄）』「中国古典文学大系」第一巻、平凡社、一九七二年
池田末利『尚書』宇野精一・平岡武夫編「全釈漢文大系」一一、集英社、一九七六年
松本雅明「原始尚書の成立」『松本雅明著作集』七、弘生書林、一九八八年
松本雅明「春秋戦国における尚書の展開」『松本雅明著作集』一二、弘生書林、一九八八年
高津純也「戦国期における書篇の展開――松本雅明説の再検討を中心に――」『史料批判研究』六、史料批判研究会、二〇〇四年

### 殷の始祖伝説

白鳥清「殷周の感生伝説の解釈」『東洋学報』一五―四、東洋学術協会、一九二六年
出石誠彦「上代支那の異常出生説話について」『民俗』四―四、一九二九年
森三樹三郎『支那古代神話』、大雅堂、一九四四年
小寺敦「上海楚簡『子羔』の感生伝説について――戦国時代の楚地域における『詩』受容の視点から――」『史料批判研究』六、史料批判研究会、二〇〇四年

### 『周礼』

本田二郎『周礼通釈』、秀英出版、一九七七年
平勢隆郎「『周礼』とその成書国」『東洋文化』八一、二〇〇一年

### 行神としての禹

工藤元男『睡虎地秦簡よりみた秦代の国家と社会』、東洋學叢書、創文社、一九九八年
「戦国秦の領域形成と交通路」平成三年度科学研究報告書『出土文物による中国古代社会の地域的研究』、一九九二年。中国語訳、『秦文化論叢』第六輯、秦始皇兵馬俑博物館編、西北大学出版社、一九九八年
「戦国楚の領域形成と交通路」平成五年度科学研究報告書『「史記」「漢書」の再検討と古代社会の地域的研究』、一九九四年

### 甲骨文

島邦男『殷墟卜辞研究』、中国学研究会、一九五八年。汲古書院、一九七五年
陳夢家『殷虚卜辞綜述』、中国科学院考古研究所編、考古学専刊甲種第二号、科学出版社、一九五六年

**田猟説**

松丸道雄「殷墟卜辞中の田猟地について——殷代国家構造研究のために——」『東洋文化研究所紀要』三一、東京大学東洋文化研究所、一九六三年

**殷代史**

松丸道雄「殷周国家の構造」岩波講座『世界歴史』四（前掲はじめに）
松丸道雄「殷」『世界歴史大系　中国史1』（前掲はじめに）
松丸道雄・永田英正『中国文明の成立』「ビジュアル版世界の歴史」五、講談社、一九八五年

**帝乙・帝辛時期の祭祀↓甲骨文**

**天文暦法**

新城新蔵『東洋天文学史研究』、弘文堂書房、一九二八年。中華学芸社、一九三三年。臨川書店、一九八九年
飯島忠夫『支那暦法起原考』、岡書院、一九三〇年。第一書房、一九七九年
平勢隆郎『中国古代紀年の研究——天文と暦の検討から——』、東京大学東洋文化研究所、汲古書院、一九九六年。以上を理解する上で、平勢隆郎「正しからざる引用と批判の「形」」汲古五七号、二〇一〇年、平勢隆郎『正しからざる引用と批判の「形」』汲古書院、非売、二〇一〇年、平勢隆郎「街角で見つけた奇妙な表現2」『史料批判研究』第九号を参照されるとよい。


## 第六章


**秦の東進**

平勢隆郎『新編史記東周年表——中国古代紀年の研究序章——』（前掲第四章）

**漢字の伝播**

松丸道雄「殷墟卜辞中の田猟地について」（前掲第五章）

西嶋定生「東アジア世界と日本」『西嶋定生東アジア史論集』四、岩波書店、二〇〇二年

平勢隆郎『「春秋」と「左伝」』（前掲はじめに）

**盟書**

滋賀秀三「中国上代の刑罰についての一考察―誓と盟を手がかりとして」『中国法制史論集　法典と刑罰』、創文社、二〇〇三年

平勢隆郎『春秋晋国「侯馬盟書」字体通覧――山西省出土文字資料――』、東洋学文献センター叢刊別輯一五、一九八八年

平勢隆郎『よみがえる文字と呪術の帝国――古代殷周王朝の素顔――』、中公新書、二〇〇一年

呂静「盟誓における載書についての一考察」『東洋文化』八一、二〇〇一年

**孔子と『公羊伝』等**

平勢隆郎『「春秋」と「左伝」』（前掲はじめに）

**獲麟**

公羊注疏研究会『公羊注疏訳注稿』、汲古書院、一九八三―九八年

岩本憲司『春秋穀梁伝范甯集解』、汲古書院、一九八八年

岩本憲司『春秋公羊伝何休解詁』、汲古書院、一九九三年

岩本憲司『春秋左氏伝杜預集解』、汲古書院、二〇〇一年

平勢隆郎『中国古代の予言書』（前掲第一章）

**孔子の実像**
宮崎市定『論語の新研究』、岩波書店、一九七四年。『宮崎市定全集』四、岩波書店、一九九三年
和辻哲郎『孔子』、岩波文庫、一九八八年

**游俠**
宮崎市定『中国古代史論』、平凡社、一九八八年　▼戦前からの論文を収録。
増淵龍夫『中国古代の社会と国家――秦漢帝国成立過程の社会史的研究』、弘文堂、一九六〇年。新版、岩波書店、一九九六年

**五覇**
宇野精一『孟子』「全釈漢文大系」二、集英社、一九七三年　など　▼原文も参照されたい。
金谷治・佐川修『荀子（上下）』「全釈漢文大系」七―八、集英社、一九七三年、七四年　など　▼原文も参照されたい。
貝塚茂樹・伊藤道治『原始から春秋戦国』（前掲第二章）

## 第七章

**合従連衡・孟嘗君**
同整理小組編『馬王堆漢墓帛書参』、文物出版社、一九七五年　▼『戦国縦横家書』を含む。写真版あり。
工藤元男・早苗良雄・藤田勝久訳注『戦国縦横家書――馬王堆帛書――』、朋友学術叢書、一九九三年
藤田勝久『史記戦国史料の研究』、東京大学出版会、一九九七年
尾形勇・平勢隆郎『中華文明の誕生』（前掲第二章）
平勢隆郎『「史記」二二〇〇年の虚実』（前掲第四章）

**三星堆文化**

西江清高「先史時代から初期王朝時代」松丸道雄ほか編『世界歴史大系　中国史』一、山川出版社、二〇〇三年
宮本一夫『神話から歴史へ』本シリーズ「中国の歴史」一、講談社、二〇〇五年

**屈原と『楚辞』**

橋川時雄『楚辭』「東洋思想叢書」九、日本評論社、一九四三年
星川清孝『楚辞の研究』、養徳社、一九六一年
藤野岩友『巫系文學論』、大学書房、一九五一年
竹治貞夫『楚辞研究』、風間書房、一九七八年
石川三佐男『楚辭新研究』、汲古書院、二〇〇二年
藤田勝久『史記戦国史料の研究』、東京大学出版会、一九九七年

**平原君・信陵君・春申君**

『史記』中華書局評点本、一九五九年
『越絶書』附札記、百部叢書集成原刻景印、芸文印書館、一九六六年
『越絶書』樂祖謀点校、上海古籍出版社、一九八五年

**第八章**

**諸子百家**

貝塚茂樹『諸子百家——中国古代の思想家たち——』、岩波新書、一九六一年
貝塚茂樹ほか訳『諸子百家』「世界古典文学全集」一九、筑摩書房、一九六五年
小倉芳彦「諸子百家論」岩波講座『世界歴史』四、一九七〇年

**郭店楚簡**

HIRASE Takao 'The Ch'u Bamboo-Slip T'ai-i sheng shui from Kuo-tien Considered in Light of the Emerging Debate about T'ai-sui', "ACTA Asiatica" 80, 2001.（『古典学の再構築』）東京大学郭店楚簡研究会編『郭店楚簡の思想史的研究』一―五、東京大学文学部中国思想文化学研究室、一九九九年
郭店楚簡研究会編『楚地出土資料と中国古代文化』、汲古書院、二〇〇二年
平勢隆郎「王莽時期、木星位置に関する劉歆説の復元とその関連問題」『日本秦漢史学会報』五、二〇〇四年

**『荘子』**

阿部吉雄・山本敏夫・市川安司・遠藤哲夫『老子・荘子（上）』「新釈漢文大系」七、明治書院、一九六六年
市川安司・遠藤哲夫『荘子（下）』「新釈漢文大系」八、明治書院、一九六七年
金谷治訳注『荘子』、岩波文庫、一九七一年
赤塚忠『荘子（上・下）』「全釈漢文大系」一六―一七、集英社、一九七四年、八六年

**『周易』**

渡邊千春『周易原論』、自家、一九二一年
藤村与六『易の新研究』、関書院、一九三二年
津田左右吉『左伝の思想史的研究』「東洋文庫論叢」二二、一九三五年。『津田左右吉全集』一五、岩波書店、一九六四年
平勢隆郎「『左伝』易と三統暦」『左伝の史料批判的研究』、（前掲第二章）

**暦↓第五章天文暦法**

### 鉄器

窪田蔵郎『鉄の考古学』「考古学選書」九、雄山閣出版、一九七三年
潮見浩『東アジアの初期鉄器文化』、吉川弘文館、一九八二年

### 医学

北京中医学院主編・夏三郎訳『中国医学史講義』、燎原書店、一九七四年　など

### 文字

松丸道雄解説・松丸道雄ほか釈文『甲骨文・金文——殷・周・列国——』「中国法書選」一、二玄社、一九九〇年
裘錫圭「殷周古代文字における正体と俗体」『シンポジウム中国古文字と殷周文化——甲骨文・金文をめぐって——』、東方書店編、一九八九年
平勢隆郎「戦国時代六国文字における『勻』等の略化について」論集編集委員会『論集中國古代の文字と文化』、汲古書院、一九九九年

## 第九章

### 度量衡と制度

『漢書』中華書局評点本、一九六二年
小竹武夫訳『漢書』、筑摩書房、一九七七—七九年
羅福頤『伝世歴代古尺図録』、新華書店、一九五七年
小泉袈裟勝『歴史の中の単位』、総合科学出版、一九七四年
小泉袈裟勝『ものさし』「ものと人間の文化史」二二、法政大学出版局、一九七七年
平勢隆郎「数の秩序と九・六・八」『考古学ジャーナル』五〇〇、二〇〇三年

**商鞅**

鎌田重雄『秦漢政治制度の研究』、日本学術振興会、一九六二年
西嶋定生『中国古代帝国の形成と構造――二十等爵制の研究――』、東京大学出版会、一九六一年
好並隆司『商君書研究』、溪水社、一九九二年

**郡県制**

増淵龍夫『中国古代の社会と国家』（前掲第六章）
平勢隆郎『左伝の史料批判的研究』（前掲第二章）、特に第二章

**原始（くぼみ）水田**

シンポジウム実行委員会事務局編『シンポジウム稲作起源を探る――中国・草鞋山における古代水田稲作』、一九九六年
全日空ANA機内誌『翼の王国』二〇〇三年三月号
唐津市教育委員会編『菜畑遺跡――唐津市菜畑字松円寺所在の縄文・弥生時代稲作遺跡の調査――』唐津市文化財調査報告五、一九八二年

**鉄器普及と農耕**

木村正雄『中国古代帝国の形成――特にその成立の基礎条件――』、不昧堂書店、一九六五年
原宗子『古代中国の開発と環境――『管子』地員篇研究――』、研文出版、一九九四年
原宗子『「農本」主義と「黄土」の発生――古代中国の開発と環境2』、研文出版、二〇〇五年
平勢隆郎「春秋戦国時代楚国領域の拡大について」『日中文化研究』七、勉誠出版、一九九五年

### 夏子

工藤元男『中国古代文明の謎』、光文社文庫、一九八八年
工藤元男『睡虎地秦簡よりみた秦代の国家と社会』（前掲第五章）

### 楚の爵位

李開元『漢帝国の成立と劉邦集団——軍功受益階層の研究——』、汲古書院、二〇〇〇年

### 金属貨幣

加藤繁『中国貨幣史研究』「東洋文庫論叢」五六、一九九一年　▼戦前の研究。
林巳奈夫「戦国時代の重量単位」『史林』五一、史学研究会、一九八六年
松丸道雄「西周時代の重量単位」『東洋文化研究所紀要』一一七、東京大学東洋文化研究所、一九九二年
江村治樹「中国における古代青銅貨幣の生成と展開——刀銭と布銭のテキストとしての特性——」『総合テクスト科学研究』一—二、二〇〇三年
平勢隆郎「夏正、楚正と称元法」『中国古代紀年の研究——天文と暦の検討から——』（前掲第五章）

### 殷の田猟から始皇帝の巡行へ

松丸道雄「殷墟卜辞中の田猟地について」（前掲第五章）
工藤元男『睡虎地秦簡よりみた秦代の国家と社会』（前掲第五章）
鶴間和幸『秦の始皇帝——伝説と史実のはざま——』、吉川弘文館歴史文化ライブラリー、二〇〇一年
藤田勝久『司馬遷の旅——「史記」の古跡をたどる』、中公新書、二〇〇三年

## 第一〇章

### 文武称揚の表現

豊田久「周王朝の君主権の構造について」松丸道雄編『西周青銅器とその国家』、東京大学出版会、一九八〇年

**眉県青銅器**

『文物』二〇〇三年六期（関連論文が七つ）
陝西省文物局・中華世紀壇藝術館編『盛世吉金——陝西寶鷄眉縣青銅器窖藏』北京出版社・北京出版社出版集団、二〇〇二年

**秦公鎛等**

白川静『白鶴美術館誌（金文通釈）』一九九、補一六（前掲第四章）

**中域等**

平勢隆郎『「春秋」と「左伝」』（前掲はじめに）

**漢字と呪術**

白川静『中国の神話』、中央公論社、一九七五年
平勢隆郎『よみがえる文字と呪術の帝国』（前掲第一章）

**不脩春秋**

中江丑吉『中国古代政治思想』、岩波書店、一九五〇年
Joachim Gentz "Das Gongyang Zhuan - Auslegung und Kanonisierung der Frűblings - und Herbstannalen (Chunqiu)", Otto Harasowitz, Wiesbaden 2001.

### 皇帝の天下領域形成と周辺国家の国家領域形成の差


西嶋定生「皇帝支配の成立」岩波講座『世界歴史』四（前掲第一章）

前田直典「東アジアに於ける古代の終末」鈴木俊・西嶋定生編『中国史の時代区分』、東京大学出版会、一九五七年

平勢隆郎『亀の碑と正統』（前掲第一章）


### 江戸時代の儒学者の中国古代史認識


木村英一・鈴木喜一他訳『論語・孟子・荀子・礼記（抄）』、平凡社、一九七〇年

宇野哲人『論語新釈』、講談社学術文庫、一九八〇年

穂積重遠『新訳論語』、講談社学術文庫、一九八一年

伊藤仁斎『論語古義』関儀一郎編集、服部宇之吉・安井小太郎・島田鈞一監修『日本名家四書註釈全書』論語部壱、東洋図書刊行会、一九三三年　など


### 中国古代史認識と都市国家の目


宮崎市定『論語の新研究』（前掲第六章）

松本雅明『詩経諸篇の成立に関する研究』、東洋文庫、一九五八年。『松本雅明著作集』一・二、弘生書林、一九八六年

白川静『詩経――中国の古代歌謡』、中公新書、一九七〇年


### その他


渡邊卓『古代中国思想の研究――「孔子伝の形成」と儒墨集団の思想と行動――』、創文社、一九七三年

武内義雄『老子原始――附諸子攷略――』、弘文堂書房、一九二六年

武内義雄『論語之研究』、岩波書店、一九三九年

金谷治訳注『論語』、岩波文庫、一九六三年
金谷治訳注『荀子（上・下）』、岩波文庫、一九六一―六二年
金谷治『孟子』、岩波新書、一九六六年
金谷治訳注『荘子』、岩波文庫、一九七一―八三年
金谷治『管子の研究――中国古代思想史の一面――』、岩波書店、一九八七年
金谷治『孔子』「人類の知的遺産」四、講談社、一九八〇年
蜂屋邦夫『老荘を読む』、講談社現代新書、一九八七年
蜂屋邦夫『孔子――中国の知的源流――』、講談社現代新書、一九九七年
戸川芳郎・蜂屋邦夫・溝口雄三『儒教史』「世界宗教史叢書」、山川出版社、一九八七年
池田知久『馬王堆漢墓帛書五行篇研究』「東京大学文学部布施基金学術叢書」二、汲古書院、一九九三年
池田知久ほか『「馬王堆漢墓出土帛書周易」二三子問篇訳注二』、東京大学馬王堆帛書研究会編、一九九七年
池田知久ほか『「馬王堆漢墓出土老子乙本巻前古佚書経法」論篇訳注』、東京大学馬王堆帛書研究会編、一九九八年
池田知久ほか『「馬王堆漢墓出土老子乙本巻前古佚書経法」四度篇訳注』、東京大学馬王堆帛書研究会編、一九九七年
池田知久『郭店楚簡老子研究』、東京大学文学部中国思想文化学研究室、一九九九年
池田知久『郭店楚簡儒教研究』、汲古書院、二〇〇三年
小野沢精一『韓非子（上・下）』「全釈漢文大系」二〇・二一、集英社、一九七五年、七八年
町田三郎訳注『韓非子（上・下）』、中公文庫、一九九二年
金谷治訳注『韓非子』、岩波文庫、一九九四年
冨谷至『韓非子』、中公新書、二〇〇三年
カールグレン／小野忍訳『左伝真偽考』「支那学翻訳叢書」六、文求堂書店、一九三九年
小倉芳彦『中国古代政治思想研究――「左伝」研究ノート――』、青木書店、一九七〇年

小倉芳彦訳『春秋左氏伝（上・中・下）』、岩波文庫、一九八八—八九年
鎌田正『左伝の成立と其の展開』、大修館書店、一九九二年
小倉芳彦「春秋左氏伝研究」『小倉芳彦著作選』三、論創社、二〇〇三年
平岡武夫『経書の成立』、全国書房、一九四六年。改版、副題「天下的世界観」、創文社、一九八三年
内野熊一郎『秦代に於ける経書経説の研究』、東方文化学院、一九三九年
内野熊一郎『漢初経書学の研究』、清水書店、一九四二年
日原利国『春秋公羊伝の研究』、創文社、一九七六年
日原利国『漢代思想の研究』、研文出版、一九八六年
安居香山・中村璋八『緯書の基礎的研究』、漢魏文化研究会、一九六六年。国書刊行会、一九七六年
安居香山『緯書と中国の神秘思想』、平河出版社、一九八八年
安居香山・中村璋八編『重修緯書集成』、明徳出版社、一九七一—九二年
滝川亀太郎『史記会注考証』（付「史記資材」）、東方文化学院東京研究所、一九三二—三四年
武田泰淳『司馬遷——史記の世界』、講談社、一九六五年
池田四郎次郎原著・池田英雄校訂『史記解題・史記研究書目解題』（後者は明徳出版社、一九七八年の再刊）、長年堂、一九八一年
佐藤武敏『司馬遷の研究』、汲古書院、一九九七年
藤田勝久『司馬遷とその時代』、東京大学出版会、二〇〇一年
傅斯年「論所謂五等爵」『中央研究院歴史語言研究所集刊』二—一、一九三〇年。『傅斯年全集』三、聯経出版事業公司、一九八〇年
王世明「西周春秋金文中的諸侯爵称」『歴史研究』一九八三年三期、一九八三年
珠葆「長安灃西馬王出土〝鄦男〟銅鼎」『文物与考古』、一九八四年一期、一九八四年
陳槃「春秋大事表列国爵制及存滅表譔異」『中央研究院歴史語言研究所専刊』五二、一九六九年
好並隆司『秦漢帝国史研究』、未来社、一九七八年

顧頡剛（他）編著『古史弁』、上海書店、一九九二年、（一―五冊、北平樸社、一九二六―三五年、六―七冊、開明書店、一九三六―四一年）
銭穆『先秦諸子繫年』商務印書館、一九三六年。増訂版、香港大学出版社、一九五六年。聯経出版事業公司、銭賓四先生全集甲編五、一九九八年
楊寛『戦国史』、上海人民出版社、一九五五年。第二版、一九八〇年。増訂版、台湾商務印書館、一九九七年
（以下に限らないが、朱子学の影響を受けた経典解釈が、戦前の師範学校で主流をしめていたことを確認するのも、必要なことかと考える。この種の解釈が朝鮮王朝や清朝の主たる経典解釈であり、現在もなお大きな影響を残している――ウェブサイトによく見られる説明としても――ことも知っておくとよい）松崎末義『文検参考問題解説支那文学史・哲学史』啓文社書店、一九三三年

# 年表

中国の年代は、平勢隆郎『新編史記東周年表――中国古代紀年の研究序章――』（東京大学東洋文化研究所、東京大学出版会、一九九五年）、同『中国古代紀年の研究――天文と暦の検討から――』（東京大学東洋文化研究所、汲古書院、一九九六年）による。世界の年代は、樺山紘一ほか編『世界の歴史2　中華文明の誕生』（中央公論社、一九九八年）、同『世界の歴史5　ギリシアとローマ』（同、一九九七年）による。

前二二一年までの年代記事には、年代矛盾が多数あり、『史記』にみえる記事で年代を議論できる約二九〇〇ヵ所のうち、八三〇ヵ所を越える部分で年代の矛盾が生じる。この数は尋常のものではなく、系統的再整理が必要であった。上記拙著のうち、前者はその系統的整理を進めたもので、後者はそれを基礎に、さらに暦に関する検討を加えて、殷末・西周時代の王の在位年を確定したものである。

拙著の『史記』年代整理は、従来の矛盾する年代がそれぞれいかなる過程を経てできあがったかを、逐一、しかも一つの理由で何十何百もの矛盾が解消される説明を付してなされる点に最大の特徴がある。つまり補正後の年代がなぜ正しいか、補正前の年代がどうして矛盾を作り出したかが、いずれも説明されるということである。それが、従来の説が自己の配列を是とし、他を否とするにとどまっているのと大きく異なる点である。

| 西暦(紀元前) | 中国 | 世界 |
|---|---|---|
| 一七五〇頃 | | バビロン、ハンムラビ法典の発布 |
| 一六世紀 | 殷の湯王即位（夏王朝を滅ぼす？） | |
| 一〇六八 | 周の君主季歴が死去し、子の昌（後、文王と追号される）が即位 | |
| 一〇六五 | 殷王文丁が死去し、殷王帝乙が即位（以後、帝辛が死去する前一〇二三年まで、周祭という三六〇日周期の祖先祭祀の記事を網羅して年代配列することができる） | |
| 一〇四四 | 殷王帝乙が死去し、殷王帝辛（紂王）が即位 | |

| | | |
|---|---|---|
| 一〇三四 | 周の君主昌（文王）が死去し（在位三五年）、子の発（武王）が即位。この年の正月丙子の日（ユリウス暦の前一〇三四年一月二九日）は満月（望）である。『逸周書』小開解に、「死をむかえんとする文王がその三五年正月丙子に望を拝したという記事がある | |
| 一〇二四 | 周の武王、殷を伐ち牧野に陣を張る。斉の太公（太公望）、周を助ける | |
| 一〇二三 | 周の武王、殷を牧野に破り、これを滅ぼす（武王一二年）。周が「殷の四方」を支配下におく | |
| 一〇二二 | 周の武王死去（在位一三年）。周公旦、王としての政務をとる。ほどなくして殷が周の一族と淮夷を率いて反乱を起こす。殷の故地に康叔を封建し（衛国の始まり）、殷の一族の微子啓（長子口）を宋に封建する（宋国の始まり）。同じころ、山西汾水一帯が周に反旗を翻す。これを鎮定し、唐叔虞を封建する（大国晋の始まり） | |
| 一〇〇九 | 周の成王即位、周公旦（摂政在位一三年）に替わって王としての政務をとる | |
| 一〇〇二 | 周の成王死去（王として執政の後、在位八年）、康王即位（以後平王まで、問題になる西周金文の暦日を網羅して配列することができる。問題になる暦日は王の在位年・月相〈月の盈ち虧けを四分する用語〉・日干支をすべて具備するものと、「辰在～」〈朔日の前日の日取り〉など限定性のつよい記述を含むもの） | |
| 九九八 | 周の康王死去（在位一〇年）、昭王即位 | ダビデがエルサレムに遷都 |
| 九九三 | 周の昭王南征して帰らず（在位九年）、穆王即位 | |
| 九七六 | 周の昭王の死去を確認。この年日食があった。この年は穆王一〇年<br>この年をめぐっては、以下の三つの年代記事が問題になる。①穆王の在位は四六年なので、昭王と穆王にからんで「穆王一〇年、昭王の死を確認、 | |

| | |
|---|---|
| | 四六年穆王死去」という記事が残る。これを「穆王一〇年から四六年目に死去」と勘違いすると「穆王五五年にして死去」という記事が生まれる。『史記』周本紀に穆王は五五年にして死去したことを記す。②『竹書紀年』は夏紀に続き殷紀・周紀が続く。殷紀の殷王文丁の時に周の文王が即位した。その文王即位の年から始め、文丁の年代（文丁の在位年は不明だが、周の文王即位の四年目に殷王文丁が死去したことがわかっている）、殷王帝乙の在位二二年、殷王帝辛の年代一一年（帝辛一一年までが殷紀。この年周の武王が即位し『竹書紀年』の周紀が始まる）、周の武王以下の周王の年代（武王在位一三年、周公在位一三年、成王在位八年、康王在位一〇年、昭王在位九年、穆王在位一〇年に昭王死去を確認）を単純合算するとちょうど一〇〇年になる。『竹書紀年』は現存しないが、注釈によっておおよその骨格が復元されている。その注釈に「文王受命以来穆王にいたるまで一〇〇年」という記事が残された（前一〇六八年と前九七六年の差ではない）。③『竹書紀年』に「昭王九年南征して帰らず、穆王一〇年、昭王の死去を確認。この時日食があり天が大いに暗くなった」という内容が記されていたようで、後の注釈は穆王一〇年までを昭王の在位（一九年）として計算し、「昭王一九年、天が大いに暗くなった」という記事を残した。穆王一〇年に当たるこの年前九七六年（ユリウス暦）五月三一日癸未朔に確かに日食があった |
| 九四〇 | 周の穆王死去（在位四六年）、共王即位 |
| 九〇三 | 周の共王死去（在位三八年）、懿王即位。この年日食があった（ユリウス暦七月三日己卯朔）。この日食は午前の早い段階で起こったので、夜明けが二度きたような状況になった。『竹書紀年』（を読み取った注釈だが）懿王元年に「天が再び夜明けの状態になった」（『開元占経』巻三等）という記録がある |

| | | |
|---|---|---|
| 八七六 | 周の懿王死去（在位二八年）、孝王即位 | |
| 八六三 | 周の孝王死去（在位一四年）、夷王即位 | |
| 八五四 | 周の夷王死去（在位一〇年）、厲王即位 | |
| 八四一 | 周の厲王追放され（在位一四年）、共伯和が政務をとる（いわゆる共和）。 | |
| | 厲王は、追放を解かれるが、政務から退き、在位年だけが使われた | |
| 八二六 | 周の宣王即位。この年は、前八四一年の共和元年以来一六年目となる。戦国時代の歴史認識として、共和をその前年までの一五年と解釈する国家（宣王はまるで踰年称元法を行ったようになる）と、この年の一六年までと解釈する国家（宣王は踰年称元法など行わなかったという意味になる）があった。成王を特別に位置づける国家は一六年説、宣王を特別に位置づける国は一五年説をとった | |
| 八二三 | 秦の秦仲が玁狁（戎）に殺された。周の宣王は秦仲の子の荘公を召した（前三二四、前二五五年参照） | |
| 七八一 | 周の宣王死去（在位四六年）、幽王即位 | |
| 七七九 | 周の幽王三年、晋の文侯即位。『竹書紀年』は、この年をもって周紀から晋紀に替わる。『竹書紀年』を読み取った注釈（『史記』周本紀集解釈など）に、「武王が殷を滅ぼしてから幽王にいたるまで、凡そ二五七年になる」とある。武王滅殷は武王一二年の前一〇二三年であり、武王は翌年死去で滅殷から二年目。以後在位は、周公一三年、成王八年、康王一〇年、昭王九年、穆王四六年、共王三八年、懿王二八年、孝王一四年、夷王一〇年、厲王一四年、共和一六年（一五年説ではなく、一六年説）、宣王四六年、幽王三年。以上を合算すると二五七年になる（前一〇二三年と前七七九年の差ではない） | |
| 七七六 | | アテナイ、第一回オリュンピア祭典 |

| | | |
|---|---|---|
| 七七三 | 鄭の桓公三三年、幽王が鄭の桓公を司徒の職に任命した。鄭の桓公は周の宣王の弟で西周の地に封建されたが、この年をもって雒邑の東に新たな拠点を作るべく国を遷した（中原における鄭の始まり） | |
| 七七二 | 周の幽王殺され（在位一〇年）、携王即位 | |
| 七七〇 | 東都雒邑に周の平王即位。周は西の周と東の周に分裂した。『竹書紀年』を読み取った注釈（『左伝』昭公二六年正義）によると、申侯と魯侯と許の文公が平王をまず申に擁立した。もとの太子であるからと、この年に雒邑において天王と称することになる。これに対し、虢公翰は一年前に王子余（携王）を擁立していた。このため、二王が対立することになった。携王・平王の二王対立は、この年に始まる | |
| 七六九 | 秦の襄公一二年、襄公が周の外族たる玁狁（戦国以後に戎、犬戎と記される）を伐ち、岐にいたって戦死した。秦の文公が即位した | |
| 七六二 | 西周携王一一年、虢の一族である虢季氏子組が携王の紀年で青銅盤を製作した（虢季氏子組盤） | |
| 七五九 | 晋文侯二一年、文侯が西周携王を殺した。この時までに、虢一族は東周平王側に寝返り、形勢は東周が圧倒的優位をしめるにいたった。この年、虢の一族である虢季子伯が東周平王の紀年で青銅盤を製作し（虢季子伯盤）、玁狁（おそらく西周軍を含む表現）を伐って勲功を挙げたことをうたいあげた | |
| 七五四 | 秦文公一六年、秦が周の余民を収め、地は岐までいたり、岐以東を東周に献じた。東周では、岐以西をもって秦を封建した（陝西の地における大国秦の始まり） | |
| 七五〇頃 | | ギリシア語のアルファベットがフェニキア文字から作られる |
| 七四五 | 晋の文侯が死去し、子の昭侯が即位した。文侯の弟の成師に曲沃を与えた | |

| | | |
|---|---|---|
| | （曲沃桓叔） | |
| 七二四 | 曲沃荘伯（桓叔の子）が晋の孝侯（昭侯の子）を殺した。以後晋の本家と曲沃分家の対立が恒常化する。戦国時代の韓王の一族はこの荘伯から分かれた | |
| 七二一 | | アッシリア王サルゴン二世、イスラエル王国を滅ぼす |
| 七一九 | 秦寧公二年、秦が平陽に国都を遷した | |
| 六七九 | 斉の桓公が諸侯を鄄に集めて会盟した（山東の大国斉が中原に手をのばしてきた） | |
| 六七八 | 曲沃武公（荘伯の子）が晋侯緡を殺して本家を滅ぼし、替わって晋侯となった（大国晋を君主傍系の曲沃一族が継承した。なお『左伝』などで晋の本家の君主について「侯」、曲沃が晋の君主になった後について「公」を用いるのは、戦国時代の作為であり、青銅器銘文はいずれも「侯」である） | |
| 六五一 | 斉の桓公が諸侯を葵丘に集めて会盟した（この時、周王が文武の胙を賜与したことが戦国時代に話題にされる。文武の胙の意味を貶める〈王者でなく覇者に賜るにすぎないとする〉説話である） | |
| 六三八 | 宋の襄公が諸侯を率いて楚を迎え撃ったが、大敗を喫した（泓水の戦い。湖北の大国楚の中原への脅威が飛躍的に高まった） | |
| 六三二 | 晋の文公が諸侯を率いて楚を破り（城濮の戦い。長江中流域の大国楚の北進を防いだ）、諸侯を践土に集めて会盟した（この文公は、前七五九年の文侯と別人）。周は黄河の北の地を与えた（山西の大国晋が、中原での足場をかためた） | |
| 六一二 | | メディアと新バビロニアが連合してアッシリアを滅ぼす |

| | | |
|---|---|---|
| 六〇六 | 楚の荘王が陸渾の戎を伐って雒にいたり、周都の郊外で観兵式を行い、鼎の大小軽重を問うた（長江中流域の大国楚が、伝統国周の権威をおびやかした事実と、周の権威を問うなら徳を問題にすればいいのに鼎〈うわべの形〉の方を問題にした、という戦国時代の中原の立場からする揶揄内容がこの説話に混在） | |
| 五九七 | 楚の（楚が率いる）軍が晋の率いる諸侯軍を打ち破った（邲の戦い） | |
| 五九四 | | アテナイ、ソロンの改革 |
| 五八六 | | 新バビロニア、バビロン捕囚（—五三八） |
| 五六六頃 | | ゴータマ・シッダッタ誕生 |
| 五五五 | | アケメネス朝ペルシア帝国が成立 |
| 五五二 | 魯に孔子が生まれた | |
| 五四六 | | アテナイ、ペイシストラトスが僭主政を始める |
| 五〇九 | | ローマ、共和政開始 |
| 五〇六 | 呉王闔閭の軍が楚の都を陥落させた（長江下流域の大国呉が中流域の大国楚の都に攻め込んだ） | |
| 四九六 | 晋の有力氏族范氏と中行氏が他氏族との抗争に敗れ、斉を頼って朝歌に立てこもった（前年以来の抗争。二氏は朝歌で抵抗したが前四九〇年に朝歌から斉に逃れた。この抗争の時に作られたのが侯馬盟書と温県盟書） | |
| 四九〇 | | 第二次ペルシア戦争 |
| 四八二 | 呉王夫差が晋が率いる諸侯と黄池で会盟した（長江下流域の大国が中原の大国と主導権を争った。晋の代表は趙氏の宗主趙簡子）。越王句践が呉に攻め入ったので、呉王はひきあげた | |

| | | |
|---|---|---|
| 四八一 | 斉の田成子（田常）が斉の簡公を幽閉して殺した（この事件をめぐる戦国時代の国家ごとの歴史認識が著しく異なっている。田氏が王となった斉では「獲麟」に象徴される慶事として説明され、他の国家では凶事として説明される。「獲麟」は麒麟を獲たことを述べる記事で、慶事・凶事両説があるわけである） | |
| 四七九 | 魯の孔子が死去した | |
| 四七八 | | アテナイ、デロス同盟の成立 |
| 四七三 | 越王句践が呉王夫差を殺して呉を滅ぼした（長江下流域の大国は越になった。この地域における王朝交替） | |
| 四七一 | 越が斉・晋それぞれの率いる諸侯と徐州で会盟した（長江下流域の大国越、山東の大国斉、中原の大国晋の主導権争い。この時、越は周王に貢ぎ物を差し出し、周からは文武の胙が賜与されたという。この話には、文武の胙は王者ではなく覇者に賜るものという文武の胙に対する否定的見解が内包されているし、越王の行動としては不可解） | |
| 四五一 | 晋の趙氏・韓氏・魏氏（三晋）が知氏を滅ぼした（前四五三年に知氏が韓氏・魏氏とともに趙氏を攻めたが、この年に韓氏・魏氏が寝返って趙氏についた。これ以後、晋の政治は、三晋によって決定される） | アテナイ、ペリクレスにより「市民権法」成立 |
| 四五〇 | | ローマ、「十二表法」制定 |
| 四三一 | | アテナイ、ペロポネソス戦争始まる（—前四〇四） |
| 四〇三 | 趙氏・韓氏・魏氏が晋を三分し、周によって晋に替わる諸侯だと認められた | |
| 三九九 | | アテナイ、ソクラテス没 |
| 三九〇 | | ケルト人のローマ侵入 |
| 三八八 | 斉の太公田和（斉の太公には、姜斉太公〈太公望↓前一〇二四年〉と田太 | |

| | | |
|---|---|---|
| | 公の二人がいる）が、周によって、西周以来の姜姓君主に替わる斉の新しい君主だと認められた | |
| 三八五 | 楚の悼王が死去し、変法を進めてきた呉起が殺された | |
| 三八〇 | 越王翳が越の故地（浙江）から呉の故地（蘇州）に遷都した | |
| 三七五 | 韓の哀侯が鄭を滅ぼし、都を鄭に遷した | |
| 三六七 | | ローマ、「リキニウス＝セクスティウス法」制定 |
| 三五一 | 魏の恵成王が夏王と称し（夏王朝のものと説明する暦を作り出して採用し）、諸侯を率いて周を威圧した（「逢沢の遇」。逢沢は前一〇二三年に周の武王が殷を伐つべく黄河を渡った由緒ある場所で、「伐殷」の象徴） | |
| 三四七 | | アテナイ、プラトン没 |
| 三四三 | すでに夏王を称していた魏の恵成王が、周から「文武の胙」（周の文王・武王の祭肉で、文武の権威継承を「形」にするもの。この式典を非とする国家では王者ではなく覇者が賜与されるとした）を賜与され、周よりの権威の委譲（夏王と周王の権威を兼ねる）を宣言した | |
| 三四二 | 斉を中心とする連合軍が魏を馬陵に破り、魏が天下の王となるもくろみ（踰年称元法を採用しようとした）を頓挫させた（年代は不明だが、この戦いの後しばらくして、孟子が魏の恵成王に謁見している）。その際、斉の威宣王が諸侯を率いて「逢沢」に会し、魏の式典の意味をだいなしにした（「逢沢」に会して魏が宣言した夏王の権威を自らが担う「形」を作った） | |
| 三三八 | 斉の威宣王が王の元年を始めた（史上初めて踰年称元法を採用。周の権威を自らが継承する「形」を作った）。この年、秦では孝公が死去し、変法を進めた商鞅が殺された | カイロネイアの戦いでギリシアが敗れ、マケドニア覇権へ |
| 三三五 | 秦の恵文君が周より「文武の胙」を賜与された（「文武の胙」の意味をや | |

| | | |
|---|---|---|
| | や変更。周王の権威の象徴を得て、王を名のる準備に入ったことを示した）。この年、秦で初めて円銭が発行された（他の国家の青銅貨幣は形が異なる） | |
| 三三四 | 魏の恵成王が王としての元年を始めた（あらためて踰年称元法を採用） | アレクサンドロス三世の東征開始 |
| 三三〇 | | アケメネス朝ペルシアが滅亡 |
| 三二九 | 楚の威王が越王無彊を大破し、斉を徐州に破った（楚の長江下流域での優位が決定的になった。以後、越は斉を頼り、山東の南のつけねに当たる瑯邪に都を遷し、斉の後ろ盾を得て対楚反抗を続けた。このころ楚独自の暦〈楚正〉が作り出され、楚王の権威が強調された） | |
| 三二六 | 韓の宣恵王が初めて王を称した（踰年称元法を採用） | |
| 三二四 | 秦の恵文君が王（恵文王）としての元年を始めた（踰年称元法を採用。夏のものと説明する暦と楚が独自に作り出した暦を折衷し、顓頊暦と名づけて採用した。夏王と楚王の権威を兼ねた。『史記』老子韓非列伝に「秦が周とはじめて合した後〈前八二三年参照〉、五〇〇歳にして〈五〇〇年目に。つまり本年〉離れ〈秦が王を称し〉、さらに七〇歳にして〈七〇年目に。つまり前二五五年〉覇王が出現する〈周が滅ぼされる〉」という予言が記されている。この予言は魏の恵成王が夏王を称した前三五一年〈孔子が死去して一二九年目〉になされたことになっている）。魏の恵成王の式典をだいなしにする意味を重ねて作られた話である<br>趙の武霊王が王としての元年を始めた（前年即位して踰年称元法を採用） | |
| 三二二 | 斉の威宣王が靖郭君田嬰（孟嘗君の父）を薛に封建した | |
| 三一八 | 秦が「逢沢の会」をもよおし、夏王の権威を自らが担う「形」を作った（前三五一年の魏、前三四二年の斉を参照）ため、諸国が連合して秦を攻めた（蘇秦「合従」） | |

| | | |
|---|---|---|
| 三一七頃 | | チャンドラグプタがマウリヤ朝を興す |
| 三一四 | 燕王噲が宰相の燕文侯子之に政務をまかせ、周公と成王の故事にのっとって太子を王につけようとした（周王の権威を自らが担う「形」を作った）。しかし誰を太子にするかで政権は分裂し、翌年、斉の介入を招いた。斉軍の侵入で燕王噲・文侯子之ともに死去した。国は滅亡の危機に陥ったが、かろうじて立て直した | |
| 三一二 | | シリア、セレウコス朝成立 |
| 三〇四 | | エジプト、プトレマイオス朝成立 |
| 三〇一 | | イプソスの戦いでアンティゴノス一世が敗死、アレクサンドロスの遺領が分割される |
| 二九七頃 | | エジプト、アレキサンドリアに図書館が建てられる |
| 二九六 | 斉の助力もあり、趙が中山を滅ぼした | |
| 二八八 | 燕・趙・楚・魏・韓が連合して秦を攻めた（蘇代の「合従」。孟嘗君も関わる。秦の暦では前年がまだ終わっていない。東の帝たる斉帝〈斉王〉と西の帝たる秦帝〈秦王〉に挟まれた五国の連合。これ以後、しばらく秦は東方に出られず、軍を南に向けて蜀を滅ぼし、糧食の生産を安定させた） | |
| 二八六 | 斉の湣宣王が宋を伐ち、宋王偃が殺された。以後各国軍が宋地をめぐって介入し、大混乱に陥った。混乱は斉にも及び、前二八五年斉の王都は陥落し（燕将楽毅が活躍）、湣宣王は翌年莒に入った。莒の湣宣王は、莒に入城した楚の臣下により殺された | |
| 二八〇 | 斉の将軍田単が斉を立て直し、斉の襄王を迎え入れた | |

| | | |
|---|---|---|
| 二七八 | 秦が楚の郢都を陥落させた。翌年には、秦は湖北・湖南一帯を征服した（蜀方面から南下して湖南を衝いた軍の働きが大きい）。楚王は淮水流域に逃れ、態勢を立て直した。このとき屈原が汨羅の淵に身を投げたと伝える（これ以後、秦は領域が天下の半ばを占める最強の国家となった） | |
| 二六四 | 秦が周を滅ぼした。周（西周と称する）の民は、東に隣接する周公の国（東周と称する）を頼った | ローマとカルタゴとの第一次ポエニ戦争が始まる（―前二四一） |
| 二六〇 | 秦が趙を長平の地で大破した。この戦いに前後して趙兵四五万を斬首したと伝える。続いて、秦は趙の都邯鄲を包囲した（この時趙の暦では年末だが、秦の暦ではすでに新年を迎えている） | |
| 二五八 | 楚は宰相春申君を遣わし、魏の宰相信陵君がこれに呼応して、趙を救った（時の趙の宰相は平原君。ここに春申君・信陵君・平原君の「合従」が成った。魏の安釐王は、秦に遠慮して本格的援軍に反対したので、信陵君は以後魏に帰れなくなる。この時、秦ではすでに新年を迎えている。以後しばらく秦の東進は止んだ） | |
| 二五七 | 楚が魯を滅ぼした（このときまで魯は一貫して立年称元法を用いてきた。踰年称元法を用いる『春秋』が魯の年代記でない証拠）。このころ楚が瑯邪の越を滅ぼした | |
| 二五五 | 秦が東周を滅ぼした（前三二四年参照） | |
| 二五〇 | 春申君が呉（越）の故地に封建された（これを後に東楚と称する。これが後に楚の義帝の領地となり、淮水一帯を中心とした領域〈西楚〉が楚の項羽〈西楚の覇王〉の領地となる） | |
| 二三八 | | アルサケス朝パルティアの成立 |
| 二三七 | 楚の考烈王が死去して幽王が立つと、春申君は謀殺された。春申君によって蘭陵の県令に任命されていた荀子も解任された。荀子は斉から楚にうつ | |

| | | |
|---|---|---|
| | っていた。荀子の弟子に秦で活躍した李斯と韓非子がいる | |
| 二三一 | 趙の北部で大地震があり（秦では新年）、翌年大飢饉となった | |
| 二三〇 | 秦が韓を滅ぼした（趙は地震と飢饉のため援軍を出せない） | |
| 二二九 | 秦は趙王遷を虜にした（秦では新年）。趙の王子嘉は代で自立した | |
| 二二七 | 燕は荊軻を秦に遣わし、秦王政（始皇帝）の殺害を謀ったが失敗した。秦は燕を攻め、燕王喜は遼東に逃れた（秦では新年） | シチリアがローマ最初の属州となる |
| 二二五 | 秦が魏を滅ぼした | |
| 二二四 | 秦が楚を滅ぼした（この時まで、楚は一貫して立年称元法を用いてきた）。楚の昌平君が自立した（昌平王、昌平君は秦の呼称、昌平王は楚の自称） | |
| 二二三 | 秦が楚の昌平君を滅ぼした。呉（越）の故地（東楚）で越君（越王、越君は秦の呼称。越王は越の自称。越王と楚の関係は不明）が自立した | |
| 二二二 | 秦が越君（越王）を滅ぼした。秦が代に遷った趙を滅ぼした。秦が遼東の燕を滅ぼした | |
| 二二一 | 秦が斉を滅ぼした。秦が衛を滅ぼした（『史記』に衛の滅亡を二世のときとするのは、年代矛盾に根ざした誤り。この時まで衛は一貫して立年称元法を用いてきた）。天下は統一された | |

＊『春秋』は魯の年代記だとされてきたが、この考えは誤っている。『春秋』は、踰年称元法によって記事が配列された年代記であり、その踰年称元法は『公羊伝』等によって王の制度として議論されるのに、魯は侯の国であり、一貫して立年称元法を用いていたことがわかるからである。前三三八・三二六・三二四・二五七・二二四・二二一等を参照。『春秋』の材料については、本書四四三頁参照。また爵位というレッテル貼りについては、本書二八七頁参照。戦国時代の暦を『春秋』にからめる議論については、当年表の前言に示した拙著等参照。

＊青銅器銘文に見られる「月相」はどうして存在したのか、二十四節気が始まるとどうしてそれが消滅するのか、朔・望等の定点を示す用語がどうしてその後も存在したのか、などについては、本書九〇～九三頁を参照された

い。後代の縁起かつぎとの比較は、拙著『よみがえる文字と呪術の帝国』（中央公論新社、二〇〇一年）四二〜四四頁を参照していただくとよい。

＊「月相」を含む条件規定性の強固な暦日記載を、季節との対応が今よりも厳密性を欠く観象受時の暦の上に、網羅的に、しかも青銅器編年に関する従来の前・中・後三期区分の目を配慮して配列し得た点は、当年表の前言に示した拙著等および本書九四頁を参照されたい。「月相」には一般的表現とやや異なるものも見られるが、殷・周青銅器の王朝工房が複数あり、工房（そして都市）が違うと文字や表現の差異が問題になることは、本書三七四頁参照。われわれの意識に根ざす問題は本書三七六頁参照。

＊天文現象のうち、暦に反映されるものは、右年表に吸収議論できた。その他、一般に注目される天文現象は日食である。特徴ある日食を選んで年代を議論したりする。特徴がなくても、『春秋』の日食は、ほぼ年代どおり存在することが知られている。これは戦国時代前四世紀半ばごろの学者が正確に年代差を知って『春秋』を作成したためである。これらのことも、右年表づくりの基礎となっている。『春秋』所載の日食には、日の出・日の入りの太陽光が弱いときに確認できた部分食も含まれる。わが国の論者がこのことをよく知っているのは、渡辺敏夫『日本・朝鮮・中国日食月食宝典』（雄山閣出版、一九七九年）に議論してくれているためである。一般には地球上に走る食帯を眺めつつ、専門家がどの程度の日食が見えるかを計算する。食帯は渡辺一九七九以外、オッポルツェル Oppolzer 一八八七以来の研究が参照できる。ただ、古川麒一郎（『史学雑誌』二〇〇六年三「歴史の風」介紹）によれば、地球自転には時々刻々ゆらぎがあり、過去に遡って想定される日食時刻は仮のものである。実際には、本書に関わる時代については前後一時間程度のゆらぎをみこむ。このことを知って過去のデータを正しく引用し「この時の日食はこれこれ」という確定的記述に地球自転のゆらぎを見込んで検討するとよい。本書に関わる年代の他、「不食」（日食の記述があるのに日食が存在しない）の記事ができあがる理由として、漢代に存在した皇帝以外の諸侯王・列侯、外国王等の在位紀年の取り違えがありそうだ（平勢一九九八第一章第二節）。昼間に夜のように暗くなる気象が観測されることがある。過去の記録だとこの種の気象なのか日食なのかの判断が難しい。

### ヤ行



### ラ行



### ワ行

## ナ行



## ハ行



## マ行

## タ行

## サ行

# 索引

用語について、主要な記載のあるページを表示した。

巻末の「参考文献」のみにあった方の名前は表示していない。

見出しに＊を付した語は、巻末の「主要人物略伝」か「歴史キーワード解説」に項目があり、その掲載ページを示した。

## ア行



## カ行

黒龍江
黒龍江省
チチハル
チャムス
ハルビン
長春
吉林
吉林省
ウラジオストク
内モンゴル自治区
赤峰
遼寧省
瀋陽
遼陽
張家口
フフホト
承徳
北京市
北京
天津
天津市
秦皇島
大連
朝鮮民主主義人民共和国
平壌
日本海
大同
河北省
石家荘
黄河
ソウル
太原
煙台
威海
淄博
山東半島
大韓民国
山西省
済南
泰山
青島
釜山
臨汾
山東省
黄海
臨沂
洛陽
開封
鄭州
連雲港
徐州
函谷関
河南省
安徽省
江蘇省
日本
南京
無錫
合肥
蕪湖
蘇州
上海
上海市
湖北省
武漢
長江
杭州
紹興
洞庭湖
浙江省
南昌
東シナ海
長沙
江西省
湖南省
那覇
福州
福建省
台北
廈門
台湾
広東省
広州
高雄
マカオ
香港
太平洋
海口
海南省
南シナ海
フィリピン

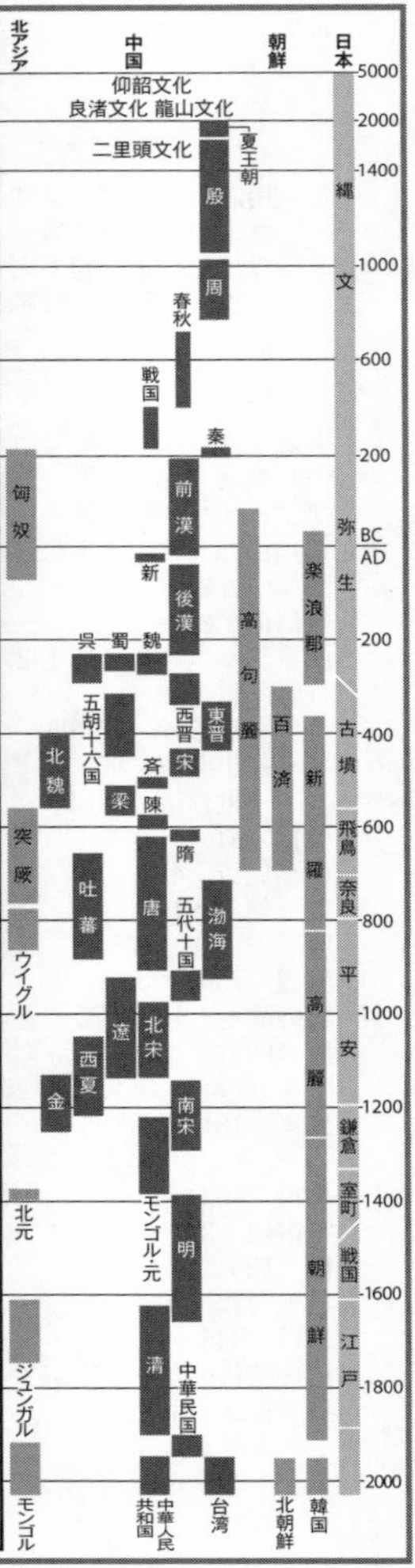
北アジア
中国
朝鮮
日本
仰韶文化
良渚文化 龍山文化
二里頭文化
夏王朝
殷
周
春秋
戦国
秦
前漢
新
後漢
呉 蜀 魏
五胡十六国
西晋
東晋
宋
斉
梁
陳
隋
唐
五代十国
遼
北宋
西夏
金
南宋
モンゴル・元
明
清
中華民国
中華人民共和国
台湾
匈奴
北魏
突厥
吐蕃
ウイグル
渤海
北元
ジュンガル
モンゴル
高句麗
百済
楽浪郡
新羅
高麗
朝鮮
北朝鮮
韓国
縄文
弥生
古墳
飛鳥
奈良
平安
鎌倉
室町
戦国
江戸
5000
2000
1400
1000
600
200
BC
AD
200
400
600
800
1000
1200
1400
1600
1800
2000

# 現代の中国

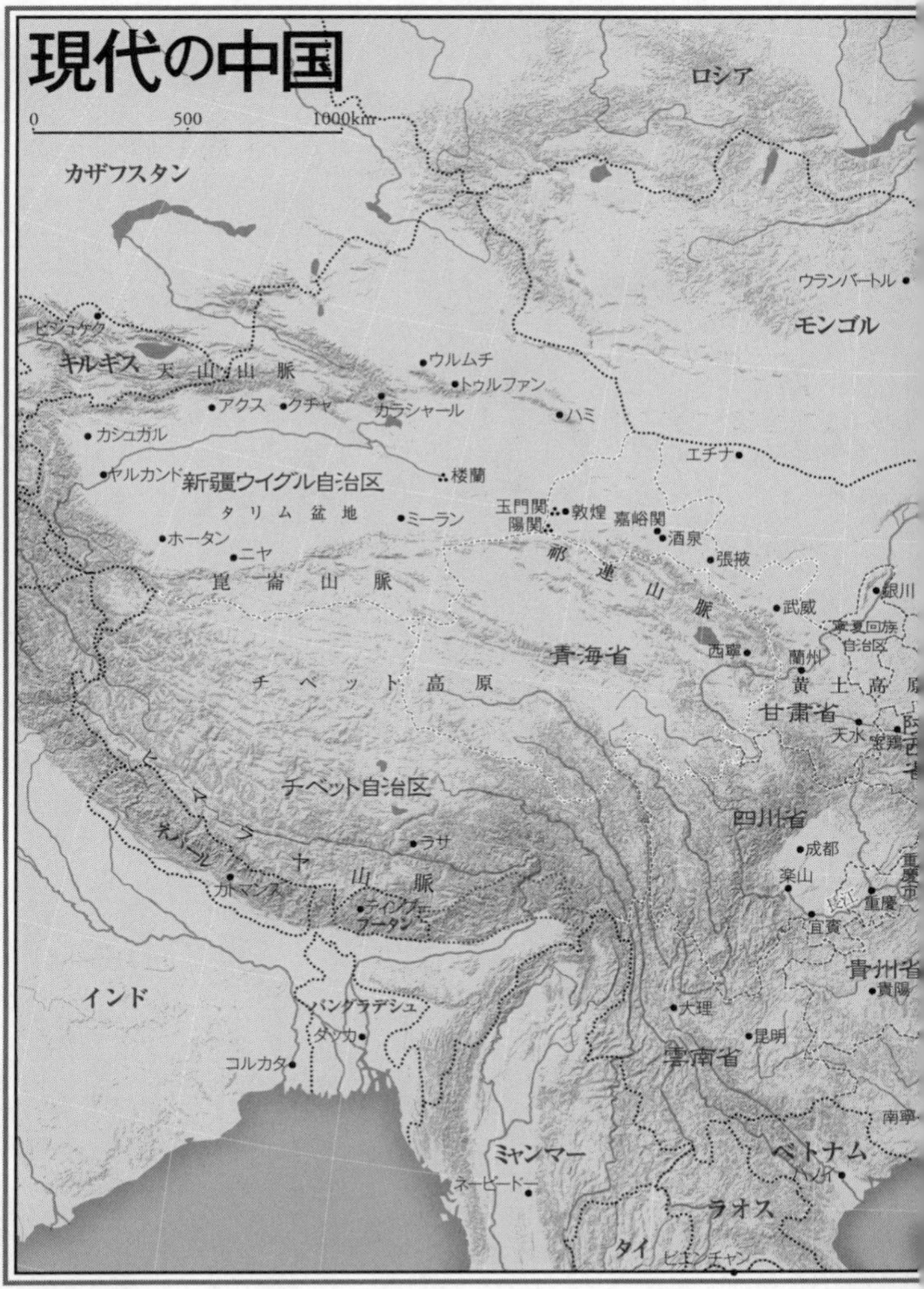
0 500 1000km
ロシア
カザフスタン
ウランバートル
モンゴル
ビシュケク
キルギス
天 山 山 脈
ウルムチ
トゥルファン
アクス
クチャ
カラシャール
ハミ
カシュガル
エチナ
ヤルカンド
新疆ウイグル自治区
楼蘭
タ リ ム 盆 地
ミーラン
玉門関
陽関
敦煌
嘉峪関
酒泉
ホータン
ニヤ
張掖
祁 連 山 脈
崑 崙 山 脈
銀川
武威
寧夏回族自治区
青海省
西寧
蘭州
チ ベ ッ ト 高 原
黄 土 高 原
甘粛省
天水
宝鶏
ヒ マ ラ ヤ 山 脈
チベット自治区
四川省
ネパール
ラサ
成都
楽山
重慶市
重慶
カトマンズ
ティンプー
ブータン
長江
宜賓
貴州省
貴陽
インド
バングラデシュ
大理
ダッカ
昆明
コルカタ
雲南省
南寧
ミャンマー
ベトナム
ネーピードー
ハノイ
ラオス
タイ
ビエンチャン

本書の原本は、二〇〇五年四月、小社より刊行されました。

平勢隆郎（ひらせ　たかお）

1954年茨城県生まれ。東京大学大学院人文科学研究科修士課程修了。博士（文学）。鳥取大学助教授，九州大学助教授，東京大学東洋文化研究所教授などを経て，現在，東京大学名誉教授。主な著書に『新編　史記東周年表』『中国古代紀年の研究』『左伝の史料批判的研究』『史記の「正統」』『『春秋』と『左伝』――戦国の史書が語る「史実」，「正統」，国家領域観』など。

講談社学術文庫

定価はカバーに表示してあります。

中国の歴史２

都市《とし》国家《こっか》から中華《ちゅうか》へ

殷周《いんしゅう》 春秋戦国《しゅんじゅうせんごく》

平勢隆郎《ひらせたかお》

2020年10月７日　第１刷発行

発行者　渡瀬昌彦

発行所　株式会社講談社

東京都文京区音羽 2-12-21 〒112-8001

電話　編集（03）5395-3512

販売（03）5395-4415

業務（03）5395-3615

装　幀　蟹江征治

印　刷　豊国印刷株式会社

製　本　株式会社国宝社

本文データ制作　講談社デジタル製作



ISBN978-4-06-521262-2

# 「講談社学術文庫」の刊行に当たって

これは、学術をポケットに入れることをモットーとして生まれた文庫である。学術は少年の心を養い、成年の心を満たす。その学術がポケットにはいる形で、万人のものになることは、生涯教育をうたう現代の理想である。

こうした考え方は、学術を巨大な城のように見る世間の常識に反するかもしれない。また、一部の人たちからは、学術の権威をおとすものと非難されるかもしれない。しかし、それはいずれも学術の新しい在り方を解しないものといわざるをえない。

学術は、まず魔術への挑戦から始まった。やがて、いわゆる常識をつぎつぎに改めていった。学術の権威は、幾百年、幾千年にわたる、苦しい戦いの成果である。こうしてきずきあげられた城が、一見して近づきがたいものにうつるのは、そのためである。しかし、学術の権威を、その形の上だけで判断してはならない。その生成のあとをかえりみれば、その根は常に人々の生活の中にあった。学術が大きな力たりうるのはそのためであって、生活をはなれた学術は、どこにもない。

開かれた社会といわれる現代にとって、これはまったく自明である。生活と学術との間に、もし距離があるとすれば、何をおいてもこれを埋めねばならない。もしこの距離が形の上の迷信からきているとすれば、その迷信をうち破らねばならぬ。

学術文庫は、内外の迷信を打破し、学術のために新しい天地をひらく意図をもって生まれた。文庫という小さい形と、学術という壮大な城とが、完全に両立するためには、なおいくらかの時を必要とするであろう。しかし、学術をポケットにした社会が、人間の生活にとってより豊かな社会であることは、たしかである。そうした社会の実現のために、文庫の世界に新しいジャンルを加えることができれば幸いである。

一九七六年六月　　　　野間省一